Baedeker
Allianz Reiseführer

Elsass
Vogesen

VERLAG KARL BAEDEKER

Die wichtigsten Reiseziele

** Top-Reiseziele – auf keinen Fall versäumen!

* Herausragende Reiseziele – möglichst besuchen!

La Petite France in Strasbourg ▶ S. 207

Burg Fleckenstein ▶ S. 124

Inhalt

Natur, Kultur, Geschichte

Seite 12 – 53

Hopfenanbau – Bier ist Tradition ▶ S. 274

Reiseziele von A bis Z

Seite 54 – 223

Fachwerk pur in Colmar ▶ S. 80

Ecomusée ▶ S. 93

Romanische Abteikirche ▶ S. 102

Idyllische Vogesenseen
▶ S. 118

Praktische Informationen von A bis Z

Seite 224 – 281

Straßencafé vor dem Straßburger Münster
▶ S. 200

Farbenfrohe Gebrauchskeramik ▶ S. 194

Ein schöner

Meister Adebars Rückkehr

In vielen Gemeinden ist das elsässische Wappentier wieder heimisch.

"Ah! Le beau jardin que voilà!" – "Oh! Welch schöner Garten!", soll Sonnenkönig Ludwig XIV. ausgerufen haben, als er bei Zabern (Saverne) die Vogesen überschritt und das Elsass zum ersten Mal erblickte. Und ein schöner Garten ist die Region am linken Oberrhein bis heute geblieben. Hier erwarten den Gast die sonnenverwöhnten Ausläufer der Vogesen mit hübschen Fachwerkstädtchen, Anhöhen mit im Verfall noch imposanten Burgen und unberührte Landschaften. Das Elsass bewahrt auch ein reiches kulturelles Erbe aus mehr als 2000 Jahren. Bauwerke aus der Romanik, Gotik und Renaissance, klassizistische, barocke und wilhelminische Architektur sowie moderne Gebäude, darunter eindrucksvolle Glaspaläste, sind anschauliche Zeugnisse der verschiedenen Epochen. In Strasbourg sind alle Architekturstile vertreten. In Colmar locken Kunstwerke wie der Isenheimer Altar alljährlich Tausende von Besuchern an, und in Mulhouse informieren zahlreiche Museen über die Entwicklung technischer Errungenschaften. Aber auch in den stimmungsvollen Festen, selbst im Alltag der zum Teil noch Elsässerditsch sprechenden Bevölkerung spiegelt sich die traditionsreiche Geschichte der Regi-

Romantik pur

Kaysersberg – eins der vielen romantischen Dörf[er] an der Route du Vin

Vielseitige Landschaften

Landschaft bei Soultz. Das Elsass hat abwechslungsreiche Natur zu bieten.

Garten!

on wider. Der besondere Reiz liegt in der Mischung aus alemannischen Traditionen und gallischer Lebensart, ist doch das Elsass, das als Zankapfel zwischen Frankreich und Deutschland mehrmals die Staatszugehörigkeit wechseln musste, von beiden Kulturen geprägt. Aber auch Bewegungssüchtigen stehen am linken Oberrhein zahlreiche Möglichkeiten zur Verfügung: Der Naturfreund kann auf markierten Wegen über die Vogesenhöhen mit ihren schattenkühlen Wäldern Wanderungen unternehmen oder die Aussicht auf den baumfreien Bergkuppen genießen; Rad fahren und Reiten sowie Paragliding und Fahrten in Heißluftballons erfreuen sich immer größerer Beliebtheit; Wassersportler kommen in den Vogesenseen auf ihre Kosten, und Wintersportler treffen in vielen Hochlagen auf Loipen und Pisten mit teilweise alpinem Charakter. Einhellig begeistert sind Elsass-Besucher von der Küche, in der sich französisches Raffinement und alemannische Deftigkeit vereinen, und von den Weinen, die manchen zum Großeinkauf verführen. War Ludwig XIV. von den landschaftlichen Reizen des "schönen Gartens" Elsass angezogen, so finden Touristen heute eine Region vor, die weitaus mehr zu bieten hat.

Wein

Winzereien sind eine beliebte Anlaufstelle der Elsass-Besucher.

Fachwerkidylle

An Fachwerkhäusern, wie hier in Colmar, herrscht im Elsass kein Mangel.

Natur, Kultur, Geschichte

Zahlen und Fakten

Allgemeines

Gebietsbestimmung

Als Elsass (franz. Alsace) bezeichnet man die zwischen dem Oberrhein (ungefähr zwischen Basel und Karlsruhe; hier zugleich französisch-deutsche Staatsgrenze) und dem Vogesenhauptkamm gelegene Landschaft. Im Norden reicht das Gebiet bis zu dem Flüsschen Lauter, im Süden bis zur Burgundischen Pforte (franz. Trouée de Belfort), welche die Vogesen vom südlich gelegenen Jura trennt.

Angrenzende Regionen

Neben dem Elsass, seinen Landschaften, Städten und Sehenswürdigkeiten, sind in dem vorliegenden Reiseführer auch diejenigen Teile der angrenzenden Régions Lorraine (Lothringen) und Franche-Comté (Freigrafschaft Burgund) beschrieben, soweit sie auf der beigefügten Reisekarte verzeichnet sind.

Elsass • Alsace

Lage: etwa zwischen 49° und 47° 30' nördlicher Breite und 6° 30' und 7° 30' östlicher Länge

Fläche: 8310 km²

Einwohnerzahl: 1,7 Millionen

Sprachen: Französich und Elsässerdeutsch

◀ **Blick über die für die Route du Vin typischen Weinberge und den Ort Rodern. Im Hintergrund erhebt sich majestätisch die Haut-Kœnigsbourg, Kaiser Wilhelms ganzer Stolz.**

Politische Gliederung

Politisch bildet das Elsass eine der 22 französischen Regionen (Région Alsace; Hauptstadt ist Strasbourg); unterteilt ist es in die Départements Haut-Rhin im Süden mit Colmar als administrative Metropole und Bas-Rhin im Norden mit Strasbourg als Verwaltungszentrum. Die Grenze zwischen beiden verläuft unweit südlich von Sélestat, ziemlich genau in der Mitte der Nord-Süd-Ausdehnung.

Fläche und Bevölkerungszahl

Die Région Alsace umfasst ein Gebiet von 8310 km² mit einer Gesamtbevölkerung von rund 1,7 Mio. Menschen; hiervon entfallen auf das Département Haut-Rhin 3523 km² bzw. ca. 700 000 Bewohner, auf das Département Bas-Rhin 4787 km². bzw. etwa 1 Mio. Einwohner.

Namensherkunft

Der Ursprung des Namens "Elsass" gibt der Wissenschaft immer noch Rätsel auf. So weiß man nicht, ob der Name auf das alemannische "Alis-Lauti-sat" (die von drüben), auf das keltische "Alis-atia" (am Fuße des Berges) oder auf das germanische "Ell-sass" (die am Ill Ansässigen) zurückgeht.

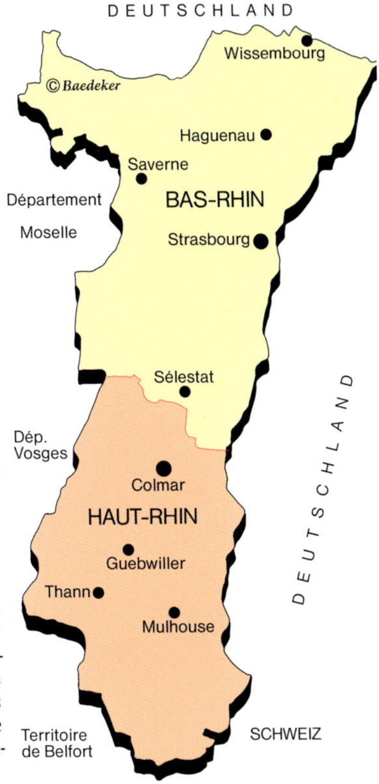

Naturraum

Entstehung

Aufgrund der gemeinsamen geologischen Entstehung bilden die Vogesen und das Elsass das Spiegelbild zum Schwarzwald und der davorgelagerten rechtsrheinischen Tiefebene. Einst hingen Vogesen und Schwarzwald noch im Variskischen Gebirge zusammen, das sich im Karbon herausgebildet hatte. Als sich im Tertiär (vor ca. 65 Mio. Jahren) die Alpen auffalteten, wurden durch Einbruch des Oberrheingrabens der westliche und der östliche Flügel voneinander getrennt. Ablagerungen des Rheins und seiner Zuflüsse füllten die Grabensenke beziehungsweise das Oberrheinische Tiefland auf, und im Schutze des Mittelgebirges entwickelte sich das Tiefland zu einer der klimatisch angenehmsten Regionen Mitteleuropas. Während im gegenüberliegenden Schwarzwald, außer dem Kinzigtal, keine Quertäler vorzufinden sind, weisen hingegen die Vogesen mehrere Quertäler auf, d.h. das Mittelgebirge links des Rheins stellte für die Menschen ein weniger großes Naturhindernis dar wie die Bergzüge, die rechts des Rheins liegen, sodass in den Vogesen unzählige Ansiedlungen, Dörfer, Burgen und Klöster

Entstehung (Fortsetzung)

entstanden, aber auch zahlreiche Völker das linksrheinische Oberrheingebiet und die angrenzende Bergregion durchstreiften. Das Elsass setzt sich aus der Elsässischen Tiefebene (Plaine d'Alsace) und dem westlich davon steil aufragenden Gebirgskamm der Vogesen (Vosges) zusammen, wobei die Ebene im Osten vom Rhein, im Westen von den Vogesenvorbergen begrenzt wird.

Landschaften

Rhein

Um die 180 km lang ist der elsässische Teil des Rheins zwischen dem schweizerischen Basel und Lauterbourg. Einst war "Vater Rhein" an dieser Stelle knapp 80 km länger, bevor man durch Flusskorrekturen im 19. und 20. Jh. den schleifenreichen, aus zahlreichen Flussarmen bestehenden Strom, der das Gebiet immer wieder mit Hochwasser und Überschwemmungen heimsuchte, in eine von einem Hochufer begrenzte Rinne zwängte. Durch die Uferdeiche werden Überschwemmungen der Ebene zwar verhindert, da jedoch die Auen nicht mehr als Wasserspeicher dienen können, kommt es nun am Unterrhein hin und wieder zu Hochwasserkatastrophen. Durch die Rheinregulierung und den Bau des Rheinseitenkanals (Grand Canal d'Alsace) sank auch der Grundwasserspiegel, so dass zuvor landwirtschaftlich nutzbare Areale versteppten und an Wert verloren.

Naturraum

Oberrheinische Tiefebene

In der flachen, im Süden vom malerischen Elsässischen Jura und von dem teilweise mit alten Flussschottern überdeckten Tertiärhügelland des Sundgaus begrenzten Elsässischen Ebene herrschten einst feuchte Niederungen mit Altwasserarmen und Sumpfgebieten vor, in denen der Auwald und das Ried – nach dem alemannischen "rieth" für Schilfrohr benannte Feuchtwiesen – das Bild bestimmten. Durch Trockenlegung wurden weite Flächen der Schwemmwiesen und Auwälder in Kulturland verwandelt, nur zwischen Colmar und Benfeld (südlich von Strasbourg) sind noch weite Flächen vom Ried geprägt. Heute besteht der elsässische Teil der Oberrheinischen Tiefebene im Süden großenteils aus wasserdurchlässigen, mit Wald bestandenen Schottern und Kiesen des Rheins und seiner Zuflüsse, im Norden in der Nachbarschaft der Buntsandsteinvogesen z.T. aus trockenen Sanden, die, von Wind und Wetter aus den Sandsteinfelsen der Nordvogesen herausgelöst, über Bergflüsse in die Ebene gelangt sind. Der Sandboden eignet sich hervorragend als Untergrund für Waldbäume – so bildet der Haguenauer Forst zusammen mit dem nördlich benachbarten Pfälzer Wald die größte zusammenhängende Waldfläche Mitteleuropas –, aber auch Spargel, Hopfen und Tabak gedeihen hier vortrefflich.

Vogesenvorland

Der Sandboden spielt im Elsass eine wichtige Rolle, von größerer Bedeutung für die Landschaftsstruktur ist jedoch der Löss, den nacheiszeitliche Winde auf den Kalk- und Buntsandsteinböden der Vogesenvorberge abgesetzt haben. Mehr oder weniger stark mit Lehm vermischt, sorgt er für überaus fruchtbare Böden; ihm verdankt das Elsass seinen Ruf als Weinanbaugebiet. Der Löss bildet aber auch die Grundlage für den blühenden Elsässer Getreide-, Obst-, Gemüse- und Gartenbau.

Das im Wind- und Regenschatten der Vogesen liegende schmale Bergvorland mit seinen Weinbergen und Fachwerkdörfern ist eines der beliebtesten Touristenziele im Elsass.

Vogesenvorland (Fts.)

Vogesen

Das westlich der Oberrheinischen Tiefebene gelegene waldreiche Mittelgebirge der Vogesen erstreckt sich, ansteigend, von der pfälzischen Grenze im Norden bis zur Burgundischen Pforte im Süden (Trouée de Belfort; 350 m ü. d. M.), einer etwa 30 km breiten Senke, durch die man in die Franche-Comté (Freigrafschaft Burgund) gelangt. Die Vogesen (frz. Vosges), deren Name sich vom lateinischen Begriff Vosegus ableitet, mit dem die Römer wohl in Anlehnung an die gleichnamige keltische Berggottheit das Mittelgebirge umschrieben (Vosegus Mons), sind rund 170 km lang und ca. 40 – 45 km breit, also etwa 6900 km² groß. Im Westen und im Osten flacht die Gebirgskette unterschiedlich ab: Während die Vogesen auf der Ostseite schroff abfallen, senkt sich deren Westseite allmählich zu

Sanfthügelige Vogesenlandschaft bei Soultzeren zwischen Col de la Schlucht und Munster

den Lothringer Hochflächen hin ab. Mit seinen hohen Pässen (Col du Bonhomme, 949 m ü. d. M.; Col de la Schlucht, 1139 m ü. d. M.) stellt das Mittelgebirge ein Verkehrshindernis dar, das nur einige Quertäler überbrücken. Geografisch unterscheidet man zwischen Nord- und Südvogesen: Einerseits wurden bei der Auffaltung der Alpen durch den nach Norden gerichteten Schub die südlichen Gebirgsteile stärker gehoben als die nördlichen, andererseits verfügen beide Mittelgebirgsteile über unterschiedliche Gesteinsarten. Die Trennlinie zwischen Nord und Süd bildet das Tal der Bruche (Breuschtal), das sich zwischen Molsheim und Saint-Dié erstreckt.

Vogesen (Fortsetzung)

In den Südvogesen, die im Gegensatz zum Schwarzwald teilweise hochalpine Formen aufweisen, wurden durch Gletschertätigkeit in den höheren Teilen die auflagernden Meeressedimente der Triaszeit (Buntsandstein, Muschelkalk und Keuper) abgetragen, so dass heute Urgesteine (Granite, Gneise und Grauwacke) die stark ausgeprägten Gebirgskämme bilden. Infolge der Gletschertätigkeit und der Erosion haben die Berge, unter denen der Große oder Gebweiler Belchen (Grand Ballon) mit 1424 m die höchste Erhebung bildet, die Form einer Rundkuppe, die im Elsässischen "Kopf" oder "Belchen", im Französischen "Ballon" genannt wird. Die eiszeitliche Vergletscherung sorgte darüber hinaus für tief eingeschnittene Trogtäler und von Felsen gesäumte, oft von Seen ausgefüllte Karen wie den Lac Blanc. Der nördliche Teil der Vogesen westlich und nördlich des Tales der Bruche (Breuschtal) blieb fast ganz und gar von eiszeitlichen Gletschern unberührt, so dass sich die Decke aus Buntsandsteinschichten über dem Granit und Gneis erhalten konnte. Die Buntsandsteinvogesen zeigen zum Teil bizarr erodierte Felsbildungen, die sich mancherorts bestens zur Errichtung von Burgen eigneten, welche geradezu mit dem roten Felsen verwachsen scheinen. Während in den Mittelvogesen die Gipfel kaum noch die Höhe von 1000 m erreichen (Donon, 1009 m ü. d. M.), ist der nach Norden und Westen hin abfallende, sich später im Pfälzer Wald bzw. in der leicht welligen Lothringischen Hochfläche fortsetzende Bereich des Mittelgebirges keine 600 m mehr hoch. Wegen seiner leicht gewellten Hügellandschaft heißt der nordwestliche Teil des Elsass auch Krummes Elsass.

Naturparks

Die nördlichen Vogesen werden seit 1976 vom Parc Naturel Régional des Vosges du Nord (Regionaler Naturpark Nordvogesen) eingenommen. Dieser erstreckt sich über 120 000 ha zwischen Bitche im Westen und Saverne im Süden, im Norden geht er in den Naturpark Pfälzerwald über. Südwestlich von Fénétrange bzw. westlich von Sarrebourg liegt in einem seenreichen Hügelland und auf beiden Seiten der Mosel der 1974 geschaffene, 2000 km^2 große Parc Naturel Régional de Lorraine (Regionaler Naturpark Lothringen) mit von lichten Wäldern durchsetzter Wiesenlandschaft. Der seit Sommer 1989 als Schutzgebiet ausgewiesene Parc Naturel Régional des Ballons des Vosges (Regionaler Naturpark Vogesenbelchen) erstreckt sich von Munster nördlich bis in die Gegend von Ste-Marie-aux-Mines bzw. südlich bis zum Vogesenrand nördlich von Belfort. Seinen Namen verdankt er den "Belchen", den hier landschaftsprägenden kuppelförmig gewölbten Vogesenbergen.

Sundgau

Im äußersten Süden des Elsass, zwischen den südlichen Vogesenausläufern, dem Schweizer Jura und der Oberrheinebene breitet sich der Sundgau ("Südgau") aus, eine gegen Süden zunehmend bergiger werdende Landschaft mit saftigen Wiesen, Hügeln, Wäldern, vielen Seen und kleinen Flüssen. Das Klima ist vergleichsweise rau, weshalb eine städtische Entwicklung größeren Stils nie erfolgt ist und das Gebiet nach wie vor von nicht sonderlich ertragreicher Landwirtschaft geprägt wird. Von Bedeutung ist jedoch die Fischzucht, vor allem von Karpfen und Hechten. Ursprünglich umfasste der Sundgau das ganze Oberelsass, später nur dessen habsburgische Teile, die im 13./14. Jh. in den Besitz dieser Dynastie gekommen waren. Mit dem Westfälischen Frieden (1648) fiel der Sundgau an die französische Krone.

Von diesem steil aufragenden Felsen beherrschten die Grafen von Ferrette einst fast den gesamten Sundgau.

Flüsse und Kanäle

Rhein

Der wichtigste Fluss des Elsass ist der Rhein (frz. Rhin), der zwischen Huningue im Süden (südöstlich von Mulhouse) und Lauterbourg im Norden die französisch-deutsche Grenze bildet. Die bedeutendsten Nebenflüsse, die auf französischer Seite in die große europäische Wasserstraße einmünden, heißen Ill, Moder, Sauer und Lauter. Neben dem Rhein sind zwei weitere große Flüsse – die Mosel im Westen und der Doubs im Süden – sowie einige Kanäle für die Region von Bedeutung. Der Doubs ist mit 430 km Länge – bei einer Luftlinie von nur 90 km! – der größte Nebenfluss der Saône im östlichen Frankreich. Er entspringt im Jura auf 937 m ü. d. M. am Fuß des Mont-Noir und mündet bei Verdun-sur-le-Doubs (beides außerhalb des Kartenbildes) in die Saône. Die Mosel (frz. Moselle), ein linker Nebenfluss des Rheins, entspringt in den südlichen Vogesen am Col de Bussang nordwestlich von Thann. Von hier verläuft sie zunächst in westlicher Richtung durch das Lothringische Stufenland. Bei Toul verlässt sie das alte Flussbett, welches sie einst mit der Maas verband, und wendet sich abrupt nach Nordosten, später nach Norden. Jenseits von Metz und Thionville lässt sie das französische Staatsgebiet hinter sich, um bis Wasserbillig die deutsch-luxemburgische Grenze zu bilden. Der Rheinseitenkanal (Grand Canal d'Alsace) verläuft zwischen Basel und Strasbourg westlich parallel zum Oberrhein auf französischem Gebiet. Von dieser Großschifffahrtsstraße zweigt südlich von Mulhouse der Rhein-Rhône-Kanal ab. Dieser Kanal, der vom Elsass in das Gebiet der

Doubs

Mosel

Grand Canal d'Alsace

Canal du Rhône au Rhin

Flüsse und Kanäle (Fortsetzung)

Saône und der Rhône führt, wurde 1784 – 1833 zunächst als Verbindung von Strasbourg nach St-Symphorien angelegt und hatte damals eine Länge von 320 km. Im Jahr 1967 wurde die Schifffahrtsstraße bei Mulhouse-Niffer an den Rheinseitenkanal angeschlossen, wobei sich ihre Länge auf 230 km verkürzte. In der Burgundischen Pforte passiert der Kanal in 347 m Höhe die Wasserscheide zwischen Nordsee und Mittelmeer; zwischen Montbéliard und Dôle ist er mit dem Lauf des hier großenteils kanalisierten Doubs identisch. Der geplante Aus- und Neubau des Kanals (für Schiffe bis 4400 t) lässt aus politischen und wirtschaftlichen Gründen auf sich warten. Zwischen Strasbourg und dem südlich gelegenen Friesenheim (bei Rhinau) besteht noch ein Teilstück des alten, heute bedeutungslosen Kanalbetts.

Canal de la Marne au Rhin

Der Rhein-Marne-Kanal schließlich verbindet den Rhein bei Strasbourg mit der an der Marne gelegenen Stadt Vitry-le-François, wobei er bei Toul das Tal der Moselle (Mosel) und bei Nancy das der Meurthe kreuzt. Die Schifffahrtsstraße wurde 1838 – 1853 erbaut, besitzt auf 314 km Länge 156 Schleusen und ist heute besonders bei Bootstouristen sehr beliebt.

Klima

Klimatisch begünstigt

Das elsässische Oberrheintal, dem sich die Luftmassen meist von Westen her nähern, ist durch seine Lage im Wind- und Regenschatten der Vogesen klimatisch sehr begünstigt. Die Sommer sind warm und die Winter mild, im Hochsommer kann es im Elsass aber auch drückend heiß und schwül sein, andererseits erlebt man hier im Winter überdurchschnittlich viel Sonnenschein.

Temperaturen

Die Temperaturen liegen im Jahresmittel in der Ebene bei 10 °C, die durchschnittliche Temperatur im Juli beträgt 19 °C und im Januar 1,5 °C. Tage mit Höchstwerten über 25 °C sind zahlreich, für Obst- und Weingärten bedrohliche Kälteeinbrüche dagegen relativ selten. Vom Süden her gelangen durch die Burgundische Pforte warme Luftmassen aus Südwesteuropa in die Oberrheinische Tiefebene, die nur langsam abkühlen und darüber hinaus dafür sorgen, dass Bäume, Wiesen und Blumen im Elsass wesentlich früher blühen als in den benachbarten Regionen in Mitteleuropa. In den Hochvogesen liegt die durchschnittliche Jahrestemperatur bei 3 – 5 °C, die Durchschittstemperatur im Juli beträgt 10 – 13 °C, im Januar -3 bis -5 °C.

Niederschläge

Die jährliche Niederschlagshöhe liegt zwischen 500 und 750 mm. Der meiste Regen fällt im Juli, der wenigste im Februar. Bei Colmar gibt es im Bereich der rebenbedeckten Vorbergzone eine Trockeninsel mit kaum mehr als 400 mm Regen pro Jahr – die Gegend um Colmar gehört auch zu den regenärmsten Frankreichs. Aus der Burgundischen Pforte dringen die Regen bringenden Westwinde herein. Besonders niederschlagsreich jedoch sind die Hochvogesen mit bis 2000 mm Regen jährlich. Hier bleibt der Schnee in über 1200 m Höhe vier bis fünf Monate liegen, was zur Entwicklung etlicher gut besuchter Wintersportzentren geführt hat. Im Innern der Vogesentäler und auf den westlichen Vogesenhöhen sind die Niederschläge im Spätherbst am höchsten, im Sommerhalbjahr am niedrigsten.

Das Elsass kennt wie die rechte Rheinseite das Phänomen der winterlichen Temperaturumkehr; tagelang hält sich dann in der Ebene ein "Kältesee", und es herrscht diesiges Wetter, während die Gebirgshöhen in hellem Sonnenschein liegen. Eine klimatische Besonderheit stellt auch der Vogesenföhn dar.

Elsässische Wetterphänomene

Pflanzen und Tiere

Flora

Oberrheinebene

In der Oberrheinebene ist der Wald größtenteils zugunsten der landwirtschaftlich genutzten Flächen verschwunden. Reste sind mit je etwa 140 km^2 Fläche der ehem. habsburgische Hartwald bei Mulhouse und die Forêt de Haguenau (Hagenauer Forst), beides prächtige Mischwälder u. a. mit Eichen, Hainbuchen, Buchen, Ahornen, Kastanien, Linden und Pappeln. Eine üppige Naturlandschaft findet man darüber hinaus in den Auenwäldern am Rhein, in denen Weiden, Pappeln, Eichen, Ulmen, Eschen und alle Arten von Schlinggewächsen gedeihen. Zuweilen wird man an tropische Wälder erinnert – beim Anblick der Lianen, die manche Bäume bedecken wie die Heckenwaldrebe, die eine Höhe von 40 m erreichen kann, oder der Efeu, der bis in die Kronen der hohen Bäume hinaufwuchert. Besonders vielfältige, z. T. seltene Pflanzenarten weisen die Feuchtwiesen am Rhein und anderen Flüssen auf, die zwischen November und April regelmäßig überschwemmt werden entweder

Hier ist die elsässische Oberrheinebene noch am ursprünglichsten: geschütztes Areal im Delta der Sauer bei Seltz.

Oberrheinebene (Fortsetzung)

durch die über die Ufer tretenden Flüsse oder durch steigenden Grundwasserspiegel. So blühen in den feuchten, schilfbewachsenen Senken des Ried der vielerorts bereits verschwundene Lungenenzian und die aus Osteuropa stammende Sibirische Schwertlilie, ferner Blaues Pfeifengras, Sumpfkreuzkraut und Wiesenraute.

Vogesenvorland

Das sanft hügelige Vogesenvorland wird ganz überwiegend von großen Rebgärten geprägt, die fast ausschließlich weißen Wein hervorbringen. Wo kein Wein gedeiht, finden sich Flaumeichenwälder und Magerrasenflächen. Die Flaumeiche ist eine aus dem Mittelmeerraum stammende Eichenart, die nur auf den trockensten und sonnigsten Flächen vorkommt; ihr Name leitet sich von dem leichten weißlichen Flaum ab, der sich an der Unterseite junger Blätter bildet. Auf den Magerrasenflächen, auf denen früher Schafe geweidet wurden, kündigen viele farbenprächtige Blumen den Frühling an wie die Kuhschelle und wilde Orchideen, darunter die Fliegenragwurz und die unangenehm riechende Riemenzunge. In den höheren Lagen der Vogesenvorberge, direkt über den Weinbergen, wachsen Edelkastanien in großer Zahl.

Bergland

Die Vogesen sind ein überaus waldreiches Gebiet, im Norden bedeckt Wald 65 % der Mittelgebirgsfläche. Der Wald besteht fast ausschließlich aus Tannen, Fichten, Kiefern und Buchen; es gibt Mischwälder oder reine Nadelwälder, allerdings sind schon lange viele Bestände durch sauren Regen vom Waldsterben bedroht. Bis in Höhen von 400 bis 600 m wachsen vorwiegend Buchen, daneben finden sich Steineiche, Kastanie, Ahorn, Linde, Erle, Espe und Birke; unter den Nadelhölzern ist die Fichte der am häufigsten vorkommende Baum. In größerer Menge trifft man auch auf die Stechpalme (Ilex aquifolium), die Wappenpflanze des Elsass, und den Roten Fingerhut. Bis in eine Höhe von rund 1000 m erstrecken sich herrliche Tannen-Buchen-Mischwälder und auf den Buntsandsteinböden der Nordvogesen neben der von der Forstwirtschaft favorisierten Fichte häufig auch Kiefern, die hier in über 80 Arten auftreten; auf der feuchteren Westseite dominiert die Weißtanne, die am abgeflachten Wipfel und zwei hellen Streifen an der Nadelunterseite erkennbar ist. Bei 1000 – 1200 m Höhe liegt die Baumgrenze, in deren Bereich Buchengehölz sowie in Lagen darüber Krüppelkiefern und -buchen gedeihen.

Hochweiden

Auf den Kuppen wurden nach großflächiger Brandrodung, als mittelalterliche Grundherren Sommerweideflächen für ihr Vieh benötigten, Hochweiden (chaumes) angelegt, die eine artenreiche alpine, teilweise auch arktische Flora aufweisen. Die Hochweiden sind teilweise mit Hochmooren, Heidekraut und strauchartigem Buchengestrüpp durchsetzt. Häufig sieht man im Frühjahr Anemonen und Schneeglöckchen, im Sommer Glockenblumen, Stiefmütterchen, Habichtskraut und Arnika, seltener den Gelben Enzian, Eisenhut, Fingerhut und viele Arten von Erdorchideen. In den zahlreichen Torfmooren der Hochregion gibt es die charakteristischen Moorpflanzen, darunter das in Büscheln wachsende weiße Wollgras. In der Nähe von Gérardmer ist im April das gelbe Blütenmeer von Millionen von Narzissen (jonquilles) das Ziel zahlreicher Besucher – dann begrüßt auch Gérardmer beim Narzissenfest den Frühling mit üppigem Blütenzauber und großem Spektakel.

Fauna

Oberrheinebene

Im Rhein beheimatet sind u. a. Flussbarben und die auf Verschmutzung empfindlich reagierenden Elritzen. Durch Flussregulierungen und Verschmutzung wurden die Rheinlachsbestände stark dezimiert, doch wird seit einiger Zeit versucht, diesen Fisch wieder im Rhein einzuführen. In manchen Rheinzuflüssen sind zahlreiche Regenbogenforellen anzutreffen. Im Rhein und in den Schilfgebieten der Altarme leben das Blässhuhn, die Löffelente und die Stockente, der Urahn der Hausenten. Der einst als großer Fischräuber verfolgte Kormoran ist, seit er unter Schutz steht, wieder häufiger zu sehen. Auch der wegen seines Pelzes nahezu ausgerottete Biber wurde hier 1973 angesiedelt. Immer größer wird die Population der aus dem Mittelmeerraum stammenden Weißkopfmöwe. Typisch für die Altarme des Rheins sind die Reiherente, eine kleine dunkle Entenart, und der Silberreiher; in den Feuchtwiesen hört man oft den flötenden Ruf des Großen Brachvogels mit dem nach unten gebogenen Schnabel. Weit verbreitet in den Rheinauwäldern ist der Mittelspecht. Die überall anzutreffenden Maulwurfshügel im Ried stammen nicht von Maulwürfen, sondern von Schermäusen. In den Vogesenvorbergen sind der nachtaktive und scheue Dachs sowie die Glattnatter, eine ungiftige Schlangenart, häufig anzutreffen, oft hört man auch den melodischen Gesang der Heidelerche. Seltener aber sieht man die Grüne Smaragdeidechse. Westlich von Strasbourg lebt der als Schädling in seinen Beständen dezimierte Hamster auf lössreichen Ackerböden. Unter den Vögeln spielt der Weißstorch, der elsässische Wappenvogel, eine wichtige Rolle; er wird bewusst gepflegt, und die Population hat sich nach langen Jahren des Niedergangs wieder beträchtlich vergrößert.

Vogesen

In den Wäldern leben Wildschweine, Füchse, Reh- und Rotwild sowie verschiedene Arten von Niederwild. 1983 wurde sogar der Luchs hier wieder angesiedelt. Zu den Vögeln zählen der scheue Tannenhäher und die Tannenmeise, in unzugänglichen Gebieten lebt der in seinen Beständen stark bedrohte Auerhahn. Nur bei Regenwetter ist, wenn überhaupt, der Feuersalamander zu beobachten, in höheren Lagen auch die Bergeidechse, die kühle und feuchte Orte wie die Moore und Hochseen der Hochvogesen bevorzugt. In den Hochvogesen wurden 1956 Gämsen ausgewildert, die mittlerweile eine Population von mehreren hundert Tieren umfassen; man hört den Bergpieper, der bei Sturzflügen seinen Gesang ertönen lässt, und den Steinschmätzer, der oft auf gut sichtbaren Felsen singt. Ein typisches Tier der Hochvogesen ist das Vogesenrind. Dieses Haustier, eine mittelgroße, stämmig gebaute, kurzbeinige Rinderrasse mit schwarz-weißem, leicht geflecktem Fell, die ausgezeichnet an das Leben in den Bergen angepasst ist, gibt eine fettreiche Milch, die sich besonders gut für die Herstellung des berühmten elsässischen Munster-Käses eignet.

Bevölkerung

Bevölkerungsverteilung

Rund 1,7 Mio. Menschen leben heute im Elsass, ca. ein Viertel davon im Großraum Strasbourg, der größten elsässischen Stadt. Ca. 108 000 Einwohner zählt die Industriestadt Mulhouse, Colmar ist

Bevölkerungsverteilung (Fortsetzung)

mit 63 000 Einwohnern die drittgrößte Stadt. Etwa die Hälfte der Elsässer lebt auf dem Land. Der Ausländeranteil im Elsass ist mit ca. 8 % (darunter viele Deutsche) etwas höher als im Landesdurchschnitt (6 %).

Brauchtum

Schon früh drangen fremde Völker ins Elsass ein, stritten sich um das Land, schufen neue Kulturen und zerstörten alte. Auch der Streit der Deutschen und Franzosen um die Region am Oberrhein machten das Elsass zu dem, was es heute ist – ein Flickenteppich: keltisch im oberen Weißtal, alemannisch in der Rheinebene, fränkisch um Wissembourg und schweizerisch im Sundgau. Sprache (▶ Baedeker Special, S. 24), Brauchtum, Trachten, religiöse Bräuche und Bauwesen unterscheiden sich oft sogar in einem kleinen Gebiet von Ortschaft zu Ortschaft. Mehr als im benachbarten Baden jenseits des Rheins sind jedoch – auch als Folge der Pariser Politik, die nach dem Zweiten Weltkrieg für die Kultur und Traditionen der Elsässer kein Verständnis zeigte – traditionelle Bräuche aus der Mode gekommen. Seit einigen Jahren bemüht man sich im Elsass wieder verstärkt um Traditionspflege. Mittlerweile sind in über 200 Museen regionale Besonderheiten der Region am Oberrhein zu bewundern, über hundert historische Gesellschaften haben sich der Lokalgeschichte verschrieben, auch alte Trachten kommen wieder zu Ehren – bei kirchlichen Festen und folkloristischen Veranstaltungen wie Weinfesten (▶ Praktische Informationen, Veranstaltungskalender). Natürlich differieren die Trachten im Elsass von Region zu Region, oft auch von Ort zu Ort, doch als "typisch" elsässische Tracht gilt die des Hanauer Landes, wo der Mann eine schwarze Hose, ein weißes Hemd, eine rote Weste mit zwei Reihen Goldknöpfen und einen runden schwarzen Filzhut trägt, und die Frau sich in einem bortenbesetzten Rock mit Mieder, bunter Schürze, Schultertuch und einer schwarzen Schlupfkappe – einer Kopfbedeckung mit einer überdimensionierten Schleife – zeigt. Die schwarze Farbe der "Schlupfkapp" weist auf eine protestantische Gegend hin, in den katholischen Orten südöstlich von Strasbourg ist diese Kopfbedeckung rot.

Baedeker TIPP **Asterix mal anders**

Wer sich vor Reiseantritt mit der elsässischen Mundart vertraut machen möchte, sollte sich den Asterix-Band "De Asterix an de Olympische Spieler" (Ehapa Verlag 1996) zulegen: Asterix, Obelix & Co. auf Elsässerditsch.

Religion

Wie in ganz Frankreich ist die Mehrheit der Elsässer katholisch, doch bedingt durch die parallel zum südwestdeutschen Raum verlaufene religionsgeschichtliche Entwicklung der frühen Neuzeit bekennen sich rund 20 % der Bevölkerung zum Protestanismus. Einstmals unter kirchlicher Gebietshoheit stehende Regionen sind überwiegend katholisch, während die früheren Reichsstädte eher dem protestantischen Glauben zuneigen; vor allem im nördlichen Elsass gibt es noch Ortschaften mit protestantischer Mehrheit. In der Ära Ludwigs XIV., des legendären französischen "Sonnenkönigs", wurde ein Edikt erlassen, demzufolge in einer Kirchgemeinde, welche mindestens sieben katholische Familien umfasste, den Katholiken ein Teil des Kirchenraums zu überlassen sei. Zwar wurden für diese später vielerorts eigene Gotteshäuser errichtet, aber noch heute gibt es Kirchen, die den Angehörigen beider Konfessionen simultan für den Gottesdienst zur Verfügung stehen. Neben den christlichen Konfessionen hat sich bis zum heutigen Tag im Elsass, vor allem in Strasbourg, eine beachtliche jüdische Gemeinde erhalten (ca. 15 000 Menschen). Mit den türkischen Einwanderern kam auch die islamische Religion ins Land am Oberrhein, die auf ca. 50 000 Gemeindemitglieder verweisen kann.

Religion (Fortsetzung)

Alemannen, Franken und Franzosen

Die Elsässer sind im Wesentlichen Nachkommen der Alemannen, die im 5. Jh. während der Völkerwanderungszeit in das Oberrheingebiet eingewandert sind und die keltoromanische Urbevölkerung verdrängten oder assimilierten. Dabei nahm der germanische Anteil von Norden nach Süden ab. Verstärkt wurde das germanische Übergewicht im Norden durch die hundert Jahre später einsetzende Einwanderung der Franken, die außer im äußersten Norden um das heutige Wissembourg und im ursprünglich lothringischen Krummen Elsass die alemannische Sprache annahmen und auch Teile von Lothringen besiedelten. Während sich in der oberen Vallée de la Bruche bis Schirmeck die keltoromanische Bevölkerung hielt, wurden im oberen Kaysersberger Tal sowie um Markirch z. T. schon im Mittelalter lothringische Franzosen angesiedelt. Nach dem Dreißigjährigen Krieg holte der französische König zum Wiederaufbau des Landes zahlreiche Schweizer, Vorarlberger und Tiroler in das Elsass, die das germanische Element festigten. Andererseits verstärkten seit dem 16./17. Jh. hugenottische und andere französische Zuwanderer (großenteils Kaufleute und Beamte) im ganzen Elsass den französischen Einfluss.

Beim Maiglöckchenfest in Neuf-Brisach werden Kostproben elsässischen Brotes verteilt.

Merci vielmols

Mehrmals musste das Elsass die Nationalität und die Sprache wechseln. Folge: Das Elsässerditsch wird wohl bald aussterben. Vielleicht aber kann die Sprache, die mit dem Jiddischen verwandt ist und heute mit dem Französischen eine Liaison eingeht, doch noch gerettet werden.

Zwischen 1871 und 1945 mussten die Elsässer viermal die Nationalität wechseln und viermal die Sprache der jeweils regierenden Staatsmacht zu eigen machen. Eine Anekdote veranschaulicht die Geschichte des steten Sprachwechsels. Mit dem Nachnamen Lagarde kam ein Elsässer 1866 zur Welt. Unter den Deutschen wurde aus Monsieur "Lagarde" – wörtlich übersetzt – Herr "Wache". Ab 1918 (unter den Franzosen) hörte Herr Wache auf den Namen "Vache", nach 1940 hieß die Familie, wieder wörtlich übersetzt, "Kuh". Beim letzten Staatswechsel 1945 aber hatten die Familienmitglieder es satt: Denn "Cuh" ähnelt zu sehr "cul" (= Arsch bzw. Idiot), und so baten sie darum, wieder den ursprünglichen Namen Lagarde annehmen zu dürfen.

Sprachenwirrwarr

Zuerst wurde im Elsass Deutsch gesprochen, die französische Sprache breitete sich hier erst spät aus. Die deutsche Sprache fand im 4. Jh. Eingang ins Elsass, als mit dem Zusammenbruch des Römischen Reiches die Alamannen in das Gebiet zwischen Oberrhein und Vogesen vordrangen. Ein Jahrhundert später ließen sich im Elsass und jenseits der Vogesen auch die Franken nieder. Bis ins 18. Jh. gehörte das Elsass nun dem deutschen Sprachraum an. Mit dem Westfälischen Vertrag (1648), der den Dreißigjährigen Krieg beendete, wurde das Elsass dem Französischen Königreich angeschlossen. Der Sonnenkönig Ludwig XIV. war aber kaum an einer Französisierung des neuen Gebietes interessiert, Deutsch blieb weiterhin die dominierende Sprache im Elsass. Dies änderte sich jedoch während der Französischen Revolution und im darauffolgenden 19. Jh. Eine einheitliche Sprache war die Voraussetzung für eine politische Einheit, darüber hinaus galt Deutsch als die Sprache des Erzfeindes: Vor allem im städtischen Bürgertum setzte sich die französische Sprache durch, das Elsässische hielt sich nur noch in ländlichen Gegenden und in den unteren Bevölkerungsschichten. Von 1871 bis 1945 wechselte das Elsass dann viermal die Nationalität. Die deutschen Herren jeweils versuchten eine strikte Germanisierungspolitik und verboten das Französische, auch die französische Regierung trieb eine extreme sprachliche und kulturelle Assimilationspolitik und ließ die deutsche bzw. elsässische Sprache u. a. an den Schulen nicht mehr zu. Sogar das Nachkriegsfrankreich kannte bis in die 1960er-Jahre hinein kein Pardon: Wer in der Schule nur ein elsässisches Wort von sich gab, bekam einen Holzschuh umgehängt, den er erst wieder loswurde, wenn er einen Mitschüler bei dem gleichen Vergehen erwischte und denunzierte.

Rückbesinnung

Ab Mitte der 1960er-Jahre setzte ein Umdenken ein. Man besann sich im Elsass wieder auf eigene Traditionen und damit auch auf die eigene Sprache. 1968 wurde der René-Schickele-Kreis zur Förderung des elsässischen Volkstums und der Zweisprachigkeit gegründet, viele Dichter, Kabarettisten und Liedermacher wie Roger Siffer, André Weckmann, Huguette Dreikaus und Raymond Piela entdeckten das Elsässische wieder und machten eine Kunst daraus. Im Jahr 1972 wurde an den elsässischen Schulen für das 4. und 5. Grundschuljahr fakultativ auf mundartlicher Sprachbasis der Deutschunterricht eingeführt. Ende der 1980er-Jahre entstanden die ersten zweisprachigen Privatschulen; heute existieren über 300 bilinguale Klassen für 4 % aller Schüler, die meisten davon sind staatlich. Auch der Elsassbesucher spürt vielerorts die Rückbesinnung auf die deutsche Sprache: In Strasbourg sind die Straßenschilder mittlerweile zweisprachig, auch andere Orte versuchen nun diesem Beispiel zu folgen.

Alt und neu

Die Sprachgrenze des Elsässischen verläuft im Westen von Sarrebourg über Schirmeck westlich an Münster und Thann vorbei bis hinunter östlich von Belfort. Im Elsässerditsch gibt es verschiedene Formen der Aussprache: Im Unterelsass spricht man einen fränkischen, für die meisten Deutschen leichter verständlichen Dialekt, weiter im Süden einen alemannischen wie in Südbaden und der angrenzenden Schweiz. Genaugenommen variiert das Elsässische von Dorf zu Dorf, und doch versteht jeder jeden – bei vielen Gästen aus Deutschland jedoch können dabei Verständnisprobleme entstehen. Bemerkenswert ist, dass Elsässerditsch wie Jiddisch klingt. Das hat auch eine plausible Erklärung. Das Jiddisch basiert auf dem spätmittelhochdeutschen fränkisch-alemannischen Dialekt, den rheinländische Juden nach Polen mitgenommen haben; trotz Überlagerung durch andere deutsche Mundarten sowie Einflüssen des Hebräischen und Slawischen blieben Aussprache und Melodie der alten Sprache im östlichen Europa ein halbes Jahrtausend faktisch unverändert – auch Elsässerditsch ist im Grunde ein alter Dialekt, der sich den Entwicklungen hin zum Neuhochdeutschen größtenteils verschloss. Das zeitgenössische Elsässisch zeichnet sich zunehmend dadurch aus, dass in der mündlichen Unterhaltung oft deutsche und französische Sprachelemente kombiniert und als Selbstverständlichkeit angesehen werden ("Merci vielmols") bzw. dass je nach Thema vom Elsässischen zum Französischen und umgekehrt gewechselt wird. Wenn auch die allgemein akzeptierte Schriftform des Elsässerditsch Hochdeutsch ist und man in weiten Teilen am linken Oberrhein recht gut mit Deutsch auskommt, legen die Elsässer aber großen Wert darauf, zunächst einmal auf Französisch angeredet zu werden! Auch sollte man darauf gefasst sein, dass mancher Elsässer die Frage, ob er Deutsch spreche, als Frage nach hochdeutschen Sprachkenntnissen interpretiert und deshalb verneint.

Bald schon Vergangenheit?

Für die Zukunft der elsässischen Sprache sieht es nicht sehr rosig aus. Beherrschten 1962 noch ca. 85 % der Bevölkerung den Dialekt, so sind es derzeit keine 60 % mehr. Tendenz fallend. Gesprochen wird Elsässerditsch vorwiegend auf dem Lande, und hier mehr von der älteren Generation als von der jungen. Die Bereitschaft unter Jugendlichen, Elsässisch zu lernen, hat in den letzten Jahrzehnten stark nachgelassen. Nicht wenige Experten sind der Meinung, dass Elsässerditsch im Jahr 2030 nicht mehr existieren wird. Bleibt zu hoffen, dass der europäische Einigungsprozess und die allenthalben in Europa aufkommenden Regionalisierungstendenzen die Bereitschaft zur Zweisprachigkeit fördern werden, gerade im Dreiländereck, wo zwei Sprachgrenzen aufeinandertreffen. Schließlich arbeiten auch viele Elsässer jenseits der Grenze in Baden-Württemberg oder in Teilen der Schweiz, wo ein dem Elsässerditsch verwandtes Deutsch gesprochen wird.

Bevölkerung (Fortsetzung), Dorfstrukturen

In der Rheinebene und in den Vogesenvorbergen gibt es keine vereinzelten Häuser wie in den Vogesen, wo zahlreiche Bergbauernhöfe anzutreffen sind. Bei den meisten elsässischen Dörfern handelt es sich um sog. Haufendörfer, die sich erst innerhalb der Stadtmauern und später außen herum entwickelt haben. Das Krumme Elsass, viele Vogesentäler, der Sundgau und die Rheinebene weisen aber auch Straßendörfer auf, in denen die Behausungen entlang der Hauptstraße stehen.

Wirtschaft

Florierende Region

Das Elsass ist wirtschaftlich betrachtet eine florierende Region. In Frankreich nimmt das Gebiet am Oberrhein nach der Ile de France, dem Großraum Paris, den zweiten Rang ein und innerhalb der EU Rang 13 von insgesamt 160 Regionen. Zu verdanken ist die wirtschaftliche Hochkonjunktur drei Faktoren: der geografischen Lage im Dreiländereck Frankreich-Deutschland-Schweiz, der elsässischen Zweisprachigkeit und der industriellen Tradition. Als einer der ersten Landesteile Frankreichs hat das Elsass sich um die Europäisierung der Wirtschaft bemüht, d.h. hat die europäische Integration entscheidend vorangetrieben. Ca. drei Viertel des Exports gehen in die EU. Zahlreiche ausländische Investoren, darunter viele japanische Firmen, sind in dem schmalen Landstrich ansässig, acht der zehn exportstärksten Firmen im Elsass stammen aus anderen Nationen – überhaupt gilt das Elsass Investoren aus dem Ausland als die attraktivste Region Frankreichs. Rund 38 % der arbeitsfähigen Bevölkerung sind in Niederlassungen ausländischer Unternehmen beschäftigt. Etwa 8 % der Bevölkerung, also ca. 60 000 Elsässer, haben einen Arbeitsplatz jenseits der Grenzen, in Deutschland und in der Schweiz. Die Arbeitslosenquote liegt im Elsass traditionell niedriger als im übrigen Frankreich, zurzeit beträgt sie 5,5 % gegenüber 9,6 % in ganz Frankreich.

Im Raum Brumath südwestlich von Haguenau schießt der Hopfen in die Höhe.

Landwirtschaft

Rheinebene

Durch Klima und Bodenqualität begünstigt, steht die Landwirtschaft auf hoher Stufe, allerdings arbeitet nur noch ein sehr geringer Teil der Erwerbstätigen in der Landwirtschaft (weniger als 10 %). In der Rheinebene spielen neben Weizen, Kartoffeln sowie den wärmeliebenden Nutzpflanzen Mais und Sonnenblume in weiten Teilen Spezialkulturen eine bedeutende Rolle, beispielsweise Tabak, Zuckerrübe und Hopfen. Traditionellen Ruf genießen der Gemüsebau in der Umgebung von Strasbourg, Sélestat und Colmar, das Kraut und Sauerkraut von Krautergersheim sowie der Spargel von Hœrdt und Horbourg. Insgesamt 62 % der agrarischen Nutzfläche wird von Ackerland eingenommen.

In einem Sägewerk bei Meisenthal wird Vogesenholz verarbeitet.

Vogesenvorland

Die Hügelkette am östlichen Fuß der Vogesen bildet eine nahezu geschlossene Monokultur: Hier befinden sich auf rund 12 500 ha Fläche die berühmten Weinberge entlang der Elsässischen Weinstraße (Route du Vin), auf denen ganz überwiegend weiße Weine angebaut werden. Zwar machen die Weinberge an der gesamten landwirtschaftlich genutzten Fläche des Elsass nur ca. 5 % aus, doch erwirtschaften die Winzer mit rund 1 Mio. Hektoliter Wein jährlich etwa ein Viertel des agrarischen Produktionswertes. Rund 15 % des französischen Weißweins stammen aus der Region, jedoch ist das Elsass mit nicht mehr als 1,6 % an der französischen Weinproduktion beteiligt.

Vogesen

Auf den vor allem im nördlichen Teil dicht bewaldeten Höhen der Vogesen hat sich eine bedeutende Forstwirtschaft und Holzindustrie entwickelt; der gegen Süden zu immer spärlicher bewaldete Teil mit seinen weiten Weideflächen (chaumes) ist ein wichtiges Vieh- und Milchwirtschaftszentrum, dessen Produkte in ganz Frankreich hoch geschätzt sind.

Industrie

Allgemeines

Das Elsass kann auf eine lange industrielle Tradition verweisen. Bereits zu Beginn des 18. Jh.s erlangte die Herstellung von Porzellan in Strasbourg und Haguenau Bedeutung, Mitte desselben Jahrhunderts öffnete in Mulhouse die erste Fabrik der Textilbranche, und in den Vogesentälern ließen sich die ersten Webereien nieder. Heute sind die wichtigsten Industriezweige die Mechanik-, Elektro-, Nahrungsmittel- und Textilindustrie. Seit einiger Zeit siedeln sich immer mehr Unternehmen aus der Pharmakologie und Biotechnologie um die "Europastadt" Strasbourg an.

Fahrzeugbau

Die Tradition im elsässischen Fahrzeugbau wurde u. a. durch das Automobilwerk von Ettore Bugatti in Molsheim begründet; nun

Fahrzeugbau (Fortsetzung)

will hier der Volkswagenkonzern wieder Bugatti-Sportwagen bauen lassen (► Baedeker Special, S. 134). Ferner befinden sich bei Mulhouse ausgedehnte Produktionsstätten des staatlichen Automobilwerks Peugeot. Auch die Lothringer sind auf diesem Gebiet nicht untätig: In Hambach bei Sarreguemines lassen DaimlerChrysler und der Uhrenhersteller SMH (Swatch) den Smart bauen.

Nahrungsmittelindustrie

Von großer Wichtigkeit ist insbesondere die Nahrungs- und Genussmittelindustrie. Brauereien, die den Löwenanteil des französischen Bedarfs abdecken (ca. 50 %), haben im Raum Strasbourg ihren Standort, desgleichen die staatlichen Regiebetriebe der Tabakverarbeitung und die Zuckerfabrik in Erstein. Entlang der Weinstraße reiht sich Kellerei an Kellerei, deren Produkte seit Jahrhunderten einen untadeligen Ruf genießen.

Energiewirtschaft und Bergbau

Seit der Eröffnung des Rheinseitenkanals sichern eine Reihe von Turbinenkraftwerken und seit 1976 ein Kernkraftwerk bei Fessenheim die Energieversorgung. Bis vor kurzem zählten die Kalivorkommen bei Mulhouse, aus deren Rohstoff in erster Linie Düngemittel hergestellt werden, zu den wichtigsten Bodenschätzen im Elsass; mittlerweile aber sind die Ressourcen erschöpft.

Tourismus

Das Geschäft boomt

Nicht zuletzt lebt das Elsass vom Tourismus. Die bedeutendste Rolle insbesondere im Kurz- und Wochenendreiseverkehr spielen die Gäste aus den unmittelbar nördlich und östlich benachbarten Regionen Deutschlands, aber auch aus entfernteren Gebieten sowohl Frankreichs als auch Deutschlands kommen zahlreiche Urlaubsgäste. Rund 9 Mio. Besucher reisen jährlich ins Elsass, darunter etwa 14 % Deutsche. Ein Drittel der Gäste entfällt allerdings auf Geschäftsreisende, wobei Strasbourg als Europazentrum und drittgrößte französische Messestadt eine wichtige Position einnimmt. Die beliebteste Urlaubsregion ist die elsässische Weinbaugegend, doch auch in den Vogesen werden große Hoffnungen in den Fremdenverkehr gesetzt (Zentrum Gérardmer), der die Auswirkungen der anhaltenden Krise in der Textilwirtschaft ausgleichen soll. Obwohl die Besucherzahlen in den Bergen zugenommen haben, sind die Vogesen bei weitem nicht so überlaufen, aber auch nicht so intensiv erschlossen wie der Schwarzwald. Naturfreunde finden im elsässisch-lothringischen Gebirge noch einsame, urwüchsige Landschaften vor, die von zahlreichen Wanderwegen durchzogen sind. Daneben spielen die Heilbäder eine Rolle, auch Freunde des Wassersports sowie Anhänger des Wintersports haben die Vogesen für sich entdeckt. Die Hauptattraktionen für einen Elsass-Urlaub sind kulturelles Interesse (v. a. Strasbourg, Colmar und Mulhouse), Wanderferien (auch Klettern sowie Drachen- und Gleitschirmfliegen), Wintersport (vor allem in den Südvogesen), im Spätsommer und Herbst auch eine geruhsame Fahrt entlang der Route du Vin sowie ausgiebige Schlemmertouren. Auf dem elsässischen Arbeitsmarkt ist der Fremdenverkehr von großer Bedeutung: Rund ein Drittel der Beschäftigten arbeitet im Hotelgewerbe, in der Gastronomie bzw. in einem Bereich, der mit dem Tourismus verknüpft ist.

Geschichte

Das Elsass ist nicht das Stammgebiet eines Volkes. Vielmehr wurde die Region zwischen dem Rhein im Osten und den Vogesen im Westen – eine Pufferzone zwischen verschiedenen Reichen und ein begehrtes Beuteobjekt zur eigenen Bereicherung – von vielen Völkerschaften durchstreift. Kelten ließen sich hier nieder, Römer, Franken, Alemannen, Helveter, Franzosen, Deutsche, Italiener, Tiroler, Vorarlberger und Juden. Und alle haben sie ihre Spuren hinterlassen. Der elsässische Zeichner Tomi Ungerer bezeichnete in seiner Autobiografie das Elsass als "Eintopfgericht", in dem stets jeder Neuankömmling "adoptiert" worden sei, der sich "adaptiert" habe.

Vorgeschichte

Steinzeit

Dass im Elsass bereits vor 600 000 Jahren, in der Altsteinzeit, Jäger und Sammler umherwanderten, beweist ein grob behauener Geröllschaber, der in einer ebenso alten Bodenschicht bei Achenheim gefunden wurde. In der Jungsteinzeit, ab ca. 5000 v. Chr., drangen Völker aus dem Donauraum in die Oberrheinebene ein und ließen sich auf den fruchtbaren Lössböden des Kochersberger Hügellandes und des Sundgaus als sesshafte Bauern nieder.

Bronze- und Eisenzeit

In der Bronzezeit (ca. 1800 – 750 v. Chr) wurden die Toten in den Jahren 1500 – 1200 v. Chr. in Hügelgräbern bestattet, die am häufigsten im Haguenauer Wald vorzufinden sind. Erst in der Eisenzeit (750 – 50 v. Chr.) drang das erste geschichtlich bestimmbare Volk in das Oberrheingebiet ein: die Kelten, die – mit dem Eisenschwert in der Hand, das ihnen militärische Überlegenenheit über die bodenständige Bevölkerung verlieh – vom südosteuropäischen Raum aus fast ganz Europa und im 8. Jh. v. Chr. auch das Elsass besiedelten. Im Oberelsass saß der Stamm der keltischen Sequaner (Hauptort Vesontio, das heutige Besançon), im Unterelsass das Volk der Mediomatriker (Hauptort Brocomagus, das heutige Brumath). Politisch mächtige und reiche Adelsgeschlechter bildeten sich heran, die auf hoch gelegenen Herrensitzen, wie auf dem Britzgyberg bei Illfurth, über die Bauern und Handwerker herrschten und die durch ihre Ländereien gehenden Handelswege kontrollierten, die vom norddeutschen Raum durchs Elsass bis hinunter zum Mittelmeer führten. Aus der Keltenzeit stammt die geheimnisvolle, zehn Kilometer lange Heidenmauer um den Mont Ste-Odile herum, eines der bedeutendsten frühgeschichtlichen Denkmäler Europas. Wahrscheinlich handelte es sich hierbei um eine Fluchtburg von riesigen Ausmaßen, in der die Kelten wie auf anderen Vogesenhöhen auch vor dem germanischen Stamm der Triboker Schutz suchten, die in den

Bronze- und Eisenzeit (Fortsetzung)

letzten beiden vorchristlichen Jahrhunderten von Norden her ins Oberrheingebiet vorstießen und, ohne auf großen Widerstand zu treffen, die Kelten zurückdrängten.

Antike

Römerzeit

Auch germanische Sueben versuchten, das Elsass unter ihre Oberherrschaft zu zwingen. Im Jahr 58 v. Chr. allerdings wurden diese Germanen unter Führung ihres Fürsten Ariovist von Cäsars Truppen in der Nähe von Mulhouse (wohl bei Cernay) entscheidend geschlagen. In der Folgezeit kam das Elsass, das Cäsar einmal als "das beste Stück von ganz Gallien" bezeichnete, für mehr als 400 Jahre unter römische Herrschaft und wurde Teil der Provinz Germania Superior. Während der von Kaiser Augustus propagierten Pax Augusta, dem in die Geschichte eingegangenen "Weltfrieden", erlebte das Elsass vier Jahrhunderte lang Ruhe und Sicherheit. Zum Schutz der Pax Augusta bzw. Pax Romana wurden Militärlager errichtet, die sich zu Gemeinden und Städten entwickelten, so 12 v. Chr. das Militärlager Argentoratum, das heutige Strasbourg. Das Elsass war sogar eines der wichtigsten strategischen Zentren des Römischen Reiches, denn hier sammelten sich die Armeen, bevor sie zum Angriff auf germanische Gebiete übergingen. Die Römer bauten auch Straßen, Wasserleitungen, Thermen, Tempel, Bäder und Amphitheater, von denen aber keine nennenswerten Überreste mehr erhalten sind; sie förderten die Landwirtschaft, das Handwerk (Töpferei, Glasherstellung, Keramik) und die Kunst, und sie brachten vermutlich den Weinanbau ins Land. Spätestens im 4. Jh. fasste das Christentum im Elsass Fuß.

Völkerwanderung

Während der Völkerwanderung und dem damit einhergehenden langsamen Zusammenbruch des Römischen Reiches überschritten im Dezember 406 Hunderttausende von Alemannen den zugefrorenen Rhein. Nach dem Verschwinden der römischen Autorität konnte dieser germanische Stamm schnell seine Herrschaft über das südliche Oberrheingebiet ausdehnen, den nördlichen Teil nahmen die von Norden vorstoßenden Franken in Besitz.

Mittelalter

Franken

Die Auseinandersetzungen zwischen Franken und Alemannen fanden durch den Sieg des Merowingerkönigs Chlodwig über die Alemannen im Jahr 496 ein Ende. Das elsässische Gebiet wurde nun Teil des machtvoll aufsteigenden Frankenreiches. Zur Festigung ihrer Herrschaft errichteten die Franken Garnisonen, schickten Siedler ins Land und trieben die Ausbreitung des Christentums voran. Missionare vor allem aus Irland bekehrten die größtenteils noch heidnische Bevölkerung, zahlreiche Klöster wurden gegründet, u. a. in Weißenburg (heute Wissembourg) und Murbach, die sich rasch zu Trägern des kulturellen Lebens entwickelten. Um 590 vollendete der iroschottische Wandermönch Columban die Christianisierung, Straßburg wurde Bistum.
In der ersten Hälfte des 7. Jh.s taucht in der sog. "Fredegarchronik" für die Jahre 620–630 zum ersten Mal der Begriff "Alesacius" auf,

zum ersten Mal steht der Name "Elsass" für eine geografische und politische Einheit. Kurze Zeit darauf, als die Macht der Merowinger nachließ, entstand ab 640 unter der Dynastie der Etichonen ein erstes elsässisches Herzogtum, dessen bekanntester Repräsentant Attich oder Eticho war, Vater der hl. Odilie, die auf dem heutigen Odilienberg das erste elsässische Frauenkloster gründete und seit 1807 als Schutzpatronin des Elsass gilt. Das erste elsässische Herzogtum wurde, nachdem die Karolinger es zerschlagen hatten, in zwei Grafschaften – eine nördliche und eine südliche – geteilt, an denen man sich bei der Bildung der beiden Départements Bas-Rhin und Haut-Rhin während der Französischen Revolution orientierte.

Franken (Fortsetzung)

Unter Karl dem Großen gehörte das Elsass zum Kernland des Frankenreiches. Nach dem Tod des karolingischen Kaisers jedoch zerfiel das riesige karolingische Imperium. Auf dem "Lügenfeld" zwischen Colmar und Kaysersberg bekämpften Karls Enkel Ludwig der Deutsche, Pippin und Lothar im Jahr 833 den eigenen Vater Ludwig den Frommen, weil dieser die ursprüngliche Aufteilung des Reiches unter seinen Söhnen zugunsten seines Sohnes aus zweiter Ehe, Karls des Kahlen, rückgängig gemacht hatte; als "Lügenfeld" ging der Schlachtort deshalb in die Geschichte ein, weil die Truppen Kaiser Ludwigs des Frommen zu den aufständischen Söhnen überliefen. Nach weiteren Zankereien der vier kaiserlichen Söhne um das Erbe des mittlerweile verstorbenen Ludwigs des Frommen schlossen die Karolinger Ludwig der Deutsche und Karl der Kahle 842 einen Bündnisvertrag, der als "Straßburger Eide" in die Sprachwissenschaft einging. Seit diesem in altfranzösischer und althochdeutscher Sprache abgefassten Vertrag gibt es die Trennung der beiden Sprachen im Elsass mit dem Hauptkamm der Vogesen als Grenze. Bereits ein Jahr später wurde im Vertrag von Verdun 843 das Karolingerreich dreigeteilt, und das Elsass kam zum schmalen, von Friesland bis Rom reichenden lotharingischen Mittelreich. Nach dem Tod von Lothar I. und Lothar II. teilten Ludwig der Deutsche und Karl der Kahle das Zwischenreich im Vertrag von Meersen 870 unter sich auf. Das Elsass fiel mit einem Teil von Lothringen an das Ostfränkische und damit an das spätere Deutsche Reich, das restliche Lothringen wurde 880 angeschlossen. Die Grenzen des Heiligen Römischen Reiches Deutscher Nation blieben bis zum 17. Jh. unverändert.

Staufer

Nach dem Ende der deutschen Karolinger 911 versuchte Frankreich wiederholt, das Elsass zu annektieren, doch die Herrscher jenseits des Rheines eroberten es jedesmal zurück. Im Jahr 925 vereinigte Kaiser Heinrich I. das Elsass und mit dem Herzogtum Alemannien zum Herzogtum "Schwaben und Elsass". Von 1079 bis 1268 herrschten die schwäbischen Hohenstaufen als Herzöge im Elsass, das Kernstück der kaiserlichen Hausmacht wurde, nachdem die Staufer 1138 die Kaiserwürde erlangt hatten. Während der Stauferzeit erreichten das geistige Leben und die Wirtschaft im Elsass eine bedeutende Blüte. Zahlreiche Burgen und Kirchen wurden erbaut, vor allem der Weinbau entwickelte sich zu einem florierenden Geschäft, das um 1210 von Gottfried von Straßburg verfasste höfische Epos "Tristan und Isolde" bildete in seiner meisterhaften sprachlichen Gestaltung einen Höhepunkt der Dichtkunst, und in Haguenau errichtete Kaiser Friedrich Barbarossa eine prunkvolle Kaiserpfalz, die später Ludwig XIV. zerstören lassen sollte.

Habsburger

Im Jahr 1268 lösten die Habsburger, ein ursprünglich aus dem Elsass und der Schweiz stammendes Geschlecht, die Staufer im Oberrheingebiet ab. Die neuen Herrscher setzten Adelsfamilien als Regierungsvertreter ein, so dass das Elsass in zahlreiche weltliche und geistliche Landesherrschaften zerfiel. Im Norden bildete sich u. a. die Grafschaft Hanau-Lichtenberg, im Süden die zur Grafschaft Württemberg gehörenden Gebiete von Horburg-Reichenweier und Mömpelgard (Montbéliard) sowie das habsburgische Besitztum vom Schwarzwald über den Sundgau bis Belfort. Auch die Städte gewannen an Bedeutung, elf Ortschaften waren "reichsunmittelbar", d. h. dem Kaiser direkt unterstellt. 1354 schlossen auf Initiative von Kaiser Karl IV. Colmar, Münster, Türkheim, Kaysersberg, Schlettstadt, Oberehnheim, Rosheim, Hagenau, Weißenburg und das heutige pfälzische Landau den Zehnstädtebund zur Verteidigung ihrer Reichsunmittelbarkeit in den aufkommenden Ständekämpfen gegen die mächtigen Reichsfürsten; dieser von einem kaiserlichen Landvogt geleiteten Dekapolis schlossen sich zeitweise auch Mülhausen und andere Orte an. Nur Straßburg, das sich nach der Schlacht bei Oberhausbergen 1262 aus der weltlichen Herrschaft des Bischofs gelöst und sich als Freie Reichsstadt quasi zu einem Stadtstaat entwickelt hatte, der in Wirtschaft und Kultur das gesamte Elsass prägte, sowie sich 1332 als erste Stadt im Reich eine demokratische Verfassung gegeben hatte, blieb dem Städtebund fern, unterstützte ihn aber, wenn Hilfe vonnöten war. Der Zehnstädtebund wurde erst 1679 von Ludwig XIV. aufgelöst.

Im Schutz der Stadtmauern blühten Kunst, Architektur und Wissenschaft auf, Straßburg entwickelte sich zu einem der bedeutendsten Zentren des deutschen Humanismus. Aber Handel und Wohlstand wurden wiederholt durch Seuchen, Plünderungen und Kriege gefährdet. Während des Hundertjährigen Krieges zwischen Frankreich und England (1337 / 1339 – 1453) drangen immer wieder marodierende Söldnertruppen aus Frankreich ins Elsass ein; vor allem die Armagnaken, eine berüchtigte südfranzösische, nach ihrem Anführer, dem Grafen von Armagnac benannte Söldnertruppe, die im elsässischen Volksmund "Schlächter" hieß, verbreiteten 1439 – 1444 Angst und Schrecken im Land. 1469 verpfändeten die Habsburger die Landgrafschaft Oberelsass an Herzog Karl den Kühnen von Burgund, der von einem burgundischen Großreich träumte, das sich vom Mittelmeer bis zur Scheldemündung erstrecken sollte und daher längst ein Auge auf das Elsass geworfen hatte. Mit einer solchen Transaktion über ihre Köpfe hinweg zeigten sich die Elsässer nicht einverstanden, und mit Hilfe der Schweizer Eidgenossen und des Herzogs von Lothringen gingen sie gegen Karl den Kühnen vor, der in der Schlacht von Nancy 1477 fiel.

Frühe Neuzeit

Reformation

Das reformatorische Gedankengut fand im Elsass vorwiegend in den Reichsstädten großen Anklang, Straßburg war bald die führende Stadt der Reformation im Südwesten des Reiches. Viele elsässische Protestanten verbündeten sich mit den aufständischen Bauern, als nach den schon 1493 erfolgten Verschwörungen des aus Landbewohnern organisierten "Bundschuhs" 1524 der Bauernkrieg ausbrach, der sich gegen zunehmende Forderungen und Repressalien der weltlichen und geistlichen Grundherrschaft wandte. Doch das gewaltige Heer von 40 000 Bauern unterlag den hauptsächlich aus Albanern bestehenden Truppen des Herzogs Anton von Lothringen, der die Revolte überaus blutig niederschlug: In den Schlachten von Lupstein und Scherwiller starben mehr als 25 000 Menschen, was damals in etwa einem Zehntel der elsässischen Bevölkerung entsprach.

Reformation (Fortsetzung)

Mitte des 16. Jh.s erreichte die Gegenreformation das Land am Oberrhein. Zentrum der gegenreformatorischen Bewegung war Molsheim, wo 1580 die Jesuiten ein Kolleg gründeten, das 1618 zur katholischen Universität erhoben wurde (1702 verlegte man die Hochschule nach Straßburg). Beide Konfessionen waren im Elsass zahlenmäßig in etwa gleich verteilt. Mülhausen und der Großteil des Unterelsass bekannten sich zum Protestantismus, Schlettstadt und Oberehnheim blieben katholisch. In den Jahren der Reformation und Gegenreformation erlebte das Elsass ein Goldenes Zeitalter. Wirtschaftlich ging es dem Land hervorragend, Kunst, Kultur, Architektur und Wissenschaft blühten wie nie zuvor.

Gegenreformation

Der Dreißigjährige Krieg (1618 – 1648) beendete die wirtschaftliche und kulturelle Blütezeit auf brutale Art und Weise. Vor allem unter den schwedischen Truppen hatte das Elsass zu leiden, die 1632 bis 1634 unzählige Ortschaften zerstörten und etwa die Hälfte der Elsässer töteten. Nach der Niederlage der Schweden bei Nördlingen (1634) sahen die durch ihre Königsmacht gestärkten Franzosen die lang erhoffte Gelegenheit, im Elsass Fuß zu fassen, während das durch Krieg, Glaubensspaltung und Zersplitterung in zahllose Einzelherrschaften geschwächte Reich nicht in der Lage war, sich dagegen zu wehren. Im Westfälischen Frieden (1648) wurden große Teile des Elsass, u. a. der habsburgische Besitz mit dem Sundgau und Belfort sowie die Reichsstädte außer Straßburg und Mülhausen der französischen Krone zugesprochen. Im Jahr 1681 ließ der Sonnenkönig Ludwig XIV. im Zuge der sog. Reunionspolitik Straßburg, das seit 1648 eine Politik der Neutralität verfolgte, von 30 000 Soldaten umzingeln, woraufhin die alte Reichsstadt kapitulierte und sich unter die französische Oberherrschaft begab. Das kulturelle Leben aber blieb zunächst deutsch, zu Goethes Studienzeit (1770 – 1771) war die Straßburger Universität eine deutsche Hochschule. Das mit der Schweizer Eidgenossenschaft liebäugelnde Mülhausen hingegen sollte erst hundert Jahre später während der Französischen Revolution annektiert werden.

Dreißigjähriger Krieg

Annexion Straßburgs

Der Vertrag von Rijswijk 1697 legte den Rhein als Grenze zwischen dem Deutschen Reich und Frankreich fest, das Elsass wurde zur französischen Grenzprovinz, die Ludwig XIV. von seinem Festungsbaumeister Vauban von Nord nach Süd, von Fort-Louis über Straßburg bis nach Neuf-Brisach, befestigen ließ. Im 18. Jh. erlebte das Elsass eine Periode des Friedens und des wirtschaftlichen Aufschwungs. Es entstanden Manufakturen, und Fabriken wurden gegründet; in den Vogesentälern entwickelte sich eine Textilindustrie, und durch die Begegnung und gegenseitige Befruchtung der deutschen und französischen Kultur erblühte eine neue reiche Doppelkultur. Anfangs achteten die französischen Bourbonen streng darauf, die Sitten und Gebräuche des Elsass nicht zu sehr

17. und 18. Jahrhundert

17 und 18. Jahrhundert (Fortsetzung)

anzutasten; so wurde den Elsässern auch die weitere Ausübung des Protestantismus erlaubt. Doch nach und nach engte das katholische absolutistische Frankreich die Glaubensfreiheit immer mehr ein: U. a. wurden gemischte Ehen verboten, waren Staatsämter nur noch Katholiken vorbehalten.

Neuzeit

Französische Revolution und Napoleonische Ära

Während der Französischen Revolution erfolgte dann die völlige Integration des Elsass in Frankreich. Die letzten Reste deutschen Besitzes wie die Grafschaften Hanau-Lichtenberg und Mömpelgard wurden beseitigt, und mit der Aufteilung des Oberrheingebietes in die beiden Départements Bas-Rhin (Niederrhein) und Haut-Rhin (Hochrhein) verschwand der Name Elsass von den Landkarten. Zunächst zeigten sich die meisten Elsässer begeistert für die Ideale der Revolution, doch mit dem Beginn der Schreckensherrschaft ab 1793 wandte sich die Bevölkerung von der revolutionären Sache ab. Großer Beliebtheit im Elsass erfreute sich Napoleon, der nicht nur für Recht und Ordnung sorgte, sondern auch bei seinen Feldzügen auf elsässische Offiziere wie Kellermann und Kléber zurückgriff. Als der nach Elba verbannte Kaiser 1815 zurückkehrte, konnte er sich bei seinem erneuten Versuch, an die Macht zu gelangen, auf die Unterstützung der Elsässer verlassen, auch wenn sich der Stadtrat von Straßburg in aller Eile für königstreu erklärt hatte.

Krieg von 1870 / 1871 und Deutsche Zeit

Der von Paris begonnene Krieg zwischen Frankreich und Preußen war traumatisch für die Elsässer. Besonders hart wurde im Nordelsass gekämpft. Straßburg konnte von den Deutschen ohne große Schwierigkeiten eingenommen werden, Belfort hingegen hielt dem preußischen Angriff länger stand als Paris. Nach den deutschen Siegen von Wörth und Weißenburg und der Kapitulation der französischen Armee vor Sedan (Ardennen) verleibte sich die Siegermacht Deutschland im Vertrag von Frankfurt am 10. Mai 1871 das Elsass (außer Belfort und Montbéliard) zusammen mit einem teilweise deutschsprachigen Teil von Lothringen als unmittelbares Reichsland Elsass-Lothringen ins deutsche Kaiserreich ein. Der Frankfurter Vertrag gab den Elsässern die Möglichkeit, zwischen Frankreich und Deutschland zu wählen, und so verließen mehr als 50 000 Elsässer und im Elsass lebende Franzosen, rund 6 % der Bevölkerung, ihre Heimat, darunter wirtschaftliche Führungskräfte, Intellektuelle und junge Männer, die dem preußischen Militärdienst entfliehen wollten. Dafür strömten Abertausende sog. Altdeutsche aus dem Reich ins neu gewonnene Gebiet, die 1910 etwa ein Sechstel der Bevölkerung ausmachten und die wichtigsten Positionen in Verwaltung und Militär innehatten. Das Deutsche Reich setzte sich zum Ziel, das Elsass "einzudeutschen" und zu "entwelschen". Die allgemeine Schulpflicht wurde eingeführt, aber Französisch stand nicht mehr auf dem Lehrplan. Verständlicherweise stieß diese Politik bei vielen Elsässern auf Widerwillen, die eine Berücksichtigung ihrer doppelten elsässischen Kultur verlangten. Für eine wesentlich deutschfreundlichere Stimmung in der elsässischen Bevölkerung sorgten hingegen der wirtschaftliche Aufschwung und die von Bismarck geschaffenen neuen Sozialgesetze. Politisch allerdings fühlten sich die Elsässer benachteiligt, denn ihre Heimat genoss nicht

"Beschießung von Strasbourg" – zeitgenössischer Öldruck über die Bombardierung von Strasbourg im Deutsch-Französischen Krieg zwischen dem 24. und 27. August 1871

Deutsche Zeit (Fortsetzung)

die politische Souveränität, über die andere deutsche Länder wie Württemberg verfügten, sondern stand als Reichsland unter direkter Kontrolle des Kaisers, der sich durch einen in Straßburg eingesetzten Statthalter vertreten ließ. Im Jahr 1911 erhielt das Reichsland Elsass-Lothringen eine eigene Verfassung und einen eigenen Landtag, aber keine eigene Landesregierung – die volle Autonomie wurde den Elsässern und Lothringern erst im Oktober 1918 gewährt.

Erster Weltkrieg

Im Ersten Weltkrieg (1914 – 1918) verlief die Front bis in die Gegend von Mülhausen, etwa von der Grenze auf der Markircher Höhe südlich über Metzeral, den Großen Belchen und den Hartmannsweilerkopf (Vieil Armand; Schwerpunkt des Stellungskriegs) bis in den Raum westlich und südlich von Altkirch. Das ganze übrige Elsass-Lothringen blieb in deutscher Hand. An die erbitterten Kämpfe, die auf dem Vogesenkamm stattfanden, erinnern noch heute die zahlreichen Mahnmale und Militärfriedhöfe. Der Erste Weltkrieg zweiteilte die elsässische Bevölkerung. Über 200 000 Elsässer dienten – meist gegen ihren Willen – in der deutschen Armee, ca. 20 000 kämpften freiwillig auf französischer Seite. Nicht selten standen sich Brüder einer Familie an der Front feindlich gegenüber. Vertrauen schenkte den Elsässern weder die eine noch die andere Seite. Die Deutschen verdächtigten sie der Freundschaft mit den Franzosen und hielten viele für potenzielle Spione, für die Franzosen waren sie "boches" (Schweine), womit man gern die Deutschen titulierte. Als die deutsche Militärregierung viele Elsässer, die unter

Nach der Waffenstillstandsunterzeichnung marschieren französische Truppen am 22. November 1918 in Strasbourg ein.

Erster Weltkrieg (Fortsetzung)

Spionageverdacht standen oder desertiert waren, exekutieren ließ und die meisten elsässischen Truppenteile an die Ostfront verlegte, verloren die Deutschen die letzten Sympathien im linksrheinischen Oberrheingebiet.

Zwischen den Kriegen

Im Versailler Vertrag von 1919 musste Deutschland Elsass und Lothringen wieder an Frankreich zurückgeben. Die allermeisten Elsässer begrüßten den Staatenwechsel mit großer Begeisterung. Doch bald schon brachte Paris es fertig, fast alle neuen Staatsbürger gegen sich aufzubringen. Natürlich mussten die Altdeutschen das Land verlassen, und viele alteingesessene Elsässer, nun der Kollaboration mit den Deutschen verdächtigt, wurden vor Gericht gestellt. Französisch galt als alleinige Amtssprache, Elsässerditsch war als deutscher Dialekt verpönt. Wie einst die Altdeutschen übernahmen nun Zuwanderer aus Frankreich die Schlüsselpositionen in Politik, Verwaltung und Wirtschaft. Für die Kultur und Tradition der Elsässer, für ihre Mehsprachigkeit zeigte die Pariser Regierung keinerlei Verständnis und steckte alle, ob sie nun ein Recht auf eine eigene Kultur forderten oder mehr politische Mitsprache verlangten, in einen Topf und diffamierte sie als unpatriotische Gesellen bzw. warf ihnen vor, von deutschen Agitatoren missbraucht zu werden. Derart auf die deutsche Seite gedrängt, ließen sich dann Autonomisten, die die Unabhängigkeit von Frankreich forderten, tatsächlich vom östlichen Nachbarn moralisch und finanziell unterstützen. Dennoch war es nur eine kleine Minderheit, die sich nach einem Anschluss an Nazi-Deutschland sehnte.

Der Zweite Weltkrieg (1939–1945) war für das Elsass eine harte Belastungsprobe. Gleich zu Kriegsbeginn, Anfang September 1939, wurde ein Drittel der elsässischen Bevölkerung (rund 430 000 Menschen vor allem aus den Grenzregionen) nach Südwestfrankreich evakuiert. Nach dem "Blitzkrieg" und der Niederlage der französischen Armee im Juni 1940 besetzten deutsche Truppen das Elsass, das zusammen mit Lothringen dem Reichsstatthalter und Gauleiter von Baden, Robert Wagner, als "Gau Oberrhein" unterstellt wurde. Mit Gewalt und Propaganda versuchten die neuen Herren, jede Erinnerung an Frankreich im Elsass auszulöschen und die Bevölkerung, die sie als "Volksdeutsche" betrachteten, zu germanisieren. Orts- und Vornamen wurden eingedeutscht, alle Medien wie Rundfunksender, Zeitungen sowie Vereine gleichgeschaltet. Das Terrorregime der Nazis machte natürlich auch im Elsass nicht Halt: Juden wurden deportiert, Andersdenkende verhaftet; es entstanden auch zwei Konzentrationslager, eines in Schirmeck ("Umerziehungslager"), das andere in Struthof-Natzweiler (das einzige KZ auf französischem Boden), in dem Tausende von Elsässern, Franzosen u. a. ums Leben kamen. Anfangs hatte Hitler nicht die Absicht, Elsässer und Lothringer zur Wehrmacht einzuziehen, doch als die militärische Notwendigkeit größer wurde, gab es kein Pardon: Nach 1942 mussten 130 000 Elsässer in die Wehrmacht eintreten, rund 90 % der "malgré-nous" (gegen unseren Willen) kamen an die Ostfront, wo 40 000 fielen und viele sich der russischen Armee ergaben. Erst 1999 erteilte der französische Staat den Gefallenen den Status "Mort pour la France" und erkennt die Überlebenden seither als Kriegsveteranen an. Rund 50 000 Zivilisten kamen im Krieg ums Leben, also dreimal mehr als im übrigen Frankreich; Straßburg erlitt nur geringe Schäden, andere Orte wurden dagegen völlig zerstört.

Zweiter Weltkrieg

Nach dem Krieg fiel Elsass-Lothringen wieder an Frankreich. Zuerst setzte eine Säuberungswelle ein, bei der jedoch nur 0,8 % der Bevölkerung wegen Kollaboration mit dem Feind verurteilt wurden; mit der Generalamnestie von 1953 für die in der Wehrmacht zwangsrekrutierten Elsässer beruhigte sich die Lage. Allerdings zeigte sich Paris unnachgiebig im Hinblick auf die Amts- und Umgangssprache: Nur noch Französisch durfte gesprochen werden. Auf den Stundenplänen der elsässischen Schulen wurde kein Deutsch mehr angeboten, Kinder, die auf dem Schulhof Elsässerditisch sprachen, wurden hart bestraft. Erst ab Mitte der 1960er-Jahre gab es im Elsass eine Rückbesinnung auf elsässische Traditionen und damit auch auf die eigene Sprache. 1968 wurde der René-Schickele-Kreis zur Förderung des elsässischen Volkstums und der Zweisprachigkeit gegründet, Dialektdichter und Liedermacher, u. a. Roger Stifter und André Weckmann, erlangten große Popularität. 1972 wurde an den elsässischen Schulen für das 4. und 5. Grundschuljahr fakultativ auf mundartlicher Sprachbasis der Deutschunterricht eingeführt. 1976 erhielt das Elsass als erste Region Frankreichs eine gewisse Kulturautonomie. In den 1970er-Jahren erwachte im Elsass auch ein anderes Bewusstsein: Früher als sonstwo in Frankreich war man hier für ökologische Gedanken aufgeschlossen, wie die Proteste gegen die Atomkraftwerke im elsässischen Fessenheim und im badischen Whyl zeigten. Auch Frankreichs Grüne verdanken ihre Gründung einem Elsässer. Allerdings holt der rechtsradi-

Nachkriegszeit

Nachkriegszeit (Fortsetzung)

kale Front National (FN) im Elsass stets hohe Stimmengewinne ein, was vielleicht weniger mit der Ausländerfeindlichkeit oder einem übersteigerten Nationalgefühl der FN-Wähler zusammenhängt, als vielmehr mit deren Wunsch nach Regionalismus, für den sich der Front National im Rahmen der von Paris mühselig eingeleiteten Dezentralisierung geschickt stark macht.

Gegenwart

Heute trägt das Elsass zur Verwirklichung eines geeinten Europa maßgeblich bei. Die elsässische Metropole Strasbourg (seit 1949 Sitz des Europarats und seit 1958 des Europäischen Parlaments) präsentiert sich neben Brüssel und Luxemburg als Hauptstadt Europas. Auch vernetzt sich das Elsass mit seinen Nachbarregionen in Deutschland und der Schweiz: Seit den 1990er-Jahren existiert die "Euroregion Elsass – Baden-Württemberg – Basler Land". Im Juni 2001 fand in Strasbourg der erste "Weltkongress" gegen die Todesstrafe statt. Unter der Schirmherrschaft des Europarates und des Europaparlaments forderten Präsidenten von 18 nationalen Parlamenten ein weltweites Moratorium für die Hinrichtung von Todeskandidaten.

Berühmte Persönlichkeiten

Hans (Jean) Arp (1886 – 1966) Maler, Bildhauer und Dichter

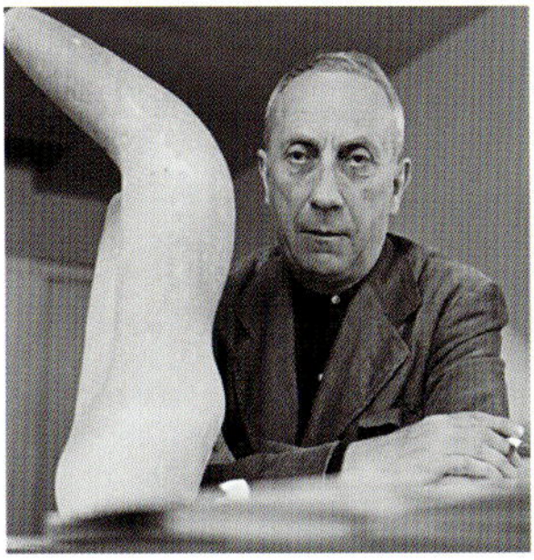

Der gebürtige Straßburger Hans Arp zählt als Maler, Grafiker, Bildhauer und Dichter zu jenen Künstlern, die – "Hans Arp in allen Gassen" – an der Entstehung der klassischen Moderne maßgeblich beteiligt waren. Seine Studien absolvierte er in Weimar und Paris; 1911 schloss er sich den Künstlern der Gruppe "Der Blaue Reiter" an. Besonders bekannt wurde er 1916 als Mitbegründer und literarischer Hauptvertreter des Dada, einer antibürgerlichen, revolutionären Kunst- und Literaturströmung. In späteren Jahren – nach einer surrealistisch geprägten Schaffensperiode – konzentrierte er sich im Wesentlichen auf die abstrakte Bildhauerei. Der zweisprachige Künstler, der am Ersten Weltkrieg nicht hatte teilnehmen wollen, weil er weder für die eine noch für die andere Seite war, und darum 1915 mit seinem Bruder ins Schweizer Exil gegangen war, änderte mit dem Aufstieg des Nationalsozialismus in Deutschland seinen Vornamen von Hans in Jean. Er zählte zu den "entarteten" Künstlern und floh deshalb während des deutschen Einmarsches in Frankreich an die Côte d'Azur. Anlässlich der Premiere des 1959 über ihn gedrehten Films "Jean Arp l'Alsacien" betonte er die Wichtigkeit des gegenseitigen deutsch-französischen Verständnisses für die Zukunft.

Frédéric-Auguste Bartholdi (1834 – 1904) Bildhauer

Bereits in jungen Jahren verschrieb sich Frédéric-Auguste Bartholdi der plastischen Kunst und entwickelte dabei früh eine Vorliebe für Monumentales. Ab den 1860er-Jahren trieb ihn der ehrgeizige Gedanke, ein gigantisches Werk zu schaffen, das die Freiheit zum Ausdruck bringen sollte – was ihm schließlich auch gelingen sollte. Seine große Zeit hatte der frankreichorientierte elsässische Künstler in den Jahren, als das Elsass zum Deutschen Reich gehörte, und er mit pathetischen Großwerken den Franzosen nach dem verlorenen Krieg gegen Deutschland zu neuem Selbstbewusstsein verhalf. Das bekannteste Werk dieser Phase ist der "Lion de Belfort", eine 22 m lange, aus Buntsandstein gehauene Löwenplastik, die an die Belagerung der Festungsstadt im Deutsch-Französischen Krieg (1870 / 1871) erinnert. Weltberühmt aber wurde er durch ein Geschenk, das Frankreich den Vereinigten Staaten von Amerika im Jahre 1886 machte: die Freiheitsstatue in New York, zu der sich Bartholdi u. a. von antiken Statuen wie der Athene des Parthenon und dem Koloss

Frédéric-Auguste Bartholdi (Fts.)

von Rhodos inspirieren ließ und deren Gesicht er angeblich die Züge seiner Mutter gab. In Bartholdis Geburtshaus in Colmar ist heute ein Museum eingerichtet.

Sebastian Brant (1457 – 1521) Gelehrter, Dichter und Staatsmann

Er verstand es, seinen Zeitgenossen einen Spiegel vorzuhalten, und hatte Riesenerfolg damit. Der aus einer Straßburger Gastwirt- und Weinhändlerfamilie stammende Sebastian Brant, war Dekan der Juristischen Fakultät in Basel, später Stadtschreiber und Kanzler von Strasbourg, schließlich Kaiserlicher Rat Maximilians I. Einen europaweiten Namen machte sich der frühhumanistische Gelehrte aber als Verfasser des kritisch-satirischen Werks "Das Narrenschiff" (1494), das in volkstümlich-witziger Sprache und mit Illustrationen, die z.T. von Holzschnitten des jungen Albrecht Dürer stammten, die Schwächen und Untugenden von Personen und Ständen aufs Korn nahm und seinerzeit zum Bestseller der deutschsprachigen Literatur wurde. In seinen 112 gereimten Kapiteln prangerte Sebastian Brant nicht die schlechte und dumme Tat an, sondern die Weigerung, die Narrheit einzusehen – nur vernünftige Einsicht könne helfen: "Dann wer sich für ein narren acht / Der ist bald zu eym wisen gmacht!" Brants Moralsatire, die die spätere Schelmenliteratur stark beeinflusste und in der Geiler von Kaysersberg (s. unten) den Stoff für viele seiner Predigten fand, wurde sogar ins Lateinische, Englische, Französische, Flämische und Niederländische übersetzt.

Johann Geiler von Kaysersberg (1445 – 1510) Theologe und Prediger

Sich selbst nannte er "die schmetternde Posaune des Straßburger Münsters" – tatsächlich war er der größte deutschsprachige Kanzelredner seiner Zeit. Geboren wurde Johann Geiler in Schaffhausen, und unter der Obhut seines Großvaters wuchs er im elsässischen Kaysersberg auf. Er studierte Theologie in Basel und Freiburg, wo er sich 1476 habilitierte und im selben Jahr auch Rektor der Universität wurde. Ein Jahr später wandte er sich der praktischen Seelsorge zu, zuerst in Würzburg, dann in Straßburg. Seine volkstümliche, drastische Rhetorik, mit der der Domprediger die Laster aller Stände und auch kirchliche Missstände anprangerte, machte ihn allseits beliebt. Seine Popularität beruhte aber auch darauf, dass er in seinen Predigten vielfältige Themen sowie Autoren unterschiedlichster Richtungen und sogar weltliche Literatur verwendete; so legte er vielen seiner Sittenpredigten Themen aus dem kritisch-satirischen "Narrenschiff" seines Zeitgenossen Sebastian Brant zugrunde. Geiler war zwar kein Humanist im eigentlichen Sinne oder gar ein Vorläufer der Reformation, jedoch übte er Einfluss auf den oberrheinischen Humanistenkreis um Brant und Jakob Wimpfeling aus.

Gottfried von Straßburg (12./13. Jh.) Dichter

Die Lebensdaten und die meisten biografischen Details des mittelhochdeutschen Dichters Gottfried von Straßburg sind unbekannt. Man weiß nicht genau, wer er war, wann er geboren wurde und wann er starb, noch ob er in Straßburg zu Hause war. Sein profundes Wissen aber lässt auf eine Ausbildung an einer Klosterschule oder Universität schließen. Über seine beruflichen Werdegang kann nur spekuliert werden; vermutlich gehörte er nicht dem Adel oder der Geistlichkeit an, sondern war städtischer Beamter in Straßburg. Fest steht lediglich seine Autorschaft an dem höfischen Versepos "Tristan und Isolde", die ihn als dritten großen Epiker neben Hartmann von Aue und Wolfram von Eschenbach stellt. Die Niederschrift des in alemannischer Sprache verfassten Tristanromans, einer der berühmtesten Liebesgeschichten der Welt, erfolgte wohl zwischen 1205 und 1210; als Vorlage dienten wahrscheinlich Fragmente aus dem 1170 entstandenen Werk des Thomas d'Angleterre. Die Virtuosität von Gottfrieds sprachlichen Mitteln und die klangvolle, an Wortspielen, Neuschöpfungen und Lautmalerei reiche Diktion wirkten stilbildend. "Tristan und Isolde" blieb unvollendet und wurde von Ulrich von Türheim und Heinrich von Freiberg ergänzt.

Gottfried von Straßburg (Fortsetzung)

Man kennt ihn fast nur unter dem Pseudonym, mit dem er seine grafischen Werke signierte: Hansi war wohl der profilierteste elsässische Karikaturist und Grafiker seiner Zeit – und ein lebendes Exempel für das deutsch-französische Spannungsfeld, in dem das Elsass steht. Die Eltern von Jean-Jacques Waltz waren aus dem Badischen eingewandert, und er kam in Colmar zur Welt, zu jener Zeit, als das Elsass deutsches Reichsland war. Im Ersten Weltkrieg arbeitete er für den französischen Geheimdienst. Wegen des Bilderalbums "Mon Village" verdächtigte man ihn (in deutschem Sinne) landesverräterischer Umtriebe und verurteilte ihn zu einer Gefängnisstrafe, der er sich durch seine Flucht nach Frankreich entzog. Von 1923 bis 1939 leitete er das Unterlinden-Museum in Colmar, verbrachte die Zeit des Zweiten Weltkriegs im Exil und kehrte nach Kriegsende sofort ins Elsass zurück. In Hansis Gemälden und Lithographien, denen auch das Postkartenklischee vom elsässischen Dörfler zu verdanken ist, finden sich vielfach Ortsbilder, wie man sie heute dank Restaurierung allenthalben wieder sieht. Außerdem gestaltete er zahlreiche Werbeplakate und höchst amüsante Gasthausschilder, u. a. in seiner Heimatstadt Colmar. Man entdeckt diese leicht, wenn man nur auf die Signatur achtet.

Hansi (eigentlich Jean-Jacques Waltz) (1873 – 1951) Karikaturist

Herrad von Landsberg, eine hochgebildete Frau, war Äbtissin des staufischen Damenstifts Hohenburg auf dem Odilienberg (Mont Ste-Odile). Ein Zeugnis für das damalige geistig-kulturelle Niveau des Konvents ist die Bilderhandschrift "Hortus Deliciarum" ("Lustgarten"), an der Herrad fast 20 Jahre lang arbeitete. Dieses reich mit Miniaturen bebilderte enzyklopädische Werk über das theologische und profane Wissen jener Zeit – mit Abhandlungen über christliche Sitten und Gebräuche, über Astronomie, Philosophie, Geschichte, Acker- und Gartenbau etc. sowie mit eigenen Gedichten und einem Selbstbildnis – diente der Belehrung und Erbauung der Schwestern. Das kostbare Original jedoch verbrannte bei der Belagerung von Strasbourg durch die Deutschen 1870, der Inhalt aber konnte weitgehend wiederhergestellt werden.

Herrad von Landsberg (gest. nach 1196) Äbtissin

Josel von Rosheim, der aus Haguenau stammende "aller Juden im Reich Befehlshaber und Regierer", war der bedeutendste Sachwalter des mitteleuropäischen Judentums im ausgehenden Mittelalter.

Josel von Rosheim (um 1478 – 1554)

Josel von Rosheim (Fortsetzung)

Zunächst vertrat er lediglich die Interessen der im Unterelsass ansässigen Juden, dehnte seine Arbeit dann auf das gesamte Heilige Römische Reich aus und rief eine ständige Vertretung der Juden ins Leben, die bis 1808 zweimal jährlich in Frankfurt am Main zusammentrat. Ihm war es zu verdanken, dass Karl V. im Jahre 1520 die kaiserlichen Judenprivilegien für das ganze Reich bestätigte. Martin Luther bezeichnete Josel 1537 noch als "seinen guten Freund", doch dieser hatte längst den tiefen Gegensatz zwischen der Lehre der Reformatoren und der jüdischen Religion erkannt. Seine Erklärung, dass die Juden bei ihrem Gesetz blieben, trug nicht unwesentlich zur nun beginnenden antisemitischen Haltung Luthers bei. Als Luther eine Schrift mit einem wahren Hassgesang auf die "Verstocktheit der Juden" veröffentlichte, gelang es Josel, den Straßburger Rat für sich zu gewinnen, der daraufhin versprach, Luthers Schriften in seinem Gebiet zu verbieten; auch Karl V. ergriff für die Juden Partei.

Germain Muller (1923 – 1994) Kabarettist und Schauspieler

Der Straßburger Kabarettist und Schauspieler Germain Muller war eine der bedeutendsten elsässischen Integrationsfiguren der Nachkriegszeit. Seine polyglotte und multinationale schauspielerische Ausbildung erhielt er in Strasbourg, Bordeaux und Karlsruhe; schon gegen Ende 1946 gründete er in seiner Heimatstadt das kabarettistische Theater "Barabli" (= "Regenschirm"), das nie eine eigene Bühne besaß, sondern überwiegend im Saal des Offizierskasinos an der Straßburger Place Broglie auftrat. Als Stadtrat und Bürgermeister widmete er sich insbesondere der Kunst und Kultur seiner von deutschen wie von französischen Eeinflüssen geformten Heimat; unvergessen sind auch seine Auftritte in deutschen Fernsehprogrammen, wo er mit Vehemenz und Erfolg für das gegenseitige Verständnis der Bürger beiderseits des Oberrheins warb.

Johann Friedrich Oberlin (1740 – 1826) Pfarrer

"Ich bin Soldat. Gott, mein Herr, befahl mir durch meine Oberen, zu marschieren und in dem armen Steintal für ihn zu arbeiten", schrieb der aus gutbürgerlicher Straßburger Familie stammende evangelische Pfarrer Oberlin bei seinem Amtsantritt in Waldersbach an seine Mutter. Er arbeitete dann auch hart, nicht nur für Gott, sondern vor allem für die Menschen im Steintal, einem verarmten Vogesental in der Nähe von Schirmeck. Der Philanthrop mit ausgesprochen sozialer Gesinnung förderte die wirtschaftliche Entwicklung der Region, indem er Textilbetriebe einrichtete und eine kleine Leih- und Kreditbank gründete, er bewirkte den Bau von Straßen und Kanälen, führte neue, gut tragende Kartoffelsorten ein, gründete auch Vorschulen und sorgte für die Verlängerung der Schulpflicht bis zum 16. Lebensjahr. Während seiner 59-jährigen Tätigkeit gelang es dem umtriebigen Pfarrer, den seine Gemeindemitglieder respektvoll und zärtlich "Papa Oberlin" nannten, die einst arme Hochlandpfarrei in eine Gemeinde mit bescheidenem Wohlstand zu verwandeln. In den Vogesen und im gesamten Elsass ist man noch heute stolz auf Johann Friedrich Oberlin, der als einer der Väter der Sozialbewegung des 19. Jhs. gilt.

Gottlieb Konrad Pfeffel (1736 – 1809)

Genannt wurde er "Der blinde Dichter und Erzieher aus Colmar", doch seine gesellschaftskritischen Fabeln und pädagogisch ausgerichteten Erzählungen sind heute kaum noch bekannt. Gottlieb Konrad Pfeffel, in Colmar geboren und gestorben, hatte in Halle das Studium der Jurisprudenz begonnen, musste es aber abbrechen, als er mit 22 Jahren erblindete. Trotz seiner schweren Behinderung konnte er sich als Schriftsteller und Pädagoge etablieren, ja, er galt als einer der populärsten Poeten und Erzieher des damaligen deutschsprachigen Raumes. Viele prominente Persönlichkeiten suchten seine Freundschaft oder zumindest seinen Rat, darunter Kaiser Joseph II., Rousseau und der spätere bayerische König Ludwig I. Im Jahr 1773 gründete Pfeffel in seiner Vaterstadt eine nach dem Muster der Pariser "Ecole Royale Militaire" angelegte Erziehungs- und Bildungsanstalt für meist adlige protestantische Knaben, denen der Besuch der Militärakademie in Paris verwehrt war und die nun eine Ganzheits-Bildung genießen durften. In den Wirren der Französischen Revolution musste Pfeffel seine Schule schließen. Ein Jahr vor seinem Tod, 1808, wurde der Poet Ehrenmitglied der Königlichen Akademie der Wissenschaften in München.

Gottlieb Konrad Pfeffel (Fortsetzung)

Pierre Pflimlin (1907 – 2000) Politiker

"Ein großer Gegner von de Gaulle, ein großer Freund der Deutschen", war nach seinem Tod in den Medien zu lesen. Der Jurist und Politiker Pierre Pflimlin stammte aus Roubaix nahe der französisch-belgischen Grenze. Er wuchs in Mulhouse auf und sprach perfekt Französisch und Deutsch. Als Mitglied des Mouvement Républicain Populaire (MPR), dessen Präsident er von 1956 bis 1963 war, bekleidete er mehrere Ministerämter. 1958, auf dem Höhepunkt der Algerienkrise, wurde er zum Ministerpräsidenten Frankreichs ernannt. Es gelang ihm jedoch nicht, die politische Lage zu beruhigen, und so musste er zwei Wochen später Charles de Gaulle weichen, der nun die Macht in Frankreich übernahm. Diesem Staatsmann stand Pflimlin, der sich als junger Anwalt aus religiöser Überzeugung geweigert hatte, Scheidungsprozesse zu führen, von Anfang an skeptisch gegenüber, 1962 verließ er mit gleichgesinnten Parteigenossen aus Protest gegen de Gaulles Europapolitik die Regierung. Mit dem Elsass verbindet ihn die Tatsache, dass er 1959 – 1983 Oberbürgermeister von Strasbourg war. Zudem hat er als überzeugter Verfechter der europäischen Einigung erreicht, dass Europarat und Europäisches Parlament, dessen Präsidentschaft er 1984 – 1987 ausübte, in Strasbourg tagen. Zeit seines Lebens setzte sich der elsässische Politiker für die deutsch-französische Freundschaft ein.

Louis-René de Rohan-Guémenée (1734 – 1803) Kardinal und Staatsmann

Mit seiner Eitelkeit und Naivität löste er die "Halsbandaffäre" aus, die dem Ansehen des französischen Königtums überaus schweren Schaden zufügte. Der leichtlebige, in Saverne residierende Kardinal Louis-René Fürst von Rohan, einer der höchsten Würdenträger am königlichen Hof, wollte unbedingt die Gunst von Königin Marie Antoinette gewinnen, die ihn, nachdem er sich als Gesandter in Wien 1772 – 1774 mehrfach recht boshaft über Kaiserin Maria Theresia, die Königinmutter, geäußert hatte, regelrecht hasste. Als nun 1785 Jeanne de Valois, Gräfin de La Motte und angebliche Freundin von Marie Antoinette, ihn im Auftrag der Königin bat, dieser ein wert-

Louis-René de Rohan-Guéménée (Fortsetzung)

volles Diamantenkollier zu besorgen, das die Monarchin wegen des hohen Preises nicht öffentlich zu kaufen wage, sagte Rohan, der sich davon die Freundschaft Ihrer Majestät erhoffte, sofort begeistert zu. Wie ihm aufgetragen, besorgte der Kardinal das Halsband und übergab es der Gräfin de La Motte, die das Schmuckstück der Königin aushändigen sollte. Doch bald schon flog der ganze Schwindel auf. Durch Zahlungsverzögerungen unruhig geworden, wandten sich die Juweliere des Kolliers direkt an Marie Antoinette. Die Königin war empört. Angeblich hatte sie nie Interesse an dem Halsband bekundet und fand es geschmacklos und (mit einem heutigen Wert von 5 – 8 Mio. €) viel zu teuer, auch war ihr das kostbare Geschmeide nie überreicht worden. Kurz darauf wurde der Kardinal, der doch nur seiner Königin einen Dienst hatte erweisen wollen, ins Gefängnis geworfen. Auch die Gräfin, die den Schmuck entwendet hatte, und ihre Helfershelfer wurden gefasst und eingekerkert. Deren Aussagen gaben klar zu erkennen, dass Rohan keine räuberischen Absichten gehegt hatte, weshalb er vom Gericht freigesprochen wurde – sehr zum Ärger von Marie Antoinette, die gehofft hatte, den ihr verhassten Mann nun endgültig vernichten zu können, aber zur großen Freude der Volksmassen, die die "Österreicherin" nie besonders mochten und der leichtfertigen Herrscherin zutrauten, in irgendeiner Weise in die Gaunerkomödie verwickelt gewesen zu sein. Einige Historiker sind der Ansicht, durch die Halsbandaffäre sei der Ausbruch der Französischen Revolution beschleunigt worden; Napoleon meinte sogar, das Gaunerstück habe Marie Antoinette schließlich 1793 aufs Schafott geführt. Dem Kardinal blieb ein solches Schicksal erspart: 1790, ein Jahr nach Ausbruch der Französischen Revolution, floh er nach Ettenheim, zu dem im Deutschen Reich liegenden Teil seiner Diözese, wo er 1803 friedlich starb.

René Schickele (1883 – 1940) Schriftsteller und Journalist

Der in Obernai (Oberehnheim) geborene Schriftsteller und Journalist René Schickele bemühte sich als Sohn eines deutschen Vaters und einer französischen Mutter sein Leben lang um die Verständigung des deutschen und des französischen Volkes ("Gestern deutscher, heute französischer Staatsbürger: ich pfeife darauf"). Als Herausgeber der "Weißen Blätter" setzte er sich für die deutsch-französische Annäherung und die Entschärfung des Nationalitätenkonflikts ein. Seine pazifistische Haltung kommt in der 1914 nur in acht Tagen niedergeschriebenen Komödie "Hans im Schnakenloch", einer aberwitzigen Parodie auf den Krieg, zum Ausdruck; in der breit angelegten Trilogie "Das Erbe am Rhein" (1925 – 1931), seinem Hauptwerk, thematisiert er am Beispiel des elsässischen Adelsgeschlechts von Breuschheim den deutsch-französischen Gegensatz. Allerdings musste der leidenschaftliche Elsässer immer wieder erfahren, dass er nicht als Vermittler geschätzt wurde: Die Franzosen warfen ihm eine pro-deutsche Haltung vor, die Deutschen kritisierten ihn wegen seiner pro-französischen Tendenz. Zweimal begab sich der überzeugte Pazifist, zu dessen Freundes- und Bekanntenkreis u.a. Hermann Hesse, Max Brod, Heinrich und Thomas Mann zählten, ins Exil: Während des Ersten Weltkrieges emigrierte er in die Schweiz, bereits 1932 unter dem Eindruck des sich herausbildenden Nationalsozialismus in Deutschland nach Südfrankreich. Der Schriftsteller, der sich bis zum Schluss als "citoyen français und deutscher Dichter" sah, starb am 31. Januar 1940

René Schickele (Fortsetzung)

in Vence, womit ihm wenigstens die Enttäuschung über den Einmarsch deutscher Truppen erspart blieb. Schickele gilt zwar heute noch als einer der bedeutendsten elsässischen Schriftsteller, doch bereicherte er die Literatur nicht mit neuen Motiven und Ausdrucksformen. In seinem literarischen Werk versuchte er lediglich, die Errungenschaften deutscher und französischer Dichtung zu vereinen und so zwischen beiden Völkern zu vermitteln.

Martin Schongauer (um 1450 – 1491) Maler und Kupferstecher

"Hipsch Martin", der Schöne Martin, wurde er "von wegen seiner kunst" genannt. Kaum ein anderer deutscher Künstler vor Albrecht Dürer genoss ein so weitreichendes Ansehen wie Martin Schongauer. Und dennoch sind von dem Kupferstecher und Maler nur sehr wenige biografische Einzelheiten bekannt, nicht einmal das Geburtsjahr steht fest; auch sein malerisches Werk ist zum allergrößten Teil nur aufgrund von Zuschreibungen belegbar. Der Spross einer aus dem Augsburger Raum zugewanderten Goldschmiedfamilie unterhielt in seiner Geburtsstadt Colmar die wohl bedeutendste Malerwerkstatt im oberdeutschen Raum. Freilich ist ihm nur ein einziges Gemälde zweifelsfrei zuzuordnen: die "Madonna im Rosenhag" (heute in der Dominikanerkirche zu Colmar); als einigermaßen sicher gilt auch seine Urheberschaft an dem Fresko des Jüngsten Gerichts im Münster zu Breisach. Weit bedeutender ist hingegen sein graphisches Werk: Seine mit äußerster Akkuratesse durchgestalteten, mit "M + S" signierten Kupferstiche, zu deren schönsten die "Große Kreuzigung" und die "Passionsfolge" zählen, wirkten stilbildend und gelten als die besten vor Albrecht Dürer, der ihn von jung an bewunderte.

Albert Schweitzer (1875 – 1965) Arzt

Der gebürtige Kaysersberger Albert Schweitzer war ein Universalgelehrter: evangelischer Theologe, Musiktheoretiker, Kulturphilosoph und Mediziner. Auch machte er sich einen Namen als Organist und Orgelbauer. Weltberühmt aber wurde er als Urwaldarzt und großer Wohltäter, als Apostel der tätigen Nächstenliebe. Seine berufliche Laufbahn begann Schweitzer nach dem Studium der Fächer Theologie und Philosophie als Dozent an der evangelisch-theologischen Fakultät der Universität Straßburg. Bereits mit 21 Jahren fasste er den Entschluss, ab seinem 30. Lebensjahr den Dienst am Menschen zum Beruf zu machen. Als er sich dann bei einer Missionsgesellschaft um einen Einsatz in Afrika bewarb und aufgrund seiner von ihm verfassten streitbaren Theologieschriften als unzuverlässig abgelehnt wurde, wandte er sich dem Studium der Medizin zu, denn als Arzt, so glaubte er, werde man ihn mit Sicherheit nach Afrika schicken. 1913 war es soweit. In Lambarene (im heutigen afrikanischen Staat Gabun) gründete er mit seiner Frau Helene ein Tropenspital und war dort als Missionsarzt tätig. Die Unterhaltung des schnell wachsenden Hospitals erforderte gewaltige finanzielle Mittel, weshalb er immer wieder nach Europa aufbrach, um dort u.a. mit Vortragsreisen und als Orgelvirtuose der Werke von

Albert Schweitzer (Fortsetzung)

Johann Sebastian Bach neues Geld zu beschaffen. Albert Schweitzer aber kümmerte sich nicht nur um das Wohl der Schwarzen von Lambarene. In erschöpfender Nachtarbeit schrieb er in immer neuen Büchern über die "Ehrfurcht vor dem Leben". In den 1950er-Jahren setzte er sich schließlich mit den Gefahren der Atompolitik auseinander und engagierte sich für Atomstopps und Abrüstung, woraufhin die USA den weltbekannten Philosophen zur unerwünschten Person erklärten und ihm die Einreise verboten. Kritik musste sich der schnauzbärtige Urwalddoktor aber auch von anderer Seite gefallen lassen: Der "Übermensch der Nächstenliebe" mit dem unverzichtbaren weißen Tropenhelm, dem Herrschaftssymbol des Kolonialismus, sei ein Rassist, wurde er zunehmend attackiert, der niemals einen Schwarzen im Urwaldhospital zugelassen und nicht einmal die Sprache des Landes gelernt habe. Tatsächlich waren dem Friedensnobelpreisträger von 1952 die Schwarzen als leidende Wesen willkommen, als Menschen hielt er sie für unkultiviert und faul. Trotz vieler Kritiken gilt der in Lambarene verstorbene und beerdigte Albert Schweitzer auch noch Jahrzehnte nach seinem Tod in Umfragen nach den am meisten bewunderten Menschen und Vorbildern als der größte Wohltäter des 20. Jahrhunderts.

Tomi Ungerer (geb. 1931) Zeichner und Autor

Mit seinen provokanten Zeichnungen macht sich der berühmteste zeitgenössische Elsässer nicht überall Freunde – in amerikanischen Bibliotheken waren die Bilder- und Kinderbücher noch bis vor wenigen Jahren verboten. Gleich nach der Schulzeit begab sich der aus einer Straßburger Uhrmacherfamilie stammende Tomi Ungerer auf Wanderschaft. Um nicht ins damalige Kriegsgebiet Indochina geschickt zu werden, meldete sich der überzeugte Pazifist 1952 freiwillig zu den Kamelreitertruppen der französischen Armee in Algerien. 1956 schiffte er sich nach New York ein, wo sein unaufhaltsamer Aufstieg als Zeichner, Maler, Illustrator, Kinderbuchkünstler und Werbegrafiker begann. Zwischen 1985 und 1987 hielt er sich in Hamburg auf und lebte längere Zeit bei der damals bekanntesten Hamburger Prostituierten – Domenica – im Bordell, das ihn zu seinem Band "Schutzengel der Hölle" inspirierte, über dessen sarkastische Karikaturen sich Feministinnen wie Kleriker gleichermaßen empörten. Überhaupt ist das Gesamtwerk des ungemein sensiblen und äußerst kritischen Künstlers in weiten Teilen von scharfsichtigem und konstruktivem Zynismus geprägt; selbst in seinen Kinderbüchern schimmern Ironie, schwarzer Humor und bisweilen diabolische Boshaftigkeit allenthalben durch. Auch mit dem Elsass und der elsässischen Mentalität und Psychologie setzt sich der Künstler nur allzu gern auseinander – am liebsten in sexuellen Motiven: So zeichnete er das Elsass, das die beiden großen benachbarten Nationalstaaten für sich zu vereinnahmen versuchten und versuchen, einmal als ein knuddeliges elsässisches Männchen, das auf einem weiblichen Oberschenkel krampfhaft versucht, den französischem Strumpf mit dem deutschem Hüfthalter zusammenzubringen. Seit 1976 lebt der bekennende Elsässer, der im Jahr 2000 gemeinsam mit dem Straßburger Bürgermeister das "Centre Européen de la Culture Yiddish" (CECY), das Jüdische Institut, gründete, hauptsächlich auf seiner Farm in Irland. Im Jahr 2002 soll in Strasbourg ein Tomi-Ungerer-Museum eröffnet werden.

Ihr zu Ehren trägt das neue Palais, das seit 1999 das Europäische Parlament in Strasbourg beherbergt, den Namen "IPE IV-Bâtiment Louise Weiss". Die so Geehrte stammte aus einer elsässischen Familie, geboren wurde sie in Arras (Pas-de-Calais). Die Journalistin und Buchautorin, die auf ihren Weltreisen insgesamt 30 Dokumentarfilme sozialen Inhalts drehte, setzte sich in der Zwischenkriegszeit aktiv für die politischen Rechte der Frauen ein; 1934 war sie eine der beiden Gründerinnen der Vereinigung "La femme nouvelle" (Die neue Frau), die das Frauenwahlrecht und die Stärkung der Rolle der Frauen im öffentlichen Leben anstrebte. Während des Zweiten Weltkriegs engagierte sie sich in der Résistance und verfasste von 1942 bis 1944 als Chefredakteurin der Untergrundzeitung "Nouvelle République" politische Schriften. Von 1979 bis zu ihrem Tod 1983 war die überzeugte Pazifistin, die gerne sagte, sie sei in Europa verliebt, Abgeordnete im Europaparlament, dem sie mehrere Jahre als erste Alterspräsidentin vorstand.

Louise Weiss
(1893 – 1983)
Journalistin und Politikerin

Kunst und Kultur

Kunstgeschichte

Ursprünge

Die Relikte aus vorgeschichtlicher Zeit sind im Elsass nicht sonderlich zahlreich. In erster Linie ist die Heidenmauer (mur païen) zu nennen, die das Gipfelplateau des Mont Ste-Odile umzieht. Eine prähistorische Wallburg befindet sich auch bei der Frankenburg unweit westlich von Sélestat.

Römerzeit

Nach der Eroberung durch Cäsar (58 v. Chr.) gehörte das Elsass zur Provinz Gallia belgica, später wurde es in die Provinz Germania superior eingegliedert. Aus jener Zeit stammen die Originale der auf dem Donon aufgestellten Stelen; viele Museen besitzen gleichfalls bedeutende Stücke gallo-römischer Herkunft, darunter Relikte von Heiligtümern des Mithras, der als Sonnengott die Züge vieler ursprünglich nichtrömischer Gottheiten aus den fernen Kolonien in sich vereint. Spärlich sind hingegen die Reste römischer Baukunst. Erst in der zweiten Hälfte des 20. Jh.s wurden die Grundmauern eines Theaters und eines Thermenkomplexes in Strasbourg ausgegraben, die überbaut worden waren.

Romanik

Mit dem Aufblühen der Klöster hielt die Romanik, deren augenfälligstes Merkmal der Rundbogen ist, ab dem beginnenden 11. Jh. im Elsass Einzug. Schönstes Beispiel für die Frühromanik ist die Kirche von Ottmarsheim, eine fast perfekte Kopie der Pfalzkapelle des Aachener Doms und eine von nur vier Rundkapellen in Mitteleuropa. Im Sakralbau gewann dann der Typus der Basilika stark an Bedeutung, der auch in der Gotik vorherrschend blieb. Die Basilika besitzt ein Mittelschiff, das die beiden Seitenschiffe überragt; später kamen noch das Querhaus und ggf. weitere Seitenschiffe hinzu. Die Innenräume waren in ihrer asketischen Kargheit sehr wirkungsvoll; an den Kapitellen von Pfeilern und Säulen jedoch entfaltete sich oft eine reiche Ornamentik mit Pflanzen-, Tier- und Menschendarstellungen, ja sogar mit der Abbildung furchterregender Ungeheuer oder rätselhafter Mischwesen. In der Hochblüte der Romanik verknüpften die elsässischen Baumeister die karolingische und die ottonische Überlieferung mit Elementen aus Burgund und der Lombardei. Es entstanden kirchliche Bauwerke, die noch heute einen bedeutenden Teil der Sehenswürdigkeiten bilden: die einstigen Abteikirchen von Andlau, Marmoutier und Murbach, die Kirche Ste-Foy in Sélestat und die Kirche St-Pierre-et-St-Paul in Rosheim sowie die malerische kleine Margarethenkapelle in Epfig. Die kulturelle Blütezeit, die das Elsass unter den Staufern (1075 – 1238) erlebte, beschränkte sich aber nicht nur auf Sakralbauten. Neben Kirchen und Klöstern wurden in der von unzähligen Territorien zersplitterten Region auch zahlreiche Burgen errichtet. Nicht umsonst

Die der Pfalzkapelle des Aachener Doms nachempfundene achteckige Kirche von Ottmarsheim

Romanik (Fortsetzung)

nennt man das Elsass das Land der Burgen oder besser gesagt der Burgruinen. Fast 450 sind gezählt worden, ein Drittel davon Höhenburgen. Ein schönes Beispiel des romanischen Stils ist das im frühen 12. Jh. erbaute Château St-Ulrich bei Ribeauvillé, auch die im 19. Jh. wiederaufgebaute Haut-Kœnigsbourg stammt ursprünglich aus dieser Zeit. Werke von Weltrang brachte das Elsass auf literarisch-künstlerischem Gebiet hervor, nämlich die wichtigsten romanischen Handschriften des Elsass, der "Codex Guta-Sintram" (1154) der Nonne Guta und des Mönchs Sintram sowie der "Hortus Deliciarum" der Herrad von Landsberg (▶ Berühmte Persönlichkeiten).

Übergangsstil

Der Übergangsstil bildete die Schwelle von der Romanik zur Gotik. Bedeutende Beispiele für diesen Stil, der romanische wie gotische Elemente aufweist, sind die Eglise St-Léger (Leodegarkirche) in Guebwiller, die Eglise Notre-Dame (Liebfrauenkirche) in Rouffach und St-Pierre-et-St-Paul in Neuwiller-les-Saverne.

Gotik

Die sich seit dem 12. Jh. durchsetzende Gotik hat ihren Ursprung in der Normandie, und von dort breitete sie sich über die Ile de France auch nach Osten aus. Während in der Romanik die Dachkonstruktion noch auf massigen, nur von wenigen Fenstern durchbrochenen Mauern ruhte, wurde in der Gotik mit der Einführung der Kreuzrippe die statische Voraussetzung dafür geschaffen, durch das so genannte Strebewerk den Seitenschub des Gewölbes abzufangen und die Kräfte in das Fundament abzuleiten. Durch diese Skelettkonstruktion wurden die Mauern entlastet und konnten fast ganz in große Fensterflächen aufgelöst werden. Die Proportionen

Buntes Fachwerk

Fachwerkhäuser gibt es im Elsass, wenn auch nicht in allen Regionen, schon lange. Doch erst in den letzten Jahrzehnten bemüht man sich, diese von Gegend zu Gegend unterschiedlichen Bauten zu restaurieren. Zuweilen treibt der neue Trend seltsame Blüten.

Späte Renaissance

Wer denkt beim Elsass nicht unweigerlich an schöne Fachwerkhäuser? Schließlich gehört Fachwerk (frz. colombage) zu den fünf großen "C" des Elsass wie cathédrale (Münster), cigogne (Storch), choucroute (Sauerkraut) und coiffe (Haube). Sicher, Fachwerkhäuser – der Begriff Fachwerk stammt aus dem mittelhochdeutschen "vach", was soviel wie Flechtwerk oder Wandbalken bedeutet – gibt es am linken Oberrhein schon seit Jahrhunderten, doch als Touristenmagnet in Dörfern wie Riquewihr, Ribeauvillé und Eguisheim oder in der Altstadt von Strasbourg und Colmar dienen die Fachwerkbauten erst seit nicht allzu langer Zeit. Bis in die 1980er-Jahre hinein rissen noch Hunderte von Hausbesitzern ihre Gebäude mit den als überholt verschrieenen Holzbalkenkonstruktionen ab und bauten sich ein modernes Häuschen hin. Die Rückbesinnung auf die traditionelle Bauweise gerade bei privaten Haushalten erfolgte also recht spät. Dafür dürfen Privatleute bei den aufwändigen Restaurierungen ihrer "maisons à colombage" seither mit staatlichen Subventionen rechnen.

Geldstück als Glücksbringer

Die ersten Fachwerkhäuser im Elsass stammen aus dem 15. Jahrhundert. Bauherr war fast stets der Zimmermann, der das Holzgerüst des Hauses entwarf und hochzog. Der Maurer errichtete das Fundament und den Schornstein und füllte die Fächer zwischen den Balken je nach Region und Bodenbeschaffenheit mit Lehm der Ebene oder Berggestein. In die Fächer wurden, um das Haus vor Verformung zu schützen, auch schräg verlaufende Streben eingesetzt, wodurch Dreiecke und Trapeze entstanden. In das Fundament des Eigenheims ließ der Hausbesitzer nicht selten ein kleines Geldstück als Glücksbringer einmauern.

Schmuck und Symbole

Anfangs waren die Fachwerkhäuser einfach und schmucklos. Das änderte sich in der 2. Hälfte des 16. Jh.s, als man in den Städten anfing, die Eckbalken der überkragenden oberen Stockwerke sowie Tür- und Fensterrahmen mit prachtvollen Schnitzereien zu dekorieren. Ein

Eines der berühmtesten und schönsten Gebäude von Straßburg – die Maison Kammerzell, in der man auch gut speisen kann. Es gibt sogar neun Hotelzimmer.

schönes Beispiel hierfür ist die Maison Kammerzell in Strasbourg. Später kamen umlaufende Holzgalerien bzw. bemalte Fassaden hinzu, wie an der Maison Pfister in Colmar. Auf dem Land fanden Schmuckformen für Wohnhäuser erst im 17. Jh. Verbreitung. Allerdings hatten hier die Schnitzereien und Malereien nicht nur rein dekorativen, sondern auch symbolhaften Charakter: So verkörpert die recht häufig auftretende Raute den Mutterleib und damit den Wunsch nach vielen Nachkommen, und die liegende Acht steht für ein langes Leben.

Große Vielfalt

Aber nicht überall im Elsass findet man Fachwerkhäuser. In erster Linie gibt es sie in den Weinbaugegenden an der Route du Vin und in den Städten der Rheinebene – in den Vogesen hingegen überwiegen massive Steinbauten. Einheitlich ist die Entwicklung der Fachwerkbauten im Elsass nicht. Im elsässischen Nordosten – in Hunspach, Seebach und Hoffen – findet man weißverputzte Häuser mit hohen Giebeln, Satteldächern und schwarzen Fachwerkbalken, in der Korn- und Hopfenkammer um den Kochersberg besitzen die Bauernhäuser mit den quadratischen, von der Straße durch eine große Toreinfahrt erreichbaren Höfen schön verzierte Balken. Im Ried reichen hohe Pfosten vom Boden bis zum Dach; das Kennzeichen der Fachwerkbauernhäuser im Sundgau ist das von mächtigen Eckpfeilern getragene große Dach – im Sundgau, also im äußersten Süden des Elsass, steht im kleinen Ort Friesen übrigens das älteste elsässische Fachwerkhaus (1480). Im Hanauer Land stößt man noch auf Bauernhäuser, die auf die berühmte, nach dem Dreißigjährigen Krieg (1618–1648) aus der Schweiz zugewanderte Zimmermannsfamilie Schini zurückgehen und teilweise recht überladen und verschwenderisch wirken mit ihren mehrstöckigen Balkonen, Erkern, Balustraden, Haubentürmchen und reich verzierten Schnitzereien. Kennzeichnend für die Winzerorte an der Route du Vin ist das mehrgeschossige, meist dreistöckige Fachwerkhaus mit spitzem Giebel, schönem Schnitzwerk, einer Außentreppe im engen Hof, über die man in die Wohnräume gelangt, und einem Mauerwerk, das zwischen den Balken in vielen Farben leuchtet – Rot, Gelb, Grün, Lila, Blau und Grau.

Alles echt?

Der Trend, Fachwerk zu restaurieren, treibt allerdings zuweilen auch seltsame Blüten. Manchmal passt die Farbe des gestrichenen Mauerwerks überhaupt nicht zum Anstrich benachbarter Häuser; auch sind nicht wenige Gebäude so überrestauriert, dass sie schon kitschig wirken und man ihnen ein Alter von über 200 Jahren keineswegs mehr abnimmt. Und mancher Hausbesitzer malt auf den Verputz mit brauner oder schwarzer Farbe einfach Holzbalken auf.

Fachwerkidylle am Quai de la Poissonerie im Vorzeigeviertel Krutenau von Colmar

Gotik (Fortsetzung)

verschoben sich; die Vertikale wurde betont. Die hohen, von Spitzbogen überwölbten Kirchenschiffe lenkten den Blick nach oben; Türen, Fenster und Wände zeigten reiches Maßwerk; die Steinskulptur erlebte einen machtvollen Aufschwung, vor allem an den Figurenportalen der Kirchen. Als Hauptwerk der elsässischen Gotik gilt das Straßburger Münster, das noch im romanischen Stil begonnen wurde. Weitere bedeutende Bauten dieser Stilepoche sind das Theobaldsmünster in Thann, das Georgsmünster in Sélestat, das Martinsmünster und die Dominikanerkirche in Colmar, die Stiftskirche St. Peter und Paul in Wissembourg sowie St. Nikolaus in Haguenau. Die Glasmalerei feierte große Triumphe, u. a. im Straßburger Münster und in der Kirche zu Niederhaslach. Als Maler religiöser Bilder machten sich Hans Hirtz und Caspar Isenmann, von denen man heute leider nur noch wenige Werke kennt, sowie Matthias Grünewald (Isenheimer Altar) und Martin Schongauer (Madonna im Rosenhag; ▶ Berühmte Persönlichkeiten), die beiden Großen der elsässischen Malerei, einen Namen.

Renaissance

Im Elsass entwickelte sich die Renaissance im Wesentlichen zu einer Kunstform des weltlichen Adels und des wohlhabenden Großbürgertums, während in dieser Zeit der Kirchenbau an Bedeutung zurücktrat. Der neue Wohlstand und das gewachsene Selbstbewusstsein des Stadtbürgertums präsentierte sich seit dem beginnenden 16. Jh. in Rathäusern, Zunfthäusern, Münzen, Kornspeichern, Brunnen und Patriziersitzen. Namentlich in den reichsunmittelbaren Städten entstanden stolze Häuser u. a. mit Volutengiebeln, reich verzierten Erkern, Prachtportalen, Balkonen, Arkaden und Treppentürmchen wie die Maison Kammerzell in Strasbourg, das Kopfhaus und das Pfisterhaus in Colmar, das Haus Katz in Saverne sowie die Rathäuser von Mulhouse und Obernai. Die bekanntesten Künstler dieser Zeit waren Hans Baldung, genannt Grien (1484 / 1485 – 1545), ein Schüler Albrecht Dürers, der auf seinen Bildnissen, Holzschnitten und Zeichnungen neben religiösen Darstellungen erotische Themen bevorzugte, und Sebastian Stoskopff, (1597 – 1657), ein Meister des Stilllebens.

Klassizismus und Barock

Im 18. Jh., als das Elsass zu Frankreich gehörte, setzte sich mehr und mehr der klassische französische Architekturstil durch. Deutlich von dieser Stilrichtung beeinflusst sind das Rohan-Schloss und zahlreiche Adelspalais der Rue Brûlée in Strasbourg sowie das ebenfalls für die Straßburger Fürstbischöfe gebaute Château des Rohan in Saverne. Doch auch barocke Elemente, insbesondere aus dem süddeutschen Raum, kamen ins Elsass. Ein exzellentes Beispiel für die barocke Baukunst ist die heitere, lichtdurchflutete einstige Klosterkirche zu Ebersmunster, die vom Vorarlberger Peter Thumb (1681 – 1766) errichtet wurde. Im beginnenden 18. Jh. ließ sich im Elsass der aus Sachsen stammende Andreas Silbermann nieder, der eine elsässische Orgelbauertradition begründete. Kirchenorgeln der berühmten Dynastie Silbermann sind u. a. in Ebersmunster, Strasbourg, Rosheim, Marmoutier, Molsheim und Wasselonne zu hören.

19. Jahrhundert

In der Architektur schloss sich an Barock und Klassik der Historismus an, der sich in der Nachahmung verschiedener älterer Stile gefiel und dessen augenfälligste Beispiele aus der Zeit stammen, da

Elsass-Lothringen deutsches Reichsland war. Berühmt ist die – einer Theaterdekoration ähnelnde – Haut-Kœnigsbourg bei Sélestat, die ihre heutige Existenz dem vollständigen Neubau im Auftrag Kaiser Wilhelms II. verdankt. Aus der vom allgegenwärtigen Wohlstand des deutschen Kaiserreichs geprägten Ära stammt auch die Gesamtanlage um die Place de la République in Strasbourg, ein bombastisches Ensemble teutonischen Selbstbewusstseins. Nach 1900 folgte der Jugendstil u. a. mit den am Boulevard de la Victoire in Straßburg gelegenen Städtischen Bädern des Stadtarchitekten Fritz Beblo. Der wohl größte elsässische Künstler des 19. Jh.s war der Bildhauer Frédéric Auguste Bartholdi, der Schöpfer der New Yorker Freiheitsstatue (▶ Berühmte Persönlichkeiten).

19. Jahrhundert (Fortsetzung)

Bei "Cravates et Tête" (Krawatten und Kopf; 1925) von Hans Jean Arp schwirren Krawatten vor einem erstaunten Gesicht.

20. Jahrhundert

Seit der Wende vom 19. zum 20. Jahrhundert begann sich immer stärker eine Internationalisierung in Kunst und Architektur durchzusetzen; der rein zweckorientierte Ingenieurbau entstand. Zeugnisse der modernen Architektur sind in Strasbourg das Kongresszentrum, das Palais de l'Europe, das neue Universitätsviertel und andere Baukomplexe sowie in Mulhouse der Europaturm und in Ronchamp die Wallfahrtskirche Notre-Dame du Haut. In jüngster Zeit entstand die Tour de la Liberté (Turm der Freiheit) in Saint-Dié, eine ungemein eindrucksvolle Stahlkonstruktion, welche die idealen (und als idealistisch niemals recht realisierten) Prinzipien der Französischen Revolution versinnbildlicht. Als einer der kreativsten Formschöpfer der Moderne gilt der Maler, Bildhauer und Dichter Hans (Jean) Arp, ein Mitbegründer des Dadaismus (▶ Berühmte Persönlichkeiten).

ander

Reiseziele von A bis Z

Routenvorschläge

Die Hinweise in der Marginalienspalte geben einen Überblick über den Routenverlauf. Innerhalb der Rundfahrten erscheinen die Orte, die bei den "Reisezielen von A bis Z" mit einem Hauptstichwort genannt sind, in **halbfetter Schrift**. Beschreibungen der anderen erwähnten Orte und Sehenswürdigkeiten können über das Register gefunden werden.

1. Der elsässische Norden (ca. 220 km)

Routenkurzbeschreibung

Städte und Gemeinden im Pays de Wissembourg, also in der Grenzregion zu Deutschland, sowie in den Nordvogesen, im Hanauer Land und im Rheingebiet sind das Ziel der Route im elsässischen Norden (ohne Abstecher). Während man im flachen Land in der Regel auf gut ausgebaute Verkehrswege hoffen darf, muss man vor allem in den Nordvogesen streckenweise mit engen und kurvenreichen Sträßchen rechnen; alles in allem sind die Straßen relativ wenig befahren. Für die ca. 220 km lange Strecke sollte man mindestens zwei Tage einplanen.

Pays de Wissembourg

Wer den elsässischen Norden kennen lernen möchte, sollte seine Tour in *__Wissembourg__ beginnen. Denn die nördlichste Stadt des Elsass empfängt Gäste nicht nur mit einem mittelalterlichen Ortsbild. Wenige Meter hinter der Landesgrenze erwartet den deutschen Besucher auch französisches Flair und echte elsässische Küche. Hier macht das Bummeln einfach Spaß. Nach dem Besuch von Wissembourg stellt sich die Frage: zum *Château de Fleckenstein, in eine landschaftlich schöne Gegend oder in typisch elsässische Dörfer? Eine herrliche, sanft hügelige Landschaft bekommt man auf dem Weg nach Lembach über die D 3 zu sehen. Vor allem vom 432 m hohen Col du Pigeonnier genießt man eine wunderschöne Aussicht über die Region südwestlich von Wissembourg. Dass man sich noch in der Nähe von Deutschland aufhält, wird in **Lembach** deutlich, wo die Bunkerfestung Four-à-Chaux der Maginot-Linie besichtigt werden kann. Von Lembach gelangt man – in Richtung Bitche – zum *Château de Fleckenstein, der eindrucksvollsten Ruine in den Nordvogesen. Typisch elsässische Dörfer mit viel Fachwerk gibt es südlich von Wissembourg. Die schönsten Fachwerkhäuser, eins neben dem anderen, findet man in Seebach, *Hunspach und Hoffen – Ortschaften, die nahe der D 263 bzw., wie Seebach, an der

◂ **Hübsche Fachwerkhäuser auf der Place du Marché-aux-Cochons-de-Lait in der Straßburger Altstadt zwischen dem Münster und der südlich davon fließenden Ill.**

* Wissembourg
* Niederbronn-les-Bains
* Hunspach
Lauterbourg
Sarre-Union
* Fleckenstein
* La Petit Pierre
* Haguenau
Sessenheim
* Bouxwiller
Phalsbourg
** Saverne
* Plan Incliné
** Marmoutier
** Strasbourg
* Molsheim
* Mutzig
* Rosheim
** Obernai
** Mont Ste-Odile
Barr
Andlau
* Sélestat
** Ht-Kœnigsbourg
* Bergheim
* Ribeauvillé
** Riquewihr
* Kaysersberg
* Turckheim
* Col de la Schlucht
** Colmar
* Gérardmer
* Munster
* Eguisheim
* Rouffach
* Guebwiller
* Thann
Masevaux
** Mulhouse
* Belfort
Altkirch
* Ferrette
* Montbéliard
© Baedeker

Route 1 (Fortsetzung)

D 34 liegen und in denen trotz der wunderschönen Bauten nur vereinzelt Touristen anzutreffen sind. Aber auch in dieser Gegend spürt man die Grenznähe, denn westlich von Hunspach steht ein weiteres Bollwerk der Maginot-Linie: die Artilleriefestung *Schœnenbourg.

Nordvogesen

Fährt man die D 263 und dann die D 28 in Richtung Nordvogesen weiter, erreicht man das noch im Flachland gelegene Merkwiller-Pechelbronn, in dem früher nach Erdöl gebohrt wurde und das heute dank seiner Thermalquellen als Heilbad bekannt ist. Sechs Kilometer westlich von diesem Ort führt die D 28 in eine Talmulde hinab, in der sich das Städtchen Wœrth befindet. Einen Namen machte sich die Ortschaft im Deutsch-Französischen Krieg 1870/1871, als in der Umgebung blutige, für die Zukunft des Elsass entscheidende Kämpfe stattfanden. Hinter Wœrth steigt die Straße steil an, nach wenigen Kilometern gelangt man in die alte Ortschaft Reichshoffen, kurz darauf nach ***Niederbronn-les-Bains**, dem geschützt in einem Talabschnitt liegenden bedeutendsten elsässischen Heilkurort, und schließlich in das idyllische Oberbronn, an dessen westlichem Ausgang sich ein schöner Ausblick auf das Umland bietet. Von Oberbronn geht es nun weiter über die D 28 Richtung Ingwiller. Rund fünf Kilometer vor diesem Ort kann man einen Abstecher nach *Lichtenberg machen, wo die Ruine einer der größten mittelalterlichen Befestigungsanlagen im Elsass steht. Ab Ingwiller befährt man die D 6 und später die D 9 – eine vor allem zum Schluss sehr idyllische Waldstrecke – nach ***La Petite Pierre**. In dem malerisch auf einem Vogesenrücken liegenden Städtchen sollte man anhalten und einen Spaziergang zum Château unternehmen, in dem ein Informationszentrum über den Parc Naturel Régional des Vosges du Nord untergebracht ist. Auf dem Weg dorthin lohnt eine Einkehr ins Restaurant du Château, wo man bei warmem Wetter auf der kleinen Terrasse elsässische Spezialitäten genießen kann. La Petite Pierre verlässt man in südlicher Richtung auf der D 178, einer engen und kurvenreichen Waldstraße. Im südwestlich gelegenen **Phalsbourg** mit seiner weiträumigen Place d'Armes lebte im 19. Jh. das Schriftstellerpaar Erckmann/Chartrian, dessen Romane vom Publikum verschlungen wurden. Südlich der Stadt befindet sich inmitten waldiger Höhen der Luftkurort Lutzelbourg. Hier sollte unbedingt ein Abstecher zum drei Kilometer entfernten *Schiffshebewerk St-Louis-Artzviller am Rhein-Marne-Kanal gemacht werden, um anschließend auf der Straße neben diesem Wasserweg nach ****Saverne** zu gelangen. Nicht nur Goethe zeigte sich vom "elsässischen Versailles" beeindruckt, auch wenn ihm nicht vergönnt war, das hübsche Schloss am Kanal kennen zu lernen. Imposant wirkt auch die ehemalige Abteikirche von ****Marmoutier** südlich von Saverne, zählt sie doch zu den schönsten Gotteshäusern im Elsass.

Hanauer Land

Man fährt zurück nach Saverne und von dort über die D 6 nach Bouxwiller, wo der große Schlossplatz einen bleibenden Eindruck hinterlässt – vor allem weil das dazugehörige Schloss fehlt. Muss man sich hier das 1805 zerstörte Gebäude vorstellen, kann man sich im 10 km östlich gelegenen Pfaffenhoffen an der D 919 im Museum der Volkskunst, das u. a. Hinterglasmalereien und Votivbilder zeigt, ein Bild über die "elsässische Volksseele" machen. Auch wenn ***Haguenau** am südlichen Rand des Haguenauer Forstes und ca. 15 km östlich von Pfaffenhoffen nicht gerade zu den üblichen touristi-

Routenvorschläge

schen Zielen zählt, lohnt die viertgrößte Stadt im Elsass auf jeden Fall einen Besuch: Man kann gut einkaufen und inmitten sehenswerter Bauwerke bummeln. Apropos Einkaufen! Wenige Kilometer östlich liegt die Ortschaft **Soufflenheim**, wo man sich, wie in Betschdorf am nördlichen Rand des Haguenauer Forstes, mit allerlei Keramik eindecken kann.

Route 1 (Fortsetzung)

Rheinregion

Die letzten Orte der Route befinden sich alle in der Nähe des Rheins. **Sessenheim** lebt von der Erinnerung an seinen berühmtesten Besucher – Johann Wolfgang von Goethe. Seltz ist eine recht unspektakuläre Gemeinde, in der nur die Kirche mit dem modernen freistehenden Glockenturm einen Blickfang bietet. In **Lauterbourg**, der östlichsten Stadt Frankreichs, sind trotz vieler Zerstörungen noch mehr Spuren der Vergangenheit erhalten.

Von der Grenzstadt Lauterbourg kann man direkt nach Deutschland fahren oder über die D 3, eine fast schnurgerade Straße, nach Wissembourg zurückkehren.

2. Route du Vin: Strasbourg – Colmar (ca. 135 km)

Routenkurzbeschreibung

Die zweite, ca. 135 km lange Route orientiert sich größtenteils an der elsässischen Route du Vin (Weinstraße), allerdings nur bis auf die Höhe von Colmar. Südlich von Colmar liegende berühmte Weinorte sind Bestandteil der dritten Route. Die Route du Vin mit ihren größtenteils malerischen Winzerdörfern gehört zu den beliebtesten Strecken im Elsass. Hier gibt es in beinahe jedem Ort Möglichkeiten, Wein zu probieren und zu kaufen, einzukehren und zu übernachten. In der Nähe mancher Orte wie Riquewihr muss häufig mit hohem Verkehrsaufkommen gerechnet werden, insbesondere an schönen Wochenenden und zur Weinlesezeit.

Strasbourg

Für die elsässische Metropole ****Strasbourg** gegenüber von Kehl (Baden-Württemberg) sollte man sich sehr viel Zeit nehmen. Denn die Stadt am Rhein hat nicht nur einen mittelalterlichen Ortskern, sondern auch ein französisches und ein deutsches Viertel, als Sitz des Europarates und Europaparlaments ein sog. Europäisches Viertel, zahlreiche Museen sowie unzählige Möglichkeiten, den Gaumen zu erfreuen und einzukaufen. Von Strasbourg aus bietet sich an, die in Marlenheim beginnende Route du Vin (Weinstraße) mit ihren vielen malerischen Winzerorten etwas südlich davon ab ***Molsheim** – erreichbar über die A 352 – kennen zu lernen. Von der hübschen Bugatti-Stadt ist es nur ein Sprung ins westlich benachbarte altertümliche **Mutzig**, wo einst Kaiser Wilhelms II. mächtigstes Verteidigungsbollwerk stand. Über die N 420 und dann D 500 gelangt man am schnellsten ins romanische Städtchen ***Rosheim**. In Rosheim kann man die Fahrt durch die sanft hügeligen, von Wiesen und vor allem Rebhängen gesäumten Vogesenvorberge beginnen. Über teilweise kleine Straßen windet sich die Strecke, an der sich die Orte in kurzen Abständen aneinanderreihen, durch die Weinbaulandschaft, wobei sich immer wieder herrliche Ausblicke über die Rheinebene bis hinüber zum Schwarzwald bieten. Von Rosheim geht es in das idyllische, in seinen Festungsmauern eingezwängte Bœrsch und dann über Ottrott nach ****Obernai**, das als die “Perle des Unterelsass” gilt. Nach der Rückfahrt über Ottrott empfiehlt sich auf dem Weg nach Barr ein Abstecher zum Kloster

Route du Vin (nördlicher Abschnitt)

Route 2
(Fortsetzung)

auf dem **Mont Sainte-Odile**, der größten Wallfahrtsstätte des Elsass. Nach diesem Besuch fährt man weiter über **Barr**, die unterelsässische Weinmetropole, durch die "Bärenstadt" ***Andlau**, schließlich über Itterswiller, Nothalten und Blienschwiller nach **Dambach-la-Ville**, einem reizenden Städtchen mit schmalen Gassen und eng aneinander gedrängten Häusern. Von hier ist es über das von zwei Burgruinen überragte Scherwiller nur ein kurzes Stück bis nach Châtenois, der Stadt der Schnäpse, von wo aus man

Sélestat

***Sélestat** einen Kurzbesuch abstatten sollte. Das einstige Humanistenzentrum besitzt ein sehr großes und hübsches, ursprüngliches und lebendiges Altstadtviertel. Ein weiterer Abstecher lohnt sich

Route du Vin
(mittlerer
Abschnitt)

von Kintzheim auf der Weinstraße auf die imposante ****Haut-Kœnigsbourg**, die einmal der ganze Stolz von Kaiser Wilhelm II. war und heute beliebtestes elsässisches Ausflugsziel ist. Auf der Route du Vin erreicht man dann am ummauerten Winzerstädtchen St-Hippolyte und am tiefer gelegenen *Bergheim vorbei, auf das man von der Straße einen herrlichen Blick genießt, allmählich die berühmtesten Orte der elsässischen Weinstraße. Das Straßendorf ****Ribeauvillé** wirkt zeitweise wie eine einzige große Kirmes, noch größerer Beliebtheit erfreut sich das südlich gelegene ****Riquewihr**, das sich steil einen Hang hinaufwindet. Zwischen beiden Ortschaften befindet sich das wenig besuchte, aber nette Dörfchen **Hunawihr** mit der weit sichtbaren Wehrkirche; und so wie sich das an der Hauptstraße liegende Zellenberg unvermittelt über einen Hügel ausdehnt, trägt der Ort sein Suffix "-berg" mit Recht. Wie diese beide Orte ist auch das südwestlich gelegene **Kientzheim** eine ruhige Gemeinde. Lebhafter geht es allerdings im benachbar-

Herbststimmung im Liepvrette-Tal bei Haut-Kœnigsbourg

ten **Kaysersberg** zu, dem Geburtsort von Albert Schweitzer. Hier muss das Auto vor den Stadttoren bleiben, wie in Ribeauvillé und Riquewihr auch. Ein beliebter Ort ist ebenfalls ***Turckheim**, das letzte Ziel der hier beschriebenen Route. Im Sommer macht um 22^{00} Uhr sogar ein Nachtwächter seinen Rundgang durch das angestrahlte Städtchen.

Route 2 (Fortsetzung)

Von Turckheim kann man bequem nach Colmar und dann nach Deutschland fahren, oder man kehrt in etwa einer Dreiviertelstunde über die autobahnähnliche N 83 und dann die A 35 nach Strasbourg zurück und sieht sich dabei die elsässische Weinbauregion aus der Ferne an.

3. Der elsässische Süden (ca. 300 km)

Routenkurzbeschreibung

Die Eckpunkte der fast einem hohen Rechteck ähnelnden Route im südlichen Teil des in diesem Reiseführer beschriebenen Gebietes sind Colmar (im Nordosten) und Gérardmer (im Nordwesten) sowie Ferrette (im Südosten) und Montbéliard (im Südwesten). Die Route führt durch Weinorte in den Vogesenvorbergen, durch die Rheinebene, den Sundgau, Teile der Franche-Comté und die Südvogesen. Wer die gesamte Tour (ohne die Route Guebwiller – Thann – Masevaux) bewältigen möchte, muss mit einer Strecke von 300 km rechnen, für die man sich ruhig einige Tage Zeit lassen kann.

Colmar

Für viele deutsche Besucher ist **Colmar**, die vom badischen Breisach aus über die N 415 schnell erreichbare Hauptstadt des Départements Haut-Rhin, das Einfallstor in den südlichen Teil des Elsass. Ein paar Stunden Zeit sollte man für den Besuch der fast immer sehr frequentierten Altstadt mit ihren historischen Fachwerkbauten schon einkalkulieren – schließlich gilt die Metropole des Oberelsass mit dem weltweit bekannten Isenheimer Altar als "die elsässischste aller elsässischen Städte". Rund 10 km südwestlich von Colmar liegt nur wenig von der autobahnähnlichen N 83 entfernt **Eguisheim**, ein malerischer Weinort, in dessen in konzentrischen Kreisen angelegten, von Fachwerkhäusern gesäumten Gassen innerhalb der Stadtmauer einem schwindlig werden kann. Vor der Rückkehr auf die nicht übermäßig befahrene N 83 lohnt von Eguisheim aus ein Umweg über das höher gelegene Gueberschwihr, denn dieses Städtchen zählt nicht nur zu den idyllischsten Weinorten im Umkreis, auf dem Weg dorthin genießt man auch einen herrlichen Blick über die Rheinebene bis hinüber zum Schwarzwald. ***Rouffach**, um das die N 83 einen Bogen schlägt, ist ein alter Ort mit einem wunderschönen Marktplatz, den die Einwohner auch ganz unbescheiden als den schönsten des ganzen Elsass bezeichnen – die Touristen haben das vielleicht noch nicht herausgefunden: Ein Gedränge wie in Eguisheim gibt es hier nicht. Weiter auf der Schnellstraße N 83 gelangt man kurz nach Issenheim ins lang gezogene Straßendorf ***Guebwiller**, das sich aufgrund der Geschwindigkeitsbegrenzung im Ortskern für eilige Besucher auch vom Auto aus besichtigen lässt.

Vogesenvorberge

Thann

Über die N 83 und die dann kreuzende N 66 erreicht man – als Abstecher – in kürzester Zeit das südelsässische Industriestädtchen ***Thann**, das einen hübschen Ortskern und ein schönes Münster zu bieten hat. Besonders stolz sind die Bürger auf den Münster-

Routenvorschläge

Route 3 (Fortsetzung)

turm, der ihrer Meinung nach in puncto Schönheit sogar den des Straßburger und des Freiburger Münsters in den Schatten stellt. Eine verkehrsarme Straße führt von Thann nach Masevaux (s. unten: Südvogesen) über die Route Joffre, einen im Ersten Weltkrieg angelegten militärischen Versorgungsweg. Diese Bergstrecke ist sehr idyllisch, aber auch – Vorsicht! – eng, steil und kurvig.

Rheinebene

Wer sich von Guebwiller aus einen Abstecher nach Thann ersparen möchte, gelangt auf der D 430 auf dem schnellsten Weg nach Mulhouse. Etwa auf halber Strecke bei Ungersheim lädt das **Ecomusée de Haute-Alsace, das Oberelsässische Freilichtmuseum, mit zahlreichen historischen Fachwerkhäusern aus der Oberrheinebene und dem Sundgau zu einem Besuch ein. Auf relativ wenige

Mulhouse

Touristen wird man in ****Mulhouse** stoßen, der zweitgrößten Stadt des Elsass. Immer noch gilt die elsässische Industriemetropole bei vielen nur als Stadt der technischen Museen (Automobile, Eisenbahn, Elektrizität etc.). Dabei hat die Gemeinde in den letzten Jahren einiges unternommen, um das Altstadtbild zu verschönern – und mit Erfolg. Das historische Zentrum, eine Fußgängerzone, ist ein kleines Juwel, das zum Einkaufen und Flanieren einlädt. In den zahlreichen Brasserien der hübschen Seitengassen findet man eine große Auswahl an sog. kleinen Gerichten. Aber Vorsicht: Die Portionen sind mächtig!

Routenvorschläge

Sundgau

Der Sundgau, eine sanft hügelige Landschaft zwischen Mulhouse und den Südvogesen einerseits und dem Schweizer Jura andererseits, ist im Vergleich zu anderen elsässischen Regionen weniger besiedelt und vom Tourismus kaum geprägt. Selbst in der Hochsaison geht es in den Orten und auf den Straßen relativ still zu. So muss man sich im ca. 20 km südlich von Mulhouse gelegenen **Altkirch** mit seiner ruhigen Oberstadt erst an den Gedanken gewöhnen, in der Hauptstadt des Sundgaus zu sein. Und das noch weiter südlich liegende und ebenfalls über die D 432 erreichbare hübsche alte Grafenstädtchen ***Ferrette** wirkt noch gemächlicher und noch beschaulicher – in der Unter- wie in der Oberstadt. Beschaulich ist auch die Fahrt von Ferrette in westlicher Richtung über kleine Landstraßen nach Montbéliard, über sanfte Hügel, durch Wäldchen und Felder, vorbei an kleinen Teichen, in denen Karpfen gezüchtet werden, stammt doch die ausgezeichnet schmeckende “carpe frite”, der gebackene Karpfen, aus dem Elsässischen Jura, wie der Sundgau auch genannt wird.

Franche-Comté

Nach der ruhigen Fahrt über Land wähnt man sich beim Eintreffen in ***Montbéliard** anfangs vielleicht in einer Großstadt, doch schnell ist zu erkennen, dass das frühere Mömpelgard mit dem schönen Schloss im Centre Ville nur die Ausmaße einer Provinzstadt hat. Provinziellen Charakter weist auch das nördlich gelegene, von Vauban, dem Festungsbaumeister Ludwigs XIV., heute noch stark geprägte ***Belfort** auf, das von Montbéliard aus am schnellsten über die Autobahn (auf dieser Teilstrecke keine “péage”, also keine Autobahngebühren!) erreicht werden kann. Die Rückfahrt von Belfort ins Südelsass ist am einfachsten über die nach Mul-

Baedeker TIPP Netter Berggasthof

Unterhalb des Lac d’Alfeld (direkt an der Straße) liegt ein Berggasthof – ein rustikales Gasthaus mit sehr freundlichem Service und erschwinglichen Preisen (Tagesmenü ca. 10 €). Man kann auch draußen sitzen und nach dem Essen einen Verdauungsspaziergang am See unternehmen.

Route 3
(Fortsetzung)

house führende, allerdings nun gebührenpflichtige A 36. Eine wesentlich schönere Fahrt bietet sich über die N 83 an, die direkt an der Zitadelle im Nordosten der Stadt vorbeiführt. Und der Zitadelle muss man einfach einen Besuch abstatten. Von hier oben hat man einen überwältigenden Blick über Belfort – Menschen mit Höhenangst sollten sich aber vom relativ niedrigen Sicherheitszaun unbedingt fernhalten.

Südvogesen

Über die hügelige, recht verkehrsarme N 83 und über kleine Landstraßen (Hinweisschild Rougement-le-Château folgen) gelangt man in den betulichen Vogesen- und Festspielort **Masevaux**, wo in der Schulanstalt der damaligen Benediktinerabtei die spätere russische Zarin Katharina II. den Schliff fürs Leben erhielt. Von Masevaux fährt man nun über die D 466 in die Berge bzw. hinauf auf den Ballon d'Alsace. Bevor sich die Straße serpentinenartig auf den 1274 m hohen Berg hinaufschlängelt, sollte man am Lac d'Alfeld einen Zwischenstopp einlegen. Je mehr man sich dann dem *Ballon d'Alsace nähert, umso mehr kann der Verkehr zunehmen, denn der Berg mit seinen Mattenhängen ist allseits beliebt. Auf den kurvigen und stellenweise engen Bergstrecken sollte man vor allem auf Mountainbiker und Motorradfahrer Acht geben. In St-Maurice-sur-Moselle (nordwestlich vom Ballon d'Alsace) kommt man auf die wieder besser ausgebaute N 66, der man in Richtung Le Thillot folgt. Hier biegt man auf die D 486 ab, eine hübsche Bergstrecke, die durch ruhige, teils verschlafen wirkende Orte führt. Erst in La Bresse spürt man mehr Leben, kann man wieder gut einkehren oder einkaufen. Einen wahren Rummel erlebt man im schön am

Das Wahrzeichen von Belfort: der Löwe aus Vogesensandstein, der an die vielen Belagerungen der Stadt erinnert.

Route 3 (Fortsetzung)

See gelegenen ***Gérardmer**, einem Touristenort, wo Verkehrsstaus auf der Haupt- und Durchgangsstraße an warmen Wochenend- und Feiertagen keine Seltenheit sind. Idyllisch ist die Fahrt von Gérardmer zum Col de la Schlucht. Von der Bergstraße hat man stellenweise einen herrlichen Blick auf den rechts unten liegenden Lac de Longemer – allerdings nur der Beifahrer, der Fahrer sollte sein Augenmerk lieber auf die nicht gerade verkehrsarme, sehr kurvige und streckenweise unbefestigte Straße richten. Hie und da gibt es aber auch kleine Haltepunkte mit schöner Aussicht auf das Tal. Auf der Strecke unterwegs hat man unzählige Möglichkeiten, in den Vogesen zu wandern – natürlich auch am 1159 m hohen *Col de la Schlucht, auf den ein Sessellift hinaufführt. Der letzte Teil der hier beschriebenen Route führt durch die hübschen Bergorte Stosswihr und **Munster**, wo der Münster-Käse seinen Ursprung hat, sowie den ansehnlichen Weinort Wintzenheim, bevor man wieder den Ausgangspunkt, Colmar, erreicht.

Touristikstraßen

Circuit Touristique Franco-Allemand

Route de l'Amitié

Neben der 409 km langen Deutsch-Französischen Touristikroute (Circuit Touristique Franco-Allemand) durch die deutschen Bundesstaaten Baden-Württemberg und Rheinland-Pfalz sowie durch das französische Département Bas-Rhin (ausgehend vom badischen Achern über Haguenau, Wissembourg, Niederbronn-les-Bains, Bouxwiller, Saverne, La Petite Pierre und das lothringische Bitche) und neben der Freundschaftsstraße (Route de l'Amitié), einer grenzüberschreitenden Touristikroute, die auf deutschem Gebiet in Stuttgart beginnt und am linken Oberrhein über Strasbourg, Obernai, Molsheim, Saverne, Bitche und Sarreguemines nach Metz, der lothringischen Hauptstadt, führt, gibt es mehrere gut ausgeschilderte, themenorientierte Touristikstraßen, die zu landschaftlichen, kulturellen und kulinarischen Ausflugszielen führen.

Route du Vin / Route des Vins d'Alsace

Die bekannteste und meistbefahrene Touristikroute des Elsass ist die 170 km lange Weinstraße (Route du Vin). Sie beginnt in Marlenheim (westlich von Strasbourg) und erschließt über Colmar und zahlreiche traditionsreiche schöne Winzerdörfer bis Thann die sich zwischen dem Fuß der Vogesen und der Rheinebene erstreckende elsässische Weinbauregion. Die Strecke ist entsprechend beschildert ("Route des Vins d'Alsace") und durch eine stilisierte Traube sowie das typische langstielige Elsässer Weinglas gekennzeichnet.

Route du Fromage

Die Käsestraße (Route du Fromage) führt von Munster hinauf zum Col de la Schlucht und verläuft dann – identisch mit der Route des Crêtes – südlich am Hohneck und Rainkopf vorbei zum Breitfirst (vor Markstein), weiter unterhalb des 1258 m hohen Schnepfenriedkopfs hin nach Sondernach und wieder bergan zum Petit Ballon (Kleiner Belchen) und schließlich zurück nach Munster. Sie verbindet mehr als dreißig Hochweiden, Almen und Sennereien des oberen Münstertals.

Routes de la Carpe Frite

Die 250 km langen Karpfenstraßen (Routes de la Carpe Frite) verdanken ihre Existenz der "carpe frite" (gebratener / gebackener Karpfen), der kulinarischen Spezialität des Sundgau ganz im Süden des Elsass, dessen zahlreiche Seen in sanft hügeliger Juralandschaft in großem Umfang zur Karpfenzucht genutzt werden. Hierbei handelt es sich um vier ineinander greifende touristische Touren, die in das Land zwischen Mulhouse und der französisch-schweizerischen Grenze führen. Natürlich werden allenthalben gebratene, gebackene oder fritierte (aber fast nirgends gekochte) Karpfen serviert.

Touristikstraßen (Fortsetzung)

Route des Crêtes

Die 103 km lange Vogesenkammstraße (Route des Crêtes) war ursprünglich eine Militärstraße, die im Ersten Weltkrieg angelegt wurde, um die Verbindung der verschiedenen Frontabschnitte sicherzustellen. Heute gehört die Vogesenkammstraße zu den landschaftlich eindrucksvollsten Strecken im Vogesenraum. Die Route beginnt unweit westlich von Colmar bzw. Kaysersberg auf dem 949 m hohen Col du Bonhomme und führt über den Col de la Schlucht und Grand Ballon hinunter nach Cernay bei Thann.

Route du Tabac

Die Tabakstraße (Route du Tabac) schließlich führt durch das wirtschaftlich wichtigste und größte Tabakanbaugebiet im Elsass, das sich in der Oberrheinebene um Strasbourg befindet. Die Tabakkultur und -verarbeitung spielt im Elsass wirtschaftlich eine wichtige Rolle: Rund 1100 Betriebe bauen Tabak an und erzielen einen jährlichen Ertrag von ca. 4500 t auf einer Nutzfläche von 1400 ha. In den entlang der Route du Tabac gelegenen Orten gibt es immer wieder Gelegenheit zu Betriebsbesichtigungen – angefangen bei den Tabakbauern bis zu den staatlichen Regiebetrieben (AlsaTabac und Seita) im Großraum Strasbourg.

Weitere Routen

Neben den oben beschriebenen Routen laden noch weitere zu einem Besuch ein, so die Route de la Choucroute (Sauerkrautstraße) südlich und westlich von Strasbourg, die Route de la Truite (Forellenstraße) von Uffholz bei Cernay nach Remiremont in Lothringen und die Route Gourmande (Feinschmeckerstraße) im nördlichen und Krummen Elsass.

Reiseziele von A bis Z

Hinweis

Die Schreibung und Alphabetisierung der Ortsnamen in diesem Reiseführer folgt der offiziellen französischen Bezeichnung – auch dann, wenn die Namen deutschsprachigen Ursprungs sind und es vielfach eine deutsche Entsprechung gibt; gegebenenfalls ist diese im laufenden Text nachgestellt. So findet man z. B. Straßburg, die Hauptstadt des Elsass, unter "Strasbourg".

Altkirch — L 6

Région: Alsace (Elsass)
Département: Haut-Rhin
Höhe: 312 m ü. d. M.
Einwohnerzahl: 6000

Hauptstadt des Sundgau

Altkirch ist die Hauptstadt und einzige größere Ortschaft des Sundgaus, der oberelsässischen Landschaft zwischen dem Oberrhein, den Vogesen und dem Schweizer Jura. Der ruhige Urlaubsort, eine Station an der Route de la Carpe Frite, liegt knapp 20 km südlich von ▶ Mulhouse in wald- und seenreicher Landschaft auf einem Hügel über der Ill. Hier stand bis ins 19. Jh. hinein eine Burg, von der aus die Grafen von Pfirt (heute ▶ Ferrette) im Mittelalter die Burgundische Pforte kontrollierten und um die herum ab dem 13. Jh. der Ort entstand.

Sehenswertes in Altkirch

Place de la République
Hôtel de Ville

Musée sundgauvien

An der brunnengeschmückten Place de la République steht das im 18. Jh. in klassizistischer Form nach Plänen von Jean-Baptiste Kléber, einem Feldherrn Napoleons, erbaute Hôtel de Ville (Rathaus) mit Dachreiter und Giebelrisalit. Rechts daneben ist in der alten Landvogtei, einem stattlichen Renaissancegebäude, das Sundgau-Museum eingerichtet. Auf zwei Stockwerke verteilt, zeigt es neben Fundstücken aus der gallorömischen und der merowingischen Epoche regionale Trachten, Textilien, Klöppelspitzen, Möbel, Feuer- und Blankwaffen, ein Modell der Oberstadt von Altkirch im Jahr 1680 sowie Medaillen und Münzen. Auch Gemälde verschiedener elsässischer Künstler sind ausgestellt, darunter Werke des örtlichen Künstlers Léon Lehmann (1873 – 1953) und Frauenporträts von Jean-Jacques Henner (1829 – 1905).

Eglise Notre-Dame

Die Eglise Notre-Dame am Schlossgarten, die sich auf dem ehemaligen Burggelände erhebt, wurde im 19. Jh. nach romanischen Vorbildern errichtet. Im Inneren verdienen eine Ölberggruppe (16. Jh.) und eine Pietà aus dem 17. Jh. Beachtung.

Eglise Notre-Dame (Fts.)

In der östlich etwas außerhalb gelegenen Wallfahrtskirche Saint-Morand befindet sich der aus dem 12. Jh. stammende Sarkophag mit dem hl. Morandus (1075 – 1115), dem Missionar des Sundgau; ferner enthält das Gotteshaus Fresken aus dem 18. Jh. von Appiani.

Saint-Morand

Andlau

F 7

Région: Alsace (Elsass)
Département: Bas-Rhin
Höhe: 246 m ü. d. M.
Einwohnerzahl: 1650

"Bärenstadt"

Andlau ist ein reizendes, keineswegs überlaufenes Städtchen mit schönen alten Häusern. Hübsch eingebettet, ja fast versteckt zwischen Wäldern und Weinbergen, liegt der Winzerort am östlichen Fuß der Vogesen im Tal des gleichnamigen Flüsschens, das im Hohwaldgebiet entspringt. Am malerischsten sind die Place de la Mairie mit dem Richardisbrunnen (15. Jh.) und die Oberstadt mit zahlreichen Fachwerkbauten. Von den vielen Fachwerkhäusern stammen die wenigsten aus der Zeit vor dem Dreißigjährigen Krieg, der den Ort schwer in Mitleidenschaft zog. Streckenweise erkennt man Teile der 1432 erbauten Ringmauer, von den früheren neun Türmen sind noch zwei erhalten. Entstanden ist der Ort um eine Benediktinerabtei, die um 880 von der später heilig gesprochenen Richardis gegründet wurde. Der Legende nach soll ein Bärenweibchen der frommen Frau, die von ihrem Gatten, Kaiser Karl dem Dicken (876 – 887), verstoßen worden war, gezeigt haben, wo sie eine Abtei gründen solle. Andlau stand daraufhin ganz im Zeichen des Bären. An die Gründungslegende erinnern die Bärin auf dem Richardisbrunnen auf der Place de la Mairie, Richardis und die Bärin auf dem Brunnen neben dem Pfarrhaus und die romanische Skulptur eines Bären in der Krypta der Abteikirche. In Erinnerung an diese Geschichte wurden fahrende Bärenführer im Ort kostenlos untergebracht und verpflegt; und die Nonnen hielten sich sogar einen echten Bären im Kloster.

Sehenswertes in Andlau

***Abbatiale (ehem. Abteikirche)**

Hauptsehenswürdigkeit im Ortsbereich ist die romanische Kirche der einstigen Benediktinerabtei. Die der hl. Richardis geweihte Abteikirche, der Nachfolgebau eines im 11. Jh. errichteten Gotteshauses, stammt größtenteils aus dem 12. Jh; nach einem Brand Ende des 17. Jh.s wurden Langhaus und Glockenturm umgebaut. Dementsprechend zeigt das Innere der Anlage, die nach der Auflösung des Klosters (1793) während der Französischen Revolution zur Pfarrkirche Sts-Pierre-et-Paul wurde, ein eigenartiges Stilgemisch aus Gotik, Renaissance und Klassik. Nur noch in der weiträumigen, dämmerigen Krypta mit dem steinernen Bären, die vom linken Querhausarm zu erreichen ist, sind Reste des allerersten Baus erhalten. Zu den bedeutendsten Werken romanischer Plastik im Elsass gehören

60 cm hoch und 30 m lang ist der Fries an Andlaus Abteikirche.

Abbatiale (Fortsetzung) die um 1300 angefertigten Fries- und Portalfiguren am massigen Westwerk der Kirche. Auf dem 30 m langen und 60 cm hohen Fries sind sehr malerisch und unterhaltsam Szenen aus der Mythologie und aus dem Alltag, Reales und Phantastisches dargestellt: viele Tierarten, auch exotische, Fabelwesen sowie Jagd- und Gastmahlszenen, kämpfende Ritter und Weinpanscher. Auf den Reliefs um das Portal in der Vorhalle erkennt man die Schöpfungsgeschichte und die Darstellung des irdischen Paradieses; im Tympanon des Portals übergibt Christus die Schlüssel des Paradieses an den hl. Petrus und das Buch an den hl. Paulus (traditiio legis).

Umgebung von Andlau

Haut-Andlau, Spesbourg Ungefähr 1,5 km nördlich erhebt sich die Ruine der im 14./15. Jh. erbauten, bis 1806 bewohnten Burg Haut-Andlau, der Stammburg der Grafen von Andlau; westlich befindet sich die Ruine der Spesbourg (Spesburg), die im 13. Jh. von den Schutzvögten des Klosters Andlau errichtet wurde. Von beiden verfallenen Burgen bietet sich eine prächtige Aussicht auf die Oberrheinebene und in die Vogesenlandschaft.

Le Hohwald Über die D 425 durch das malerische Andlautal erreicht man im Westen von Andlau die Vogesengemeinde Le Hohwald (360 Einw.). Der Ort besteht fast nur aus weit verstreuten Hotels und Villen, eingebettet zwischen Buchen- und Tannenwäldern im schönen Hochtal der Andlau. Der Tourismus begann hier mit der Eröffnung des ersten Gasthofes 1856 durch die Försterswitwe Dorothée Kuntz. Als der Ferienort für Wanderer und Winterurlauber seine besten Tage hatte, zählten zu den berühmtesten Gästen Sarah Bernhardt und Konrad Adenauer. Etliche Einwohner der Gegend sind Nachkommen von Schweizern, Tirolern und Vorarlbergern, die nach dem Dreißigjährigen Krieg, der viele Vogesentäler entvölkert hatte, ins Land geholt wurden. Westlich von Le Hohwald bildet die Andlau den idyllischen Hohwalder Wasserfall (Wegweiser "Cascade").

Le Champ du Feu Ca. 11 km südwestlich von Le Hohwald liegt Champ du Feu (Hochfeld; 1100 m ü.d.M.), die höchste Erhebung im Département Bas-Rhin. Auf dem Champ du Feu, dessen Name auf keltische Zeiten verweist, als hier erstmals Opferfeuer und Sonnwendfeuer brannten, ragt inmitten eines Straßenrondells ein Aussichtsturm auf, dessen Plattform (116 Stufen) einen umfassenden Rundblick gewährt. Die nahen Grashänge sind ein viel besuchtes Wintersportgebiet mit Skiliften.

Le Champ du Feu (Fortsetzung)

Baccarat

F 3

Région: Lorraine (Lothringen)
Département: Meurthe-et-Moselle
Höhe: 274 m ü. d. M.
Einwohnerzahl: 5000

Kristallstadt

Weltberühmt wurde das lothringische Baccarat durch seine Kristallwaren. 1764 entstand die erste Glashütte in dem Meurthe-Städtchen nordwestlich von ▶ Saint-Dié am westlichen Fuß der Vogesen. Zu Beginn des 19. Jh.s wurde die Glasbläserei in eine Kristallmanufaktur umgewandelt, von der sich schon bald die Mächtigen der Welt beliefern ließen, darunter die spanische Königin Isabella II. in der Mitte des 19. Jh.s. Unmittelbar neben den Werkhallen lag die Arbeitersiedlung der rund 1000 Mitarbeiter der Kristallmanufakturen , damit die Glasbläser, wenn die Glocke verkündete, dass das Kristall geschmolzen war, sofort zur Arbeitsstelle eilen konnten.

Baccarat

Sehenswertes in Baccarat

***Musée du Cristal**

Im östlich von der Meurthe gelegenen Ortsteil befindet sich an der Rue des Cristalleries das Kristallmuseum, das neben Kristallglas seit dem frühen 19. Jh. auch eine Glasbläserei und -schleiferei besitzt, in der die Herstellung verfolgt werden kann (Öffnungszeiten: tgl. Apr. – Okt. 9^{30} – 12^{30}, 14^{00} – 18^{30}; Nov. – März 10^{00} – 12^{00}, 14^{00} – 18^{00} Uhr). Zu den Glanzstücken der Sammlung zählt das für Könige und Staatschefs produzierte Tafelkristall. Unterhalb des Museums gibt es eine Verkaufsausstellung der Kristallerie.

Saint-Rémy

Über eine Straßenbrücke gelangt man ans andere Ufer der Meurthe, wo die Pfarrkirche Saint-Rémy steht, die 1957 an der Stelle der 1944 durch Beschuss zerstörten Vorgängerin in Sichtbeton erbaut wurde. Das Gotteshaus mit dem 55 m hohen, nadelförmigen Turm besitzt im Innern schöne Glasfenster der örtlichen Manufaktur mit Szenen der Schöpfungsgeschichte: 4000 Kristallplatten, bestehend aus 20 000 Kristallstücken, symbolisieren in 52 Farben “Leben und Licht”.

Musée Archéologique

Im südlichen Ortsteil Deneuvre wurde im ehemaligen Pfarrhaus das Archäologische Museum eingerichtet, das Funde aus gallo-römischer Zeit, u. a. aus einem vor kurzem freigelegten Herkules-Heiligtum, zeigt.

Umgebung von Baccarat

Raon-l’Etape

Ca. 8 km südöstlich von Baccarat liegt die “Brunnenstadt” Raon-l’Etape (7000 Einw.), ein auch als Wanderzentrum beliebter Ort an

Baccarat, Raon-l'Etape (Fortsetzung)

der Meurthe. Neben dem Rathaus von 1750, einem klassischen Bau mit Arkadenhalle im Erdgeschoss, und der direkt daneben stehenden klassizistischen Kirche von 1833, machen die zwölf Brunnen aus der zweiten Hälfte des 19. Jh.s den Reiz des Städtchens aus. Elf dieser Brunnen sind als historische Denkmäler anerkannt.

Barr

F 7

Région: Alsace (Elsass)
Département: Bas-Rhin
Höhe: 201 m ü. d. M.
Einwohnerzahl: 5000

Weinmetropole im Unterelsass

Das inmitten von Rebhängen am Fuß des Mont Ste.-Odile und am Ausgang des Kirnecktals gelegene Städtchen Barr versteht sich als Weinmetropole des Département Bas-Rhin. Dass viele Bürger der Stadt vor allem mit dem Weinhandel zu einem kleinen Vermögen gelangten, ist an den stattlichen, mit Blumen geschmückten, teilweise aus dem 14. / 15. Jh. stammenden Fachwerkbauten erkennbar, die den Marktplatz, aber auch die Seitengassen säumen.

Sehenswertes in Barr

Hôtel de Ville

Beherrscht wird der stark geneigte Rathausplatz von der lachsroten Hauptfront des Hôtel de Ville (1640), einem reich verzierten Renaissancebau mit Treppengiebel und prächtigem Erker. Im Rathaus findet alljährlich der Weinmarkt statt. Vom Rathausinnenhof, in den man durch ein Tor gelangt, kann man die schöne Rückfront des Gebäudes bewundern.

Eglise St-Martin

Erhöht hinter dem Rathaus und über eine Treppe vom Rathausinnenhof zu erreichen, steht die protestantische Kirche St. Martin, ein eigenartiges Ensemble aus romanischen und historisierenden Elementen. Die vier unteren Turmgeschosse stammen aus dem späten 12. Jh. und zeigen reizvollen Figurenschmuck, im eigentlichen Kirchenbau (1850) befindet sich eine Orgel (1852) aus der Werkstatt der Gebrüder Stiehr in Seltz.

Musée de la Folie Marco

Nahe dem östlichen Ortseingang steht in der Rue Sultzer das "La Folie Marco" genannte stattliche Barockgebäude (1763), das ein Museum regionaler Wohnkultur des 17. bis 19. Jh.s beherbergt. Zu sehen sind u. a. Möbel im Stil der Rheinischen Renaissance sowie Tafelgeschirr, Fayencen und Zinn (Öffnungszeiten: Juli – Sept. Di. bis So. 10^{00} – 12^{00}, 14^{00} – 18^{00}; Mai, Juni, Okt., Dez. Sa. – So. 10^{00} – 12^{00}, 14^{00} – 18^{00} Uhr). Als Louis Félix Marco, Advokat und Amtmann der früheren Herrschaft Barr, in den Jahren 1760 bis 1763 dieses Haus auf einem Grundstück außerhalb der Stadtmauern bauen ließ, nannten die Einwohner der Stadt ein solches Unternehmen eine "Verrücktheit" (folie). Ganz Unrecht hatten sie nicht, denn tatsächlich war Marco nach diesem Bau finanziell ruiniert.

Wie hier in Barr sind viele Bauernhofdurchfahrten mit Maiskolben und alten Gerätschaften geschmückt. ▶

la garde.
ATTENTION AU CHIEN

Barr (Fts.), Musée du Cristal et de la Faïencerie

In der Avenue de la Gare in der Nähe des Bahnhofs im Osten der Stadt befindet sich das Musée du Cristal et de la Faïencerie. Im Kristallmuseum sind 700 Kristallwaren aus dem lothringischen Vallerysthal und aus Portieux (Vogesen) zu sehen, darunter auch zeitgenössische Kreationen (Öffnungszeiten: Mo. – Sa. 10⁰⁰ – 12⁰⁰, 13³⁰ bis 18³⁰, So. 14⁰⁰ – 18⁰⁰ Uhr). Das angeschlossene Steingutmuseum enthält eine große Sammlung von Exponaten aus Niderviller an der Mosel, aus der sich der technische Fortschritt seit 1735 ablesen lässt.

Umgebung von Barr

Mittelbergheim

Das südlich von Barr an der Route du Vin gelegene Mittelbergheim wird zu den hundert schönsten Dörfern Frankreichs gezählt. Tatsächlich entspricht der Ort, der sich malerisch an einen Berghang schmiegt, mit seinen hübschen Fachwerkwinzerhäusern vor allem um die Place de l'Hôtel de Ville, aber auch in den engen, steilen Gässchen dem Idealbild eines elsässischen Winzerdorfes.

Belfort — K 4

Région: Franche-Comté
Département: Territoire de Belfort
Höhe: 358 m ü. d. M.
Einwohnerzahl: 50 000

Sperrfeste der Burgundischen Pforte

Belfort, die Hauptstadt des gleichnamigen Gebiets, spielte aufgrund seiner nördlichen Lage im nördlichen Teil der Trouée de Belfort (Burgundische Pforte) schon immer eine wichtige Rolle; denn auf dem Weg zwischen Vogesen und Jura musste die an der Savoureuse und am Canal de Montbéliard à la Haute Saône gelegene Stadt passiert werden.

Geschichte

Die hier nur knapp 30 km breite Engstelle zwischen Rhein- und Rhônetal war stets ein umkämpfter Platz. Nachdem im Westfälischen Frieden (1648) das Gebiet vom Heiligen Römischen Reich Deutscher Nation an Frankreich abgetreten worden war, wurden die Festungswerke der Stadt im Jahre 1687 durch den genialen Vauban erheblich vergrößert, was das Aussehen Belforts heute noch prägt. Fährt man z. B. auf der Route Nationale aus nordöstlicher Richtung in das Stadtgebiet ein, so passiert man zunächst den weit gehend intakten bzw. restaurierten Festungsgürtel, ehe man das Zentrum von Belfort erreicht. Im Deutsch-Französischen Krieg (1870/1871) leistete Belfort den preußischen Truppen hartnäckigen Widerstand, was dazu führte, dass es im Frankfurter Frieden nicht – wie das Elsass und Teile Lothringens – an die Siegermacht fiel, sondern bei Frankreich verblieb. Sogleich setzte ein rascher Wirtschaftsaufschwung ein, da zahlreiche elsässische Industrieunternehmen auf der Flucht vor der preußischen Besatzung hierher ausgewichen waren und nun sofort die Produktion steigern konnten. Heute spielen Maschinen-, Elektro-, Textil- und Chemiewerke sowie die Halbleiter-, Elektronik- und Computerindustrie im Wirtschaftsleben der Stadt eine bedeutende Rolle.

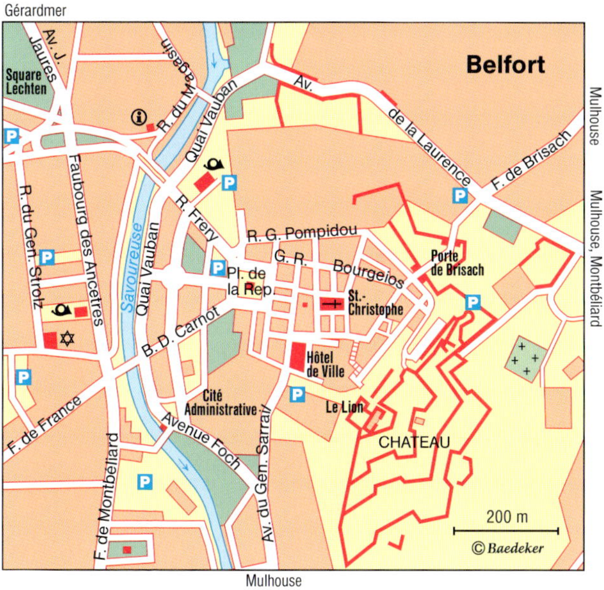

Sehenswertes in Belfort

Place de la République

Den Mittelpunkt der am linken Ufer der Savoureuse gelegenen Altstadt bildet die Place de la République, auf der das vom Colmarer Bildhauer Frédéric-Auguste Bartholdi (▶ Berühmte Persönlichkeiten) geschaffene Monument des Trois Sièges steht, womit an die drei Belagerungen der Stadt (1813/1814, 1815 und 1870) erinnert werden soll. An der Nordseite des Platzes befindet sich das Palais de Justice (Justizpalast), südlich gegenüber die Préfecture (Präfektur) von 1903.

Square Lechten

Etwa 500 m nordwestlich erstreckt sich der Square Lechten, ein blumenreicher Park mit prächtigem alten Baumbestand.

Eglise Saint-Christophe

Unweit östlich der Place de la République steht an der Place d'Armes die Kirche Saint-Christophe (1727 – 1750), die während der Französischen Revolution vorüberhegend zum "Tempel der Vernunft" umfunktioniert und 1981 zur Kathedrale erhoben wurde.

Hôtel de Ville

Das nahe gelegene Hôtel de Ville (Rathaus) mit der schönen Treppe in den ersten Stock und der prächtigen Salle Kléber im Innern wurde 1724 als Bürgerpalais errichtet und 1789 entsprechend seiner neuen Bestimmung umgebaut.

Porte de Brisach

Ein Teil der alten Befestigungsanlage ist die 1687 von Sébastien le Prestre, Seigneur de Vauban, dem Festungsbaumeister Ludwigs XIV., errichtete Porte de Brisach (Breisacher Tor; 1687), die den nordöstlichen Abschluss des Altstadtbereiches bildet. Im dreieckigen Giebelfeld sind eine in Stein gehauene Sonne, das Sinnbild von Kö-

Porte de Brisach (Fortsetzung)

nig Ludwig XIV., und dessen Wappenspruch "Nec pluribus impar" (Niemand ist ihm gleich) zu erkennen.

*Château

Musée de l'Art et de l'Histoire

*Lion de Belfort

An die einstige Bedeutung der Stadt erinnert die gewaltige Zitadelle, die auf einem 70 m hohen Felsen über der Stadt thront und von Vauban entworfen wurde. In ihrem Kern geht sie auf eine Burg aus dem 13. Jh. zurück. 1813 / 1814, 1815 und 1870 trotzte sie drei Belagerungen. In den ehemaligen Wohnquartieren ist das Musée de l'Art et de l'Histoire (Kunst- und Geschichtsmuseum) mit einer lokalgeschichtlichen Sammlung untergebracht. Zu sehen sind Eisen- und Bronzewaffen, Schmuck aus der Jungsteinzeit sowie der gallorömischen und fränkischen Epoche, eine Gemäldesammlung (u. a. Signac, Vlaminck, Utrillo, Courbet, Rodin) und Modelle der Vauban'schen Befestigungen. Von der Zitadelle bietet sich ein herrlicher Blick auf die Stadt und auf das Umland. Hinter dem Tor gelangt man an Festungswällen entlang zum Wahrzeichen Belforts, der 22 m langen und 11 m hohen, aus Vogesensandstein geschaffenen Plastik des "Lion de Belfort" (Löwe von Belfort), die ebenfalls der Bildhauer Frédéric-Auguste Bartholdi, der auch Schöpfer der New Yorker Freiheitsstatue war, in den Jahren 1875 – 1880 zur Erinnerung an die 103-tägige Belagerung von 1870 / 1871 schuf. Von der Basis der Löwenplastik, die vor einer steilen Felswand steht, genießt man ebenfalls einen schönen Ausblick.

Umgebung von Belfort

Giromagny

Giromagny (3200 Einw.), ca. 12 km nördlich von Belfort im Massiv des Ballon d'Alsace gelegen, war bis zum Westfälischen Frieden (1648) Eigentum der habsburgischen Krone und besaß seit dem 15. Jh. einen bedeutenden Blei- und Silbererzbergbau, in dem zahlreiche sächsische Arbeiter beschäftigt waren. Später entwickelte sich die Gemeinde zum Luftkurort, Wander- und Wintersportzentrum. Zu den Sehenswürdigkeiten des Ortes zählen die Maison Mazarin, das 1565 erbaute Haus des Bergbaugerichts an der Grande Place, und das nahe gelegene Musée de la Mine (Bergbaumuseum), das einen guten Überblick über den Erzabbau vergangener Zeiten bietet. Am südwestlichen Ortsrand liegt ein Fort, das einen Teil des Vauban'schen Befestigungsgürtels von Belfort bildete.

Ronchamp

**Notre-Dame-du-Haut

Architekturfreunden empfiehlt sich ein Abstecher nach Ronchamp (3000 Einw.), 22 km nordwestlich von Belfort entfernt. Oberhalb des ehemaligen Bergwerksstädtchens thront die dem Frieden geweihte Kapelle Notre-Dame-du-Haut (dienstags geschlossen). Diese Ikone moderner Architektur wurde 1950 – 1955 an der Stelle einer 1944 zerstörten Kirche nach Plänen des französisch-schweizerischen Architekten Le Corbusier erbaut, der die Kapelle dem Erzbischof von Besançon mit den Worten überantwortete, sie sei "vielleicht mit Tollkühnheit, gewiss aber mit Mut errichtet". Neben dem eigenwilligen Äußeren des glattflächigen, festungsartigen Stahlbetonbaus fasziniert im schlichten Innern vor allem das Zusammenspiel von Licht, Form und Raum. Durch die zahlreichen, unregelmäßig in den Mauern verteilten, farbig verglasten Öffnungen erhält das Kircheninnere ein gedämpftes Licht. In einem verglasten Gefach in der Mauer über dem Altar steht eine uralte Marienstatue, die das

Hoch über Ronchamp thront Le Corbusiers Kapelle Notre-Dame-du-Haut, eine Ikone moderner Architektur.

Notre-Dame-du-Haut (Fortsetzung)

Ziel einer seit 1274 nachgewiesenen Wallfahrt (Hauptfest am 8. September) ist. Vom Kapellenhügel, auf dem auch ein Gefallenendenkmal steht, bietet sich ein schöner Blick nach Süden. Außerdem befindet sich im Ort an der Place de la Mairie die Maison de la Mine, ein kleines Bergbaumuseum, das bergmännische Arbeits- und Ausrüstungsgegenstände sowie eine Spezialsammlung zum Thema Silikose (Staublunge), der seinerzeit im Bergbau verbreiteten Berufskrankheit, zeigt.

Bitche

B 7

Région: Lorraine (Lothringen)
Département: Moselle
Höhe: 243 m ü. d. M.
Einwohnerzahl: 5500

Standhaftes Bollwerk

Die lothringische Festungsstadt Bitche, am westlichen Vogesenrand auf der Höhe von Karlsruhe bzw. zwischen ► Sarreguemines und ► Wissembourg gelegen, ist noch gar nicht so alt. Sie entstand am Fuß des Felsens, auf dem ab 1681 unter dem Sonnenkönig Ludwig XIV. eine Zitadelle gebaut wurde, die dazu dienen sollte, den Vogesenübergang vom Elsass nach Lothringen zu überwachen und zu verteidigen. Zwei Belagerungen durch preußische Armeen im Deutsch-Französischen Krieg (1870 / 1871) hielt das gewaltige Fort immerhin stand.

Sehenswertes in Bitche

*Citadelle

Die weithin sichtbare Zitadelle (306 m ü. d. M.) erhebt sich beherrschend über der Garnisonstadt. Errichtet wurde die Bergfestung nach Plänen von Sébastien le Prestre, Seigneur de Vauban, dem Festungsbaumeister Ludwigs XIV., zwischen 1681 und 1683 (Öffnungszeiten: März – Mitte Nov. 10⁰⁰ – 17⁰⁰, Juli – Aug. bis 18⁰⁰ Uhr). Wenige Jahre später ließ man die in den Fels gehauenen Werke schleifen, von 1740 bis 1754 jedoch wieder aufbauen. Im Deutsch-Französischen Krieg (1870 / 1871) bot die Festung bei der Belagerung von Bitche auch der Zivilbevölkerung Zuflucht, im Zweiten Weltkrieg bildete sie einen wichtigen Punkt der Maginot-Linie. Die Besatzung belief sich damals auf rund 1000 Mann.
Durch einen langen überwölbten Gang gelangt man in das Innere der aus rotem Sandstein gebauten Festung, wo sich reizvolle Ausblicke in das Umland öffnen. Hier befindet sich der Zugang zu den Souterrains de la Citadelle (Kasematten). Insgesamt sind 67 Räume und Raumteile ausgeschildert; eine audiovisuelle Darbietung mit Diaprojektionen und Geräuschuntermalung erklärt die Einzelheiten. Eine besondere Attraktion sind die unterschiedlichen Gerüche, die den Gesamteindruck abrunden sollen und durch das Versprühen diverser synthetischer Geruchsstoffe erzielt werden. Auf dem höchsten Punkt der Zitadelle, von dem man ein eindrucksvolles Panorama genießt, steht ein Fahnenmast, um dessen Fuß kreisförmig eine Orientierungstafel angebracht ist.
Vorsicht: Die hoch gelegenen, grasbewachsenen Plattformen, von denen die Mauern der Bastionen nahezu senkrecht abfallen, sind völlig ungesichert.

Musée du Deuxième Empire

Auf der obersten Plattform der Zitadelle sind nahe beim Ausgang aus den Kasematten zwei Museen zu finden. Das Musée du Deuxième Empire (Museum des Zweiten Kaiserreichs) in der ehemaligen Bäckerei enthält Reproduktionen von Kupfer- und Stahlstichen sowie Grafiken aus der Zeit Napoleons III., ferner Bücher, Bildkeramik, Orden und Ehrenzeichen, Uniform- und Trachtenpuppen. Gegenüber befindet sich das Musée Historique du Pays de Bitche (Historisches Museum des Bitcherlandes), in dessen Erdgeschoss Versteinerungen von Pflanzen und Tieren, Funde aus der Steinzeit und der Römerzeit sowie Gegenstände aus dem Bauernkrieg und dem Dreißigjährigen Krieg ausgestellt sind. Im Obergeschoss kann man als zentrales Exponat ein Modell der Zitadelle und des nahen Umlandes (1794) sowie Blank- und Feuerwaffen, Kürasse und Uniformteile bewundern.

Musée Historique du Pays de Bitche

Umgebung von Bitche

Simserhof

Von Bitche folgt man der in Richtung Zweibrücken führenden D 35 bis zur Abzweigung zu dem ca. 4 km entfernten, in die Maginot-Linie integrierten Festungswerk Simserhof (Hinweisschild "Ligne Maginot"). Das Panzerfort, eines der fünf wichtigsten seiner Art in der Maginot-Linie, ist seit 1940 in funktionstüchtigem Zustand erhalten geblieben. Die mit acht Kampfständen ausgerüstete und knapp 800 Mann Besatzung fassende Festungsanlage besitzt unterirdische Stollenanlagen von ca. 5 km Länge. Zu besichtigen sind Kraftwerk, Unterkünfte, Truppenküche, Krankenstation mit Operationssaal und Geschützstände. In den Gängen sind Geschützrohre aus beiden Weltkriegen zu sehen; im Munitionsmagazin ist ein kleines Museum untergebracht, das Diaskope, Episkope, Negative u. a. zeigt. Wegen der nur ca. 11 °C erreichenden Innentemperatur ist warme Kleidung von Vorteil.

Simserhof (Fortsetzung)

Meisenthal

Im rund 11 km südlich von Bitche gelegenen Ort Meisenthal, dem Sitz einer traditionsreichen Glasmanufaktur, zeigt die Maison du Verre et du Cristal (Haus des Glases und des Kristalls) eine sehr sehenswerte Sammlung von Kunstglas, u. a. Werke von Emile Gallé (1846 – 1904) und Gläser aus den dreißiger Jahren des 20. Jh.s (Öffnungszeiten: Mi. – Mo. 14^{00} – 18^{00} Uhr). Zum Museum gehört auch eine Demonstrationswerkstatt.

Ein Glasbläser in der Demonstrationswerkstatt der Maison du Verre et du Cristal von Meisenthal bei der Arbeit

Etang de Hanau

Von der N 62, die Bitche mit ▶ Niederbronn-les-Bains verbindet, zweigt nach knapp 12 km eine landschaftlich schöne Nebenstraße nördlich ab. Sie führt durch Wald zu dem hübschen, als Naherholungsziel viel besuchten Etang de Hanau (Hanauer Weiher), einem rund 18 ha umfassenden Stausee. Hier gibt es Gartenrestaurants, angenehme Park- und Picknickplätze sowie ein großes Campinggelände und zahlreiche Wanderwege (Informationstafel beim Restaurant Bellevue). Auf der Westseite ragt über dem See die Ruine der um 1635 zerstörten Burg Waldeck auf; östlich erheben sich in einiger Entfernung vom See die als Wanderziel beliebten und eine schöne Aussicht gewährenden Reste der Burg Falkenstein, die 1677 von französischen Truppen zerstört wurde.

Bouxwiller

Région: Alsace (Elsass)
Département: Bas-Rhin
Höhe: 220 m ü. d. M.
Einwohnerzahl: 3700

Städtchen mit Schlossplatz ohne Schloss

Das alte Städtchen Bouxwiller (Buchsweiler), am westlichen Rand der Oberrheinebene rund 25 km westlich von ▶ Haguenau gelegen, war bis 1793 Hauptort der Grafschaft Hanau-Lichtenberg und des "Hanauer Landes". Aus dieser Zeit blieb jedoch nur wenig erhalten: Die Stadtmauer wurde abgerissen, das Schloss 1805 zerstört. Dennoch lohnt der ruhige und untouristische, hübsch verschachtelte Ort mit seinen schmalen Gassen und seinen liebevoll restaurierten Fachwerkhäusern aus dem 15. bis 18. Jahrhundert, u. a. an der Place du Marché-aux-Grains (Kornmarkt), einen Besuch.

Sehenswertes in Bouxwiller

Place du Château

Im südöstlichen Teil der Stadt – am Schlossplatz, der nach dem Verschwinden des Schlosses etwas verloren wirkt – steht ein großzügiger, niedriger Gebäudekomplex, der 1659 als gräfliche Kanzlei bzw. Rentkammer errichtet und 1909 umgebaut wurde. Er dient heute als Hôtel de Ville (Rathaus) und beherbergt im Obergeschoss das Musée de Bouxwiller et du Pays de Hanau, das volkstümliche Kunst, bemalte Bauernmöbel und Volkstrachten des Hanauer Landes zeigt. Rechts von der Hauptfront des Rathauses erhebt sich der einstige Marstall (1688), in dem heute das Postamt eingerichtet ist.

Baedeker TIPP Kabarett à la Paris

In der südwestlich von Bouxwiller gelegenen 500-Seelen-Gemeinde Kirrwiller gibt es das einzige Dorfkabarett Frankreichs, dessen 1000 Plätze fast immer ausgebucht sind: in Paris und Las Vegas angeheuerte Revuetänzerinnen, Musiknummern und Magie mit Artisten von internationalem Renommee sorgen für Unterhaltung – alles wie im Moulin Rouge von Paris, nur die Preise in Pierre Meyers Royal Palace sind wesentlich günstiger (☎ 03 88 70 71 81, FAX 03 88 71 31 95, www.royale-palace.com).

St-Jacques

Jenseits der Altstadt-Durchgangsstraße Grand'Rue steht etwas abseits die 1614 erbaute, stilistisch der Gotik zuzuordnende protestantische Kirche St. Jakobus, in deren Innerem eine Silbermann-Orgel von 1778 zu finden ist.

Musée Judéo-Alsacien

In der ehemaligen Synagoge in der Grand' Rue Nr. 62 (am westlichen Ende von Bouxwiller) informiert das im Jahr 1998 eröffnete Jüdisch-Elsässische Museum in neun Ausstellungsräumen u. a. mittels Videovorführungen über die Geschichte der Juden im Elsass (▶ Baedeker Special, S. 128). Anhand von lebensgroßen Puppen und Keramikmodellen zeitgenössischer Künstler werden

Alltagsszenen dreidimensional wiedergegeben (Öffnungszeiten: Mitte Apr. – Mitte Sept. Di. – Fr. 10 00 – 12 00-, 14 00 – 17 00, So. und Fei. 14 00 – 17 00 Uhr).

Musée Judéo-Alsacien (Fts.)

Vom südwestlich gelegenen Bastberg (320 m ü. d. M.), auf den ein geologischer Lehrpfad hinaufführt, bietet sich ein schöner Rundblick. Hier oben sollen, wie Dorfbewohner gern berichten, einst Hexen ihr Unwesen getrieben haben.

Bastberg

Umgebung von Bouxwiller

Das auf einer Höhe der Nordvogesen gelegene und als ruhiges Sommerferienziel besuchte Dorf Lichtenberg (800 Einw.) – 10 km nördlich von Bouxwiller – wird überragt von der Ruine einer der größten und schönsten Befestigungsanlagen im Elsass, der aus dem 13. stammenden Burg der Grafen von Hanau-Lichtenberg, die später unter dem Festungsbaumeister Vauban zu einer wehrhaften Residenz umgebaut wurde. Die kleine französische Garnison, die hier stationiert war, musste 1870 jedoch nach heftigen Bombardements kapitulieren. Vom Turm der Burg (Orientierungstafel) hat man einen herrlichen Blick in die umliegende Waldlandschaft (Öffnungszeiten: März und Nov. So. 13 00 – 16 00; Apr. – Mai, Sept. – Okt. Mo. – Sa. 10 00 – 12 00, 13 30 – 18 00, So. und Fei. 10 00 – 19 00; Juni – Aug. Mo. – Sa. 10 00 – 18 00, So. und Fei. 10 00 – 19 00 Uhr; Achtung: Mo. vormittags immer geschlossen).

***Lichtenberg**

Das aus dem 13. Jh. stammende Château Lichtenberg, eine der größten Befestigungsanlagen im Elsass

Umgebung von Bouxwiller (Fts.), Pfaffenhoffen

Im Musée de l'Image populaire (Museum der Volkskunst) von Pfaffenhoffen – ca. 12 km nordöstlich von Bouxwiller an der D 919 – kann man sich ein Bild über "die Stärke der elsässischen Seele" machen, wie es Robert Werner, Chefredakteur bei TF 1 sowie Autor von zahlreichen Dialektsendungen und Werken über die elsässische Lebensart, einmal formulierte, denn das Museum zeigt "die Quintessenz der elsässischen Traditionen": Hinterglasmalereien, Weihnachtsbilder, Votivbilder, Miniaturmalereien in kleinen Medaillons u.a., die von einheimischen Laien und Künstlern angefertigt wurden (Öffnungszeiten: Mai – Sept. Di. – So. 14^{00} – 18^{00}, Mi. auch 10^{00} bis 12^{00}; Okt. – Apr. Di. – Fr. 14^{00} – 17^{00}, Mi. auch 10^{00} – 12^{00}, Sa. – So. 14^{00} – 18^{00} Uhr). Ganz in der Nähe des Museums steht die 1791 erbaute und damit älteste noch erhaltene Synagoge des Elsass. Sie ist auch das einzige erhaltene elsässische Beispiel einer sog. versteckten Synagoge, die sich nicht von den Nachbarhäusern unterscheidet. In dem renovierten Gotteshaus, in dem kein religiöses Gemeindeleben mehr stattfindet, sind eine Kahlstub (Gemeindesaal), ein Ritualbad und ein Zimmer für durchreisende Gäste sowie ein Matze-Ofen und ein schöner Thora-Schrein zu sehen.

Colmar H 7

Région: Alsace (Elsass)
Département: Haut-Rhin
Höhe: 193 m ü. d. M.
Einwohnerzahl: 63 500

Elsass pur

Colmar, Hauptstadt des Département Haut-Rhin und nach ▶ Strasbourg und ▶ Mulhouse die drittgrößte Stadt im Elsass, liegt in einer klimatisch besonders begünstigten Zone an der Ill, am Ausgang des Münstertals in die Rheinebene. Die behutsam restaurierte Altstadt mit zahlreichen schönen Fachwerk- und Renaissancehäusern sowie der städtische Reichtum an berühmten Kunstwerken machen Colmar zu einer der schönsten Städte im Elsass. Darüber hinaus ist die "elsässischste aller elsässischen Städte", die ohne Touristen relativ verschlafen wirkt, aufgrund ihrer Lage nahe der Mündung zweier wichtiger Vogesentäler (Vallée de la Fecht und Vallée de la Béhine) einer der besten Ausgangsorte für den Besuch der Hochvogesen und der südlichen Route du Vin.
Neben dem sehr lebhaften Tourismus spielen Verwaltungs- und Dienstleistungsunternehmen sowie in den Außenbezirken auch Industriebetriebe eine Rolle (Textil-, Nahrungsmittel- und Feinmechanikindustrie). Außerdem ist Colmar Zentrum des elsässischen Weinbaus.

Geschichte

Im Jahr 823 wurde das um einen karolingischen Königshof entstandene Colmar als Columbarium (Taubenhaus) erstmals erwähnt. Unter den Staufern wuchs die Stadt. Schon 1220 war sie von einer Mauer umgeben, und 1226 erhob Kaiser Friedrich II. sie zur Freien Reichsstadt. Bald entwickelte sie sich zum bedeutendsten Handelsplatz im Oberelsass, in dem auch Kunst und Wissenschaft blühten. Als reichsunmittelbare Stadt schloss sich Colmar 1354 dem Elsässischen Zehnstädtebund an und war eine der wehrhaftesten Städte im Elsass; im Jahre 1474 konnte der Ort selbst Karl dem Kühnen von

Strasbourg, St-Dié

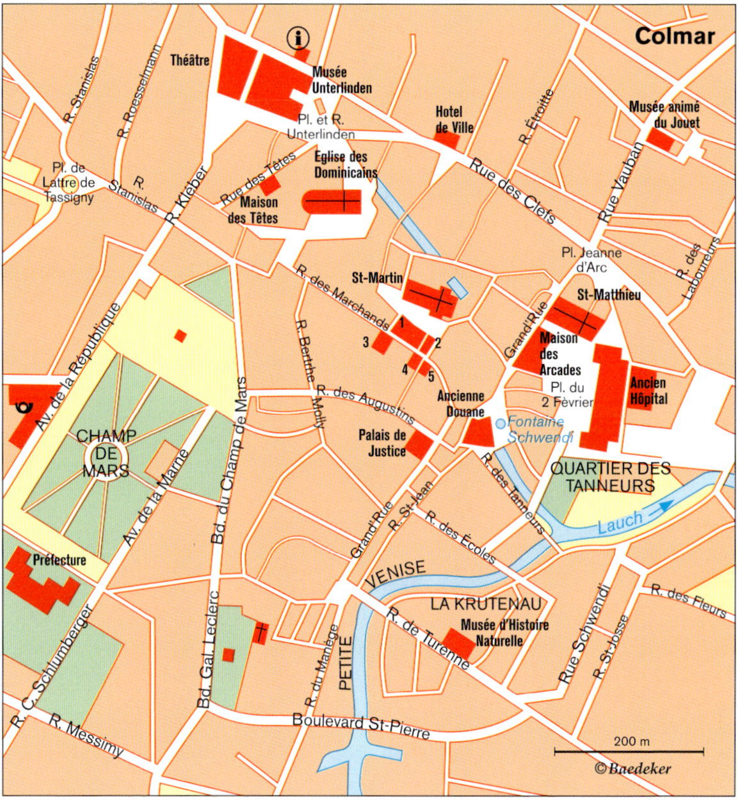

Neuf-Brisach

Gare, Guebwiller

Gare SNCF

1 Ancien Corps de Garde 2 Maison Pfister 3 Musée Bartholdi 4 Maison du Cygne 5 Maison Schongauer

Geschichte (Fortsetzung)

Burgund trotzen. Im Dreißigjährigen Krieg wurde die Stadt von den Schweden besetzt, 1673 von den Franzosen annektiert. Die neuen französischen Herren ließen die Festungswerke der Stadt schleifen und hoben die seit der Reformation bestehende Glaubensfreiheit auf. 1871 – 1918 / 1919 war Colmar als Kolmar die Hauptstadt des Bezirks Oberelsass im deutschen Reichsland Elsass-Lothringen. Die Metropole wurde auch zu einem Zentrum des Widerstands gegen die neue Obrigkeit, zu dessen herausragenden Gestalten der Karikaturist Jean-Jacques Waltz alias Hansi (▶ Berühmte Persönlichkeiten) zählte. 1919 wurde aus Kolmar wieder Colmar, und nach Einmarsch der deutschen Truppen 1940 hieß die Stadt abermals Kolmar. Bei der fürchterlichen Kesselschlacht im Februar 1945 zwischen den Deutschen und den Aliierten, die als "Bataille de la Poche de Colmar" Eingang in die Geschichtsbücher fand und die die Naziherrschaft im Oberelsass beendete, blieb die Stadt wie durch ein Wunder nahezu verschont. Auch ist Colmar die Geburtsstadt des Malers und Kupferstechers Martin Schongauer (um 1450 – 1491;

Colmar

Geschichte (Fortsetzung)

▶ Berühmte Persönlichkeiten) sowie Wirkungsstätte des Malers Matthias Grünewald (eigentlich Mathis Gothardt Nithard; um 1460/1470 – 1528), des letzten und größten Meisters der Spätgotik. Auch Frédéric-Auguste Bartholdi (1834 bis 1904 ▶ Berühmte Persönlichkeiten), der Schöpfer des Löwen von Belfort und der New Yorker Freiheitsstatue, stammte aus Colmar.

Sehenswertes in Colmar

Champ de Mars

Am Westrand der Altstadt erstreckt sich neben der verkehrsreichen Avenue de la République der Champ du Mars, ein mit Bäumen bestandener langer Platz, der bis 1804 als Exerzierplatz diente und dann in einen Park umgewandelt wurde. An seiner Südseite befindet sich die Préfecture (Präfektur; 1865 – 1890), westlich jenseits der Durchgangsstraße die Hauptpost. Im Norden schließt sich die Place Rapp an.

*Musée d'Unterlinden

Noch weiter nördlich liegt die Place Unterlinden mit dem zu Beginn des 13. Jh.s gegründeten, während der Französischen Revolution aufgehobenen Dominikanerinnenkloster Unterlinden, das im Mittelalter eines der Zentren des Mystizismus war. In diesem Kloster, einschließlich der 1269 von Albertus Magnus geweihten frühgotischen Kirche, befindet sich das weltbekannte Musée d'Unterlinden (Unterlinden-Museum; Öffnungszeiten: Apr. – Okt. tgl. 9⁰⁰ – 18⁰⁰; Nov. – März Mi. – Mo. 10⁰⁰ – 17⁰⁰ Uhr). In der Eingangshalle befinden sich romanische und gotische Steinskulpturen, darunter der Figurenschmuck des südöstlich stehenden Münsters St. Martin, zu sehen. Die Räume um den schönen frühgotischen Kreuzgang herum zeigen ein Lapidarium und religiöse Kunst (romanische und gotische Skulpturen, Glasgemälde, Goldschmiedearbeiten, darunter die Tafeln des Passionsaltars von Caspar Isenmann, der als Lehrmeister von Martin Schongauer gilt). Im schönen Klosterkeller (13. Jh.) sind Funde aus der Vor- und Frühgeschichte, aus gallorömischer Zeit (Kleinbronzen, Terra sigillata, Mosaikfußboden) und aus der Merowingerzeit sowie eine recht umfangreiche Sammlung moderner Kunst (Grafik, Malerei, Plastik u. a. von Renoir, Picasso, Léger, Rouault, Mathieu, Vasarely, Braque) ausgestellt. Im ersten Obergeschoss gelangt man zunächst zur Empore der Kapelle mit einer volkskundlichen Sammlung (religiöse Kunst, Hausrat, Handwerksgerät, Wirtshausschilder, großbürgerliche Wohnkultur und Mobiliar aus dem 18. und 19. Jh., Blank- und Feuerwaffen) sowie einer sehenswerten Sammlung von Puppen und Puppenstuben. Eine kleine Abteilung zeigt Aquarelle des Karikaturisten Hansi mit Motiven aus dem alten Colmar.

Die größten Schätze befinden sich in der Kapelle. Hier sind Werke von Martin Schongauer zu bewundern, die er um 1470 für das ehemalige Kloster von Isenheim bei ▶ Guebwiller malte, sowie

Baedeker TIPP Dreiländer-Pass

Mit dem oberrheinischen Museumspass hat man Zutritt in 144 Einrichtungen im Elsass, in Baden und in der Nordwestschweiz, u. a. im Musée d'Unterlinden. Der innerhalb eines Monats an vier frei wählbaren Tagen gültige Pass kostet 19,82 € und ist in den Museen und Offices de Tourisme, bei FNAC und Virgin Mégastore sowie unter www.ticketnet.fr erhältlich.

insgesamt 24 Tafeln des Passionsaltars, die aus seiner Werkstatt stammen. Das Hauptwerk aber bildet der Isenheimer Altar. Das aus mehreren Teilen bestehende Œuvre, ein Meisterwerk am Übergang von der Spätgotik zur Renaissance, malte Matthias Grünewald um das Jahr 1515 ebenfalls für das Kloster Isenheim. Heute werden die Tafeln aus konservatorischen Gründen nur einzeln gezeigt – zur Demonstration hängt das Altarmodell jedoch mehrfach an den Wänden. Ursprünglich sah man je nach Ablauf des Kirchenjahres entweder die Kreuzigung Christi mit dem heiligen Antonius und dem heiligen Sebastian, die Geburt Christi mit dem Engelskonzert, die Versuchung des Antonius und das Gespräch des Antonius mit dem Einsiedler Paulus in der Wüste. Berühmtheit erlangte das Werk wegen seiner für die damalige Zeit ungewöhnlichen Farbgebung und der nahezu surrealistischen Darstellungskraft. Der geschnitzte Schrein des Mittelteils mit den Figuren der Heiligen Augustinus, Antonius und Hieronymus wird Nikolaus von Hagenau zugeschrieben.

Musée d'Unterlinden (Fortsetzung), **Isenheimer Altar

Colmars berühmtestes Kunstwerk ist ein Besuchermagnet: der Isenheimer Altar von Matthias Grünewald.

Über die Rue des Têtes südlich vom Unterlinden-Museum gelangt man in die hervorragend restaurierte historische Innenstadt von Colmar (großenteils Fußgängerzone) mit zum Teil engen und winkligen, von kunstvollen Aushängeschildern geschmückten Gassen sowie zahlreichen Bürgerhäusern aus dem 16. und 17. Jh. Dabei passiert man die Maison des Têtes, das "Kopfhaus" (19, Rue des Têtes), ein 1609 errichteter schöner Renaissancebau, der mit 105 Köpfen und Masken vor allem am Erker geschmückt ist und im Innern ein

***Altstadt**

Maison des Têtes

Altstadt (Fortsetzung)	altbekanntes Weinrestaurant beherbergt. Weiter südlich in der Rue des Boulangers (Bäckergasse) und der Rue des Serruriers (Schlossergasse), zwei alten Zunftstraßen, stößt man ebenfalls auf malerische alte Fachwerkbauten.

Eglise des Dominicains

An der Rue des Serruriers erhebt sich die im 13. Jh. erbaute, heute profanierte frühgotische Eglise des Dominicains (Dominikanerkirche), ein schönes Beispiel für die rheinische Gotik. In dem von außerordentlich schlanken Pfeilern gestützten schmalen, hohen Chor und in der rechten Langhauswand finden sich beachtenswerte Glasmalereien aus dem 14./15. Jh. und Altäre aus Marbach bei ▶ Eguisheim. Die Hauptsehenswürdigkeit der Kirche aber ist am Anfang des Chorraums zu finden: die Madonna im Rosenhag (1473), das früheste Gemälde von Martin Schongauer. Es wurde 1972 aus der Cathédrale Saint-Martin (s. unten) gestohlen und im darauffolgenden Jahr in Lyon wiedergefunden. Die äußeren Gemälde des Flügelaltars sind im 19. Jh. entstanden. Links vom Altar erläutern Schautafeln die Ikonografie.

*Madonna im Rosenhag

Couvent

Nördlich schließt an die Kirche das einstige Dominikanerkloster (heute u.a. Stadtbibliothek), in dem Wiegendrucke sowie Handschriften aus dem 8.–15. Jh. zu sehen sind. Im Kreuzgang (15. Jh.) werden im Sommer Serenadenkonzerte veranstaltet.

Hôtel de Ville

Nordöstlich des Klosters steht an der Rue des Clefs, der Hauptgeschäftsstraße der Altstadt, das in französischem Klassizismus errichtete Hôtel de Ville (Rathaus) aus dem 18. Jahrhundert.

Grand'Rue

Südöstlich von hier erhebt sich an der Grand'Rue die ehemalige Eglise des Franciscains (Franziskanerkirche; 14.–16. Jh.), die wertvolle Glasfenster aus dem 14. und 15. Jh. besitzt und seit 1575 als evangelische Kirche (St-Matthieu) dient. Südlich gegenüber der Kirche stößt man auf die Maison des Arcades, ein 1606 als protestantischer Pfarrhof errichteter, mit Erkern geschmückter Arkadenbau. Gegenüber, also östlich, befindet sich das Ancien Hôpital, ein ehemaliges Bürgerspital, das jetzt die Technische Universität Colmar beherbergt.

Musée Animé du Jouet et des Petits Trains

An der nach Nordosten verlaufenden Rue Vauban (östlich des Rathauses) befindet sich in Haus Nr. 40 das Musée Animé du Jouet et des Petits Trains (Spielzeug- und Modelleisenbahn-Museum; Öffnungszeiten: Mi.–Mo. 10^{00}–12^{00}, 14^{00}–18^{00} Uhr) u.a. mit einer umfangreichen Puppensammlung. Im dritten Stock des dreigeschossigen Museums ist eine riesige Spielzeugeisenbahnanlage mit ca. 20 Zügen aufgestellt. Und die Kinder haben sicher auch an der Kutsche von Aschenbrödel Spaß.

***Collégiale Saint-Martin**

Den Mittelpunkt der Altstadt bildet die Place de la Cathédrale. Sie wird beherrscht von der ursprünglich gotischen, im 18. Jh. weitgehend umgestalteten Stiftskirche Saint-Martin, die von den Colmarern auch gern als Kathedrale bezeichnet wird. An der Südseite des Querhauses erhebt sich der 72 m hohe Turm, dessen gotischer Helm 1572 abbrannte und in der Renaissance durch eine pagodenförmige Dachkonstruktion ersetzt wurde. An der Südseite befinden sich auch das reich verzierte Nikolausportal sowie eine Uhr und eine Emailtafel mit der lang gestreckten Achterschleife des Mittagspunktes. Im hochgotischen Chor (1350 – 1366) sind Glasmalereien (14. Jh.) und eine Kreuzigungsgruppe aus demselben Jahrhundert beachtenswert.

Collégiale Saint-Martin (Fts.)

Ancien Corps de Garde

Südwestlich gegenüber dem Münster steht das Ancien Corps de Garde (Gerichtslaube; 1575), von dessen reich verziertem Renaissance-Erker früher die Bekanntmachungen des Magistrats verlesen wurden. Links daneben ist die gotische Maison Adolph (1350), eines der ältesten erhaltenen Privathäuser der Stadt.

***Maison Pfister**

An der Ecke der malerischen Rue Mercière und der Rue des Marchands erhebt sich die Maison Pfister (Pfisterhaus) mit markantem Treppenturm und Fassadenmalerei. Das Gebäude zählt zu den schönsten Häusern in der Altstadt. Es wurde 1537 für einen Hutmacher aus Besançon im Renaissancestil errichtet und besitzt schöne Holzgalerien. Die südlich gegenüber gelegene Maison au Cygne (Huselin zum Swan) wird teilweise als das Wohnhaus Martin Schongauers (▶ Berühmte Persönlichkeiten) bezeichnet,

Eine der malerischsten Straßen von Colmar: die Rue des Marchands

Musée Bartholdi

An der Rue des Marchands (Nr. 30) zeigt das Musée Bartholdi Erinnerungen an den 1834 in diesem Barockgebäude geborenen Bildhauer Frédéric-Auguste Bartholdi, der u.a. die Freiheitsstatue in New York und den Löwen von ▶ Belfort geschaffen hat (Öffnungszeiten: März – Dez. Mi. – Mo. 10^{00} – 12^{00}, 14^{00} – 18^{00} Uhr).

Ancienne Douane

Unweit südöstlich der Maison Pfister steht an der Place du Marché aux Fruits (Obstmarkt) die Ancienne Douane, auch "Koifhus" (Altes

Ancienne Douane (Fortsetzung)

Kaufhaus) genannt. Dieses Gebäude, 1480 errichtet und zwischen dem 16. und 18. Jh. erweitert, war einst der wirtschaftliche und politische Mittelpunkt der Stadt. Im Erdgeschoss wurden Waren gelagert und Zölle erhoben; im ersten Stock fanden Sitzungen des Zehnstädtebundes statt. Der schöne einstige Sitzungssaal der Reichsstädte zeigt in seinen Fenstern die Wappen der zehn elsässischen Reichsstädte.

Baedeker TIPP Hier wird man fündig

Antiquitätenliebhaber werden in der Rue des Marchands sicher fündig, z. B. bei Madame Pfeiffer im Haus Nr. 5 (Antiquités Brocante Pfeiffer): Spiegel, Kerzenleuchter, Porzellan – auch für den kleinen Geldbeutel.

Fontaine Schwendi

An der Ostseite der Ancienne Douane befindet sich der gleichnamige Platz mit der Fontaine Schwendi (Schwendibrunnen), einem von Bartholdi geschaffenen Brunnendenkmal des kaiserlichen Feldhauptmanns Lazarus von Schwendi (1552 – 1584), der aus den Türkenkriegen von Ungarn die Tokaierrebe ins Elsass mitgebracht haben soll. Tatsächlich ist die früher als Tokaier bezeichnete hiesige Pinot-gris-Rebe nicht mit ihrem ungarischen Namensvetter verwandt.

*Quartier des Tanneurs

Südöstlich von hier erstreckt sich das Quartier des Tanneurs (Fußgängerzone), das einstige Gerberviertel, das seit 1968 hervorragend restauriert worden ist und schöne Fachwerkhäuser besitzt. Diese Fachwerkhäuser sind schmal und sehr hoch, da sie einen Dachboden zum Trocknen der Tierhäute benötigten. Bei der Westecke des Marché Couvert (Markthalle) gelangt man zur Fontaine des Vignerons (Rebmännleinbrunnen, elsässisch "Rabmännele"; 1869), gleichfalls ein Werk von Bartholdi.

Tribunal Civil, Maison des Chevaliers de Saint-Jean

Südwestlich gegenüber der Ancienne Douane (s. zuvor) steht das Tribunal Civil (Justizpalast; 18. Jh.). Weiter südwestlich stößt man auf die in venezianischem Stil errichtete Maison des Chevaliers de Saint-Jean (Johanniterhaus; 1608), eines der originellsten Renaissancehäuser der Stadt.

Quartier de la Krutenau

Noch weiter südöstlich schließt sich das von der Rue Turenne durchzogene Quartier de la Krutenau, die einst befestigte Vorstadt Kräuterau an, wo die Gemüsehändler lebten. Begrenzt wird das Viertel im Süden durch den Boulevard Saint-Pierre.

**Petite Venise

Das liebevoll restaurierte Bilderbuchviertel an der Lauch, Colmars meistfotografiertes Postkartenmotiv und zugleich der romantischste Teil des Stadtviertels Krutenau, wird "Petite Venise" (Klein-Venedig) genannt. Von der Petersbrücke (Pont Saint-Pierre) hat man einen schönen Blick auf die von schmalen, hohen Häusern mit kleinen Gärten gesäumte Lauch und auf den Turm der Martinskathedrale.

Musée d'Histoire Naturelle et d'Ethnographie

Mitten in Krutenau, an der das Viertel von Nordwest nach Südost durchziehenden Rue de Turenne, befindet sich das Musée d'Histoire Naturelle (Naturhistorisches und Völkerkundliches

Das malerische Viertel Petite Venise in Colmar ▸

Colmar (Fortsetzung)

Museum), das sich der Fauna und Flora der Region widmet und Exponate aus der Geologie, Mineralogie, Paläontologie, Ethnografie und Ägyptologie präsentiert (Öffnungszeiten: Mitte Feb.–Mitte Dez. Mi.–Mo. 10^{00}–12^{00}, 14^{00}–17^{00}, So. 14^{00}–18^{00} Uhr).

Saint-Pierre

Nahe beim westlichen Ende des Boulevard Saint-Pierre erhebt sich die gleichnamige Kirche (auch Lyzeumskirche genannt), eine an der Stelle eines karolingischen Königshofs um 1750 errichtete barocke Jesuitenkirche. Westlich davon in den Anlagen steht ein von Bartholdi geschaffenes Denkmal für den Colmarer Physiker G. A. Hirn (1815–1890).

Bahnhof

Weit im Westen des Parc du Château d'Eau bzw. südwestlich des Champ de Mars steht am Place de la Gare der 1902–1906 errichtete wilhelminische Bahnhof, der an die Silhouette einer alten Dampflokomotive erinnert, wobei der Hauptturm den Schornstein bildet.

Musée des Usines Municipales

Colmar hat nicht nur große Kunst und alte Bauten zu bieten. Im Rudenwadelweg (Forêt du Neuland) – im Südosten der Stadt und in der Nähe der Avenue d'Alsace – ist in einem Gebäude aus dem 19. Jh. das Museum der Städtischen Werke untergebracht, das die Geschichte des Wassers, des Gases, der Elektrizität und der Verkehrsmittel erzählt (Öffnungszeiten: auf Anfrage).

Dambach-la-Ville — G 7

Région: Alsace (Elsass)
Département: Bas-Rhin
Höhe: 215 m ü. d. M.
Einwohnerzahl: 1800

"Blumenstadt"

Das äußerst malerische Winzer- und Ackerbürgerstädtchen Dambach-la-Ville nördlich von ▶ Sélestat kann sich rühmen, mit 470 ha den größten Weinberg im Elsass zu besitzen. Überdies wurde der Ort im nationalen Wettbewerb "villes et villages fleuris" schon mehrmals für seinen üppigen Blumenschmuck ausgezeichnet. Das Städtchen mit den schmalen Gassen und den aneinander gedrängten Häusern ist von einer mittelalterlichen Mauer mit drei Tortürmen aus dem 14. Jh. umzogen. Viele spätgotische Erkerhäuser prägen das Gesamtbild der ehemaligen bischöflichen Stadt, etliche Gebäude verfügen über einen hübschen Innenhof. Besonders idyllisch zeigt sich die abseits der Durchgangsstraße gelegene Place du Marché (Marktplatz) mit dem Renaissancerathaus von 1547 und dem Renaissancebrunnen, den ein steinerner traubenfressender Bär, das Symbol der Stadt, ziert. Von besonderem Reiz ist auch das schmale Fachwerkhaus Nr. 12, in dem sich eine der bekanntesten Elsässer Winstubs, das "Caveau Nartz", befindet.

Sehenswertes in Dambach-la-Ville

Chapelle Saint-Sébastien

Unweit außerhalb der Porte Haute (Obertor), des nördlichen Stadttors, steht in westlicher Richtung auf einer Anhöhe mitten in den Weinbergen die Chapelle Saint-Sébastien (Sebastianskapelle) mit romanischem Turm, gotischem Chor und Beinhaus. Im Innern der Kapelle befindet sich ein reich geschnitzter barocker Altar aus dunklem Holz (1690 – 1696); die Muttergottesstatue (15. Jh.) am linken Seitenaltar wird der Schule von Tilman Riemenschneider zugeschrieben. Die Skelette im Beinhaus außerhalb des Gotteshauses stammen von aufständischen Bauern, die Herzog Anton von Lothringen während des Bauernkrieges im Kampf um Scherwiller (1525) erschlagen ließ (▶ Geschichte). Vom Kirchlein hat man einen schönen Blick auf Dambach und in die Oberrheinebene.

Mitten in den Weinbergen von Dambach-la-Ville steht auf einer Anhöhe die Chapelle Saint-Sébastien.

Umgebung von Dambach

Bernstein

Zu Fuß erreicht man von der Chapelle Saint-Sébastien aus in ca. 45 Min. die auf 562 m Höhe gelegene – jüngst renovierte – Ruine der im 12./13. Jh. errichteten Burg Bernstein (1632 und 1789 zerstört) mit dem ältesten frei stehenden Wehrturm des Elsass. Von hier oben aus bietet sich eine schöne Aussicht auf die Rheinebene und die Vogesenausläufer.

Epfig

Nördlich von Dambach-la-Ville liegt an der viel befahrenen Durchgangsstraße N 422 der ruhige Winzerort Epfig (1700 Einw.). Östlich der Durchgangsstraße (Wegweiser) steht im ummauerten Friedhof die kleine, kreuzförmige, von einem mächtigen Vierungsturm beherrschte Margarethenkapelle (11. Jh.) mit Beinhaus und mit schöner Vorhalle, deren romanische Arkaden ein wenig Licht in das düstere Gotteshaus dringen lassen. Im Innern finden sich Reste von

*Chapelle Sainte-Marguerite

Epfig

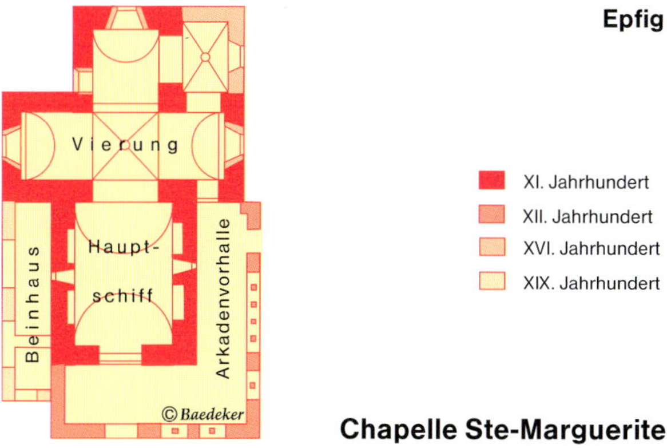

Chapelle Ste-Marguerite

Epfig (Fortsetzung)

Gewölbefresken, die einen thronenden Christus und die Evangelistensymbole zeigen. Einer Legende nach soll das Kirchlein einem Nonnenkloster als Betstätte gedient haben, wofür der vorhandene Kreuzgang spräche. Völlig rätselhaft ist jedoch, wann und warum das Beinhaus mit den säuberlich aufgeschichteten Schädeln entstand. Vielleicht wurden die Gebeine aus Platzmangel aus dem Friedhof ausgegraben und hier aufbewahrt.

Ebersmunster

Das Elsass ist nicht mit Barockbauten gesegnet. Das malerische Dorf Ebersmunster (445 Einw.) aber, ca. 10 km östlich von Dambach-la-Ville an der Ill, kann stolz darauf verweisen, mit seiner Kirche das bedeutendste Zeugnis der vom oberdeutschen Raum beeinfluss-

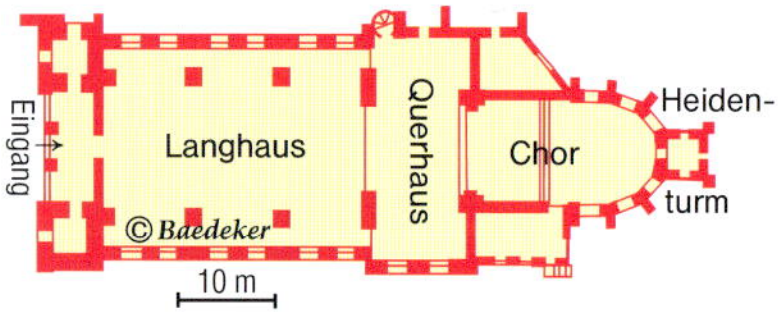

***Eglise Abbatiale St-Maurice**

ten Barockbaukunst am linken Oberrhein zu besitzen. An der Stelle der barocken dreitürmigen Kirche stand einst ein Benediktinerkloster, das die Eltern der hl. Odilie (▶ Mont Sainte-Odile) gegründet haben sollen und das im Dreißigjährigen Krieg (1618 – 1648) niederbrannte. In der Folgezeit wurden Kirche und Klostergebäude

In der Eglise Abbatiale St-Maurice von Ebersmunster – barocker Schmuck, wohin man blickt.

wiederaufgebaut. Die Kirche mit den beiden weithin sichtbaren Zwiebeltürmen und dem "Heidenturm", der dem Chor angefügt ist, entstand im Jahr 1727 nach Plänen des Vorarlberger Baumeisters Peter Thumb. Im heiteren, lichtdurchfluteten Innern lenken nicht nur das Chorgestühl, die Stuckverzierungen, Beichtstühle und Deckenfresken den Blick auf sich. Der monumentale, mit Gold und Skulpturen verzierte Hochaltar von 1728 reicht mit seinem kronenförmigen Baldachin bis zum Chorgewölbe. Die große Orgel von 1732 ist eines der letzten Instrumente, die der aus Sachsen stammende Andreas Silbermann gebaut hat; im Mai finden hier sonntags um 17^{00} Uhr Konzerte statt.

Ebersmunster (Fortsetzung)

Nördlich von Ebersmunster bzw. nordöstlich von Dambach-la-Ville liegt an der Route du Tabac, zwischen N 83 und dem Fluss Ill, das hübsche alte Städtchen Benfeld. Hauptsehenswürdigkeit des Ortes ist die astronomische Uhr am Rathausturm (15.–17. Jh.) mit der Zwiebelkuppel. Jede volle Stunde tritt an der schiefergedeckten Haube der "Stubehansel" hervor. Der Sage nach soll dieser Ratsdiener im Hundertjährigen Krieg die Stadt an die Söldnerbanden der Armagnaken verraten haben, weshalb er nun bei seinem Erscheinen immer die Kinnlade fallen lässt – wie einst, als er sein Todesurteil erfuhr.

Benfeld

Eguisheim H 6

Région: Alsace (Elsass)
Département: Haut-Rhin
Höhe: 204 m ü. d. M.
Einwohnerzahl: 1500

****Päpstlicher Geburtsort**

Eguisheim (Egisheim), ein altes Winzerstädtchen von höchst malerischem Reiz südwestlich von ▶ Colmar, gilt als Geburtsort von Papst Leo IX. (1049–1054), dem vormaligen Bruno Graf von Egisheim, der nach seinem Tod heilig gesprochen wurde – allerdings auch das unterelsässische Dabo (▶ Marmoutier) nimmt für sich in Anspruch, Geburtsort des einzigen elsässischen Papstes zu sein. Eguisheim, das zu den ältesten Ortschaften der Gegend zählt, entstand um eine im 8. Jh. gegründete kleine Wasserburg. Das Bild des Weinorts wird von idyllischen Gassen, Brunnen und Fachwerkhäusern aus dem 16. und 17. Jh. bestimmt. Dazu zählen mehrere Zehnthöfe, die einst zu Klöstern gehörten und in denen der köstliche Eguisheimer Wein gespeichert wurde. Entlang der den Ort schützenden kreisförmigen Stadtmauer mit ihren Türmen ist ein lohnender Rundgang (Circuit des Remparts) ausgeschildert, der zwischen schön restaurierte Häuschen führt. Diesen Rundgang kann man in der stadteinwärts parallel verlaufenden Gasse wiederholen, denn die Stadt ist in konzentrischen Kreisen um die Burg herum gebaut.

Sehenswertes in Eguisheim

Château

Den Ortsmittelpunkt bildet die eigenartige achteckige Pfalz, die Ringmauer einer aus der Stauferzeit stammenden, aber bereits im

Château (Fortsetzung)

8. Jh. gegründeten kleinen Wasserburg, die 1894 erneuert wurde. Die 1889 gebaute neuromanisch-byzantinische Kapelle, deren Inneres von historisierenden Wandmalereien bedeckt ist, bewahrt das Andenken an Papst Leo IX. aus dem Geschlecht der Grafen von Egisheim. Der Brunnen davor wird von seiner Statue gekrönt.

Eglise St-Pierre-et-St-Paul

Oberhalb des Brunnens steht die Pfarrkirche, die an der Stelle eines 1807 abgebrochenen romanischen Gotteshauses entstand, von dem noch der Turm und das Westportal (12. / 13. Jh.) stammen.

Umgebung von Eguisheim

*Route des Cinq Châteaux

In Husseren-les-Châteaux, etwa 3 km westlich, beginnt die 11 km lange Fünfburgenstraße (Route des Cinq Châteaux), die 1963 angelegt wurde. Sie führt – kurvenreich und nicht sonderlich breit – hauptsächlich in nördliche Richtung und endet in Wintzenheim.

In den Weinbergen von Eguisheim gönnen sich Erntehelfer eine kleine, aber wohlverdiente Pause.

Nachts ist die Fünfburgenstraße gesperrt. Die erste Station an der Straße bildet die ausgedehnte Anlage der Ruine Haut-Eguisheim (Hoch-Egisheim; 591 m ü. d. M.), deren drei weithin sichtbare Türme "Drei Egsen" (Besitz der Eguisheimer Grafen) genannt werden und ursprünglich jeweils zu eigenständigen Burgen gehörten, nämlich Dagsburg (12. Jh.), Wahlenburg (11. Jh.) und Wekmund (13. Jh.). Man vermutet, dass auf Hoch-Egisheim Papst Leo IX. im Jahr 1002 geboren wurde. Von der obersten Plattform des Bergfrieds von

Wahlenburg, dem mittleren Turm, genießt man eine hervorragende Rundsicht über die Oberrheinebene. Erhöht über der Straße steht als nächstes Ziel 6 km weiter die im 13. Jh. erbaute, 1635 zerstörte und gründlich restaurierte Burg Hohlandsberg (627 m ü. d. M.). Von hier steigt man in 1 Std. zur Pflixburg ab. Die gut erhaltene Ruine dieser bereits 1220 erwähnten, aber 1434 zerstörten Burg bildet die letzte Station an der Fünfburgenstraße.

Eguisheim (Fortsetzung)

Das malerische, auf einem Rebhügel gelegene Winzerdorf Gueberschwihr 10 km südlich von Eguisheim besitzt nicht nur stattliche Winzerhöfe aus dem 16. und 17. Jh. beiderseits der schmalen, natursteingepflasterten Hauptstraße, sondern auch einen 36 m hohen romanischen Glockenturm (um 1120), der aufgrund seiner Fenstergalerien in den oberen drei Etagen als der schönste romanische Kirchturm an der Route du Vin gilt.

Gueberschwihr

Ensisheim

J 7

Région: Alsace (Elsass)
Département: Haut-Rhin
Höhe: 217 m ü. d. M.
Einwohnerzahl: 6100

Ensisheim an der Ill war von 1135 bis zum Ende des Dreißigjährigen Krieges 1648 Hauptort und Verwaltungszentrum der österreichischen Besitzungen im Oberelsass. Mit seinen teils prächtigen Häusern aus dem 15. und 16. Jh. zeigt das alte Städtchen in der Oberrheinebene 12 km nördlich von ▶ Mulhouse noch heute ein malerisches Bild. Ein hübscher Spazierweg folgt dem Verlauf der alten Stadtmauer.

Einstiges österreichisches Verwaltungszentrum

Sehenswertes in Ensisheim

Das mit einer säulengetragenen offenen Vorhalle gezierte Rathaus (1535 – 1547), der einstige Sitz der österreichischen Verwaltung, entstand nach einem spätgotischen Gesamtplan und verdankt seinen reichen Fassadenschmuck der Renaissance. Im Rathaus ist das Musée de la Régence mit einer historischen und archäologischen sowie mit einer Sammlung zum Kali-Abbau in der Umgebung zu finden. Prunkstück bildet ein 54 kg schwerer Meteorit, der am 7. November 1492 “mit Donnerschlag von oben herab aus dem Gewülk” fiel, wie die Chronik des Sebastian Brant berichtet, und als der älteste historisch erwähnte seiner Art in Europa gilt. Ursprünglich soll der Stein 150 kg schwer gewesen sein – an Gewicht verlor er deshalb, weil wichtigen Besuchern gern Stücke des Himmelskörpers überreicht wurden.

Hôtel de Ville

Musée de la Régence

Umgebung von Ensisheim

Bei dem 4 km westlich gelegenen Ort Ungersheim präsentiert das Ecomusée de Haute-Alsace (Oberelsässisches Freilichtmuseum), Frankreichs größtes und beliebtestes Freilichtmuseum, auf einem

**Ecomusée

Ecomusée (Fortsetzung)

15 ha großen Gelände ca. 70 traditionelle Fachwerkhäuser, die in ihrem Ursprungsort in der Oberrheinebene und im Sundgau demontiert und hier wieder sorgfältig aufgebaut wurden (Öffnungszeiten: tgl. Nov.–Feb. 10^{30}–16^{30}; Apr.–Juni, Sept. 9^{30}–18^{00}; März und Okt. 10^{00}–17^{00}; Juli–Aug. 9^{00}–19^{00} Uhr). In einigen dieser Gebäude vom 12. bis zum 20. Jh. sind dörfliche Werkstätten eingerichtet, wo man den Handwerkern bei der Arbeit zusehen kann: Töpfer, Bäcker, Holzschuhschnitzer, Wagenbauer und Sattler; auch eine Schmiede, ein Sägewerk, eine Ölmühle und eine Schnapsbrennerei lassen alte Berufe wieder aufleben. Anziehungspunkte für Besucher sind auch die Exponate zur Entwicklung der Holzbau- und Zimmermannstechnik, vor allem die umfangreiche Sammlung mit verkleinerten Holzmodellen aller möglichen Kuppel-, Turmhauben-, Treppen- und Holzhallenkonstruktionen im Gebäude Nr. 49, sowie der nach Mustern aus dem 14. und 15. Jh. angelegte mittelalterliche Garten und – ein besonderes Schmuckstück – das

Unterricht wie anno dazumal in der Dorfschule im Ecomusée

nahe beim Eingang gelegene große “Eden-Palladium”, ein noch in Betrieb befindliches Hallenkarussell der Belle Epoque (1901). Neben handwerklichen Vorführungen gibt es auch historische Veranstaltungen, weshalb man sich für die Besichtigung des Freizeitmuseums mindestens einen halben Tag Zeit nehmen sollte. Für das leibliche Wohl sorgen drei Restaurants, darüber hinaus stehen Picknickplätze zur Verfügung; auch kann hier übernachtet werden, im Drei-Sterne-Hotel “Les Loges de l’Ecomusée”. Nahe beim Ecomusée befinden sich die ins Museum miteinbezogenen Betriebsgebäude der stillgelegten Kalimine “Rudolphe”, wo man einen Einblick in die Industriegeschichte und -architektur erhält.

Epinal

Région: Lorraine (Lothringen)
Département: Vosges
Höhe: 340 m ü. d. M.
Einwohnerzahl: 36 800

Vorläufer der Comicstrips

Berühmt wurde Epinal, die Hauptstadt des Département Vosges (etwa auf der Höhe von ▶ Colmar), durch die bunten Bilderbogen "Images d'Epinal", Vorgänger der Comicstrips, die zeitweise in die ganze Welt gingen. 1796 ließ sich der Drucker und Verleger Jean Charles Pellerin (1756 – 1836) in der einst den Bischöfen von Metz gehörenden Stadt nieder. Seine Holzschnitte, bislang meist zur Bebilderung religiöser Schriften verwendet, zeigten bald auch zeitgenössische Themen, wie Motive aus dem Berufsalltag und Soldatenleben, sowie Märchenbilder für Kinder. Die Bilder wurden in Holz geschnitten und auf einer Gutenberg-Presse gedruckt, die Kolorierung erfolgte dann mit Hilfe von Schablonen. Reich wurde die Stadt an der Mosel (Moselle) durch Baumwollverarbeitung; heute sind in Epinal vorwiegend metallverarbeitende Betriebe ansässig.

Sehenswertes in Epinal

***Musée Départemental d'Art Ancien et Contemporain**

An der Südspitze der von der Mosel umflossenen Insel steht das Museum für Alte und Zeitgenössische Kunst (1, Place Lagarde). Im Erdgeschoss sind ein Lapidarium mit gallo-römischen und mittelalterlichen Funden sowie eine Münzsammlung untergebracht. Das erste Obergeschoss enthält eine volkskundliche Sammlung und Gemälde aus dem 17. und 18. Jh., darunter Werke von Guardi, Tiepolo, Rembrandt, Brueghel und Primaticcio. Der zweite Stock widmet sich der zeitgenössischen Malerei und zeigt u. a. Werke von Andy Warhol und Mario Merz. Ausgestellt sind im Museum ferner Holzschnitte und -stiche aus verschiedenen Jahrhunderten, die vorwiegend in Epinal, aber auch in anderen französischen Städten wie Avignon, Chartres, Metz und Rouen sowie im Ausland angefertigt wurden (Öffnungszeiten: Mi. – Mo. 10^{00} – 18^{00} Uhr).

Parc du Cours

Südöstlich vom Museum erstreckt sich am jenseitigen Flussufer der Parc du Cours mit schönem, teils exotischem Baumbestand.

Saint-Maurice

Östlich der Insel steht die Kirche Saint-Maurice (13. Jh.) mit dem im 11. Jh. erbauten Turm eines Vorgängerbaus. Im rechten Querhausarm befindet sich eine schöne Grablegung aus dem 15. Jh., in der anstoßenden Kapelle die im 14. Jh. entstandene Statue "Madonna mit der Rose".

Parc du Château

Jenseits der Stadtmauerreste kommt man auf dem einstigen Schlossberg, einem lang gezogenen Hügel, zum Parc du Château, in dem die Ruinen des 1670 zerstörten Schlosses stehen und ein Damwildgehege eingerichtet ist.

Imagerie d'Epinal

Folgt man dem rechten Moselufer, so gelangt man, nördlich vom Zentrum, zu der am Quai de Dogneville gelegenen Imagerie d'Epinal (Bilderbogendruckerei; Eingang Nr. 42 bis), die die 1796 ge-

Epinal (Fortsetzung)

gründete traditionsreiche Bilderbogendruckerei Pellerin 1984 übernommen hat und deren Arbeit fortsetzt. Es gibt hier einen Ausstellungs- und Verkaufsraum, auch alte Maschinen und Herstellungstechniken werden vorgeführt (Öffnungszeiten: Mo. – Sa. 9 00 – 12 00, 14 00 – 18 30, So. 14 00 – 18 30 Uhr).

Ferrette — M 6

Région: Alsace (Elsass)
Département: Haut-Rhin
Höhe: 470 m ü. d. M.
Einwohnerzahl: 800

*Einstige Hauptstadt des Sundgau

Das mittelalterliche, von der Burgruine Hohenpfirt überragte Städtchen Ferrette (Pfirt), der hübscheste Ort im Sundgau, liegt im äußersten Südosten des in diesem Reiseführer beschriebenen Gebiets am Rand des Elsässischen Jura. Die Grafen von Pfirt (später: Ferrette) beherrschten einst fast den gesamten Sundgau. Im 14. Jh. fiel die unabhängige Grafschaft durch Heirat an Österreich, im Westfälischen Frieden kam sie an Frankreich. Ludwig XIV. schenkte sie mitsamt den oberelsässischen Gütern der Habsburger dem Kardinal Mazarin und seinen Erben. Ein später Nachkomme dieser Familie, der Fürst Rainier von Monaco, führt heute noch den Titel eines Grafen von Ferrette.

Sehenswertes in Ferrette

Unterstadt

In der von vielen historischen Bürgerhäusern geschmückten Unterstadt steht an steilem Hang eine einschiffige, z. T. noch gotische Kirche (13. / 14. Jh.) mit einem bemerkenswerten Chor und farbigen Glasfenstern, die im 19. Jh. entstanden sind. Hier steht auch die Skulptur einer Madonna mit einem dreiarmigen Jesuskind; erkennbar sind jedoch immer nur zwei Arme gleichzeitig.

Hôtel de Ville

Von der Kirche führt die schmale und sehr steile Rue du Château hinauf in die historische Oberstadt und zum Hôtel de Ville, einem ochsenblutrot gestrichenen Bau aus dem 16. Jh. im Stil der deutschen Renaissance.

Château

Über dem Städtchen erhebt sich ein bewaldeter Hügel von 613 m Höhe, der die auf der steilen Rue du Château erreichbare Ruine des einstigen Grafenschlosses (Burg Hohenpfirt; 1125) trägt. Nach Durchschreiten zweier Tore (16. Jh.) gelangt man zunächst zum Unterschloss (14. / 16. Jh.), das aufständische Bauern während der Französischen Revolution zerstörten, und zu den 1975 frei gelegten Resten des vierkantigen Turms. An der ehemaligen Katharinenkapelle vorbei kommt man zur Oberburg (12. Jh.), dem ältesten Teil

Baedeker TIPP — Käse vom Feinsten

Stolz verweist Käseproduzent Bernard Antony in Vieux-Ferrette (2 km nordwestlich von Ferrette) darauf, dass er Kunden in Übersee per Luftpost mit seinen vielfältigen Köstlichkeiten versorgt. Nach Voranmeldung finden in seinem Betrieb auch Käsedegustationen statt. (Vieux Ferrette, 17, Rue de la Montagne ☎ 03 89 40 42 22)

der Anlage, die schon während des Dreißigjährigen Krieges in Schutt und Asche gelegt wurde. Von der Aussichtsplattform bietet sich ein weiter Blick auf die Oberrheinebene, den Schwarzwald und den Elsässischen Jura.

Ferrette, Château (Fortsetzung)

Gérardmer H 4

Région: Lorraine (Lothringen)
Département: Vosges
Höhe: 665 m ü. d. M.
Einwohnerzahl: 9000

"Perle der Vogesen"

Dass sich Gérardmer als "Perle der Vogesen" sieht, ist verständlich, liegt der Südvogesenort – etwa auf der Höhe von Colmar – doch prächtig zwischen Waldbergen am gleichnamigen See, der gemeinsam mit den östlichen gelegenen Seen Lac de Longemer und Lac de Retournemer sowie den umliegenden Orten ein zusammenhängendes Urlaubsgebiet bildet. Im Winter ist Gérardmer, der größte Luftkurort der Vogesen, ein beliebtes Skigebiet, im Sommer bietet der Lac de Gérardmer gute Wassersportmöglichkeiten. In den umliegenden Wäldern, die sich hervorragend zum Wandern eignen, jagte bereits Karl der Große, und das 1875 gegründete Fremdenverkehrsamt der Stadt ist das älteste Tourismusbüro Frankreichs. Der vor allem an schönen Tagen sehr überlaufene Ort, in dessen Straßen sich nicht selten der Verkehr staut, erlebt vor allem um den 20. April, wenn das Narzissenfest stattfindet, einen ungeheuren Touristenandrang (▶ Praktische Informationen, Veranstaltungen). Außer dem Tourismus spielt in Gérardmer die Textilindustrie eine wirtschaftliche Rolle. Überhaupt ist die Region um die Stadt eins der wichtigsten Zentren der Textilbranche in den Vogesen, wird hier

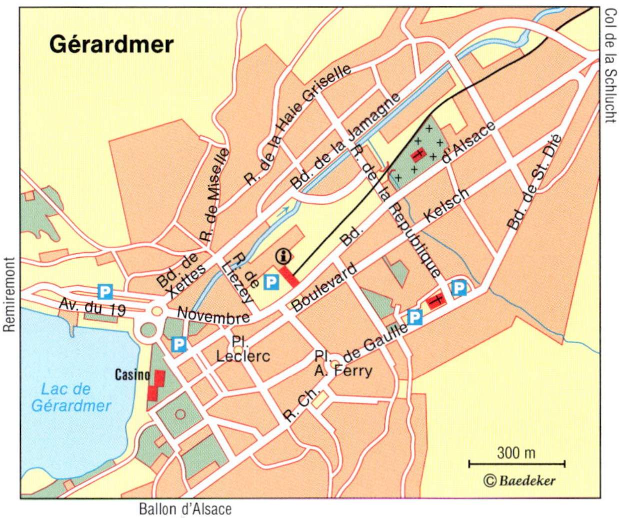

"Perle der Vogesen" (Fts.)

doch ein Drittel aller französischen Baumwollstoffe produziert. Einige der Textilfabriken von Gérardmer sind zu besichtigen.

Sehenswertes in Gérardmer

*Uferpromenade

Neben einigen schönen Privathäusern und großen Hotels hat Gérardmer in baulicher Hinsicht nicht allzu viel zu bieten, wurde der Ort doch im Zweiten Weltkrieg zu ca. 85 % zerstört. Am schönsten ist die gepflegte, parkartig gestaltete Uferpromenade, wo das Kasino (u. a. Roulette, Black-Jack) steht und wo man gemütlich spazieren gehen kann und dabei einen herrlichen Blick auf den See, auf Surfer und Boote genießt. Es gibt zahlreiche Möglichkeiten, sich mit Getränken u. a. zu versorgen, und auf die Kleinsten wartet ein Karussell.

Baedeker TIPP Herrliche Aussicht

Von der Südwestbucht des Sees vor dem Camping- und Badekomplex Lido führt ein ca. 5 km langer Rundwanderweg auf die 897 m hohe Tête de Mérelle, von deren Aussichtsturm man eine prächtige Aussicht auf Gérardmer, den See und die umgebenden Berge hat.

*Lac de Gérardmer

Der unmittelbar westlich an den Ort anschließende See von Gérardmer ist mit einer Fläche von 115 ha (Länge 2,2 km; Breite 750 m; Tiefe 38 m) der größte See der Vogesen. Das hervorragende Wassersportgebiet (Baden, Surfen, Segeln und auch Angeln) kann auf einer 6,5 km langen Uferstraße mit dem Auto umfahren werden; natürlich gibt es auch einen Wanderweg um den See herum. Bei einer Spazierfahrt auf dem See kann man sich die idyllische Uferlandschaft ansehen – es verkehren Fahrgastschiffe, darüber hinaus können Ruder- und Tretboote gemietet werden.

Umgebung von Gérardmer

Lac de Longemer

Eine reizvolle Rundfahrt (besonders schön im April, wenn überall die Narzissen blühen) führt von Xonrupt-Longemer zunächst in Richtung Col de la Schlucht, zweigt nach etwa einem Kilometer rechts ab und zieht sich am nordöstlichen Ufer des lang gestreckten, zwischen bewaldeten Hängen und Wiesen gelegenen, zweieinhalb Kilometer langen und bis 30 m tiefen Lac de Longemer hin, der Gelegenheit zum Baden, Windsurfen, Bootfahren und Angeln bietet.

Lac de Retournemer

Weiter südöstlich folgt der kleinere, fast kreisrunde Lac de Retournemer, der vom Roche du Diable (Teufelsfelsen) überragt wird. Anschließend kehrt man zurück zum Lac de Longemer und folgt der an seinem südlichen Ufer verlaufenden D 67 A nach Xonrupt-Longemer (s. unten La Moineaudière), falls man es nicht vorzieht, von Retournemer die weiter nach Süden ausgreifende Strecke über die Colline de Vologne und La Bresse (s. unten) zurück nach Gérardmer zu nehmen.

Der idyllische Lac de Gérardmer ist ein beliebtes Wassersportgebiet.

Gérardmer (Fortsetzung), La Moineaudière

Nordöstlich von Gérardmer befindet sich an der D 23 zwischen Xonrupt-Longemer und Le Valtin die Domäne "La Moineaudière", die erstaunliche Sammlungen von Mineralien, Fossilien, Insekten sowie Kakteen und Dickblattgewächsen enthält. Sehenswert sind auch die Masken und Kunstgegenstände verschiedener Naturvölker.

La Bresse

Zu den wichtigsten Wintersportorten der Vogesen gehört La Bresse (5200 Einw.), 12 km südlich von Gérardmer. Bis zur Französischen Revolution war La Bresse ein fast autonomer Freistaat, in dem die Bewohner von Weberei und Käseherstellung lebten; auch heute noch ist der aromatische Münsterkäse ein geschätztes Produkt der Gegend. Da La Bresse im Kriegsjahr 1944 fast völlig zerstört wurde, sind kaum historische Relikte übrig geblieben. Erhalten ist die Eglise Saint-Laurent (Laurentiuskirche), die bis auf den gotischen Chor im 18. Jh. neu errichtet wurde; die neuzeitlichen Fenster zeigen neben religiösen Motiven auch die Zerstörung des Ortes.

Grand Ballon — J 5

Région: Alsace (Elsass)
Département: Haut-Rhin
Höhe: 1423 m ü. d. M.

Höchste Erhebung der Vogesen

Mit 1423 m ü. d. M. ist der westlich von ▶ Guebwiller bzw. nördlich von ▶ Thann an der Route des Crêtes (Vogesenkammstraße) gelegene Grand Ballon (Großer oder Gebweiler oder Sulzer Belchen) der

Höchste Erhebung der Vogesen (Fts.)

höchste Gipfel der Vogesen. Im Ersten Weltkrieg bildete das heute auch zum Wintersport viel besuchte Bergmassiv ein starkes französisches Bollwerk.

****Landschaftsbild**

Auf der Passhöhe des Berges, wo in frühgeschichtlicher Zeit die Kultstätte eines keltischen Sonnengottes namens Bel oder Belen lag, was in dem Namen Belchen erhalten ist, gibt es Skilifte, eine Sommerrodelbahn, Hotels, Restaurants und große Parkplätze, von denen man zu Fuß zum Grand Ballon aufsteigt. Der von alpiner Mattenflora bedeckte Gipfelbereich ist Naturschutzgebiet (Wege nicht verlassen!). Eine Rundwanderung dauert ca. 30 Min. und führt über den Vorgipfel zum Hauptgipfel. Von dem mit zahlreichen Orientierungstafeln versehenen Umlauf an der Radarstation auf der Gipfelhochfläche bietet sich ein fantastischer Rundblick – bei klarer Sicht sogar bis zu den Alpen. Etwas tiefer steht ein Denkmal für die französische Elitetruppe der "Diables Bleus" ("Blaue Teufel", Gebirgsjäger), die hier im Ersten Weltkrieg kämpfte.

Umgebung des Grand Ballon

Lac du Ballon

Auf der Norseite unterhalb des Gipfels liegt im Wald der 1699 von Vauban, dem Festungsbaumeister Ludwigs XIV., künstlich aufgestaute, 7,5 ha große Lac du Ballon (Belchensee; 986 m ü. d. M.).

Markstein

Die Route des Crêtes führt nordwestlich weiter und erreicht dann nach 7 km den Markstein (1176 m ü. d. M.), einen mattenbedeckten Bergsattel mit schöner Aussicht, der als Wanderstützpunkt und Wintersportziel viel besucht wird (Skilifte, Sommerrodelbahn).

Lac de la Lauch

Nördlich des Markstein liegt in 920 m Höhe der 1894 in einem waldumrahmten Felskessel aufgestaute Lac de la Lauch (Fassungsvermögen 771 000 m^3, Tiefe 19 m, Fläche 11 ha), von dessen Staumauer sich ein hübscher Blick zur Oberrheinebene öffnet.

***Vieil Armand (Hartmannsweilerkopf)**

Rund 8 km Luftlinie südöstlich des Grand Ballon und über die recht kurvenreiche D 431 erreichbar, erhebt sich der 956 m hohe Vieil Armand (Hartmannsweilerkopf), der als östlicher Vorgipfel der Vogesen im Ersten Weltkrieg, besonders 1915 und 1916, erbittert umkämpft wurde, wobei auf beiden Seiten schätzungsweise 30 000 Soldaten den Tod fanden. Heute steht auf dem Felsplatz ein 22 m hohes Kreuz als Denkmal für den Frieden und Erinnerung an die Gefallenen. Vom "Kleinen Kreuz", 10 Min. zu Fuß südlich des Gipfels auf einem kleinen Bergvorsprung, genießt man einen prächtigen Fernblick. Unmittelbar an der Straße, rund 10 Min. zu Fuß westlich unterhalb des Gipfels, erstreckt sich bis zum Silberlochsattel ein französischer Soldatenfriedhof. Ganz in der Nähe befindet sich das Monument National, ein Ehrenmal mit einem altarähnlichen Bronzeblock, unter dem eine Krypta mit den Gebeinen von 12 000 unbekannten Soldaten liegt. Ein kleines Museum zeigt hier gefundene Waffen und Ausrüstungsgegenstände. In der Umgebung sind noch Reste der Gräben und Unterstände zu sehen.

***Wildenstein**

Das wegen seiner reizvollen Lage gern besuchte Vogesendorf Wildenstein (500 Einw.) ca. 15 km nordwestlich des Grand Ballon findet

Der über 1400 m hohe Grand Ballon bietet einen grandiosen Ausblick.

man in dem von wilden Granitfelsen umrahmten obersten Thurtal an der Route des Crêtes. Talabwärts liegt der Stausee Kruth-Wildenstein, über dem sich der 666 m hohe Schlossberg mit den spärlichen Resten der 1644 zerstörten Burg Wildenstein erhebt.

Wildenstein (Fortsetzung)

Guebwiller — J 6

Région: Alsace (Elsass)
Département: Haut-Rhin
Höhe: 288 m ü. d. M.
Einwohnerzahl: 11 000

Abteistädtchen

Die im 8. Jh. aus einem Meierhof der Abtei Murbach hervorgegangene Stadt Guebwiller (Gebweiler), die all die Jahrhunderte über bis zum Ausbruch der Französischen Revolution Hauptort der Besitztümer dieser Abtei war, liegt zwischen ▶ Colmar und ▶ Mulhouse an der Mündung des Lauchtals in das Tal der Ill. Bis zum 18. Jh. lebte der Ort vom Weinbau, anschließend zusätzlich von der Textil- und Maschinenbauindustrie.

Sehenswertes in Guebwiller

* Eglise Saint-Léger

In der Stadtmitte steht an der Place St-Léger die gleichnamige fünfschiffige Kirche (Leodegarkirche) mit Doppelturmfassade und achteckigem Vierungsturm, ein prägnantes Zeugnis des Übergangsstils

*** Eglise Saint-Léger (Fortsetzung)**

der Hohenstaufenzeit (12. – 14. Jh.). Im rechten äußeren Seitenschiff hängen am Gewölbe als Votivgaben die Strickleitern (Sturmleitern), die 1445 von den Armagnaken bei ihrem vergeblichen Versuch, die Stadt zu erstürmen, verwendet worden waren; am Anfang dieses Seitenschiffs ist im Relief eines Altars der Erstürmungsversuch dargestellt.

Hôtel de Ville

Von der Kirche führt die Rue de la République, die Hauptstraße der Stadt, südöstlich zum Hôtel de Ville (Rathaus; 1514), einem im spätgotischen "style flamboyant" erbauten Patrizierhaus.

Eglise des Dominicains

Weiter südöstlich, links abseits der Rue de la République, steht die ehemalige Dominikanerkirche, eine 1312 begonnene gotische Basilika mit reichen Wandmalereien aus dem 14. / 15. Jh.

Notre-Dame

Unweit südlich erreicht man die Place Jeanne d'Arc mit der wuchtigen klassizistischen Eglise Notre-Dame (Liebfrauenkirche) aus rotem Vogesensandstein, die 1764 – 1785 als Ritterstiftskirche der Murbacher Fürstäbte erbaut wurde und der größte elsässische Kirchenbau des 18. Jh.s war. Vom schwäbischen Bildhauer Sporer stammen das Hochrelief über dem Hochaltar (1783) mit der Himmelfahrt Mariä sowie das Chorgestühl und das Orgelgehäuse.

Musée du Florival

Links neben der Hauptfassade von Notre-Dame ist in einem Gebäude aus dem 18. Jh. das Musée du Florival (Museum des "Blumentals", wie das Lauchtal auch genannt wird) mit seinen heimatkundlichen Sammlungen und einem Überblick über das Werk des in Guebwiller geborenen Keramikkünstlers Théodore Deck (1823 bis 1891) zu finden. Dieser Künstler entdeckte ein Verfahren zur Herstellung des Türkistons persischer Keramiken, der von da an "Deck-Blau" genannt wurde, und schrieb das Fachbuch "La Faïence", das auf dem Gebiet der Keramik immer noch als Standardwerk gilt.

Umgebung von Guebwiller

Murbach

Der ca. 5 km westlich von Guebwiller in einem hübschen, engen Waldtal gelegene kleine Ort Murbach (130 Einw.) ist aus einer im Jahr 727 gegründeten Benediktinerabtei hervorgegangen, die im 8. und 9. Jh. der kulturelle Mittelpunkt des Oberelsass und eine der mächtigsten Herrschaften am Oberrhein war. Diese umfasste ein Gebiet von drei Städten (darunter Guebwiller) und 30 Dörfern. Im Kloster wurden nur Mitglieder des hohen Reichsadels aufgenommen; der Abt war Reichsfürst und hatte Sitz und Stimme im Reichstag. 1764 wurde Murbach in ein weltliches Ritterstift mit Sitz in Guebwiller umgewandelt, das 1789 aufständische Bauern zerstörten.

***Eglise de Murbach**

Von der im 12. Jh. erbauten einstigen Abteikirche, die neben ▶ Marmoutier und ▶ Rosheim eines der ältesten und bedeutendsten Denkmäler romanischer Baukunst im Elsass ist, sind nur die beiden Türme, das Querhaus und der Chor erhalten. Die Außenfassaden zeigen einen bemerkenswerten Relief- und Figurenschmuck; das Innere ist karg und schmucklos, wirkt aber, obschon das feh-

Die Abteikirche von Murbach – eines der ältesten und bedeutendsten Denkmäler romanischer Baukunst im Elsass ▶

Murbach (Fortsetzung)

lende Langhaus den Gesamteindruck etwas verfälscht, durch seine Proportionen. Gleich hinter dem Torbogen, welcher den Zugang zum einstigen Klosterareal bildet, steht eine Statue des hl. Pirmin, der den Konvent gründete.

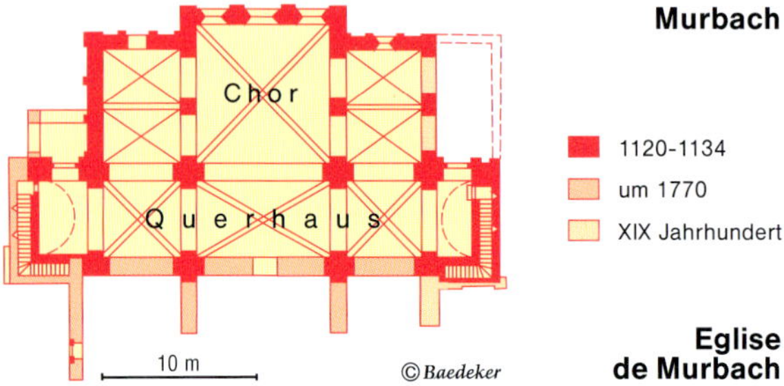

Buhl

Ca. 4 km nordwestlich von Guebwiller befindet sich in der neoromanischen Pfarrkirche des Industrieorts Buhl ein mit 7 m Breite außergewöhnlich großer Flügelaltar. Das Altarbild, wohl um 1500 von einem Schüler Martin Schongauers gemalt, zeigt die Leidensgeschichte Christi sowie – auf der Rückseite der Altarflügel – das Jüngste Gericht und Szenen des Marienlebens.

Lautenbach

2 km hinter Buhl gelangt man nach Lautenbach. Im Ortsteil Zell, südlich der nach Markstein führenden Straße, kann man im Vivarium du Moulin, das in einer alten Mühle untergebracht ist, die faszinierende Welt von Spinnen und Insekten erleben.

Soultz-Haut-Rhin

Das alte Städtchen Soultz-Haut-Rhin, 3 km südlich von Guebwiller, besitzt noch Reste der Stadtmauer und zahlreiche Häuser aus dem 16. – 18. Jh. mit schönen Erkern, Treppentürmen und Innenhöfen.

Haguenau — D 9

Région: Alsace (Elsass)
Département: Bas-Rhin
Höhe: 130 m ü. d. M.
Einwohnerzahl: 27 700

***Staufische Lieblingsresidenz**

Haguenau (Hagenau), Hauptort des elsässischen Unterlandes zwischen Rhein und Nordvogesen am Rand der ausgedehnten Waldungen der Forêt de Haguenau (Hagenauer Forst), war einmal die Lieblingsresidenz der staufischen Herrscher. Doch von der einst mächtigen, von Friedrich Barbarossa erbauten Pfalz ist nichts mehr zu sehen. Die viertgrößte elsässische Stadt, die vor allem von mittelständischer Industrie geprägt ist, zählt nicht zu den touristischen Hochburgen am linken Oberrhein, doch besitzt sie noch einige sehenswerte Bauwerke und Museen sowie eine hübsche Fußgängerzone mit schönen Geschäften und gemütlichen Cafés.

Geschichte

Haguenau entwickelte sich zunächst um eine 1115 von dem Stauferherzog Friedrich dem Einäugigen errichtete Burg, wurde von Kaiser Friedrich I. Barbarossa als dessen Lieblingssitz zur Stadt erhoben und war jahrzehntelang staufische Residenz, Aufbewahrungs-

Geschichte (Fortsetzung)

ort der Reichsinsignien und Stätte glänzender Reichstage. Im Jahr 1257 erlangte die Stadt die Reichsunmittelbarkeit, wurde später Sitz der Oberlandesvogtei (kaiserliche Güterverwaltung im Elsass) und 1354 Hauptort des elsässischen Zehnstädtebundes. Der Dreißigjährige Krieg und die Brandschatzung der Stadt durch Truppen Ludwigs XIV. im Jahr 1677 brachten schwere Schäden, und erst im frühen 18. Jh. setzten Erneuerungsarbeiten größeren Stils ein. Gegen Ende des Zweiten Weltkriegs verlief an der Moder die Frontlinie, was wieder große Zerstörungen bedeutete. Daher ist in der Stadt nur verhältnismäßig wenig historische Bausubstanz erhalten.

Sehenswertes in Haguenau

Saint-Georges

Westlich von der Place d'Armes, dem an der Grand'Rue gelegenen Hauptplatz der Altstadt, steht die Eglise Saint-Georges (Georgskirche), die 1189 unter den Hohenstaufen geweiht wurde. Das romanische Schiff entstand an der Wende vom 12. zum 13. Jh., in der Gotik wurde der Chor angefügt. Im dreischiffigen Inneren gegenüber der spätgotischen Kanzel (16. Jh.) prangt ein großes hölzernes Kruzifix von 1488; im Chor verdient das hohe Sakramentshaus von 1523 mit seinem reichen Skulpturenschmuck besondere Beachtung. In den Querhausarmen befindet sich je ein gotischer Schnitzaltar; derjeni-

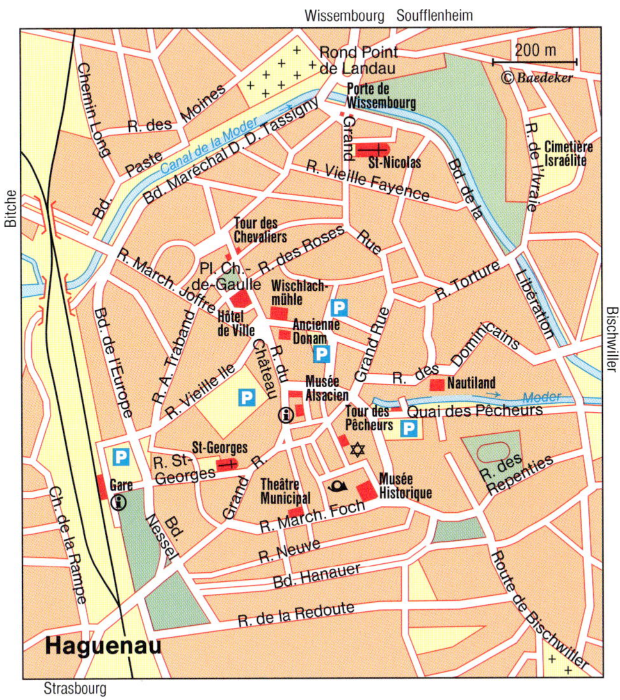

Saint-Georges (Fortsetzung)

ge im rechten Querhaus zeigt Christus als Weltenrichter. Im achtkantigen Vierungsturm sollen die ältesten Glocken Frankreichs (1268) hängen.

Musée Alsacien

Von der Place d'Armes folgt man der nach Norden verlaufenden Rue du Château, an der links die 1677 zerstörte Kaiserpfalz stand; hier im stattlichen, rot verputzten Gebäude der einstigen Stadtkanzlei (15. Jh.) mit einer astronomischen Uhr am linken Fassadenturm ist das Musée Alsacien (Elsässisches Museum) mit interessanten Sammlungen zur Wohnkultur und zum regionalen Handwerk (v. a. Töpferei) sowie mit Volkstrachten eingerichtet.

Ancienne Douane, Dischlachmühle

Vorbei an der Ancienne Douane (Alter Zoll), einem ursprünglich gotischen Gebäude nördlich des Musée Alsacien, kommt man zu einem kleinen Park mit den Resten der Dischlachmühle, die bereits im 13. Jh. erwähnt wurde.

Hôtel de Ville

Weiter nordwestlich erreicht man die Place Charles de Gaulle. An der Südseite des Platzes steht das Hôtel de Ville (Rathaus; 1908), an der Nordseite die Tour des Chevaliers (Ritterturm; 1230), ein Rest der früheren Stadtbefestigung.

Saint-Nicolas

Am Nordrand der Altstadt, die hier von einem kanalisierten Arm der Moder begrenzt wird, erhebt sich die gotische Eglise Saint-Nicolas (Nikolauskirche; 13. – 15. Jh.), deren Ursprünge auf eine Gründung Friedrich Barbarossas (1189) zurückgehen. Sie birgt ein Heiliges Grab (14. Jh.) sowie Holzschnitzereien, Chorgestühl, Kanzel und Orgelempore (alles aus dem 18. Jh.) des nordwestlich der Stadt gelegenen, jetzt zerstörten Klosters Neuburg. Unmittelbar nördlich davon steht die Porte de Wissembourg (Weißenburger Tor), gleichfalls ein Relikt der mittelalterlichen Stadtmauer.

Baedeker TIPP Entspannung nötig?

Wer sich zwischendurch entspannen möchte – an der Rue des Dominicains und am nördlichen Ufer der Moder nahe dem östlichen Altstadtrand befindet sich das Nautiland (tgl. geöffnet), ein Bade- und Freizeitzentrum mit Rutschbahn, Sauna, Solarien und Gastronomie. Hier wird auch ein Sonderprogramm für Kinder angeboten.

Tour des Pêcheurs

Fast im Ortskern der Altstadt steht am südlichen Ufer der Moder die Tour des Pêcheurs (Fischerturm), der dritte und letzte übrig gebliebene Turm der alten Stadtbefestigung.

Musée Historique

Im Südosten der Altstadt (Rue du Maréchal Foch Nr. 9) befindet sich in einem stattlichen Gebäude aus der Zeit um 1900 das Musée Historique (Historisches Museum). Im Untergeschoss sind vor- und frühgeschichtliche sowie gallorömische Funde aus der näheren Umgebung ausgestellt, die mittelalterliche Abteilung im Erdgeschoss zeigt u. a. Skulpturen von städtischen Bauwerken sowie Münzen und Medaillen, im ersten Stock findet man Hannong-Fayencen und stadtgeschichtliche Sammlungen.

Théâtre Municipal

Westlich vom Museum steht an der hübschen Place du Maire Guntz der rote Sandsteinbau des Theaters (1842).

Haguenau bietet, wie hier an der Place de la République, viele Möglichkeiten, im Freien eine Erfrischung zu sich zu nehmen.

Umgebung von Haguenau

Forêt de Haguenau

Unmittelbar nördlich der Stadt beginnt die Forêt de Haguenau (Hagenauer Forst), ein von vielen Wanderwegen durchzogener prächtiger, 14 000 ha großer Mischwald. Nach den vielen einst hier befindlichen Klöstern wird das Gebiet, das sich östlich fast bis an den Rhein erstreckt, auch "Forêt Sainte" (Heiliger Wald) genannt, und die örtliche Überlieferung führt diese mönchische Tradition auf den hl. Arbogast (6. Jh.) zurück, den der Frankenkönig mit der Bekehrung des Nordelsass betraute.

Gros Chêne

Rund 4 km östlich von Haguenau zweigt von der N 63 links ein Forststräßchen ab, das zu einer als Ausflugsziel viel besuchten Lichtung führt, wo im 6. Jh. der hl. Arbogast, der spätere Bischof von Strasbourg, als Einsiedler gehaust haben soll. Hier stand eine uralte Eiche (Gros Chêne = Dicke Eiche), die 1913 der Blitz traf und von der nur noch ein Stumpf übrig ist, der aufgerichtet und gestützt wurde. Neben der Eiche befindet sich eine 1955 erbaute kleine Kapelle. Nordwestlich der Dicken Eiche erinnert ein wieder hergestellter Kohlenmeiler an das Köhlerhandwerk, das hier bis ins 20. Jh. hinein ein recht bedeutender Wirtschaftszweig war. Das Gebiet rund um Gros Chêne, wo es zahlreiche Spiel- und Picknickplätze sowie das Ausflugslokal Auberge de la Fôret Gros Chêne (Mi. geschlossen) gibt, eignet sich ideal zum Spazierengehen und Radfahren (markierte Wanderwege).

Umgebung von Hagenau (Fortsetzung), Walbourg

10,5 km nördlich von Haguenau liegt am nördlichen Waldrand der Ort Walbourg. Seinen Namen verdankt er der im 11. Jh. von bayerischen Mönchen gegründeten Benediktinerabtei, die der hl. Walburga (8. Jh.) geweiht war. Vom Kloster ist nur noch die Kirche (15. Jh.) erhalten. Der gotische Chor des Gotteshauses enthält schöne Glasfenster aus dem 15. Jh., links vom Altar steht ein fein gemeißelter Sakramentsschrein.

Haut-Kœnigsbourg — G 7

Région: Alsace (Elsass)
Département: Bas-Rhin
Höhe: 755 m ü. d. M.

**Bilderbuchfestung

Sie war der große Stolz von Kaiser Wilhelm II. und ist heute wahrscheinlich das beliebteste Ausflugsziel im Elsass – die trutzige, majestätisch aufragende Bilderbuchfestung Haut-Kœnigsbourg (Hohkönigsburg) oberhalb von Kintzheim bei ► Sélestat. Die größte, heute in Staatsbesitz befindliche Burg im Elsass steht auf dem Plateau eines überraschend ebenmäßigen Bergkegels, der eine prachtvolle Aussicht über die Rheinebene und den Schwarzwald, bei klarem Wetter selbst bis zu den Alpen bietet.

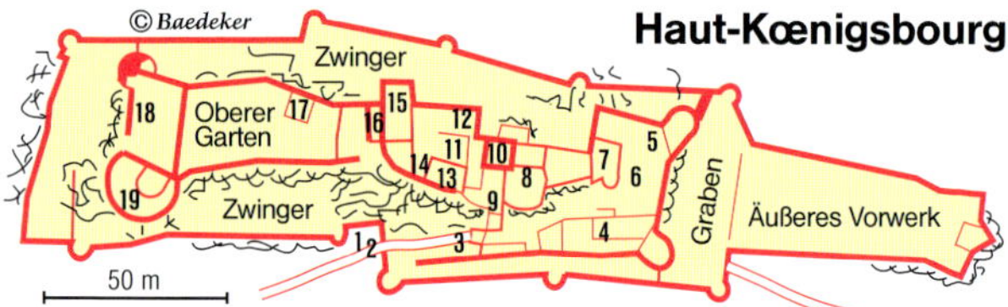

1 Kasse
2 Zwingertor (Eingang)
3 Haupttor
4 Gaststätte 'Elsässer Haus/ Maison Alsacienne', Souvenirs
5 Mühlenturm
6 Vorhof (Beginn der Führungen)
7 Schmiede
8 Löwentor
9 Brunnen
10 Bergfried
11 Burghof, Wendeltreppe
12 Nordbau unten: Küchen oben: Thierstein-Gemächer
13 Südbau unten: Damengemächer oben: Herrengemächer
14 Kapelle
15 Westbau unten: Waffensaal oben: Festsaal
16 Vorratsraum
17 Zisterne
18 Großes Bollwerk (Aussicht)
19 Großer Turm

Zufahrt

Man erreicht die Burg entweder von ► Sélestat über Kintzheim oder über Saint-Hippolyte; beide Strecken führen kurvenreich durch schönen Bergwald mit zahlreichen Edelkastanien. Wählt man die Strecke über Kintzheim, so kann man am Ortsausgang entweder rechts über die Adlerwarte auf Burg Kintzheim fahren oder links direkt zur Montagne des Singes (Affenfelsen; s. unten). Weiter zieht die direkte Straße zur Hohkönigsburg hinauf. Beim Hotel-Restaurant Haut-Kœnigsbourg, unweit unterhalb des Gipfels, mündet links die von St-Hippolyte kommende Straße ein. Parkmöglichkeit besteht in der Straßenschleife um die Burg herum.

Baugeschichte

Die Haut-Kœnigsbourg gehörte um 1147 den Hohenstaufen, wurde 1462 durch die oberrheinischen Städte zerstört, 1479 als Reichslehen von den Grafen von Thierstein neu aufgebaut, aber 1633, im

Die mächtige Haut-Kœnigsbourg: Kaiser Wilhelm II. ließ sie als Westpfeiler des Deutschen Reiches erbauen, strategische Bedeutung aber fiel ihr nicht mehr zu.

Baugeschichte (Fortsetzung)

Dreißigjährigen Krieg, durch die Schweden in Schutt und Asche gelegt. 1865 kam die Ruine in den Besitz der Stadt Schlettstadt (► Sélestat), die sie im Jahr 1899 – nachdem das Elsass 1871 durch den Frankfurter Frieden an das Deutsche Reich gefallen war – Kaiser Wilhelm II. zum Geschenk machte. Der Hohenzollernkaiser ließ die Burg, deren Ruine trotz ihres Verfalls immer noch sehr beeindruckend war, auf Reichskosten wieder aufbauen: als symbolische preußische "Grenzfeste" an der neuen Westgrenze, aber auch um historische Kontinuität zu demonstrieren, herrschten auf der Burg doch einst die Kaisergeschlechter der Staufer und dann der Habsburger. Gegen den Wiederaufbau von Hohkönigsburg in den Jahren 1901 bis 1908 legten Archäologen und Historiker heftige Proteste ein, weil sie befürchteten, hier würde ein Bauwerk entstehen, wie man sich im 19. Jh. romantisierend eine mittelalterliche Ritterburg vorstellte. Der mit dieser Arbeit beauftragte junge Berliner Architekt Bodo Ebhard (1865 – 1945), ein Experte auf dem Gebiet des mittelalterlichen Wehrbaus, orientierte sich zwar teilweise an den originalen Plänen von 1479; dennoch warfen ihm Kritiker vor, sein Werk sei nahezu völlig von einem romantisierend-idealisierenden Historismus geprägt, was der Burg in späterer Zeit die Bezeichnung "preußisches Disneyland" eingebracht hat. Erst in jüngster Zeit ist die Wissenschaft zu der Erkenntnis gelangt, dass Bodo Ebhard historisch relativ exakt arbeitete, also eine Burg wieder auferstehen ließ, wie sie im Spätmittelalter tatsächlich ausgesehen haben könnte.

Besichtigung In der Burg, die eine dreifache Rundmauer, Wachtürme, Gräben und eine Zugbrücke besitzt, besichtigt man – es gibt Führungen, man kann sich aber auch frei bewegen – die Burgkapelle und Säle, die mit zahlreichen, aus vielen Teilen Europas zusammengekauften Möbeln, Bildern und Waffen (meist aus dem 15. bis 17. Jh.) eingerichtet sind, darunter den Fest- oder Kaisersaal, die Waffenkammer, den Jagdsaal und das lothringische Zimmer (Öffnungszeiten: tgl. Nov. – Feb. 9^{30} – 12^{00}, 13^{00} – 16^{30}; März, Apr., Okt. 9^{00} – 12^{00}, 13^{00} – 17^{30}; Mai, Juni 9^{00} – 18^{00}; Juli, Aug. 9^{00} – 18^{30} Uhr). Von den Wehrgängen und -türmen bieten sich vielerorts herrliche Ausblicke. Im unteren Burghof, beim Eingang, befindet sich ein Restaurant.

Umgebung von Haut-Kœnigsbourg

Montagne des Singes Die Montagne des Singes (Affenberg) an der Zufahrtsroute bei Kintzheim (▶ Haut-Kœnigsbourg, Zufahrt) ist ein im Wald gelegenes, rund 20 ha großes Freigehege, in dem dreihundert Berberaffen (Macaca sylvana) leben. Die Tiere sind sehr zutraulich, lassen sich gern füttern, vergreifen sich aber auch nicht selten an den Taschen und Kameras der Besucher.

Châtenois Das nordöstlich, unterhalb der Haut-Kœnigsbourg gelegene Weindorf Châtenois (Kestenholz; 3000 Einw.) verdankt seinen Namen den hier in ganzen Waldungen gedeihenden “Kestenbäumen” (Edelkastanien; frz. châtaigners) und seinen Ruf u. a. den Obstbränden der hiesigen Schnapsproduktion. Wie so viele elsässische Orte hat auch Châtenois in den letzten Jahren dank sorgsamer Restaurierung ein schmuckes Erscheinungsbild gewonnen. Das Hôtel de Ville (Rathaus) ist im späten 15. Jh. erbaut worden. Von der einstigen Befestigungsanlage steht noch die Tour des Sorcières (Hexenturm; 15. Jh.), die den Zugang ins höher gelegene alte Burgviertel bildet und auf deren Dach, wie in vielen elsässischen Dörfern, ein Storchennest thront. Die wenig oberhalb des Hexenturms um 1760 erbaute, aber im 19. Jh. stark erneuerte Kirche St-Georges, das Wahrzeichen des Ortes, besitzt einen romanischen Turm (12. Jh.), dessen Helm mit farbig glasierten Ziegeln gedeckt ist und vier Eckerker trägt.

Scherwiller Nordöstlich der Haut-Kœnigsbourg bzw. knapp 3 km nördlich von Châtenois liegt das hübsche Weinbauerndorf Scherwiller mit Fachwerkhäusern aus dem 18. Jh. Zu trauriger Berühmtheit gelangte der Ort im Bauernkrieg, als im Jahr 1525 der Herzog von Lothringen 26 000 elsässische Bauern, die sich ergeben hatten, nachdem ihnen freier Abzug versprochen worden war, von seinen albanischen Söldnern brutal niedermachen ließ.

Châteaux de Scherwiller Nordwestlich über dem Ort Schwerwiller befinden sich zwei Burgruinen, die sogenannten Châteaux de Scherwiller (Scherweiler Schlösser), die den Zugang ins benachbarte Villé-Tal und damit in die Vogesen kontrollierten: die wohlerhaltene mächtige Ruine der 1262 von Rudolf von Habsburg erbauten Ortenburg (430 m ü. d. M.), die im Dreißigjährigen Krieg 1633 von schwedischen Truppen zerstört wurde, und die kleinere Ruine der Burg Ramstein (13. Jh). Von beiden hat man einen weiten Blick auf das Vogesenvorland und auf die Oberrheinische Ebene.

Greifvogel-Flugschau auf der Burg Kintzheim mit einem Geier

Kintzheim

Kintzheim – im Osten der Haut-Kœnigsbourg – hat zwei Attraktionen zu bieten. Im Storchen- und Vergnügungspark können nicht nur die teils in etlichen Großvolieren, teils völlig frei lebenden Weißstörche bewundert werden; es gibt auch Freigehege mit Wat- und Wasservögeln und Kleinsäugern sowie ein Aquarium mit mehreren Süßwasserbecken. Auf der Burg Kintzheim (320 m ü.d.M.) – eine Anlage aus dem 12., 14. und 15. Jh. und eine der am besten erhaltenen Burgen im Elsass – ist in dem von einem Palas aus dem 13. Jh. überragten Burghof eine Adlerwarte eingerichtet, in der heute ca. 80 tag- oder nachtaktive Greifvögel (Adler, Falken, Geier) leben; bei guten Wetterbedingungen finden eindrucksvolle Flugvorführungen mit den Königen der Lüfte statt (tgl. Apr. – Okt. 14^{00} – 16^{00}, Mitte Juli – Mitte Aug. 10^{00} – 11^{15}, 14^{00} – 17^{00}; erste Novemberhälfte Mi., Sa. So. 14^{00} – 16^{00} Uhr).

Saint-Hippolyte

Südöstlich der Haut-Kœnigsbourg befindet sich das für guten Rotwein bekannte kleine, noch vollständig ummauerte Winzerstädtchen St-Hippolyte (St. Pilt), dessen Brunnen im Sommer üppigen Blumenschmuck tragen. Die etwas erhöht stehende spätgotische Kirche wurde im 19. Jh. wenig stilsicher restauriert.

Hunawihr — G 7

Région: Alsace (Elsass)
Département: Haut-Rhin
Höhe: 260 m ü. d. M.
Einwohnerzahl: 600

Storchenzentrum

Das mitten in den Weinbergen gelegene Winzerdorf Hunawihr (Hunaweier), ein malerischer Ort mit schmalen ansteigenden Gassen, schönen Brunnen und vielen Fachwerkhäusern, liegt zwischen ▶ Ribeauvillé und ▶ Riquewihr an der Route du Vin, aber abseits der Hauptverkehrstraße. Seit einiger Zeit spielt das ruhige Städtchen bei den Bemühungen um die Wiedereinbürgerung des Weißstorchs eine bedeutende Rolle.

Es klappert wieder in den Dörfern

Fast wäre der Storch im Elsass ausgestorben, doch dank vielfältiger Initiativen lässt sich das elsässische Wappentier in vielen Gemeinden wieder blicken. Der wenig wählerische Großvogel kann mancherorts sogar das ganze Jahr über beobachtet werden.

Er war nicht nur der gefiederte Freund, der die Babys brachte und den Frühling ankündigte. Der Klapperstorch verhieß auch Glück, vor allem für diejenigen, auf deren Haus er sein Nest errichtete. Seine Rückkehr aus dem Winterquartier in Afrika wurde stets vom ganzen Dorf gefeiert. Die Kinder kündigten lauthals seine Ankunft an, der Dorflehrer unterbrach den Unterricht, alle Bewohner rannten auf die Straße, um den Storch zu sehen und ihn zu begrüßen. Doch mit den Jahren warteten die Elsässer im Frühling immer öfter vergeblich auf ihr geliebtes Wappentier. Im 19. Jh. sollen 4000 Störche im Elsass gelebt haben, 1945 waren es 350 Exemplare, 1974 zählte man nur noch neun Paare.

Fünf vor zwölf

Ursachen für den Rückgang des Storchenbestandes waren der mit der Regulierung des Rheins und dem Verschwinden von Altwässern einhergehende Verlust von Nahrungsflächen, der Einsatz von Chemikalien in der Landwirtschaft sowie Hochspannungsleitungen, die den Flugraum der Vögel durchschnitten und in denen diese oft den Tod fanden. Darüber hinaus sind die Tiere auf ihrem Zug in die Überwinterungsgebiete in Afrika vielen Gefahren ausgesetzt, werden sie teilweise abgeschossen oder mit Schlingen gefangen; fast 90 % der Jungvögel verlieren bei der weiten Reise ihr Leben. Forschern wie dem Makromolekular-Biologen Dr. Alfred Schierer oder dem Ornithologen Jacques Renaud ist es zu verdanken, dass man in zahlreichen Gemeinden Meister Adebar wieder durch die Lüfte schweben bzw. auf Tortürmen, Kirchengiebeln oder Hausdächern stehen sieht und manchmal sogar klappern hört. Gerade noch rechtzeitig ließen diese Männer Jungvögel aus Afrika einführen, die sich in elsässischen Storchenparks und -aufzuchtstationen kräftig vermehrten. Die Stammeltern fast aller derzeit im Elsass lebenden Störche kommen aus solchen Einrichtungen. Die ersten drei Lebensjahre verbringen auch heute noch zahlreiche Jungstörche unter menschlicher Aufsicht in den Gehegen, in denen sie vergessen, im August in den Süden zu ziehen. Nach diesen drei Jahren werden die nun brutreifen Großvögel in die Freiheit entlassen, wo sie sich einen Partner suchen und ein Nest bauen. Interessant ist, dass die in den Zuchtstationen aufgewachsenen Tiere auch in Freiheit ganzjährig standorttreu sind – ihre in freier Wildbahn geborenen Nachkomme machen sich alljährlich wieder auf den Zug nach Süden.

Wenig wählerisch

Die alten Störche kommen bereits im nächsten Frühjahr – zwischen Mitte März und Anfang April – aus Afrika zurück, die Jungstörche bleiben vier oder fünf Jahre, bis sie erwachsen sind, dann kehren auch sie zurück – in den ersten Jahren oft nur bis in den Mittelmeerraum –, um hier zu brüten. Auf

Solch einen Anblick kann man in elsässischen Dörfern heute wieder häufiger genießen.

ihren weiten Flügen nutzen die Störche als ausgesprochene Segelflieger die Aufwinde der Landmassen und umfliegen das Mittelmeer. Bei seiner Rückkehr sucht Meister Adebar oft den alten Wohnort auf, aber er bezieht nicht immer dasselbe Nest. Ist ihr Platz auf dem Kirchturm besetzt, bauen sich die "gemütlichen Vögel" (Alfred Schierer) einfach ein Nest nebenan. Wenig wählerisch zeigt sich der als Klapperstorch bezeichnete Weiße Storch (Ciconia ciconia) auch bei der Auswahl der Nahrung. Regenwürmer, Insekten wie Heuschrecken oder Maikäfer, Feldmäuse, Maulwürfe, Eidechsen, die er in Auenlandschaften von Flussniederungen, auf Wiesen und Weiden erbeutet, stehen ebenso auf dem Speiseplan wie manchmal Jungvögel von Bodenbrütern oder Fische – eher kranke oder verendete – und kleinere Wassertiere, gelegentlich sogar Schlangen. Frösche hingegen spielen auf der Speisekarte des Storchs keine so überragende Rolle, wie gern vermutet wird. Bei der Partnersuche legt sich Meister Adebar nicht dauerhaft fest. Zwar bleibt ein Paar Frühjahr und Sommer über zusammen, doch im nächsten Jahr wird meist ein neuer Partner gesucht. Männchen und Weibchen sind schlecht voneinander zu unterscheiden. Beide haben einen langen roten Schnabel und lange rote Beine und tragen ein weißes Gefieder, von dem nur die Schwungfedern und Teile der Oberflügel-Decken schwarz sind. Ausgewachsene Tiere werden etwa 1 m groß, 3 bis 4 kg schwer und weisen eine Flügelspannweite von rund 2 m auf. Männchen sind in der Regel etwas größer und haben einen längeren Schnabel als die Weibchen. Weißstörche können bis zu 25 Jahre alt werden, in der Luft erreichen sie eine Fluggeschwindigkeit von 45 Stundenkilometern. Mittelpunkt im Leben eines Storchenpaares ist der Horst, in dem nach der Rückkehr im Frühjahr die Paarbindung stattfindet und der von beiden Tieren gemeinsam errichtet wird. Auch während der 33-tägigen Brutzeit und der Aufzucht der drei bis sechs Jungen, die nach zehn Wochen fliegen können, bauen die Elterntiere am Nest weiter, so dass ein Horst im Lauf von Jahrzehnten bis zu 2 m hoch und 500 kg schwer werden kann. Nicht selten finden sich in einem Nest Regenschirme und Plastiktüten – als Nistmaterial. Die Horste werden von ihren Inhabern gegen später eintreffende Störche erbittert verteidigt, wobei es sogar zu blutigen Kämpfen kommen kann.

Klappern das ganze Jahr über

Derzeit leben im Elsass wieder rund 220 Storchenpaare. In manchen Gemeinden sind sogar regelrechte Kolonien zu Hause, etwa an der Place de la République in der Ortschaft Rouffach, wo es auch eine Station zur Aufzucht von Störchen gibt. Aus der Nähe betrachten kann man die wunderschönen und eleganten Großvögel das ganze Jahr über im Centre de Réintroduction des Cigognes in Hunawihr, im Parc des Cigognes in Kintzheim und im Parc de l'Orangerie in Strasbourg.

Sehenswertes in Hunawihr

Eglise de Hunawihr

Das Dorf und die Rebberge werden beherrscht von der hoch gelegenen gotischen Wehrkirche, die im 15./16. Jh. entstanden ist und deren befestigter Friedhof mit sechs runden Schalentürmen zu den besterhaltenen seiner Art im Elsass gehört. Das Innere des Gotteshauses – einer Simultankirche, die sich Protestanten und Katholiken teilen – ist von ungewöhnlichem Grundriss: Nur Haupt- und linkes Seitenschiff sind voll ausgebildet. In der Apsis befinden sich neuzeitliche farbige Glasfenster, an denen sich die wechselvolle Geschichte des Elsass ablesen lässt: Das mittlere Fenster (Szenen aus dem Leben der heiligen Huna) ist nach 1871 entstanden und daher deutsch beschriftet; die beiden seitlichen (Leben und Taten des heiligen Deodatus) wurden nach 1918 gefertigt und haben daher französischen Wortlaut. Im Chorgewölbe entdeckt man schöne Schlusssteine, an denen u. a. der doppelköpfige Reichsadler und die württembergischen Geweihstangen zu sehen sind. Das Seitenschiff endet in der Turmbasis, deren Gewölbe mit gut erhaltenen, nur wenig restaurierten Fresken geziert ist, die Szenen aus dem Leben des heiligen Nikolaus von Myra zeigen (Beleuchtungsautomat an der rechten Wand). Hier steht auch die 1700 gegossene, nach der heiligen Huna benannte Glocke. Der heiligen Huna, der Frau eines Gutsherrn aus dem 7. Jh., soll es gelungen sein, während eines besonders trockenen Jahres das Weinwunder von Kanaa zu wiederholen. Im Mittelalter war Hunawihr ein bekannter Wallfahrtsort.

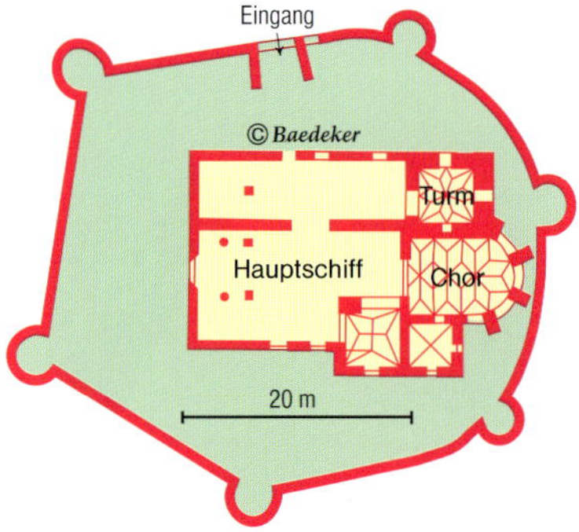

Circuit historique

Im Ortszentrum gibt es eine große Anzahl bemerkenswerter Gebäude; ein historischer Rundgang ist ausgeschildert. An der Grand'Rue, nahe der Abzweigung zur Kirche, befindet sich die Halle aux Blés (ehemalige Kornhalle), an deren Portal das kombinierte Wappen der Herzogtümer Württemberg (Geweihstangen), Teck (Rauten) und Mömpelgard (Montbéliard; zwei Fische) sowie das Reichsbanner Beachtung verdient. Gegenüber steht das barocke protestantische Presbyterium. Ganz am unteren Ende der Grand'Rue erhebt sich ein von Heinrich Schickhardt (1558 – 1634, ► Montbéliard), dem Hofbaumeister des Herzogs von Württemberg, entworfenes Renaissancehaus, das heute das Restaurant Caveau du Vigneron beherbergt.

Jardin des Papillons

Am östlichen Ortseingang sind zwei zoologische Attraktionen zu finden. Der Jardin des Papillons (Schmetterlingspark) besteht aus einer Reihe klimatisierter Glashäuser, in denen Schmetterlinge aus

Afrika, Asien und Amerika frei fliegen, sowie aus einer umfangreichen Orchideensammlung (Öffnungszeiten: tgl. Apr. – Juni, Sept. 10^{00} – 18^{00}; Juli – Aug. 10^{00} – 19^{00}; Okt. – Nov. 10^{00} – 17^{00}; Uhr). Das Centre de Réintroduction des Cigognes (Zentrale Aufzuchtstation für Weißstörche) widmet sich seit 1991 auch der Aufzucht und Wiederauswilderung von Fischottern (Öffnungszeiten: tgl. Apr. – Mitte Nov. 10^{00} – 12^{00}, 14^{00} – 17^{30};; in der Sommersaison auch bis 18^{00} bzw. 19^{00} Uhr; Juni – Aug. Sa., So. und Fei. auch zwischen 12^{00} – 14^{00} Uhr geöffnet). Zu sehen sind hier außerdem Enten, Gänse und Reiher sowie in einem Aquarium Fische aus der Region. Nachmittags (15^{00}, 16^{00}; im Sommer auch um 17^{00} und 18^{00} Uhr) finden hier Vorführungen mit verschiedenen Wasservögeln und -tieren statt (Kormorane, Pinguine, Fischotter, Robben, Seelöwen, Bisamratten); den Zuschauern stehen 500 überdachte Sitzplätze zur Verfügung.

Hunawihr (Fortsetzung)

Centre de Réintroduction des Cigognes

Umgebung von Hunawihr

Links der von Hunawihr nach ▶ Riquewihr führenden Straße liegt auf einem isolierten Hügel das Winzerdorf Zellenberg mit einer ursprünglich gotischen, jedoch um 1760 barockisierten Kirche und zahlreichen Häusern aus dem 15., 16. und 17. Jh.

Zellenberg

Kaysersberg

H 6

Région: Alsace (Elsass)
Département: Haut-Rhin
Höhe: 242 m ü. d. M.
Einwohnerzahl: 2800

Das überaus malerische Kaysersberg ist eins der meistbesuchten Ziele im Elsass. Das mittelalterliche Städtchen zwischen Weinbergen im Tal der Weiss nordwestlich von ▶ Colmar wurde 1227 von Kaiser Friedrich II. von Hohenstaufen erworben, war seit 1293 Freie Reichsstadt und seit 1354 Mitglied des elsässischen Zehnstädtebundes. Hier wuchs der humanistisch gebildete Straßburger Münsterprediger Johann Geiler (genannt "Geiler von Kaysersberg" ▶ Berühmte Persönlichkeiten) auf, und hier wurde Matthias Zell (1477 – 1548), der erste Reformator von Strasbourg geboren. Der hübsche, aber zweitweise stark überlaufene Ort genießt wegen seiner Weine und Obstschnäpse einen hervorragenden Ruf, am bekanntesten aber ist Kaysersberg wohl als Geburtsstätte des "Urwalddoktors", Theologen und Organisten Albert Schweitzer (▶ Berühmte Persönlichkeiten).

Mittelalterliches Städtchen zwischen Weinbergen

Sehenswertes in Kaysersberg

Ein besonders reizvoller Überblick über das von einer ehemaligen Kaiserburg überragte Städtchen mit seinen mittelalterlichen Befestigungsresten, stattlichen Bürgerhäusern im gotischen oder Renaissancestil sowie Brücken und lauschigen Winkeln bietet sich von der St.-Wolfgang-Kapelle, die erhöht jenseits der Durchgangsstraße nach St-Dié steht.

**Ansicht

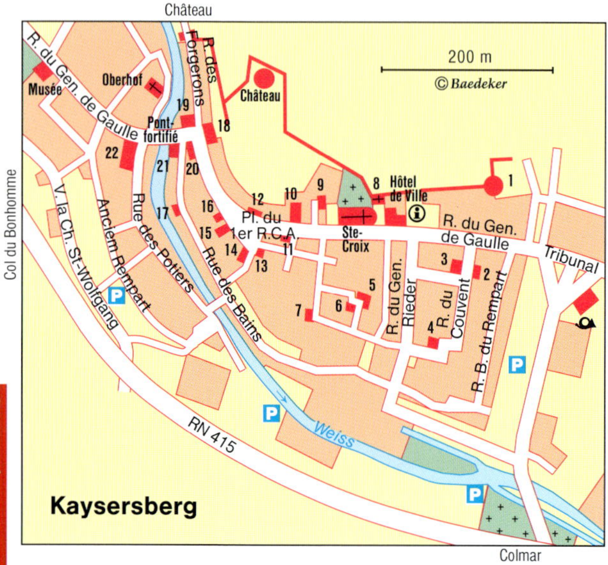

1 Tour des Sorcières
2, 3 Galerienhäuser (16. Jh.)
4 Maison Guilleaume Korne (16. Jh.)
5 Haus der Edlen von Bavière-Hunawihr
6 Maison Buchele (15. Jh.)
7 Maison Vollraht (16. Jh.)
8 Chapelle St-Michel
9 Maison Bohn (17. Jh.)
10 Maison Lœwert (16. Jh.)
11 Maison Lœcken (16. Jh.)
12 Fassaden aus dem 16.-18. Jh.
13 Ehem. Winzerhaus (16. Jh.)
14 Gebäude von 1618
15, 16 Kellerei und Museum
17 Eckhaus von 1617
18 Maison Herzer (1592)
19-21 Häuser aus dem 16. Jh.
22 Maison Offinger

Hôtel de Ville

Wenn man die Altstadt von Osten betritt, gelangt man zunächst zum Hôtel de Ville (Rathaus), einem Renaissancebau mit zweistöckigem Erker von 1604. Im Innenhof mit Brunnen und Holzgalerien wurde 1993 ein Wandgemälde angebracht, das die Erhebung Kaysersbergs zur reichsunmittelbaren Stadt durch Adolf von Nassau zeigt. Im Erdgeschoss des Gebäudes finden Kunstausstellungen statt.

***Eglise Sainte-Croix**

Westlich vom Rathaus erhebt sich an der Hauptstraße die stattliche Pfarrkirche, die im Jahr 1227 begonnen und in der Spätgotik umgebaut wurde. Das dreischiffige Innere ist im unteren Teil romanisch, im oberen Teil gotisch; der hohe Vierungsturm stammt allerdings aus dem 19. Jh. In der Westfassade öffnet sich ein romanisches Rundbogenportal, in dessen Bogenfeld die Krönung Mariä dargestellt ist. Im Chorbogen hängt ein mächtiger Kruzifixus, flankiert von Maria und Johannes (um 1500). Im linken Querhausarm befindet sich ein sehenswertes Heiliges Grab von 1514 mit einer Frauengruppe. Das wohl imposanteste Kunstwerk in der Eglise Sainte-Croix aber ist der große Flügelaufsatz auf dem Hauptaltar, den der Colmarer Hans Bongartz im Jahr 1518 in Anlehnung an Vorlagen von Martin Schongauer (▶ Berühmte Persönlichkeiten) schuf und deren geschnitzte Reliefs die Passion Christi zeigen.

Chapelle Saint-Michel

Hinter der Kirche steht die kleine Chapelle St-Michel (Michaelskapelle; 1463), deren Inneres mit Fresken aus der Erbauungszeit geschmückt ist und im Untergeschoss ein Beinhaus mit über 20 000 Knochen enthält. Ein französischer Soldatenfriedhof schließt sich an, auf dem Soldaten, die bei der Befreiung der Stadt 1945 den Tod fanden, beigesetzt sind.

Die von schmucken alten Bürgerhäusern flankierte Hauptstraße führt weiter nach Westen. An ihrer linken Seite befinden sich die Cave Coopérative (Genossenschaftskellerei) und die ehemalige Residenz der Silberminenbesitzer-Familie Wide (1521), in der das Historische Museum eingerichtet ist. Ausgestellt sind hier kirchliche Kunst, Zeugnisse alter Wohnkultur, Hinterglasbilder und Porträts.

Musée d'Histoire Locale

Schließlich biegt die Hauptstraße scharf links ab zu der mit einer Kapelle gezierten Weissbrücke (1514), der einzigen mit Schießscharten und Brustwehr befestigten Brücke im Elsass eine der malerischsten Ecken in Kaysersberg. Sie wird von einer sehenswerten Gebäudegruppe umschlossen.

***Pont fortifié**

Am westlichen Rand der Altstadt steht in der Rue Général-de-Gaulle das Geburtshaus von Albert Schweitzer, das heute ein kleines Museum beherbergt, in dem anhand von Fotos, Dokumenten usw. der Lebensweg und die Arbeit des Friedensnobelpreisträgers gezeigt wird. Im angrenzenden Park ist ein Denkmal mit der Büste Albert Schweitzers aufgestellt.

Musée Albert Schweitzer

Vor der Weissbrücke (s. zuvor) folgt man der geradeaus weiterführenden Rue des Forgerons zur Porte des Pucelles (13. Jh.). Dahinter zweigt rechts der Fußweg ab, der zur Ruine der einstigen Kaiserburg führt. Die Feste war seit 1227 in staufischem Besitz und wurde im Dreißigjährigen Krieg von den Schweden zerstört (1632). Insbesondere vom runden Bergfried hat man einen reizvollen Blick.

Château Impérial

Die Weissbrücke aus dem 16. Jh. – die einzige mit Schießscharten und Brustwehr befestigte Brücke im Elsass

Umgebung von Kaysersberg

Ammerschwihr

Knapp 5 km südöstlich liegt das für seinen Wein berühmte ehemalige Reichsstädtchen Ammerschwihr (Ammerschweier), das im Zweiten Weltkrieg weitestgehend zerstört wurde und daher nur noch einige wenige Reste historischer Bauten besitzt, wie die Porte Haute (Obertor) mit Fachwerkobergeschoss und Sonnenuhr, die runde Tour des Voleurs (Schelmenturm) und die gotische Eglise Saint-Martin (Martinskirche).

Fréland

Etwa 5 km nordwestlich von Kaysersberg trifft man abseits der Durchgangsstraße auf den Weiler Fréland. In dem hiesigen Landstrich, "pays welche" (welsche Gegend) genannt, wurde noch vor einigen Jahrzehnten eine altertümliche romanische Sprache gesprochen. Die Maison du Pays Welche zeigt eine volkskundliche Sammlung mit altem Mobiliar, Bauern- und Handwerkergerät u. a.

Lapoutroie

Knapp 9 km westlich von Kaysersberg liegt abseits der N 415 der Erholungsort und Wanderstützpunkt Lapoutroie. Das örtliche Musée des Eaux-de-Vie (Schnaps- und Likörmuseum) dokumentiert alle Phasen der Branntweinbereitung; ein Verkaufsraum, wo es eine Kostprobe gibt, ist angegliedert.

Orbey

Orbey (Urbeis), 3 km südlich von Lapoutroie, ist ein weit verstreutes Vogesendorf, das wegen der herrlichen Umgebung als ruhiger Sommerurlaubsort und Wanderzentrum besucht wird.

Col du Bonhomme

Fährt man von Lapoutroie auf der N 415 in Richtung Westen weiter, gelangt man zum Col du Bonhomme (949 m ü. d. M.), einem Gebirgsübergang, der das Elsass mit Lothringen verbindet. Von der Westrampe der Passstraße hat man einen reizvollen Ausblick.

***Lac Blanc**

Ca. 8 – 12 km südwestlich des Col du Bonhomme befinden sich die Seen Lac Blanc und Lac Noir. An beiden Seen gibt es Parkplätze mit je einer Gaststätte, der Lac Noir ist von der D 48 aus allerdings nur über eine kleine Seitenstraße erreichbar. Der nördlicher gelegene Lac Blanc (Weißer See; 1055 m ü. d. M.; bis 72 m tief), mit 29 ha Fläche der größte Vogesensee auf der Ostseite des Hauptkamms, liegt malerisch in einem eiszeitlichen Granitkessel; seinen Namen soll er vom hellen Quarzsand auf dem Grund des Sees haben. Am Südufer des Gewässers, auf dem jede Art von Wassersport untersagt ist, erhebt sich der von einer Statue der Heiligen Jungfrau gekrönte Rocher Château Hans, auf dem einst das sagenumwobene Schloss des Hans von Felsenstein stand. Die Sage erzählt, dass der Burgherr wegen seiner Untaten samt Schloss von der Erde verschlungen wurde. Vom Lac Blanc zum Lac Noir kann man in ca. 1 Std. auf einem bequemen Wanderweg hinüberwandern. Über dem Südufer des Lac Blanc ragt der 1272 m hohe Aussichtsfelsen Belmont auf, der den Weißen und den Schwarzen See voneinander trennt. Vom Observatoire (Aussichtspunkt) hat man jedoch nicht mehr den überwältigenden Blick auf beide Gewässer wie einst – wegen der in die Höhe gewachsenen Fichten ist der Zwei-Seen-Blick mittlerweile unmöglich.

***Lac Noir**

Auch der Lac Noir (Schwarzer See) befindet sich in einem von bewaldeten Felshängen umgebenen Felskessel. Dieser Stausee (950 m

Der in über 1000 m Höhe liegende Lac Blanc mit dem von einer Statue der Heiligen Jungfrau gekrönten Rocher Château Hans

Lac Noir (Fortsetzung)

ü. d. M., 14 ha, bis 44 m tief) verdankt seinen Namen dem wegen des moorigen Untergrundes schwärzlich erscheinenden Wasser. Ein einstündiger Fußweg am See entlang bietet immer wieder idyllische Ausblicke. Nur das Turbinenhaus am nördlichen Ufer beeinträchtigt das Landschaftsbild ein wenig. Seit 1930 ist der Lac Noir an dieser Stelle durch einen Druckstollen mit dem Lac Blanc verbunden: Nachts wird das Wasser in den höher gelegenen Lac Blanc gepumpt, am Tag, wenn Elektrizität mehr kostet, fließt das Wasser wieder zurück.

Kientzheim — H 6

Région: Alsace (Elsass)
Département: Haut-Rhin
Höhe: 225 m ü. d. M.
Einwohnerzahl: 1000

Kaysersbergs stiller Nachbar

Der bedeutende Weinort Kientzheim (Kienzheim) direkt neben ▶ Kaysersberg ist ein hübsches altes Städtchen. Da die meisten Touristen die größere und touristisch interessantere Nachbargemeinde ansteuern, wirkt der Ort sehr ruhig und friedlich. Japanern jedenfalls gefällt es wohl in Kientzheim, befindet sich hier doch das Lycée Seijo, ein Elite-Gymnasium mit rund 130 japanischen Schülern – Kindern der rund 1000 Japaner, die im Elsass leben und in japanischen Firmenniederlassungen arbeiten.

Sehenswertes in Kientzheim

Ortskern

Innerhalb der mittelalterlichen Ummauerung stehen zahlreiche Fachwerkhäuser; der älteste erhaltene Bau stammt von 1558. Das spätbarocke Rathaus wurde 1775 errichtet; davor befindet sich ein origineller Winzerbrunnen, an dessen Becken die Elsässer Rebsorten im Relief dargestellt sind.

Obertor

An der Stelle des 1875 zerstörten Obertors erhebt sich eine mächtige Linde, unter der ein Sherman-Panzer der französischen Armee steht, der an der Befreiung Kientzheims am 17. Dezember 1944 beteiligt war.

Porte Basse

Das Untertor (Porte Basse) trägt auf der Feldseite den "Lalli", einen Fratzenkopf aus dem 16. Jh., der dem Angreifer, dem es gelungen war, den äußeren Wall zu überwinden, spöttisch die Zunge herausstreckte. Um den Spott zu verstärken, konnte die Eisenzunge bewegt werden.

Musée du Vin

Direkt beim Untertor ist in der weitläufigen ehemaligen Residenz des Hauses Hohenlandsberg (16. Jh.) das Musee du Vignoble et du Vin d'Alsace (Elsässisches Winzer- und Weinmuseum) eingerichtet. In dem mit Weinlaub zugewucherten Schwendi-Schloss – benannt nach dem kaiserlichen Stadtvogt Lazarus von Schwendi, der das Gebäude Ende des 16. Jh.s ausbaute – befindet sich auch der Sitz der Confrérie St-Etienne d'Alsace (Stephansbruderschaft), die sich mit der Qualitätskontrolle der elsässischen Weine befasst.

Umgebung von Kientzheim

Sigolsheim

Etwa 2 km östlich liegt Sigolsheim, gleichfalls ein altes Winzerdorf. Beachtung verdient die Pfarrkirche St. Peter und Paul, die aus dem 12. Jh. stammt, aber großenteils erneuert wurde. Sehenswert sind die schlichte, elegante Fassade und das wunderschöne Säulenportal. Über dem Hauptportal im Bogenfeld erkennt man Christus, flankiert von den Aposteln Petrus und Paulus.

Lauterbourg

C 11 / 12

Région: Alsace (Elsass)
Département: Bas-Rhin
Höhe: 115 m ü. d. M.
Einwohnerzahl: 2300

Frankreichs östlichste Stadt

Von strategischer Bedeutung war die kleine Grenzstadt Lauterbourg (Lauterburg) im nordöstlichsten Zipfel des Elsass zwischen Rhein und Lauter schon immer: in römischer Zeit; in der Zeit, als der Ort zum Bistum Speyer gehörte; zur Zeit Ludwigs XIV., dessen genialer Baumeister Vauban die Stadt zur Festung ausbauen ließ. Mehrmals wurde Lauterbourg zerstört, die schlimmste Verwüstung erlebte der Ort am Ende des Zweiten Weltkrieges. Dennoch gibt es in der östlichsten Stadt Frankreichs noch ansehnliche Spuren der Vergangenheit.

Sehenswertes in Lauterbourg

Von der einstigen Stadtmauer aus dem 13. Jh., zu der 15 Türme gehörten, sind nur noch einige Mauerreste und die Tour des Bouchers (Metzgerturm) erhalten, der bis 1761 als Gefängnis diente. Der Name "Metzgerturm" geht wohl auf einen Fleischerladen am Turm zurück. Aus der Zeit, da Lauterbourg zum Bistum Speyer gehörte (1254 – 1790), stammen die ursprünglich barocke Kirche (1716), die einen gotischen Chor enthält, das Rathaus (1731) mit dem älteren schönen Renaissanceportal und das ehemalige Bischofspalais (1716). An die Zeit Vaubans erinnert noch die Porte de Landau (Landauer Tor) mit dem Reiterstandbild und den Insignien des Sonnenkönigs. Zu den sehenswertesten Gebäuden des Ortes zählt die Eglise de la Trinité (Dreifaltigkeitskirche), die wohl aus dem 13. Jh. stammt, im 18. Jh. aber umgebaut wurde. Im Innern sieht man eine Kanzel aus behauenem Sandstein (1581) und farbige Kirchenfenster des Pariser Künstlers Jean Gaudin (1950). Das Gehäuse der Orgel (1777) ist ein Werk des Orgelbauers Ferdinand Stieffell aus Rastatt.

Tour des Bouchers

Porte de Landau

Eglise de la Trinité

Umgebung von Lauterbourg

Der 10 km südlich von Lauterbourg am Rhein gelegene Ort Seltz (3000 Einw.) war als "Saletio" bereits eine Römersiedlung, im Mittelalter dann Sitz eines von Kaiserin Adelheid, der Gemahlin Ottos I., gegründeten Benediktinerklosters, von dem allerdings nichts erhalten ist. Sehenswert ist die Eglise St-Etienne (Stephanskirche) mit dem frei stehenden Glockenturm, ein Neubau von 1964, der den gotischen Chor des Vorgängerbaus einbezieht. Das farbige Fassadenrelief zeigt die Auferstehung Christi.

Seltz

Lembach

B 9

Région: Alsace (Elsass)
Département: Bas-Rhin
Höhe: 190 m ü. d. M.
Einwohnerzahl: 1700

Lembach, im oberen Tal der Sauer gelegen, wird als Sommerurlaubsort und Wanderzentrum viel besucht. Besonders der Parc Naturel Régional des Vosges du Nord (Regionaler Naturpark Nordvogesen) mit seinen ausgedehnten Mittelgebirgswäldern ist ein reizendes Wandergebiet, aber auch die zahlreichen Burgen in der Region westlich von ▶ Wissembourg sind ein beliebtes Ausflugsziel. Lembach selbst lohnt ebenfalls einen Besuch. Das reizvolle Städtchen hat schöne alte Bauten, u. a. Bürgerhäuser und Gasthöfe.

Ort zwischen Artilleriefort und Burgruinen

Sehenswertes in Lembach

Unmittelbar am südlichen Ortsrand zweigt von der nach Wœrth (s. unten) führenden Strecke eine Stichstraße ab, die zur Bunkerfestung Four à Chaux (Kalkofen) führt. Dieses Artilleriefort an der Maginot-Linie (▶ Baedeker Special, S. 220) wurde 1930 – 1935 angelegt

Ouvrage du Four à Chaux

Ouvrage du Four à Chaux (Fortsetzung)

und kann seit 1983 besichtigt werden. Die ca. zweistündigen Führungen beginnen am östlichen Bunkereingang, über den früher die Munitionsversorgung erfolgte. Zu sehen sind die Mannschaftsräume, die Munitions- und Verpflegungslager, einige Geschütztürme, eine Funkzentrale sowie eine Kraftwerksanlage (Führungen: März – Apr. und Okt. bis Nov. 10⁰⁰, 13⁰⁰, 14⁰⁰ und 15⁰⁰ Uhr; Mai – Juni 10⁰⁰, 13⁰⁰, 14⁰⁰, 15⁰⁰, 16⁰⁰ und 17⁰⁰ Uhr; Juli – Sept. 10⁰⁰, 11⁰⁰, 13⁰⁰, 14⁰⁰, 15⁰⁰, 16⁰⁰ und 17⁰⁰ Uhr). Eine Besonderheit dieses Befestigungswerks ist die Zahnrampe, auf der die Munitionsloren vom unten gelegenen Munitionseingang zu den übrigen Festungsteilen hinaufbefördert wurden. Beim Eingang zeigt ein kleines Museum Waffen, Ausrüstungsgegenstände und Dokumente, die die Geschichte des Forts illustrieren.

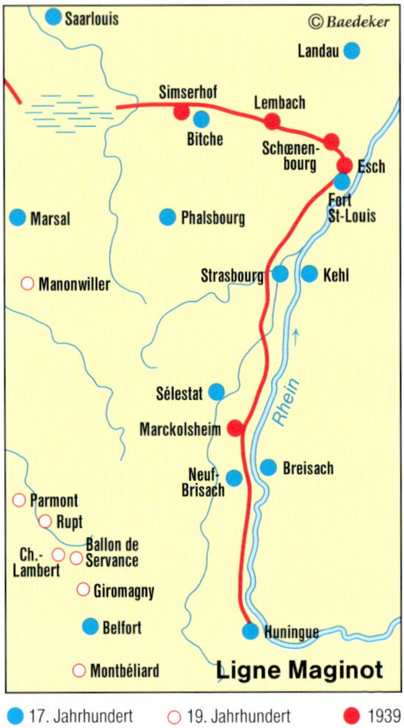

Lembach

Umgebung von Lembach

*Château de Fleckenstein

Von Lembach folgt man der Straße nach Bitche; nach vier Kilometern biegt man rechts ab und gelangt nach weiteren drei Kilometern auf der Nebenstraße zum Château de Fleckenstein (Beschilderung). Die im 12. Jahrhundert errichtete und 1680 durch französische Truppen geschleifte Burg Fleckenstein (370 m ü. d. M.) ist die eindrucksvollste Ruine in den Nordvogesen. Sie erhebt sich – in der Nähe der deutsch-französischen Grenze – mitten im Wald auf der Höhe eines Vogesenberges, der von einem mächtigen Buntsandsteinblock gekrönt ist. Die allermeisten Wohn- und Verteidigungsräume sowie die Verbindungstreppen sind in den gewachsenen Buntsandstein gehauen. Da die Treppen im Lauf der Jahrhunderte stark ausgetreten wurden, ist trittsicheres Schuhwerk empfehlenswert. Im Innenhof vor dem einstigen Haupttor steht der Nachbau eines Lastenaufzugs mit Tretrad; rechts davon befindet sich der so genannte Wachtturm, ein isoliert stehender, oben abgeplatteter Sandsteinpfeiler, in dessen Innerem eine Wendeltreppe aufwärts führt. Eine der in den Fels gegrabenen Kavernen enthält eine kleine Sammlung von Keramikfragmenten, Waffen und Geräten sowie Reproduktionen von historischen Darstellungen

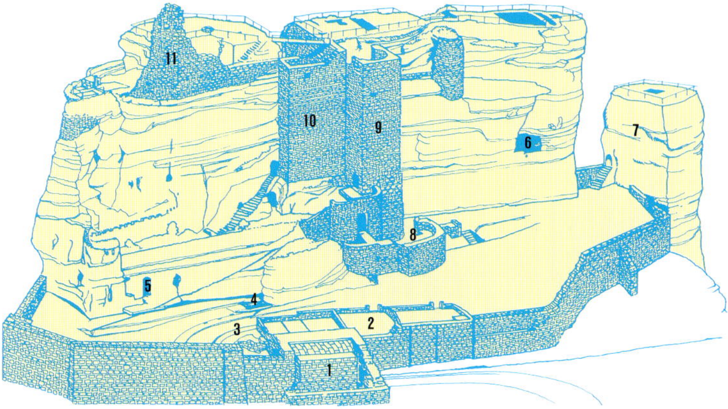

1 Eingang
2 Wachstube
3 Innerer Burghof
4 Pferdetränke
5 Museum
6 Backofen
7 Wachturm
8 Haupteingang mit Zugbrücke
9 Treppenturm
10 Bergfried
11 Palas

Château de Fleckenstein (Fortsetzung)

der Burg; von der Burgkapelle ist allerdings nichts mehr erhalten. Die Hauptburg umfasst mehrere Ebenen, die durch Treppen und Gänge miteinander in Verbindung stehen. Die oberste Plattform, welche die spärlichen Mauerreste der einstigen Wohnräume trägt, bietet einen hervorragenden Rundblick auf die Waldberge der nördlichen Vogesen.

Niedersteinbach, Obersteinbach

Auf der durch das malerische Steinbachtal führenden Straße Lembach – Bitche erreicht man weiter westlich die beiden idyllisch gelegenen Orte Niedersteinbach und Obersteinbach. Besonders lohnend sind von hier Wanderungen zu den Burgruinen Schœneck, Wineck und Windstein (das südliche Neuwindstein und Altwindstein) bzw. Wasigenstein (um 1250 erbaut), das aus zwei Burgen besteht, die durch einen tief in den Fels gehauenen Graben voneinander getrennt sind, sowie Lutzelhardt nahe der französisch-deutschen Grenze.

Maison des Châteaux Forts

In Obersteinbach sollte man die Maison des Châteaux Forts (Haus der Burgen und festen Schlösser) besuchen, die anhand von Fotodokumenten, historischen Funden und Modellen über die Burgen der Nordvogesen informiert.

Wœrth

Das Städtchen Wœrth (Wörth an der Sauer; 2000 Einw.), ca. 8 km südwestlich von Lembach, wurde bekannt durch die Schlacht vom 6. August 1870 im Deutsch-Französischen Krieg (1870 / 1871), in welcher die vom preußischen Kronprinzen, dem späteren deutschen Kaiser Friedrich III., befehligten 80 000 Preußen, Bayern, Hessen, Württemberger und Thüringer über 40 000 Franzosen unter Marschall Mac-Mahon siegten. Bei dem Kampf ließen mehr als 10 000 Soldaten und Offiziere ihr Leben. Das einstige Schlachtfeld liegt westlich des Städtchens, im Bereich der Ortschaften Elsasshausen und Frœschviller, wo sich mehrere französische und deutsche Denkmäler sowie ein deutscher Soldatenfriedhof befinden. Zu den Sehenswürdigkeiten des hübschen Städtchens Wœrth – “Word” be-

Burg Fleckenstein – die eindruckvollste Ruine in den Nordvogesen

Wœrth (Fortsetzung)

deutet auf Altdeutsch Insel – zählen das nahe an der Sauer im 16. Jh. errichtete Renaissanceschloss, dessen Turm noch zwei Jahrhunderte älter ist. Im Schlossturm ist das Musée de la Bataille du 6 août 1870 eingerichtet, das in erster Linie Erinnerungsstücke aus der Schlacht des 6. August 1870 zeigt. Besonders sehenswert ist das mit 4000 Zinnsoldaten besetzte Diorama.

Merkwiller-Pechelbronn

Merkwiller-Pechelbronn (830 Einw.), südöstlich von Lembach und ca. 6 km östlich von Wœrth, ist ein im Flachland gelegenes Straßendorf, das dank seiner gegen Rheuma wirksamen Thermalquellen auch als Heilbad eine gewisse Bedeutung hat. Der Namen des Ortsteils Pechelbronn (= "Pechbrunnen") verweist darauf, dass sich hier Erdöl- und Asphaltlagerstätten befinden. Seit dem 15. Jh. und noch bis ins Jahr 1970 war die Erdölförderung in dieser Region ein erheblicher Wirtschaftsfaktor. 1857 entstand die erste Raffinerie, im Jahr 1936 deckte die hiesige Produktion 17 % des französischen Benzinbedarfs. Die 65 °C heiße Hélions-Quelle, auf die der Ort besonders stolz ist, wurde übrigens bei der Ölsuche zufällig entdeckt. In der Rue de l'Ecole Nr. 4 informiert das Musée du Petrole (Erdölmuseum; nur So. und Fei. 14^{30} – 18^{00} Uhr geöffnet) über die einstige Bedeutung des Erdöls (u. a. Modelle von Bohrtürmen und Förderanlagen, Armaturen, Bilddokumente).

Kutzenhausen

Nördlich von Merkwiller-Pechelbronn, nur wenige Autominuten entfernt, unterrichtet in Kutzenhausen auf der Hauptstraße neben der weißen Kirche die Maison Rurale de l'Outre-Forêt, ein kleines Freilichtmuseum mit einem vollständigen Gutshaus, über die bäuerliche Lebensweise und die Veränderungen des ländlichen Lebens im Elsass zwischen 1920 und 1950.

Lembach (Fortsetzung)

Surbourg

Etwa 4 km südöstlich von Merkwiller-Pechelbronn liegt das Dorf Surbourg. Hier wurde in merowingischer Zeit (7. Jh.) ein Benediktinerkloster gegründet, dessen aus dem 11. Jh. stammende schlichte romanische Kirche St. Arbogast (heute Pfarrkirche) zu den ältesten Gotteshäusern im Elsass zählt. Im Inneren befindet sich am östlichen Abschluss des linken Querhauses ein Golgatha-Fresko aus gotischer Zeit.

Luxeuil-les-Bains — westl. K 2

Région: Franche-Comté
Département: Haute-Saône
Höhe: 306 m ü. d. M.
Einwohnerzahl: 9000

Wiege des abendländischen Mönchstums

Der am westlichen Rand der Südvogesen, auf der Höhe von Mulhouse gelegene Thermalkurort Luxeuil-les-Bains geht auf die Römersiedlung Luxovium zurück, in deren Nähe der iroschottische Missionar Columban d. J. um 590 ein Kloster gründete. Diese frühe Abtei – für den Ort Grund genug, sich "Wiege des abendländischen Mönchstums" zu nennen – wurde von den Arabern zerstört, aber durch Karl den Großen als Benediktinerkonvent erneuert.

Sehenswertes in Luxeuil-les-Bains

*Saint-Pierre

Das engere Altstadtzentrum wird noch heute stark von Gebäuden aus Gotik und Renaissance geprägt. Östlich etwas abseits der Durchgangsstraße steht die höchst bemerkenswerte dreischiffige Basilique St-Pierre (13. – 14. Jh.) aus rotem Vogesensandstein, die einstige Klosterkirche des 1792 aufgelösten Benediktinerkonvents. Das dreischiffige Innere wirkt schon als Raum imposant; in der Apsis und dem linken Querhaus befinden sich Glasgemälde, die im 19. Jh. nach spätgotischen Mustern gefertigt wurden. Das geschnitzte Chorgestühl ist ein Werk der Renaissance; der riesige, wuchtige Orgelprospekt, der den Raumeindruck leider stark beeinträchtigt, entstand im 17. Jahrhundert. An die Kirche schließt sich der frühgotische Kreuzgang an, der über einen offenen kleinen Platz wiederum mit der Durchgangsstraße in Verbindung steht.

Tour des Echevins

Einen Block weiter nördlich erhebt sich an der rechten Straßenseite die ehemalige Tour des Echevins (Schöffenturm; 16. Jh.), die heute ein Museum für Archäologie und Schöne Künste mit galloromischen Sammlungen sowie Gemälden des 19. und frühen 20. Jh.s (vor allem von dem 1865 in Luxeuil geborenen Maler Jules Adler) beherbergt. Gegenüber vom Schöffenturm steht das Haus des Kardinals Jouffroy (15. Jh.), wo 1412 der nachmalige Kardinal und Berater Ludwigs XI. geboren wurde; der Steinbalkon des Hauses gilt als der älteste noch erhaltene Balkon Frankreichs. Wenige Schritte östlich gelangt man zur spätgotischen Maison du Bailli (Landvogtshaus; 15. Jh.) mit der Stadtbibliothek.

Maison du Cardinal Jouffroy

Maison du Bailli

Kurgebiet Nördlich vom Stadtzentrum breitet sich das Kurgebiet aus. Es besteht aus mehreren altertümlichen Großhotels und dem hübschen, nicht sonderlich großen Thermalium (Quellengebäude; 18. Jh.), das an der Stelle der gallo-römischen Bäder errichtet wurde und eine vollständig verglaste Thermalschwimmhalle besitzt, sowie einem kleinen Kurpark.

Marckolsheim G/H 8

Région: Alsace (Elsass)
Département: Bas-Rhin
Höhe: 172 m ü. d. M.
Einwohnerzahl: 3300

Festungsort der Maginot-Linie Marckolsheim (Markolsheim), südöstlich von ▶ Sélestat am linken Rheinufer gelegen, war 1940 hart umkämpft und erlitt erhebliche Zerstörungen. Daher besitzt es so gut wie keine historische Bausubstanz mehr.

Sehenswertes in Marckolsheim

Rhein-Staustufe Auf der Höhe von Marckolsheim befindet sich eine der wichtigsten Staustufen des Rheinseitenkanals. Sie wurde 1961 fertig gestellt und besitzt eine Doppelschleuse (Abmessungen: 185 m x 23 m bzw. 185 m x 12 m; Hubhöhe 10,80 m bis 13,80 m) sowie ein Niederdruck-Wasserkraftwerk mit einer installierten Turbinenleistung von 155 Megawatt.

Mémorial-Musée Rund 1,5 km östlich von Marckolsheim verlief – erreichbar über die D 10 – die Maginot-Linie (▶ Baedeker Special, S. 220). Bei Kämpfen vom 15. bis 17. Juni 1940 wurde die Kasematte 35/3 von nur 30 Mann drei Tage lang verteidigt. Hitler stattete der Anlage nach den Kampfhandlungen einen Besuch ab. Im Festungswerk ist das Musée Mémorial de la Ligne Maginot du Rhin (Gedenkstätte und Museum Maginotlinie) eingerichtet, in dem Waffen, Panzer und eine Kanone zu sehen sind (Öffnungszeiten: tgl. Mitte Juni – Mitte Sept. 9^{00} – 12^{00}, 14^{00} – 18^{00}; Mitte März – Mitte Juni, Mitte Sept. – Mitte Nov. nur So. und Fei. 9^{00} – 12^{00}, 14^{00} – 18^{00}Uhr).

Marmoutier D 7

Région: Alsace (Elsass)
Département: Bas-Rhin
Höhe: 230 m ü. d. M.
Einwohnerzahl: 2000

Juden und Christen Das südlich von ▶ Saverne an der N 4 und an der Schwelle zwischen Oberrheinebene und Vogesen gelegene Städtchen Marmoutier (Maursmünster, benannt nach St. Maurus, einem Abt des 8. Jh.s) geht auf eine Benediktinerabtei zurück, die sich zu einer der reichsten und mächtigsten im gesamten Elsass entwickelte, bis in den Bauernkriegen ihr Niedergang einsetzte und sie 1792 während der Französischen Revolution aufgelöst wurde. In der Stadt lebten neun Jahrhunderte lang christliche Handwerker und jüdische Handelsleute friedlich nebeneinander, d.h. die Juden genossen den Schutz der Abtei, den diese sich allerdings teuer bezahlen ließ. In Kürze soll der Ort das "Europäische Orgelzentrum" beherbergen, u.a. mit einem Forschungs- und Dokumentationszentrum über Orgeln, von deren Ursprung bis in die heutige Zeit.

Juden und Christen (Fortsetzung)

Sehenswertes in Marmoutier

****St. Maurus**

Die einstige Abtei zählt zu den frühesten religiösen Baudenkmälern des Elsass, und die ehemalige Abteikirche, in der sich drei verschiedene Baustile vereinigen (Romanik, Gotik, Barock), ist eines der schönsten Gotteshäuser am linken Oberrhein. Gegründet wurde der Konvent im Jahr 589 von irischen Mönchen unter Leitung des hl. Leobardus. Die ältesten erhaltenen Gebäudeteile, die erst 1974 freigelegten Reste einer kleinen dreischiffigen Kirche mit Rundapsis aus karolingischer Zeit, bilden heute die Krypta (Zugang im rechten Querhausarm). Die großartige, aus rotbraunem Sandstein errichtete Westfassade mit den drei Türmen, dem dreifachen Rundbogenportal und kargem Figurenschmuck wurde um 1150 bis 1160 erbaut; Querschiff und Hauptschiff folgten im 13. Jh. und zeigen bereits gotische Stilelemente. Die Seitenschiffe entstanden ab 1519, wogegen der weite Chor mit seinem prächtigen geschnitzten Chorgestühl aus dem 18. Jh. stammt. Auf der Silbermann-Orgel von 1709 werden gelegentlich Konzerte gegeben.

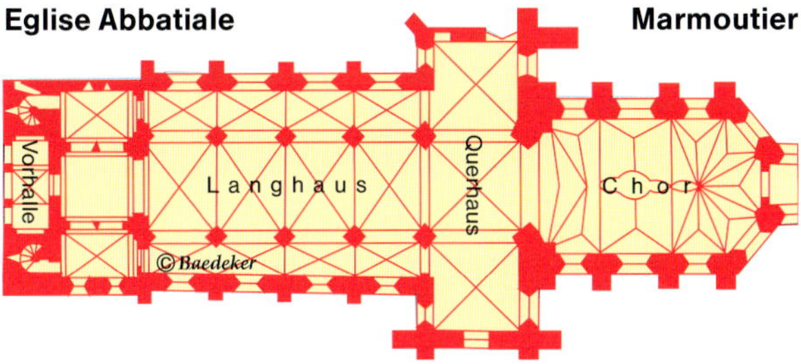

Musée d'Arts et Traditions Populaires

Wenige Schritte von der Kirche entfernt steht an der Rue du Général Leclerc ein schönes Renaissancefachwerkhaus (1590), das lange Zeit von Juden bewohnt war; im Hinterhaus existiert noch eine Mikwe aus dem 18. Jh., d.h. ein Bad für rituelle Waschungen. Das Gebäude beherbergt das Musée d'Arts et Tra-

Baedeker TIPP Judentum entdecken

In den elsässischen Fremdenverkehrsämtern ist eine Informationsbroschüre über jüdische Kulturstätten erhältlich, in der mehr als 200 Synagogen, Friedhöfe oder kunsthistorische Zeugnisse zwischen Wissembourg und Mulhouse beschrieben sind (www.sdv.fr/judaisme).

Baedeker SPECIAL

Judentum im Elsass

Wie in fast ganz Europa waren auch die Elsässer Juden im Mittelalter Pogromen ausgesetzt. Doch in der frühen Neuzeit genossen sie Rechte, die ihnen woanders noch verwehrt blieben. Nach dem Holocaust des 20. Jh.s zog der für das Elsass typische "Dorfjedde" in die Städte.

Wir sind im Elsass sehr stolz auf 'unsere Juden', sie sind Teil unserer Literatur, unserer Identität, sogar unserer Gastronomie. Wir haben in Harmonie gelebt mit unseren Juden", so der Zeichner und Autor Tomi Ungerer in einem Interview. Im Jahr 2000 gründete der elsässische Künstler (▶ Berühmte Persönlichkeiten) gemeinsam mit dem Straßburger Bürgermeister das "Centre Européen de la Culture Yiddish" (CECY), das Jüdische Institut, in dem Bücher und Dokumente aus der ganzen Welt zusammengetragen werden sollen, Kongresse stattfinden werden und die jiddische Sprache unterrichtet wird.

Wie in fast ganz Europa

Eine jüdische Gemeinde gibt es im Elsass schon seit zwei Jahrtausenden, doch haben die christlichen Elsässer mit ihr nicht immer "in Harmonie gelebt", wie Tomi Ungerer behauptete. Die ersten Juden kamen vermutlich mit den Römern ins Elsass. Im 12. Jh. beschrieb der spanische Jude Benjamín de Tudela, der gegen 1170 die damals bekannte Welt bis nach Russland durchreiste, die blühende jüdische Gemeinde von Strasbourg. Ein blühendes Gemeindeleben konnten die Elsässer Juden in Zeiten relativ unbehelligten Lebens führen, wenn sie den nicht kostenlosen Schutz des Kaisers oder eines Feudalherren genossen. Doch zwischenzeitlich schlug den Juden im Elsass wie in anderen Teilen Europas immer wieder Hass entgegen, wurden sie etliche Male Opfer grausamer Pogrome, so während des 1. Kreuzzuges 1096 oder mit dem Aufkommen der Pest in Europa ab 1348. Als Angehörige des mosaischen Glaubens durften sie keine Grundstücke besitzen und sich Handwerkszünften nicht anschließen; zum Lebensunterhalt blieb ihnen nur das den Christen verbotene Geld- und Zinsgeschäft, was die Feindseligkeit der Schuldner gegenüber den als Wucherer verschrieenen Geldgebern schürte. Der von den Kreuzfahrern gepredigte Glaubensfanatismus, die Vorwürfe des Christusmordes und allgemeiner Fremdenhass taten ein Übriges. Im Jahr 1362, während der Pestepidemie, wurden in Strasbourg 2000 Juden verbrannt, die man bezichtigt hatte, durch Brunnenvergiftung den Schwarzen Tod über Europa gebracht zu haben. Darüber hinaus waren die Juden in ihrem Alltagsleben eingeschränkt: Seit dem 4. Laterankonzil von 1215 mussten sie als Angehörige ihrer Religion einen gelben Fleck auf der Brust tragen; auch durften sie nach den schweren elsässischen Pogromen nicht mehr in den Städten wohnen und sich hier lediglich tagsüber aufhalten. Spätestens wenn vom Straßburger Münster das "Gruselhorn" geblasen wurde, mussten die Juden die Stadt verlassen.

Elsässische Besonderheiten

Das nun entstehende Dorfjudentum mit seinen den ärmeren Schichten oder dem Kleinbürger-

Der älteste jüdische Friedhof des Elsass bei Ettendorf südwestlich von Pfaffenhoffen

tum angehörenden Vieh- und Getreidehändlern sowie Hausierern war aber nicht wie in Osteuropa gettoisiert, teilweise lebte der "Dorfjedde" sogar in gutem Einklang mit den christlichen Nachbarn. Als König Ludwig XIV. die Juden unter seinen Schutz stellte, wuchs die Zahl der jüdischen Gemeinden durch den Zustrom deutscher Juden enorm. Bei Ausbruch der Französischen Revolution lebten im Elsass ca. 20 000 Personen jüdischer Herkunft, in ganz Frankreich damals etwa 40 000. Die Französische Revolution gab den Juden die volle bürgerliche Gleichberechtigung (1791), womit Frankreich das erste Land in Europa war, das einen solchen Beschluss fasste. Auch wurde den jüdischen Bürgern erlaubt, wieder in die Städte zu ziehen und ihnen bisher verwehrte Berufe zu ergreifen. Die Gleichheit vor dem Gesetz veranlasste viele deutsche Juden, sich im Elsass niederzulassen. Auch wenn den Juden alle bürgerlichen Rechte zugestanden wurden, dauerte es noch lange, bis ihnen der Aufstieg ins Bürgertum gelang. Doch dann begann für das elsässische Judentum eine Blütezeit. Bis 1914 entstanden im Elsass 176 Synagogen, im übrigen Frankreich gab es davon nur 80. Die Annexion von Elsass-Lothringen durch das Deutsche Reich 1871 trieb allerdings viele Juden in die Emigration nach Frankreich, weil sie nur hier volle Bürgerrechte gewährleistet sahen. Mit dem Nachrücken deutscher Juden wurde der Exodus jedoch wieder ausgeglichen.

Hilfe durch Sephardim

Während der deutschen Besatzungszeit ab 1940 waren auch die elsässischen Juden Verfolgungen ausgesetzt. 5000 von ihnen, d. h. ein Zehntel der Elsässer Juden, fielen dem Holocaust zum Opfer; alle Synagogen wurden zerstört. Nach dem Krieg wuchs die jüdische Gemeinde im Elsass wieder an, u. a. durch 4000 Sephardim, die in den 1960er- und 1970er-Jahren aus Nordafrika ins Land kamen. Das einst für das Elsass typische Dorfjudentum aber ist so gut wie verschwunden; heute leben die rund 15 000 elsässischen Juden in den Städten, vor allem in der Metropole Strasbourg, und gehören den wichtigsten jüdischen Gemeinden in Frankreich an.

Eins der frühesten religiösen Baudenkmäler des Elsass: die Abteikirche von Marmoutier mit ihrer wehrhaften Westfassade

Musée d'Arts et Traditions Populaires (Fortsetzung)

ditions Populaires mit Exponaten über volkstümliche Kunst und Traditionen sowie einer Sammlung von jüdischen Kult- und Gebrauchsgegenständen (Öffnungszeiten: Mai – Oktober So. und Fei. 10^{00} – 12^{00}, 14^{00} - 18^{00} Uhr).

Sindelsberg

Nordwestlich von Marmoutier stehen auf dem 300 m hohen Sindelsberg Überreste eines weiteren Benediktinerklosters (12. Jh.). Die dazugehörige Kapelle Saint Blaise mit den Wandmalereien aus dem 16. Jh. ist ein Wallfahrtsort zu Ehren des hl. Blasius, der den Pilger vor Halskrankheiten schützen soll. Von hier oben bietet sich ein schöner Blick auf Marmoutier.

Jüdischer Friedhof

Westlich von Marmoutier und etwas abseits an einem Waldrand wurde 1798 ein jüdischer Friedhof mit 500 schlichten, aber aus hochwertigem Sandstein angefertigten Grabsteinen angelegt. Den Schlüssel für den über die Rue Neuve erreichbaren Friedhof kann man im Verkehrsamt abholen.

Umgebung von Marmoutier

Wasselonne

Das an der N 4 südöstlich von Marmoutier am Fuß der Vogesen gelegene Wasselonne (Wasselnheim; 5000 Einw.) geht auf eine Burg aus dem 14. Jh. zurück, die 1674 zerstört wurde. Als einziger Rest der Burg, die bis zu ihrer Zerstörung eine der mächtigsten Festungsanlagen des Unterelsass war, stehen im Ortsinnern an der

Nordwestseite der Place du Général Leclerc die Tour de l'Horloge (Uhrturm) und die damit verbundene Basis eines runden Wehrturms. An der Südseite des Platzes hat das Office de Tourisme seinen Sitz. Links daneben befindet sich die 1755 – 1777 entstandene protestantische Kirche mit einer Silbermann-Orgel von 1754.

Wasselonne (Fortsetzung)

Wangenbourg (Wangenburg; 1200 Einw.), ein viel besuchter, ruhiger Urlaubs- und Luftkurort, liegt weit verstreut in einem geräumigen Vogesenhochtal ca. 10 km südwestlich von Marmoutier liegt und gehört mit dem lothringischen Ort Dabo (s. unten) zu den Petites Vosges (Kleine Vogesen), dem malerischen Bergland zwischen Lothringen und dem Elsass südlich der Zaberner Steige. Die größte Sehenswürdigkeit des Ortes bildet die originalgetreu restaurierte Anlage der 1220 erbauten, einst zur Abtei Andlau gehörenden Wangenburg, die sich südöstlich im Wald erhebt. Durch den fünfeckigen 24 m hohen Bergfried gelangt man zum höchstgelegenen Teil der Burg, vom dem sich ein schöner Fernblick bietet.

Wangenbourg

Dabo (Dagsburg; 3000 Einw.), eine aus mehreren Weilern bestehende Gemeinde nordwestlich von Wangenbourg bzw. südwestlich von Marmoutier, erstreckt sich malerisch in einem verzweigten Tal. Der als Ausflugs-, Wander- und Langlaufzentrum gern besuchte Ort, in dessen Umland es etliche Kristallglasschleifereien mit Verkaufsausstellungen und Atelierbesichtigung gibt, nimmt für sich in Anspruch, Geburtsstätte von Bruno Graf von Egisheim und Dagsburg, dem nachmaligen Papst Leo IX., zu sein (als gesicherter Geburtsort gilt jedoch ▶ Eguisheim). Südöstlich über dem Ort erhebt sich weithin sichtbar der abgeplattete Konglomeratkegel des 664 m hohen Rocher de Dabo (Rocher St-Léon), auf dem bis 1679 die von den Franzosen zerstörte Dagsburg stand. An ihrer Stelle wurde im Jahr 1890 auf einem steilen Felsen zu Ehren von Papst Leo IX. (1049 – 1054) die Chapelle Saint-Léon (Sankt.-Leo-Kapelle) erbaut. Vom Turm der neuromanischen Gedenkkapelle genießt man einen bezaubernden Rundblick in die teils dicht bewaldete Hügellandschaft. Auf dem Rocher de Dabo befindet sich auch ein Aussichtsrestautant.

Dabo

Masevaux

K 4

Région: Alsace (Elsass)
Département: Haut-Rhin
Höhe: 405 m ü. d. M.
Einwohnerzahl: 3200

Im Vogesenort Masevaux (Masmünster) im Dollertal südwestlich von ▶ Thann haben viele junge Damen ihren Schliff fürs Leben erhalten, darunter auch Katharina von Anhalt-Zerbst, die spätere Zarin Katharina II. Denn im 18. Jh. war die 728 von Fürst Maso, dem Enkel des Herzogs Attich und Begründers der Etichonen-Dynastie, gegründete Benediktinerabtei ("Masonis Monasterium"), um die herum sich die Stadt entwickelte, eine angesehene Bildungsanstalt für junge Frauen aus dem Hochadel. Heute ist die gewerbereiche Kleinstadt, deren Abtei in der Französischen Revolution aufgelöst wurde, mit seinen auf Deutsch aufgeführten Passionsspielen während der Fastenzeit eine Art elsässisches Oberammergau.

"Elsässisches Oberammergau"

Sehenswertes in Masevaux

Ortsbild

Typisch für das Erscheinungsbild der Innenstadt sind die vielen hübschen, blumengezierten Brunnen und die aus dem 16./17. Jh. stammenden, von Wohlstand zeugenden Bürgerhäuser.

Saint-Martin

Am westlichen Ende der Rue Foch, einer Fußgängerzone, steht die klassizistische Kirche St-Martin (1787), die 1966 fast völlig abbrannte, jedoch nach altem Muster wieder errichtet wurde. Im Innern befindet sich eine aus der Werkstatt Kern in Strasbourg stammende Orgel von 1976, deren Klang man bei den Internationalen Orgelwochen im Spätsommer genießen kann.

Umgebung von Masevaux

Route Joffre

Die Route Joffre, eine wunderschöne, aber enge und kurvige 15 km lange Bergstraße mit herrlicher Aussicht, führt von Masevaux nordwärts über den Col du Hundsrück nach Bitschwiller nördlich von ► Thann. Angelegt wurde die Straße im Ersten Weltkrieg von Marschall Joffre.

***Ballon d'Alsace**

Der 1274 m hohe Ballon d'Alsace (Elsässer Belchen) ca. 20 km nordwestlich von Masevaux bildet das südwestliche Ende der Vogesen. Von 1871 bis 1919 verlief hier die französisch-deutsche Grenze. Von der mattenbedeckten, plateauartigen Höhe bietet sich bei guter Sicht ein grandioser Panoramablick über die Oberrheinebene und vom Schwarzwald bis zum Mont Blanc. Leider wird die Sicht häufig von Emissionen beeinträchtigt. Sowohl im Sommer als auch im Winter wird der Ballon d'Alsace, auf dem es auch eine Ferme Auberge und ein Hotel gibt, gern und viel besucht.

> *Baedeker* TIPP **Pause zwischendurch**
>
> Vom Ballon d'Alsace werden viele Mountainbiker angezogen. Eine herrliche Strecke bietet die D 466 von Masevaux aus, die nicht allzu sehr befahren ist. Und wer mal pausieren möchte (die Hartgesottenen mögen den Tipp verzeihen!), kann in einem schönen Berggasthof am idyllischen Lac d'Alfeld gemütlich einkehren.

Molsheim — E 7

Région: Alsace (Elsass)
Département: Bas-Rhin
Höhe: 200 m ü. d. M.
Einwohnerzahl: 8000

***Zentrum der Gegenreformation und Bugatti-Stadt**

Liebhabern alter Rennsportwagen und edler Luxuslimousinen längst vergangener Zeiten schlägt das Herz höher, wenn sie den Namen "Molsheim" hören, denn hier baute Ettore Bugatti seine legendären Autos. Auch in Zukunft wird das Wein-, Handels- und Industriestädtchen vor allem im Automobilbereich von sich reden machen. VW will hier nämlich den schnellsten Straßenwagen der

Welt bauen lassen – natürlich einen Bugatti (▶ Baedeker Special, S. 134). Die teilweise noch mauerumgürtete, altertümliche und sehr malerische Kleinstadt Molsheim südwestlich von ▶ Strasbourg, am Ausgang des Tals der Bruche (Breusch), genoss auch in der frühen Neuzeit einen überregionalen Ruf: Als sich mit dem ausgehenden 16. Jh. hier Jesuiten, Kartäuser und Kapuziner niederließen, entwickelte sich der Ort zu einem Zentrum der Gegenreformation.

Zentrum der Gegen-reformation und Bugatti-Stadt (Fortsetzung)

Sehenswertes in Molsheim

Place de l'Hôtel de Ville

Den Mittelpunkt der Altstadt bildet die mit einem Löwenbrunnen geschmückte dreieckige Place de l'Hôtel de Ville (Rathausplatz). An ihrer Ostseite steht beherrschend der stattliche Renaissancebau La Metzig (16. Jh.). Das einstige Haus der Fleischerzunft ist mit seinen

La Metzig

Elsässische Renaissance par excellence: das Metzig in Molsheim

Schweifgiebeln, den Balkonen an den Giebelseiten, der doppelläufigen Freitreppe und dem Erkertürmchen ein Paradebeispiel der elsässischen Renaissance. An der astronomischen Uhr über der Freitreppe schlagen zwei Engel die Stunden. Heute beherbergt die Metzig ein beliebtes Restaurant.

Musée de la Chartreuse et de la Fondation Bugatti

Vom Rathausplatz führt die Rue Jenner westlich – vorbei an der Maison des Chanoines (Kanonikerhaus; 1828) – zum ehem. Kartäuserkloster (1598 – 1792) an der von einem Gebäudekarree umzogenen Cour des Chartreux. Hier ist das Musée de la Chartreuse et de la Fondation Bugatti eingerichtet. In schönen Rokoko-Räumen mit Rocaille-Stuckaturen sind altes Mobiliar, Werkzeug und bäuerliches Gerät, römische Kleinkeramik, stein- und bronzezeitliche Fun-

Nichts ist zu schön, nichts ist zu teuer

Bugatti ist ein Mythos. Der geniale Autobauer aus Mailand baute vor dem Zweiten Weltkrieg im elsässischen Molsheim Luxuslimousinen und Rennsportwagen, die ihrer Epoche technisch und stilistisch weit voraus waren, sich zu Legenden entwickelten und noch heute zu den kostbarsten Automobilen aller Zeiten gehören. Nachdem seit nahezu einem halben Jahrhundert kein Bugatti mehr produziert worden ist, versucht nun die Volkswagen AG eine neue Bugatti-Epoche einzuleiten – mit einem wahren "Geschoss".

Seine Meisterwerke wollte Ettore Bugatti nur in würdigen Händen wissen. Nicht einmal jeder Monarch schien ihm hierfür geeignet. König Zogu von Albanien z. B., dessen Tischmanieren dem genialen Autobauer während eines Verkaufsgesprächs beim Essen missfallen hatten, wurde kurzerhand von der Liste gestrichen.

Mythos "Bugatti"

Bereits mit 17 Jahren rüstete der 1881 in Mailand geborene Ettore Bugatti ein Dreirad mit zwei Motoren aus und nahm an einigen Rennen teil. 1902 wurde der erst 20-jährige Spross einer Künstlerfamilie von der elsässischen Industriellen-Dynastie De Dietrich als Fahrzeugingenieur in Niederbronn unter Vertrag genommen, wo in den folgenden zwei Jahren rund 100 Automobile unter dem Namen Dietrich-Bugatti entstanden. 1907 zog Bugatti nach Köln und produzierte für die Gasmotoren-Fabrik Deutz großhubige Vierzylinder-Motoren; parallel begann er im Keller seiner Villa in Köln-Mülheim auf eigene Rechnung ein kleines Chassis mit Vier-Zylinder-Motor und Kardanwellenantrieb zu konstruieren. 1909 schließlich machte der Wahl-Elsässer in Molsheim seine eigene Firma auf. Hier baute er bis 1939 mit seinen Mitarbeitern vor allem Renn- und Sportwagen, die sich nach Ettore Bugattis Motto "Nichts ist zu schön, nichts ist zu teuer" durch fortschrittliche Technik, hohe Verarbeitungsqualität und ästhetisches Design auszeichneten und die, darunter der legendäre 8-Zylinder-Bugatti 35, zahlreiche Siege einfuhren. Allein im Jahr 1927 heimsten Bugatti-Fahrer 806 Trophäen ein. 1926 rollte auch ein Luxusauto vom Band, das es mit Ikonen der Zeit wie Rolls-Royce aufnehmen sollte: der nicht von Ettore Bugatti selbst, sondern von seinem Sohn Jean konstruierte "Royale". Das Luxusgefährt mit der 12,7-Liter-Maschine hatte zwischen 250 und 300 PS, erreichte eine Höchstgeschwindigkeit von 200 km / h, benötigte aber zum Betrieb 23 Liter Motoröl und 48 Liter Kühlwasser – der Tank fasste 170 Liter Kraftstoff. Billig war der Benzinschlucker mit dem für Bugatti typischen Kühler in Hufeisenform in der Anschaffung nicht, allein das Fahrgestell dieser Limousine kostete das Dreifache des damals teuersten Rolls-Royce. Es dauerte dann auch lange, bis sich der erste Käufer fand. Zum einen schlitterte die Luxuskarosse direkt in die Weltwirtschaftskrise, zum anderen wollte der eigensinnige Ettore Bugatti den Royale, dessen Wahrzeichen die Kühlerfigur, ein sich aufbäumender Elefant, war, eben nur in entsprechende Hände geben, wie etwa Zogu von Albanien schmerzlich erfahren musste. Wer einen Bugatti fuhr, gehörte denn auch zur erlesensten Gesellschaft: Wenn der Firmengründer und -inhaber erlauchte britische Kunden zur Jagd im Elsass einlud, wurden alle Straßen von der Küstenstadt Calais bis nach Molsheim gesperrt, damit die Gäste die vielen Pferdestärken ihrer schönen Bugatti-Wagen ungehindert bis ans Ziel ausfahren konnten. Von den geplanten 25 Royales wurden schließlich nur sechs Exemplare gebaut, die aber alle noch existieren und in Museen bewundert werden können – das Automobilmuseum von ▶ Mulhouse weist gern darauf hin, mit seinem "Royale Coupé Napoléon" den teuersten Wagen der Welt zu besitzen. Die übrigen Royale-Motoren, die für die geplante größere Serie produziert worden waren, machten weniger von sich reden: Sie mussten jahrelang als Antrieb für Schienenbusse herhalten. Der Zweite Weltkrieg beendete die Produktion in Molsheim, nach dem Krieg wurden in der Fabrik nur noch Wartungsarbeiten durchgeführt, im Jahr 1963 (also 16 Jahre nach dem Tod von Bugatti) musste die Firma, in der 7950 Bugatti gebaut worden waren, ihre Pforten schließen.

Wiedergeburt eines großen Namens

In der Folgezeit gab es mehrere Versuche, dem alten Namen wieder zu neuem Ruhm zu verhelfen, die jedoch alle misslangen. 1998 erwarb der VW-Konzern die Bugatti-Markenrechte und präsentierte bereits im selben Jahr auf dem Pariser Autosalon den Bugatti EB 118 mit 555 PS. Nun plant VW, ab 2003 auf dem Gelände der früheren Bugatti-Werke in Molsheim, zu dem auch das mittlerweile von VW renovierte Schloss St-Jean gehört, den Supersportwagen Bugatti EB 16·4 Veyron zu bauen, den schnellsten Seriensportwagen der Welt, dessen 16-Zylinder-Direkteinspritzer 1001 PS (736 kW) leisten soll. Als Namensgeber für das 4,28 m lange und 1,2 m flache, bullig-aggressive Geschoss, das 1 Mio. € kosten wird, fungiert der legendäre Rennfahrer Pierre Veyron Pate, der mit Bugatti in den 1930er-Jahren zahlreiche Grand-Prix-Rennen gewann, darunter das 24-Stunden-Rennen von Le Mans 1939, und das Modell 51 A zum erfolgreichsten Motorsport-Bugatti machte. Mit diesem 140 PS starken Sportwagen, der für damalige Verhältnisse sensationelle 210 km / h leistete, stellte Veyron mehrere internationale Geschwindigkeitsrekorde auf.

Mit Bugatti nach Dubai

Der VW-Konzern in Wolfsburg macht noch keine Angaben zur Höchstgeschwindigkeit, doch Gerüchten zufolge soll der Bugatti 16·4 Veyron 406 Stundenkilometer schnell sein. Wo man eine so hohe Geschwindigkeit ausfahren kann? Die Zeitschrift "Auto-Bild" weiß die Antwort: In US-amerikanischen Salzwüsten oder im Wüstenstaat Dubai! In diesem Land der Vereinigten Arabischen Emirate haben die Ölscheichs eine 180 km lange, schnurgerade Autobahn erbaut, damit sich die Prinzen in ihren superschnellen Flitzern einmal richtig austoben können.

Ein Prunkstück von Ettore Bugatti – der Bugatti "Esders" im Automobilmuseum von Mulhouse

Musée de la Chartreuse et de la Fondation Bugatti (Fortsetzung)

de sowie mehrere Stadtmodelle ausgestellt (Öffnungszeiten: Juni bis Sept. Mo.–Fr. 8^{00}–12^{00}, 14^{00}–18^{00}, Sa. 9^{00}–12^{00}, 14^{00}–18^{00}, So. 10^{00}–12^{00}, 14^{00}–17^{00}; Okt.–Mai Mo.–Fr. 8^{00}–12^{00}, 14^{00}–18^{00}, Sa. und So. 10^{00}–12^{00}, 14^{00}–16^{00} Uhr). In einem anderen Gebäude befindet sich die Bugatti-Stiftung mit Dokumenten, Abbildungen fast aller Bugatti-Automodelle und einem Achtzylinder-Automotor von 1930; im unteren Geschoss können originale Bugatti-Autos bewundert werden. Auch das Kloster, das im 17. Jh. zum Zentrum des Katholizismus im Elsass wurde, ist sehenswert: Rekonstruierte Mönchszellen gewähren Einblick in das Leben der Klosterbrüder; außerdem gibt es einen hübschen kleinen Kräutergarten.

Eglise des Jésuites

Am südöstlichen Rand der Altstadt erhebt sich die Eglise des Jésuites (1614–1619). Das Gotteshaus war Teil der Molsheimer Jesuitenuniversität, die 1617 als Gegengewicht zur protestantischen Straßburger Universität gegründet worden war; nach dem Anschluss von Strasbourg an Frankreich wurde die Akademie von Molsheim 1702 mit der Straßburger Universität zusammengelegt. Dass die katholische Pfarrkirche neben Elementen der Renaissance vor allem Stilelemente der spätesten Gotik aufweist, hier also auf alte Bauformen zurückgegriffen wurde, ist als Versuch der Molsheimer Jesuiten zu verstehen, im Kampf gegen reformatorische Strömungen zumindest architektonisch alte Zeiten wieder aufleben zu lassen, als es noch eine Glaubenseinheit gab. Baumeister war der aus Unterfranken stammende Christoph Wamser, von dem auch die Kölner Jesuitenkirche stammt. Das dreischiffige, von Rippengewölben überspannte Innere der Kirche, die als eines der bedeutendsten Beispiele der Jesuitengotik gilt, birgt eine Silbermann-Orgel von 1781 und ein steinernes Kruzifix von 1480.

Porte des Forgerons

Den südlichen Abschluss der Altstadt bildet die Porte des Forgerons (Schmiedtor; 1412) in der Rue de Strasbourg. Im Torturm der Stadtmauer hängt eine Glocke aus dem Jahr 1412, eine der ältesten des Elsass.

Bugatti-Werke

Folgt man der Ausfallstraße in Richtung Sélestat, so kommt man an den Bugatti-Werken vorbei, die zurzeit ausschließlich Zubehörteile für die Luft- und Raumfahrtindustrie fertigen.

Umgebung von Molsheim

Avolsheim

Von Molsheim lohnt ein Ausflug zu dem 3 km nördlich gelegenen Avolsheim, das zwei bedeutende Sakralbauten besitzt. Abseits der Durchgangsstraße (Hinweisschild) steht die aus dem 11. Jh. stammende Chapelle St-Ulrich, eine Taufkapelle auf dem Grundriss eines vierblättrigen Kleeblatts mit herrlichen romanischen Freskenresten aus dem 12. Jh. in der Hauptkuppel. Die in einem ummauerten Friedhof neben einer angeblich tausendjährigen Linde stehende romanische Kirche Dompeter ("Domus Petri"), 1049 durch Papst Leo IX. geweiht, gilt – trotz einiger Erneuerungen im 18. und 19. Jh. – als eines der ältesten elsässischen Gotteshäuser.

Westhoffen

Nordwestlich von Molsheim liegt in einer fruchtbaren, sanft hügeligen Landschaft am östlichen Fuß der Vogesen der altertümliche

Ort Westhoffen (Westhofen; 1500 Einw.). Das Städtchen lebt vom Weinbau und vom Kirschenanbau – nicht umsonst bezeichnet sich der Ort selbst als "Kirschenhauptstadt des Elsass". Rund um den ältesten Teil von Westhoffen sind im Häusergewirr mit schönen Stein- und Fachwerkhäusern aus dem 16./17. Jh. noch weite Teile der Stadtmauer und vier Türme erhalten. Die protestantische Kirche St-Martin, im späten 19. Jh. größtenteils erneuert, besitzt einen Chor aus dem 14. Jh. und Chorfenster aus dem 15. Jh., die u. a. Heiligendarstellungen und Szenen aus dem Leben Christi zeigen.

Umgebung von Molsheim, Westhoffen (Fortsetzung)

Südöstlich von Molsheim und nördlich der A 352 steht in Altorf eines der schönsten Beispiele barockisierter romanischer Kirchen weit und breit. Während das Langhaus romanischen Ursprungs ist, wurden Querschiff und Chor vom Vorarlberger Peter Thumb im Stil des süddeutschen Barock erbaut. Auch im Innern sind beide Stilrichtungen präsent: Neben der romanischen Reliquienbüste des hl. Cyriacus aus bemaltem Holz gibt es barocke Altäre und Deckenfresken zu bewundern.

Altorf

Montbéliard

L 3

Région: Franche-Comté
Département: Doubs
Höhe: 318 m ü. d. M.
Einwohnerzahl: 29 000

Die Industriestadt Montbéliard, in der Burgundischen Pforte am Rhein-Rhône-Kanal südlich von ▶ Belfort gelegen, war als Mömpelgard seit dem 10. Jh. Hauptort der gleichnamigen burgundischen Grafschaft. Diese fiel 1397 durch Heirat an das Haus Württemberg, dem sie fast 400 Jahre angehörte; bis zum Anschluss an Frankreich 1793 bildete das Gebiet eine Enklave innerhalb Frankreichs. Schon früh breiteten sich hier die Ideen der Reformation aus, und Ende des 16. Jh.s flüchteten viele Hugenotten hierher. Das Mömpelgarder Wappen, zwei gekrümmte Fische auf rotem Grund, ist im Elsass übrigens häufig zu sehen. Entscheidend geprägt wurde die Stadtarchitektur von Mömpelgard vom berühmten württembergischen Architekten Heinrich Schickhardt (1558 – 1634). Seit über 50 Jahren pflegt Montbéliard, das immer wieder Preise für sein liebevoll gepflegtes Aussehen erhält, eine Städtepartnerschaft mit Ludwigsburg (die älteste Städtepartnerschaft in ganz Deutschland). Heute bildet Montbéliard zusammen mit Sochaux, Audincourt u. a. eine Industriezone, in der Maschinen- und Instrumentenbau, Textil- und Holzindustrie sowie die Herstellung von Kraftfahrzeugen (Peugeot) die größte Rolle spielen.

Einstige württembergische Enklave

Sehenswertes in Montbéliard

Den Kern der Altstadt bildet das hoch gelegene Château (ehemaliges Schloss), ein lang gestreckter Komplex, der im 15. Jh. errichtet wurde. In den beiden Türmen und im Wohngebäude, das 1750 erbaut wurde, ist ein naturgeschichtliches und archäologisches Museum untergebracht.

Château

Montbéliard (Fortsetzung), Place St-Martin

An der Place St-Martin stehen das vielfach abgeänderte Rathaus von 1776, das Hôtel Beumier-Rossel (1774) mit dem Musée Historique (Historisches Museum), das Exponate zur Wohnkultur u.a. enthält, sowie die Maison des Princes und der Temple St-Martin, die erste protestantische Kirche Frankreichs, die 1601–1604 nach Plänen des Württembergers Heinrich Schickhardt erbaut wurde und bis ins 19. Jh. hinein für zahlreiche Sakralbauten in Deutschland und Frankreich als Vorbild diente.

***Musée Peugeot**

In der östlich gelegenen Industrievorstadt Sochaux hat das Musée Peugeot, das Werksmuseum der bekannten französischen Automobilfabrik, in einer ehemaligen Brauerei (Carrefour de l'Europe) seinen Sitz (Öffnungszeiten: tgl. Mai–Sept. 9^{00}–19^{00}; Okt.–Apr. 10^{00}–18^{00} Uhr). Es zeigt die Firmengeschichte vom Gründungsjahr bis heute und präsentiert einen geschlossenen Überblick über die Peugeot-Modellreihen mit dem Löwen auf der Kühlerhaube. Das Museum verfügt auch über eine historische Werkstatt aus den 50er-Jahren des 20. Jh.s mit einer authentischen Geräuschkulisse, eine 28-m-Leinwand, auf der Filme von Autorennen zu sehen sind, sowie Fahrsimulatoren und 3 D-Animationen.

Umgebung von Montbéliard

Audincourt

In der östlich von Montbéliard am Doubs gelegenen Stadt Audincourt lohnt die Eglise Sacré-Cœur einen Besuch. Die 1949–1951 nach Plänen des Architekten Novarina erbaute Kirche birgt im Chor Glasgemälde von Fernand Léger.

Mont Sainte-Odile — F 7

Région: Alsace (Elsass)
Département: Bas-Rhin
Höhe: 823 m ü. d. M.

***Größte Wallfahrtsstätte des Elsass**

Der sich westlich von ▶ Barr erhebende Mont Sainte-Odile (Odilienberg), der "heilige Berg des Elsass", ist einer der meistbesuchten Orte der Vogesen. Auf dem bewaldeten Bergrücken von etwa zehn km Umfang steht das weithin sichtbare Kloster, die bedeutendste Wallfahrtsstätte des Elsass, die nicht nur am 13. Dezember, dem Tag der hl. Odilie, stark frequentiert ist. Von hier oben genießt man eine prächtige Aussicht, die bereits Ludwig Uhland lobte.

Sehenswertes auf dem Mont Sainte-Odile

****Kloster**

Das berühmte, weithin sichtbare Kloster Sainte-Odile hieß ursprünglich Hohenburg und dürfte gegen Ende des 7. Jh.s an der Stelle der gleichnamigen Burg des elsässischen Herzogs Attich gegründet worden sein. Erste Äbtissin war die hl. Odilia, die blind geborene Tochter des Herzogs, die durch die Taufe sehend geworden war und als Schutzpatronin des Elsass verehrt wird. In der Stauferzeit war der Odilienberg ein Hort kirchlicher Kultur; die Äbtissin Herrad von Landsberg (▶ Berühmte Persönlichkeiten) verfasste hier

Die bedeutendste Wallfahrtsstätte des Elsass – der Mont Sainte-Odile

Kloster (Fortsetzung)

den "Hortus Deliciarum" (Garten der Köstlichkeiten), ein reich illustriertes Kompendium zeitgenössischer Bildung, dessen Original während der Belagerung von Strasbourg im Jahr 1870 dem Feuer zum Opfer fiel.

Besichtigung

Von den großen Parkplätzen aus betritt man den allseits geschlossenen Klosterkomplex durch ein stattliches Torgebäude. Im Innenhof steht ein Stein zum Gedenken an den Besuch Papst Johannes Pauls II. am 11. Oktober 1988, links gelangt man zur Hostellerie. Rechts kommt man zum Umgang, der zur Ost- und Nordseite des Gipfelplateaus führt und herrliche Ausblicke in die Oberrheinebene öffnet. Am äußersten Punkt stehen die Chapelle des Larmes (Tränenkapelle), wo Odilie für ihren Vater gebetet und Tränen vergossen haben soll, und die Chapelle des Anges (Engelkapelle), deren Ursprünge im 12. Jh. liegen; die goldgrundigen Mosaiken in der Engelkapelle – teils mit Motiven aus dem "Hortus Deliciarum" – stammen aus dem 19. Jh. Durch die 1687 nach einem Brand erneuerte Klosterkirche gelangt man in die Chapelle Ste-Odile (Odilienkapelle) mit romanischem Langhaus und gotischem Chor, wo die sterblichen Überreste der Heiligen ruhen. Mit der Klosterkirche gleichfalls verbunden ist die Chapelle de la Croix – Kreuzkapelle (11. Jh.) –, der bedeutendste Rest des romanischen Baukomplexes.

Fontaine de Ste-Odile

Etwas unterhalb des Konvents liegt an der ziemlich steil nach St-Nabor hinabführenden Straße (D 33) die Fontaine de Ste-Odile (Odilienquelle), deren Wasser in der Lage sein soll, Augenleiden zu heilen. Die hl. Odilie schlug hier, der Sage nach, an den Felsen, worauf

Fontaine de Ste-Odile (Fts.)

die Quelle hervorbrach, und gab einem alten Mann von dem Wasser, der um die Heilung seines blinden Kindes gebeten hatte.

Mur Païen (Heidenmauer)

Der Gipfel des Odilienbergs wird vom "Mur Païen" (Heidenmauer) umzogen, einem etwa 10 km langen, meist durch schönen Wald führenden Mauerwall. Diese Mauer, das bedeutendste vorgeschichtliche Denkmal im Elsass, gibt der Wissenschaft immer noch Rätsel auf; vermutlich handelt es sich um einen Ringwall, der in keltischer Zeit eine Fliehburg umgab. Die Heidenmauer – den Begriff prägte der elsässische Papst Leo IX. im 11. Jh. – ist teilweise noch 2 bis 3 m hoch und bis 2 m dick; an den Blöcken sind stellenweise die Löcher für die Eichenholzklammern zu sehen, die die Mauersteine zusammenhielten.

Umgebung von Mont Sainte-Odile

Niedermunster

Abseits der D 109, in welche die vom Odilienberg kommende D 33 einmündet, steht etwas oberhalb von St-Nabor die zwischen Bäumen verborgene Ruine der 1180 geweihten Klosterkirche der einstigen, ebenfalls von Odilie gegründeten, aber 1540 zerstörten Nonnenabtei Niedermunster. Unweit talabwärts befindet sich die kleine Nikolauskapelle (12. Jh.), die im 19. Jh. stark restauriert wurde.

Ottrott

Etwa 2 km nördlich von St-Nabor liegt an der Route du Vin zwischen Weinbergen und naturbelassenen Wiesen der Winzerort Ottrott, wo einer der wenigen elsässischen Rotweine gekeltert wird. Der ruhige Ort teilt sich in Unter- und in Oberdorf. Im Unterdorf wohnen die Winzer, im Oberdorf befinden sich die meisten Restaurants und Hotels. In einer alten Spinnerei an der Straße nach Klingenthal ist das Schauaquarium "Les Naïades" eingerichtet, in der neben mehr als 3000 Fischen aus Asien, Afrika und Südamerika auch Krokodile und Schildkröten bewundert werden können; darüber hinaus wurden in den Becken verschiedene natürliche Lebensräume wie Höhlen und Wildbäche nachgebildet (Öffnungszeiten: tgl. 9^{30} – 18^{30} Uhr). Eine ungefähr einstündige Wanderung führt zu den nordwestlich über dem Ort gelegenen "Ottrotter Schlössern", den relativ gut erhaltenen Burgruinen Lützelburg (12. Jh.) und Rathsamhausen (13. Jh.). Die beiden Burgen waren nur durch einen Graben voneinander getrennt, sie stellten ein im Mittelalter nicht unübliches feindliches Burgenpaar dar, d. h. die eine Burg wurde nur gebaut, um die andere zu erobern.

Mulhouse K 6/7

Région: Alsace (Elsass)
Département: Haut-Rhin
Höhe: 240 m ü. d. M.
Einwohnerzahl: 108 000

Stadt der technischen Museen

Mulhouse (Mülhausen), die zweitgrößte Stadt im Elsass, liegt an der Ill und am Rhein-Rhône-Kanal, zwischen Sundgau und Rheinebene. Im Gegensatz zu den romantischen Weinorten und Winzerstädtchen im Elsass bestimmt Industrie das Bild der Stadt sowie ihrer Umgebung. Daher erhielt Mulhouse die Beinamen "französisches Manchester" oder "Stadt der hundert Schornsteine". Dennoch lohnt der Ort, in dem nicht typisch elsässische Fachwerkhäuser, sondern Betonburgen vorherrschen, durchaus einen Besuch. Zum einen haben sich die Stadtväter seit einigen Jahren mit Erfolg um die Verschönerung der Innenstadt bemüht, zum anderen besitzt die Stadt zahlreiche äußerst interessante technische Museen, die die ins 18. Jh. zurückreichende industrielle Tradition würdigen. Pro Jahr besuchen über eine halbe Million Menschen die Mülhausener Museen, womit die Stadt hinsichtlich des Besucheraufkommens in den französischen Museumsstädten direkt hinter Paris auf Platz zwei liegt.

Stadt der technischen Museen (Fortsetzung)

Geschichte

Der Ort wurde 803 erstmals urkundlich genannt und 1246 als Besitz der Straßburger Bischöfe erwähnt. Nach der Herrschaft Rudolfs

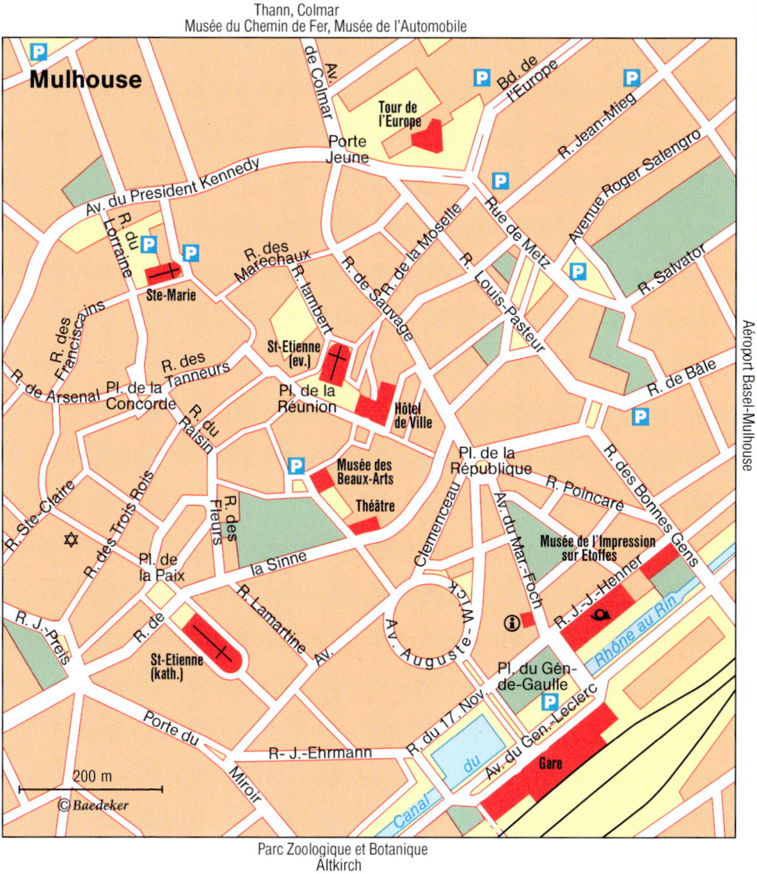

Geschichte (Fortsetzung)

von Habsburg erhielt Mülhausen von dessen Sohn Adolf von Nassau 1293 das Stadtrecht, wurde 1308 reichsunmittelbar, trat 1354 der Dekapolis (Bund der zehn elsässischen Reichsstädte) bei und verbündete sich nach dem 1444 erfolgten Einbruch der Armagnaken 1446 mit Bern und Solothurn, 1506 mit Basel. Von 1515 bis zum Westfälischen Frieden (1648) gehörte die Stadt als "zugewandter Ort" zur schweizerischen Eidgenossenschaft und war dann wieder selbstständig. Nach Einführung der Reformation und vor allem nach der Aufhebung des Edikts von Nantes 1685 wurde Mulhouse zu einer Hochburg der Calvinisten, was sich auch in einem wirtschaftlichen Aufschwung niederschlug. 1746 gründeten die vier Einwohner Schmaltzer, Kœchlin, Feer und Dollfus eine Stoffdruck-Manufaktur, in der die damals so beliebten "Indiennes" angefertigt wurden, ursprünglich in Indien hergestellte bedruckte Stoffe. Als Folge entstanden zahlreiche Spinnereien, Webereien, Färbereien, Druckwalzen-Gravieranstalten u. ä. Der Anschluss an Frankreich 1792 beschleunigte die industrielle Entwicklung. Heute verfügt die größte elsässische Industriestadt u. a. über eine bedeutende Maschinen-, Chemie-, Elektro-, Textil-, Nahrungsmittel- und Papierindustrie sowie Automobilwerke (Peugeot), Brauereien und Verlage. Im Nordwesten der Stadt befinden sich reiche Kalilagerstätten, deren Ausbeutung und die damit verbundene Salzbelastung der Abwässer vor einiger Zeit zu heftigen umweltpolitischen Auseinandersetzungen zwischen den Rhein-Anliegerstaaten geführt haben. Diese Probleme wird es bald nicht mehr geben, denn demnächst sind die Kalivorkommen um Mulhouse, aus denen Düngemittel und Streusalz gewonnen werden, erschöpft – der Rhein kann also wieder sauberer werden. Die Stadt ist auch Sitz mehrerer Fachhochschulen und einer Universität (seit 1969), an der in erster Linie technische Berufe gelehrt werden. 1993 eröffnete das nach Plänen von Claude Vasconi erbaute Kulturzentrum La Filature (u. a. Musik, Theater, Tanz, Ausstellungen).

Sehenswertes im Zentrum

*Hôtel de Ville

Den Mittelpunkt der Innenstadt bildet die von gut restaurierten Bürgerhäusern umrahmte Place de la Réunion (Rathausplatz; Fußgängerzone), an deren Ostseite das Rathaus (Hôtel de Ville) steht, ein nach einem Brand 1552 im rheinischen Renaissancestil neu errichteter Bau mit prächtigen Fassadenmalereien und einer doppelten gedeckten Freitreppe. An der rechten Seite des Gebäudes hängt eine Kopie des sog. Klappersteins, einer ca. 13 kg schweren, Grimassen schneidenden Schandmaske, die Mülhausener Bürger, die mit üblen Nachreden Zwietracht gesät hatten, sich um den Hals hängen und damit, rückwärts auf einem Esel sitzend, durch

Baedeker TIPP **Sicher kein Reinfall**

In den hübschen Altstadtgassen um das Rathaus herum gibt es zahlreiche Bars mit exquisiten kleinen Mittagsgerichten. Die meisten Gäste sind Angestellte aus den umliegenden Büros und Geschäften – was für die Qualität des Essens spricht.

Das mit prächtigen Fassadenmalereien geschmückte Rathaus von Mulhouse mitten in der Fußgängerzone

Mulhouse

die Stadt reiten mussten. Das im Rathaus untergebrachte Historische Museum (Musée Historique) informiert sehr anschaulich über die wechselvolle Geschichte und Kultur der Stadt. Im früheren Kornspeicher sind darüber hinaus eine Spielzeugsammlung und eine Volkskunstabteilung zu besichtigen.

Hôtel de Ville (Fortsetzung), Musée Historique

Die Nordostseite der Place de la Réunion wird begrenzt von der evangelischen Eglise St-Etienne (Stephanskirche). Der ursprüngliche romanisch-gotische Bau wurde 1858 abgerissen und durch die neugotische Kirche ersetzt; von der alten Kirche sind umfangreiche Reste der um 1340 angefertigten Glasgemälde erhalten. Heute dient die Stephanskirche auch als Ausstellungssaal.

Temple Saint-Etienne

Südlich vom Rathausplatz, am weiten Square Steinbach, befindet sich das Musée des Beaux-Arts (Kunstmuseum). In einer stattlichen Villa aus dem 18. Jh. werden Gemälde verschiedener Meister vom Mittelalter bis zur Gegenwart (u.a. Brueghel, Boucher, Courbet, Boudin) ausgestellt. Zu den Glanzstücken gehört auch eine schöne Kollektion des Sundgauer Malers Jean-Jacques Henner (Öffnungszeiten: Mi. – Mo. 10^{00} – 12^{00}, 14^{00} – 18^{00}; im Winter nur bis 17^{00} Uhr).

Musée des Beaux-Arts

Vom Rathausplatz nördlich gehend, erreicht man jenseits der Rue du Sauvage (s. unten) den Europaplatz, an dessen Ostseite sich die 1969 – 1972 errichtete, 100 m hohe Tour de l'Europe erhebt, ein dreischenkeliges Betonmonster, dessen drei Seiten für die drei Grenzen im Dreiländereck stehen. Auf dem weiten Platz sind als farbige

*Tour de l'Europe

Tour de l'Europe (Fortsetzung)

Steinmosaiken die Wappen europäischer Städte zu sehen. Im obersten Stockwerk der Tour de l'Europe (Aufzug) befindet sich ein Panoramarestaurant mit umfassendem Rundblick. Unweit südlich steht der Bollwerkturm (14. Jh.), ein Rest der einstigen Stadtbefestigung.

Baedeker TIPP Römisch baden

Die römischen Bäder (Sauna, Dampfbad, Kalt- und Warmwasserbecken) in großzügig gestalteten Jugendstilräumen – ein Genuss vor allem in der kälteren Jahreszeit. Piscine Pierre et Marie Curie: 7, Rue Pierre et Marie Curie (im Norden von Mulhouse, gegenüber der Mairie). Öffnungszeiten: Mitte September – Mai

Rue du Sauvage

Von der Place de l'Europe bis zur Place de la République bildet die Rue du Sauvage (Wildemannsgass; größtenteils Fußgängerzone) die Hauptachse der Innenstadt. Hier reihen sich Geschäfte, Restaurants, Fast-Food-Lokale aneinander, während in den Arkaden des südlichen Teils anspruchsvolle Einzelhandelsgeschäfte und Boutiquen überwiegen.

Mulhouse

*Musée de l'Impression sur Etoffes

In der Mitte des überwiegend modern geprägten Gebiets zwischen Place de la République und Gare (Bahnhof) befindet sich in der Rue Jean-Jacques Henner Nr. 14, das Musée de l'Impression sur Etoffes (Stoffdruckmuseum), das die Geschichte und Entwicklung des Stoffdrucks vom 18. Jh. bis heute nachzeichnet und zu den bedeutendsten seiner Art gerechnet wird. Neben französischen Stoffen werden englische Stoffe, herrliche Wandbehänge aus dem 18. Jh. sowie bedruckte Taschentücher und handbemalte Stoffe aus aller Welt gezeigt. Das Museum verfügt insgesamt über 3 Mio. Muster und 50 000 sog. textile Zeitdokumente (Öffnungszeiten: tgl. 10^{00} bis 18^{00} Uhr).

Gare

Parallel zur Bahnhofsfassade verläuft der Rhein-Rhône-Kanal, dessen Vieux Bassin (Altes Becken) zum Sportboothafen ausgebaut ist. Unweit jenseits der Kanalbrücke steht ein Denkmal für die Erste Französische Panzerdivision, die 1944 / 1945 maßgeblich an der Befreiung von Mulhouse beteiligt war.

Weitere Sehenswürdigkeiten

**Musée National de l'Automobile

Vom Zentrum erreicht man auf der Avenue de Colmar das nahe der Gare du Nord (Nordbahnhof) gelegene Musée National de l'Automobile (Nationales Automuseum). Dieses weltberühmte Museum, auch "Louvre der Autoindustrie" genannt und eines der meistbesuchten Museen Frankreichs, ist aus der Sammelleidenschaft der aus der Schweiz stammenden Brüder Schlumpf entstanden, die im Rahmen ihrer Textilfabrik eine eigene Restaurierungswerkstatt für Oldtimer unterhielten, allerdings mit ihrem kostspieligen Hobby das Unternehmen ruinierten. Nachdem die beiden Brüder vor der drohenden Justiz in die Schweiz geflohen waren und die Arbeiter zur Sicherung ihrer Ansprüche die Automobilsammlung in Besitz genommen hatten, die dann vorübergehend "Musée de l'Ouvrier" (Arbeitermuseum) hieß, übernahm der Staat schließlich die kostbare Kollektion. Heute gehört das Automobilmuseum, das die über 100-jährige Automobilgeschichte widerspiegelt, zu den größten technischen Museen in Frankreich. In der riesigen ehem. Werkshalle der früheren Kammgarnspinnerei sind auf 17000 m² rund fünfhundert hervorragend restaurierte Sport- und Luxuswagen, die meisten von ihnen aus der Zeit zwischen den Weltkriegen, ausgestellt, darunter Modelle von Alfa Romeo, Ferrari, Porsche, Mercedes, Maserati und Peugeot. Darüber hinaus besitzt das mit 900 Jugendstillaternen dekorierte Museum die vollständigste Bugatti-Sammlung. Absolutes Glanzstück ist der Bugatti "Royale Coupé Napoléon" (1930), den der italienische Automobilbauer Ettore Bugatti persönlich fuhr und der als eines der elegantesten Automobile aller Zeiten gilt. Das Museum wurde kürzlich völlig renoviert und bietet nun auch pädagogische Interaktivität mittels neuester Technologien und Multimedia-Mittel: Plasmabildschirme, Simulatoren, Filme, Geräusche, Gerüche und Animationen, Audioführungen etc. (Öffnungszeiten: Juli – Aug. tgl. 10⁰⁰ – 19⁰⁰; Sept. – Juni Mi. bis Mo. 10⁰⁰ – 18⁰⁰ Uhr).

Musée National de l'Automobile (Fortsetzung)

Vom Automobilmuseum führt die Rue Josue Hofer parallel zu den Gleisanlagen nach Südwesten. Im Gebäude Nr. 25, einer renovierten einstigen Ziegelei, ist die Maison de la Ceramique zu finden, die einen umfassenden Überblick über die zeitgenössische Keramikkunst vermittelt (Öffnungszeiten: Di. – Sa. 10⁰⁰ – 12⁰⁰, 14⁰⁰ – 18⁰⁰, So. 14⁰⁰ – 18⁰⁰ Uhr).

Maison de la Ceramique

Weiter führen die Rue Jean Martin und die Rue de St-Amarin zum Musée Français du Chemin de Fer (Französisches Eisenbahnmuseum) und dem mit ihm kombinierten Musée du Sapeur-Pompier (Feuerwehrmuseum) in der Rue Alfred de Glehn im westlich gelegenen Vorort Dornach. Vor dem Besuch des eigentlichen, in einem nicht mehr genutzten Bahnhof untergebrachten Eisenbahnmuseums (Öffnungszeiten: tgl. Apr. – Sept. 9⁰⁰ – 18⁰⁰, Okt. – März tgl. 9⁰⁰ – 17⁰⁰ Uhr) ist es ratsam, die in einem eigenen Rundbau eingerichtete Experimentiersammlung des Musée Express zu besuchen, welche die Grundlagen der Eisenbahntechnik verdeutlicht und auch Möglichkeiten zu eigenem Tun bietet. Das Kernstück des Eisenbahnmuseums ist in einer großen, neu erbauten Halle untergebracht. Aus nächster Nähe kann man Dampf-, Diesel- und Elektroloks betrachten; auch gibt es Vitrinen mit Schnitt- und Demonstrationsmodellen sowie Eisenbahnzubehör. Besonders interessant sind die historischen Schlaf-, Speise- und Salonwagen mit ihrer gediegen-eleganten, historischen Ausstattung; von der Empore (Bahnhofs- und Fahrzeugmodelle) bietet sich der beste Gesamtüberblick. Im Freigelände gibt es die verschiedensten Bahnhofseinrichtungen (Kräne, Signalanlagen, Gleisbaugerät).

****Musée Français du Chemin de Fer**

In der Fahrzeughalle des angeschlossenen Feuerwehrmuseums stehen etliche Spritzen- und Drehleiterfahrzeuge, Löschwasserpumpen und Ausrüstungsteile (Öffnungszeiten: tgl. Apr. – Sept. 9⁰⁰ bis 18⁰⁰, Okt. – März 9⁰⁰ – 17⁰⁰ Uhr).

Musée du Sapeur-Pompier

Unmittelbar neben dem Eisenbahnmuseum liegt das "Electropolis" genannte Elektrizitätsmuseum (offiziell "Musée de l'Energie Electrique"), das über alle denkbaren Aspekte von Elektrizitätsgewinnung, -transport und -nutzung unterrichtet. Den Einstieg bildet in

***Electropolis**

Electropolis (Fortsetzung)

der "Galerie Jupiter" ein 80 m langes Diorama (Kommentar auf Wunsch auch in deutscher Sprache), das die Stromerzeugung und Übertragungsarten vom Kraftwerk über Trafostation und Fernleitung bis in Städte, Dörfer und Haushalte zeigt. Daran schließt sich ein Versuchskabinett an, in dem (teils mit Funktionsmodellen) klassische Experimente zu Elektrizität und Magnetismus präsentiert werden; so kann man u. a. den Geheimnissen der Elektrostatik auf die Spur kommen und sehen, wie einem die Haare – im wahrsten Sinne des Wortes – zu Berge stehen. Das Kernstück des Museums bildet die "Grande Machine", eine 170 t schwere Dampfgeneratoranlage von 1901 / 1902. Auf den Emporen, welche den Generatorsaal umziehen, werden die Themenbereiche Telekommunikation und Datenverarbeitung, Lasertechnik und Holografie präsentiert. Abgeschlossen wird der Rundgang mit einer Reihe elektromechanischer und elektronischer Musikinstrumente. Im angegliederten Jardin Technologique (Garten der Technologie) stehen einige Pavillons, in denen Generatoren, Turbinen und Kraftwerksmodelle zu sehen sind, sowie die Maison de l'Electricité, die einen Ausblick auf den Wohnkomfort der Zukunft gibt (Öffnungszeiten: Juli – Aug. tgl. 10^{00} – 18^{00}; Sept. – Juni Di. – So. 10^{00} – 18^{00} Uhr).

Im Musée Electropolis stehen einem die Haare zu Berge.

***Parc Zoologique et Botanique**

Südlich vom Hauptbahnhof liegt im Stadtteil Tannenwald der Parc Zoologique et Botanique (Zoologisch-Botanischer Garten). Vom Bahnhof gelangt man über den Pont de Riedisheim und durch den Boulevard Léon Gambetta in ein sich am Hang ausdehnendes gepflegtes Wohngebiet mit zahlreichen Villen aus der Zeit um 1900 (die Zufahrt zum Zoo ist ausgeschildert). Man beginnt den Rundgang am besten beim Haupteingang am oberen Ende des Geländes (Großparkplätze; Hundeverbot). Der 25 ha große Zoologisch-Botanische Garten mit über 1000 Tieren ist in einem prachtvollen, an alten Bäumen reichen Parkgelände eingerichtet; er bildet eine Harmonie zwischen Flora und Fauna, die ihresgleichen sucht. Selbst die Großgehege sind durch reichliche Bepflanzung optisch und ökologisch aufgelockert; vielfach ersetzen große Panzerglasscheiben die sichtbehindernden Metallgitter. Es gibt mehrere Landschaftsbiotope (Alpen, Jura, Vogesen) und eine Volierenanlage, in der Betrachter und Vögel einander in ein und demselben Raum begegnen können.

Parc Zoologique et Botanique (Fts.)

Baedeker TIPP Mulhouse im Visier

Einen herrlichen Blick über Mulhouse bis zu den Vogesen hat man vom Belvédère, einem kleinen Aussichtsturm auf dem Rebberg in der Nähe des Zoos.

Umgebung von Mulhouse

Rixheim

Folgt man von Mulhouse der N 66 in östlicher Richtung, so gelangt man zu dem etwa 6 km entfernten Städtchen Rixheim. In der Ortsmitte steht die stattliche dreiflügelige Anlage der einstigen Commanderie des Deutschen Ordens (18. Jh.), die heute als Rathaus dient. Im rechten Gebäudeflügel ist das Musée du Papier Peint (Tapetenmuseum) eingerichtet, das an die seit 1791 bestehende einschlägige Tradition von Rixheim anknüpft und rund 130 000 Dokumente und Tapetenmuster zeigt, darunter viele aus der Manufaktur Zuber, die sich im gegenüberliegenden Flügel befindet und noch heute produziert (Öffnungszeiten: tgl. Juni – Sept. 9^{00} bis 12^{00}, 14^{00} – 18^{00}, Sa. – So. erst ab 10^{00} geöffnet; Okt. – Mai Di. geschlossen).

***Musée du Papier Peint**

Ottmarsheim

Bekannt ist das Städtchen Ottmarsheim (2000 Einw.), ca. 12 km nordöstlich von ► Mulhouse am Rhein gelegen, seit Jahrhunderten durch seine Kirche St-Pierre-et-St-Paul (s. Abb. S. 49), den einzigen Zentralbau aus ottonischer Zeit. Die einst zu einem Benediktinerinnenkloster gehörende, 1049 geweihte und nach schweren Brandschäden ab 1991 restaurierte Kirche wurde dem romanischen Oktogon der Pfalzkapelle im Aachener Dom nachempfunden. Der größte Unterschied zwischen diesen beiden Zentralbauten besteht in der Innengestaltung. Während man sich in Aachen bei der Ausschmückung des Inneren an der spätantiken Architektur orientierte, griff man "bei der wohl einzigen karolingischen Kirche auf fran-

***St-Pierre-et-St-Paul**

Ottmarsheim

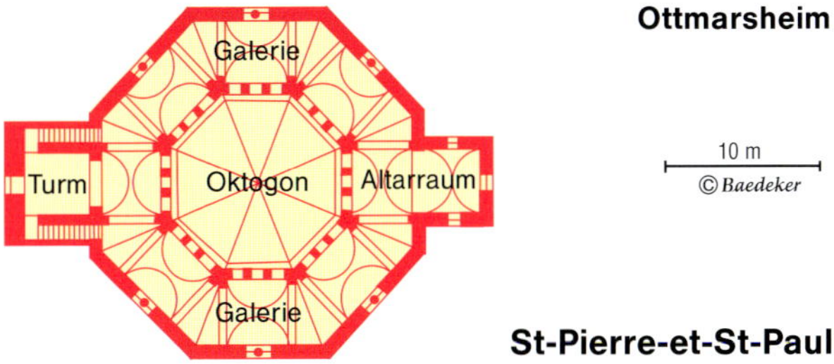

St-Pierre-et-St-Paul

Umgebung von Mulhouse, Ottmarsheim (Fortsetzung)

zösischem Boden", wie Prosper Mérimée, der Dichter und Schöpfer von "Carmen", die Ottmarsheimer Kirche einmal bezeichnete, auf zeitgenössische architektonische Elemente zurück, was die Schlichtheit des elsässischen Zentralbaus erklärt. Ursprünglich war der gesamte Innenraum ausgemalt; die beachtenswerten Reste gotischer Fresken vor dem Eingang zur Sakristei und auf der Empore stammen aus dem 15. Jh. Auch die Kapellenanbauten im Osten entstanden im 15./16. Jh.

Munster H 5

Région: Alsace (Elsass)
Département: Haut-Rhin
Höhe: 381 m ü. d. M.
Einwohnerzahl: 4700

Ursprungsort des berühmten elsässischen Käses

Munster (Münster), der Hauptort der von der Fecht durchflossenen Vallée de Munster (Münstertal), liegt gut 15 km südwestlich von ▶ Colmar und ist wegen seiner schönen Umgebung ein beliebtes Ausflugsziel. Der Ursprung der Stadt geht auf ein im 7. Jh. gegründetes Benediktinerkloster zurück, wovon sich der Stadtname ableitet (lat. "monasterium" = Kloster). Munster war im 13. Jh. gemeinsam mit neun Gemeinden der Umgebung Freie Reichsstadt, trat 1354 dem elsässischen Zehnstädtebund bei und schloss sich 1536 der Reformation an. Im Ersten Weltkrieg wurde der Ort besonders stark zerstört, da die Frontlinie mitten durch die Gemeinde verlief. Heute ist Munster für seine Textilindustrie, seine Thermalbadeinrichtungen und vor allem für seinen aromatischen, stark riechenden Käse mit der pfirsichfarbenen Rinde bekannt, der wie die guten Weine mit der Ursprungsgarantie "Appellation d'origine contrôlée" versehen ist. Er gehört zu den Weichkäsen und wird aus roher Kuhmilch hergestellt; angeblich stammt das Rezept von schottischen Mönchen aus dem 9. Jh. Hergestellt wird der Käse heute auf den umliegenden Bauernhöfen der Region.

Sehenswertes in Munster

Ruines de l'ancien Cloître

Maison du Parc

Die Reste der während der Französischen Revolution aufgelösten Benediktinerabtei befinden sich südlich der zentralen Place du Marché (Marktplatz) mit dem Rathaus von 1555 und dem Löwenbrunnen von 1576. Erhalten sind nur ein Teil des Kreuzgangs mit rundbogigen Arkaden, ein Torhaus und ein Flügel des ehemaligen Abtshauses (18. Jh.). Unmittelbar daneben steht die Maison du Parc, das moderne Verwaltungsgebäude des Parc Régional Naturel des Ballons des Vosges (s. unten), wo man sich anhand von fünf Dioramen und einem großen Landschaftsmodell auf den Besuch des Naturparks einstimmen kann.

Umgebung von Munster

Hohrodberg

Ausflüge in die nähere Umgebung führen zum Kriegerdenkmal unmittelbar am Rand des Luftkurorts Hohrodberg (750 – 800 m ü. d. M.) nördlich von Munster, von dem man einen herrlichen Panoramablick über das Münstertal und in die Vogesen genießt.

Hohrodberg (Fortsetzung)

Gunsbach

Einen Abstecher lohnt das östlich, links der Fecht gelegene Gunsbach (4 km in Richtung Colmar), wo Albert Schweitzer (▶ Berühmte Persönlichkeiten) seine Jugendjahre verbrachte und wo in dem Haus, das er 1928 bauen ließ und jedes Mal bewohnte, wenn er sich im Elsass aufhielt, ein kleines Museum mit Möbeln, Büchern, Fotografien, Predigten und Partituren des "Urwalddoktors" und Friedensnobelpreisträgers untergebracht ist.

Soultzbach -les-Bains

An der Straße in Richtung Colmar liegt rechts der Fecht der auch als Sommerurlaubsziel besuchte kleine Kurort Soultzbach-les-Bains (Bad Sulzbach), ein einst befestigtes Städtchen mit malerischen alten Gassen und eisenhaltigen Mineralquellen.

Muhlbach

In Muhlbach, 4 km südwestlich von Munster, erinnert das Musée de la Schlitte et des Métiers du Bois an die einstige Forstwirtschaft und an den Holztransport mit Schlitten.

Parc Naturel Régional des Ballons des Vosges

Der seit Sommer 1989 als Schutzgebiet ausgewiesene Parc Naturel Régional des Ballons des Vosges (Regionaler Naturpark Vogesenbelchen) erstreckt sich von Munster nördlich bis in die Gegend von ▶ Ste-Marie-aux-Mines bzw. südlich bis zum Vogesenrand unweit nördlich von ▶ Belfort. Seinen Namen verdankt er den "Belchen" (franz. Ballons), den hier landschaftsprägenden kuppelförmig gewölbten Vogesenbergen. Der Naturpark umfasst liebliche Täler mit Landwirtschaft und Weinbau sowie Mischwälder an den Bergflanken. In höheren Lagen schließen sich weite Hochmoore mit ihrem differenzierten und empfindlichen Ökosystem sowie in Hochlagen über 1000 m die sog. chaumes, ausgedehnte Hochweiden mit teils alpiner Flora, an. Von den oft baumlosen Kammlagen bieten sich prachtvolle Panoramablicke. Zahlreiche Wanderwege und Fahrradpisten durchziehen die Landschaft; rustikale Unterkunft findet man vielerorts in den sog. Fermes-Auberges, Bauerngehöften überwiegend mit Viehwirtschaft, wo man auch bodenständige Spezialitäten wie den berühmten

Herstellung des Münsterkäses, des köstlichen "Stinkers"

Munster (Fortsetzung)

Münsterkäse und Géromé, aber auch Räucherspeck bekommen kann. Heute bildet diese ländliche Gastronomie für die Bauern eine unentbehrliche Einnahmequelle, die ihnen das wirtschaftliche Überleben und damit den Bestand der Landschaft sichert. An vielen Stellen im Naturpark werden naturkundliche Exkursionen veranstaltet; Auskünfte erhält man bei der Maison du Parc in Munster (s. zuvor) und bei den örtlichen Tourismusbüros.

***Col de la Schlucht**

Der Col de la Schlucht (1159 m ü. d. M.), westlich von Munster, war schon immer ein wichtiger Gebirgspass auf dem Kamm der Hochvogesen, und über ihn verlief auch bis 1919 die deutsch-französische Grenze. Hier kreuzen sich die ungemein reizvolle und landschaftlich schöne Vogesenkammstraße (Route des Crêtes) und die von ▶ Colmar nach ▶ Gérardmer verlaufende Straße D 417. Als hervorragender Tourenstützpunkt wird das Gebiet ebenso besucht wie als Wintersportplatz (mehrere Lifte). Von der Paßhöhe erreicht man zu Fuß in 30 – 45 Minuten (im Sommer auch Sessellift) den Montabey (Martinswand; 1246 m ü.d.M.), von dessen 15 m hohem Turm man eine grandiose Aussicht genießt.

Montabey

***Jardin d'Altitude du Haut Chitelet**

Rund 2 km südlich vom Col de la Schlucht und erreichbar über einen schönen Wanderweg, befindet sich an der Route des Crêtes der Jardin d'Altitude du Haut Chitelet mit der reichsten alpinen Flora ganz Frankreichs. In diesem von der Universität Nancy zu Studienzwecken eingerichteten Alpengarten kommen Freunde der Botanik voll auf ihre Kosten: Hier gedeihen auf 1228 m Höhe und ca. 10 ha Fläche über 3500 Pflanzenarten aus aller Welt, die nach geografischen Gruppen gegliedert sind. Ein Bereich widmet sich ausschließlich der Vogesenflora, interessant ist auch das geschützte Torfmoorgebiet, das sich westlich talwärts an den Garten anschließt. Auf spezielle Fragen erteilt das fachkundige Personal gern nähere Auskünfte (Öffnungszeiten: Juni – Sept. 10^{00} – 18^{00} Uhr).

***Gazon du Faing**

Ein besonders reizvolles Hochalmgelände ist der Gazon du Faing (1306 m; Naturreservat) mit seiner alpinen Flora 4 km nördlich des Col de la Schlucht. Empfehlenswert ist ein Spaziergang (von der am Straßenrand gelegenen Auberge ca. 20 Min. in jeder Richtung) zum Steilabfall der Hochfläche, von wo man einen grandiosen Ausblick über den künstlich aufgestauten Lac des Truites in die Vogesenberge genießt.

Mutzig — E 7

Région: Alsace (Elsass)
Département: Bas-Rhin
Höhe: 187 m ü. d. M.
Einwohnerzahl: 4600

Wilhelms Feste

Das altertümliche, von reizvollen Fachwerkhäusern gesäumte Städtchen Mutzig im unteren Tal der Bruche (Breusch) westlich von ▶ Strasbourg ist in erster Linie als Garnisonsstadt, als Bierstadt und als einstiger Waffenproduktionsort bekannt. 1810 wurde hier eine Bierbrauerei gegründet, die, in Mutzig mittlerweile geschlossen, heute zur Heineken-Gruppe gehört; auch eine Waffenfabrik öffnete ihre Tore; und bei Ausbruch des Ersten Weltkrieges besaß der Ort das größte deutsche Verteidigungsbollwerk. In Mutzig wurde aber auch A. Chassepot geboren, der Erfinder des gleichnamigen französischen Infanteriegewehres, das dem preußischen Zündnadelgewehr bei weitem überlegen war; genutzt aber hat diese Überlegenheit den französischen Soldaten nichts, denn es mangelte ihnen im Krieg von 1870 / 1871 an Munition.

Wilhelms Feste (Fortsetzung)

Hinweis

Informationen über Mutzig erhält man vom Office de Tourisme in Molsheim (▶ Praktische Informationen, Auskunft).

Sehenswertes in Mutzig

Porte du Bas

Die östliche Begrenzung der Altstadt (in Richtung Molsheim) bildet die Porte du Bas (Untertor), ein Überrest der aus dem 14. Jh. stammenden Stadtummauerung. Von hier führt die Hauptstraße durch den großenteils verkehrsberuhigten Ortskern, an dessen jenseitigem Ende die alte Brauerei liegt, ein Bau im historisierenden Stil einer Ritterburg.

Place de la Fontaine

Den Hauptplatz der Innenstadt bildet die Place de la Fontaine mit dem hübschen Renaissancebrunnen und dem stattlichen Fachwerkbau der Hostellerie de la Poste. Im nördlichen Abschnitt befindet sich das Hôtel de Ville (Rathaus; 18. Jh.), das von einem kunstvoll gearbeiteten und mit Schindeln gedeckten Zwiebelturm gekrönt ist. In einer Öffnung des Rathausturmes erkennt man einen grimassenschneidenden Kopf, den "Rothüssmann", der die Zunge herausstreckt und gleichzeitig mit den Ohren wackelt, wenn die Turmuhr zur vollen Stunde schlägt.

Château Rohan

Am südwestlichen Ortsrand steht das Château Rohan, das 1674 erbaute ehemalige bischöfliche Schloss. Die reizvolle kleine Dreiflügelanlage beherbergt heute ein Kulturzentrum sowie das Musée regional des Armes (Waffenmuseum) mit Blankwaffen aus Klingenthal und Feuerwaffen aus Mutzig.

Umgebung von Mutzig

Fort Guillaume II

Nördlich der kleinen Stadt steht auf einem Hügel die aus der Zeit vor dem Ersten Weltkrieg stammende Festung "Wilhelm II.". Den Bau dieser 254 ha großen Festungsanlage ließ Kaiser Wilhelm II. ab 1893 beginnen, um – in Verbindung mit dem Festungsgürtel von Strasbourg – die Rheinebene gegen jeden französischen Angriff aus dem Südelsass abzuschirmen. Vorgesehen war, fünf Einheitsforts anzulegen, von denen nur die ersten beiden gebaut wurden: das Ostfort (1893) und das Westfort (1895), deren dreieckiger Umriss zu dieser Zeit einmalig im Deutschen Reich war. Mit einer Feuerkraft von 6 t Munition pro Minute und einer Garnison von 6500 Soldaten war diese Anlage 1914 die größte Festung des deutschen Kaiserreiches. Bei der Besichtigung der Festung (Öffnungszeiten: Juli – Aug. So. 9^{00} – 17^{00} Uhr; Mai, Juni, Sept., Okt. 1. So im Monat zur gleichen Uhrzeit) sollte man sich mit entsprechender Kleidung wappnen, da die Innentemperatur – die Besichtigung erfolgt zur Hälfte in unterirdischen Gängen – zu jeder Jahreszeit ca. 11 °C beträgt.

Neuf-Brisach

Région: Alsace (Elsass)
Département: Haut-Rhin
Höhe: 205 m ü. d. M.
Einwohnerzahl: 2100

Vaubans Meisterwerk

Das Grenzstädtchen Neuf-Brisach (Neubreisach), 17 km östlich von ▶ Colmar am Rhein und gegenüber der deutschen Grenzstadt Breisach gelegen, entstand in den Jahren 1699 – 1708 im Auftrag Ludwigs XIV. nach den Plänen seines Festungsbaumeisters Sébastien le Prestre, Seigneur de Vauban (1633 – 1707). Um den für den Bau der Anlage notwendigen Granit aus den Vogesen zu holen, ließ der geniale Festungsbauer eigens einen 40 km langen Kanal, den Canal Vauban, bis nach Rouffach anlegen. Auffallend an der Stadt ist ihr Grundriss, denn die 5 m hohen und 4,50 m breiten Festungsmauern bilden ein Achteck, in dessen Innern die Straßenzüge mit Bürgerhäusern aus dem 17. / 18. Jh. streng geometrisch in einem Schachbrettmuster angelegt sind, was eine schnellere Truppenbewegung ermöglichte. Die als Gegengewicht zum damals habsburgischen Breisach erbaute Bastion galt als die größte Festungsanlage ihrer Zeit und als das Meisterwerk des königlichen Ingenieurs. 1814 hielt sie den Angriffen der Österreicher mehr als 100 Tage stand, 1870 und 1945 wurden die Außenwerke und Häuser jedoch durch Bombenangriffe schwer beschädigt. Nur die Kasematten, in denen die Bevölkerung Schutz gesucht hatte, blieben unversehrt.

Sehenswertes in Neuf-Brisach

Place d'Armes

Den Mittelpunkt des Städtchens bildet die Place d'Armes, der weite einstige Paradeplatz, mit der Garnisonkirche St-Louis von 1731, dem prächtigen Rathaus und vier Brunnen.

Musée Vauban

Von den ehemals vier Stadttoren der ca. 2,5 km langen, begehbaren Festungsmauern sind zwei erhalten, die barocke Porte de Colmar (Colmarer Tor) und die etwas nüchterner wirkende Porte de Belfort (Belforter Tor). In der Porte de Belfort ist ein Vauban-Museum eingerichtet, das anhand von Plänen, Dokumenten und Gegenständen die Geschichte und die Architektur der Stadt von deren Ursprung bis zum heutigen Tag belegt und in dem besonders das Stadtmodell von 1706 Beachtung verdient.

Umgebung von Neuf-Brisach

Biesheim

Das 3 km nördlich gelegene Biesheim besitzt zwei interessante Museen im "Capitole" an der Place de la Mairie (Öffnungszeiten: Mi. – So. 14^{00} – 18^{00} Uhr). Das Musée de l'Instrumentation Optique (Museum für Optik) stellt mehr als 300 Gerätschaften aus, die einen Überblick über die Entwicklung der optischen Technik der letzten drei Jahrhunderte geben. Das Musée Gallo-Romain (Museum für Gallorömische Geschichte) zeigt Ausgrabungsfunde (Keramik, Münzen, Kultgegenstände), die auf die Bedeutung des alten Ortes als römische Garnisons- und Handelsstadt hinweisen.

Niederbronn-les-Bains

Région: Alsace (Elsass)
Département: Bas-Rhin
Höhe: 192 m ü. d. M.
Einwohnerzahl: 4400

Bedeutendstes elsässisches Heilbad

Schon den Römern waren die heilenden Kräfte des hiesigen Wassers bekannt. Dank seiner kochsalz- bzw. eisenhaltigen Thermalquellen gilt Niederbronn-les-Bains (Bad Niederbronn) als eines der größten Heilbäder im Osten Frankreichs. Der Vogesenort, dessen neuzeitliche Bäderkarriere bereits im 16. Jh. begann, ist sogar das bedeutendste Heilbad im Elsass, doch einem Vergleich mit so exklusiven Badeorten wie Baden-Baden oder Bad Kissingen hält Niederbronn nicht stand. Die hübsche Kleinstadt, geschützt im unteren Talabschnitt des Falkensteinbachs am Ostfuß der nördlichen Vogesen gelegen, ist auch als Luftkurort und Wanderzentrum beliebt.

Blick vom Grand Wintersberg

Sehenswertes in Niederbronn-les-Bains

Thermalquellen

Heute werden die Source Romaine (Römerquelle; 18 °C;) mit einem Trinkbrunnen vor dem Casino und die Source Celtique (Keltenquelle; 10 °C) am nördlichen Ortsende, deren schwach mineralisiertes Wasser im Handel ist, zur Behandlung von Magen-, Nieren- und Leberleiden, Rheuma, Bluthochdruck und Arteriosklerose genutzt. Unmittelbar am westlichen Ortsrand steht das neue Brunnengebäu-

Thermalquellen (Fortsetzung) de der Keltenquelle (mit Restaurant), dessen Flaschenabfüllanlage besichtigt werden kann.

Kurbezirk Etwas abseits der schmalen Durchgangsstraße befindet sich der nicht sonderlich große Kurpark mit seinen alten Bäumen. Am westlichen Rand lädt das Casino, die einzige Spielbank im Elsass, zu Roulette, Black Jack u. a. ein.

Maison de l'Archéologie Die vom Kurpark östlich verlaufende Avenue Foch führt zur Maison de l'Archéologie des Vosges du Nord. In diesem archäologischen Museum sind Ausgrabungsfunde aus Vorgeschichte, Römerzeit und Mittelalter zu sehen, ferner eine umfangreiche Sammlung von gusseisernen Öfen, die in Niederbronn seit drei Jahrhunderten produziert werden (Öffnungszeiten: März – Okt. Mi. – Mo. 14[00] – 18[00], Nov. – Feb. So. 14[00] – 17[00] Uhr).

Château de Wasenburg Rund 2 km westlich steht auf einem steilen Berg die Ruine der Wasenburg (432 m ü. d. M.). Der im 13./14. Jh. erneuerte Bau wurde 1677 geschleift. Über dem Eingang der Ruine, von der man eine interessante Rundsicht genießt, hängt eine Gedenktafel, die an den Besuch Goethes (1770) erinnert. Nordöstlich der Burg befinden sich die Reste eines römischen Merkurtempels.

***Grand Wintersberg** Beim neuen Betriebsgebäude der Keltenquelle (s. zuvor) beginnt die landschaftlich schöne, aber nicht sehr breite Straße, die zum Großen Wintersberg führt, der mit 580 m ü. d. M. höchsten Erhebung der Nordvogesen. Auf dem Gipfel steht ein im Jahr 1890 errichteter 25 m hoher Aussichtsturm mit Orientierungstafel.

Umgebung von Niederbronn-les-Bains

Oberbronn Das malerische, sorgsam restaurierte Dorf Oberbronn (1500 Einw.), drei Kilometer südwestlich, liegt gleichfalls am Vogesenhang. Am Ortsanfang bemerkt man rechts der Straße das in einem mauerumgebenen Park gelegene einstige Schloss der Grafen Leiningen-Westerburg. Der aus dem 16. Jh. stammende Baukomplex ist heute Mutterhaus der Barmherzigen Schwestern. Im idyllischen Ortskern stehen zahlreiche Fachwerkhäuser, teils aus der Renaissance. An einigen Häusern in den reizvollen Gässchen kann man Zunftzeichen erkennen, deren Bedeutung mittels kleiner Schrifttäfelchen erläutert wird, sowie mit Steinscheiben verschließbare Lüftungsöffnungen der Gärkeller. Über dem Ort erhebt sich der 522 m hohe Berg Wasenkœfel (Wasenköpfel) mit dem Stöberturm (Rundsicht).

Reichshoffen Etwa 3 km südöstlich von Niederbronn gelangt man in das alte Städtchen Reichshoffen (Reichshofen) mit einer schönen spätbarocken Kirche (gotischer Turm) und dem in einem Park gelegenen Schloss der Freiherren von Dietrich (1769). Das Musée de Fer (Eisenmuseum) beherbergt Sammlungen, die die Archäologie sowie das ökonomische und industrielle Leben der Region Reichshoffen illustrieren, insbesondere die Eisenindustrie der Gegend und die industrielle Entwicklung vom Hochofen von 1767 bis zum französischen Hochgeschwindigkeitszug TGV von 1986.

Niederhaslach

Région: Alsace (Elsass)
Département: Bas-Rhin
Höhe: 255 m ü. d. M.
Einwohnerzahl: 1100

Vogesendorf mit berühmtem Gotteshaus

Das südwestlich von ▶ Strasbourg an der östlichen Vogesenflanke gelegene Niederhaslach ist für seine gotische Kirche bekannt, deren Turm den Ort überragt. Das im 7. Jh. um eine Benediktinerabtei entstandene Straßendorf bildet auch den Mittelpunkt eines bewaldeten Gebietes, das gern von Wanderern, Radfahrern und Motorradfahrern aufgesucht wird.

Sehenswertes in Niederhaslach

***Eglise St-Florent**

Von der Benediktinerabtei existiert noch die Kirche, die auf den Resten eines älteren Gotteshauses aus karolingischer Zeit errichtet wurde. Die heutige Kirche entstand zwischen 1274 und 1385; zu den Baumeistern gehörte auch Gerlach von Steinbach, der Sohn des Straßburger Münsterbaumeisters Erwin von Steinbach. Geweiht ist die Stiftskirche dem hl. Florentius, einem iroschottischen Wanderbischof, der sich hier als Eremit niedergelassen hatte und 614 als Bischof von Strasbourg starb; von ihm erzählt die Legende, dass er auch die wildesten Tiere besänftigen konnte. Besonders beeindruckend am prächtigen Gotteshaus ist der hohe Westturm mit der Rosette und dem schmalen, hohen Hauptportal, in dessen Tympanon eine Figurengruppe den hl. Florentius bei der Heilung einer Königstochter zeigt; darüber hinaus befinden sich an den äußeren Langhausflanken der 1854 – 1857 erheblich restaurierten Kirche unterschiedlich gestaltete, phantasievolle Wasserspeier. Im Kircheninnern steht in einer Nische der linken Seitenwand des Chors der vergoldete Schrein mit den Reliquien des hl. Florentius. Am schönsten im Kircheninnern sind die Glasmalereien. Die farbigen Glasfenster des Chors stammen von 1287; in den Fenstern der Seitenschiffe befindet sich ein Zyklus von farbigen Glasgemälden aus dem 14. und 15. Jh., der Heilige und Apostel, Szenen aus dem Leben Marias, die Passion Christi u. a. zeigt. Eine Wallfahrt zu Ehren des hl. Florentius findet am 7. November, wenn dies ein Sonntag ist, oder am Sonntag nach dem 7. November statt.

Umgebung von Niederhaslach

***Cascade du Nideck**

Talaufwärts gelangt man hinter dem ruhigen Ortsteil Oberhaslach über einen rechts von der Straße abzweigenden Wanderweg zur malerischen Cascade du Nideck, einem Wasserfall, der im dicht bewaldeten Talschluss aus 25 m Höhe in einen von steilen Porphyrfelsen umrahmten Felskessel stürzt.

Château de Nideck

Die Straße selbst zieht weiter in Windungen bergan, und ca. 1 km vor dem Wanderparkplatz erreicht man in einer Linkskurve den sich nach rechts öffnenden Aussichtspunkt (belvédère), von dem sich ein reizvoller Blick auf die beiden Turmruinen der Burg Ni-

deck aus dem 13./14. Jh. (1636 niedergebrannt) öffnet. Vom Wanderparkplatz direkt bei der Maison Forestière du Nideck (Forsthaus) führt ein ziemlich steil abwärts führender Fußweg in etwa 20 Minuten zur Burgruine Nideck, die der spätromantische Dichter Adelbert von Chamisso (1781 – 1838) in seinem Gedicht "Das Riesenspielzeug" besang. An der Basis des unteren Turms wurde 1884 vom Vogesenklub eine Gedenktafel für den Dichter angebracht. Im Turminnern gelangt man über eine steile und daher etwas beschwerliche Holztreppe auf die Plattform, von der man einen hübschen Blick ins Nidecktal genießt.

Niederhaslach, Château de Nideck (Fortsetzung)

Obernai — F 7

Région: Alsace (Elsass)
Département: Bas-Rhin
Höhe: 181 m ü. d. M.
Einwohnerzahl: 10 000

****Perle im Unterelsass**

Obernai (Oberehnheim), wo die hl. Odilie geboren sein soll, ist das touristische Zentrum der nördlichen Route du Vin. Kaum eine andere Gemeinde im Unterelsass hat ein so reizvolles Ortsbild zu bieten wie das Städtchen am Fuß des ▶ Mont Sainte-Odile mit seinen gewundenen Gassen und stattlichen spitzgiebeligen Bürgerhäusern, die vielfältige Fachwerkformen, reich verzierte steinerne Erker und teilweise schöne Innenhöfe aufweisen. Auch ist der Ort, der von der Stauferzeit bis 1648 reichsunmittelbare Stadt war und im 14. Jh. dem elsässischen Zehnstädtebund (Dekapolis) beitrat, noch heute zu einem großen Teil von Wehrmauern mit Türmen und Gräben umzogen.

Sehenswertes in Obernai

****Place du Marché**

Den Mittelpunkt der Altstadt bildet die große malerische Place du Marché (Marktplatz), in deren Mitte ein Brunnen mit der Statue der hl. Odilie (1904) steht. Im Osten wird der Marktplatz von der Ancienne Halle aux Blés (Alte Kornhalle) begrenzt, einem 1554 errichteten stattlichen Renaissancebau mit spitzem Giebel und ausladendem Dach sowie Balkonen und Glockentürmchen an der Giebelseite. Am westlichen Ende des Platzes befindet sich das 1523 erbaute, 1860 – 1870 erheblich veränderte Rathaus, das ein kleiner Fassadenerker schmückt. Gegenüber seiner Nordfassade, vor dem Hôtel de la Cloche, bemerkt man den runden Puits aux Six Seaux (Sechseimerbrunnen; 1579), der als der berühmteste Renaissancebrunnen des Elsass gilt; auf dem Rand des Baldachins, der von drei verzierten korinthischen Säulen getragen wird und auf dem ein posauneblasender Engel steht, sind Bibelsprüche eingemeißelt. Direkt neben dem Rathaus ragt die das Stadtbild beherrschende Tour de la Chapelle (Kapellturm; 13./16. Jh.) auf; der 60 m hohe Turm (auch Beffroi genannt) ist der Rest einer gotischen Kirche, die 1873 abgerissen wurde, und beherbergt heute das Office de Tourisme.

◀ Aus 25 m Höhe stürzt der Wasserfall von Nideck in einen von steilen Porphyrfelsen umrahmten Felskessel.

St-Pierre et St-Paul

Am Sechseimerbrunnen vorbei kommt man zur großen neugotischen Stadtkirche St. Peter und Paul (1867 – 1873). Auf dem Vorplatz steht ein Denkmal für den in Obernai geborenen Kleriker Charles Freppel (1827 – 1891), der als Bischof von Angers die katholische Fakultät der dortigen Universität gründete. Im Kircheninnern befinden sich vier beachtenswerte Fenster des 1867 zerstörten Vorgängerbaus von Peter Hemmel aus Andlau (um 1480). Im linken Querschiff steht der Reliquienschrein mit dem Herzen von Charles Freppel, der in seinem Testament verfügt hatte, dass sein Herz nach der Rückgabe des Elsass an Frankreich in die Kirche seiner Geburtsstadt gebracht werden solle.

Stadtmauer, Synagoge

Von der Stadtkirche St. Peter und Paul kann man einen Spaziergang entlang der Stadtmauern unternehmen. Erhalten sind noch 30 der einst 52 meist halbrunden Türme. Der zum Teil abgetragene Wall ist heute ein beliebter Spazierweg. Direkt an der östlichen Stadtmauer befindet sich die neuromanische Synagoge (1876).

Umgebung von Obernai

Léonardsau

Knapp 5 km westlich von Obernai befindet sich zwischen Ottrott (▶ Mont Ste-Odile) und ▶ Bœrsch die Domäne Léonardsau mit Schlösschen und schönem Park. An dem Schloss lassen sich viele Baustile entdecken (Gotik, Renaissance, Barock), auch die Parkanlage wurde sehr unterschiedlich gestaltet: englischer, französischer, italienischer und japanischer Garten. In den Nebengebäuden der Léonardsau ist das Musée du Cheval (Pferde- und Pferdegespann-Museum) eingerichtet.

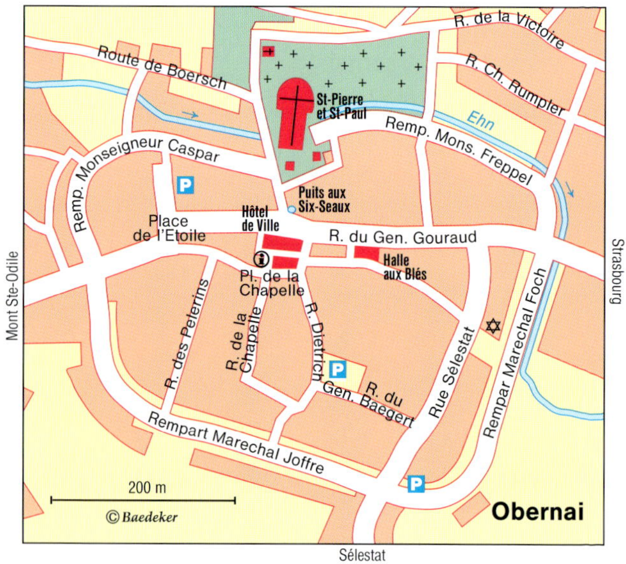

Abendstimmung an der Place du Marché von Obernai

La Petite Pierre

C 6

Région: Alsace (Elsass)
Département: Bas-Rhin
Höhe: 339 m ü. d. M.
Einwohnerzahl: 650

*Städtchen hoch auf dem Felsen

Das teilweise noch befestigte, als Sommerziel und Tourenstützpunkt geschätzte Städtchen La Petite Pierre (Lützelstein) liegt – etwa auf der Höhe von ▶ Haguenau – reizvoll auf dem Vogesenrücken des Altenbergs (384 m ü. d. M.), von dem man einen weiten Blick über Waldberge und tief eingeschnittene Täler genießt. Sehr sehenswert in der nach dem ersten Burgherrn Walther de Parva Petra benannten Ortschaft sind die von Befestigungen geschützte Altstadt und Burg auf dem Fels, die im Volksmund "Staedel" heißt. Im neueren Stadtteil am Fuß des Burgbergs befinden sich das Rathaus, Hotels, Restaurants und Geschäfte.

Sehenswertes in La Petite Pierre (Oberstadt)

Musée du Sceau Alsacien

An der Straße, die die Oberstadt der Länge nach durchzieht, steht die profanierte Chapelle St-Louis (Ludwigskapelle; 1684), in der das Musée du Sceau Alsacien (Elsässisches Siegelmuseum) eingerichtet ist. Die Sammlung umfasst u. a. Siegelabdrücke und Wappen von Feudalherren, Städten, Handwerk und religiösen Orden.

Musée d'Arts et Traditions Populaires

Nahebei im einstigen Pulverhaus ist das Musée d'Arts et Traditions Populaires zu finden, das sich fast ausschließlich den "Springerle" genannten kunstvollen Backmodeln bzw. deren Abdrücken (Anisplätzchen) widmet.

Eglise Simultanée

Die kleine, um 1418 erbaute Simultankirche am Burgeingang, deren Kirchturm und Langhaus im 19. Jh. erneuert wurden, hat noch einen gotischen Chor aus dem 15. Jh. mit schönen Wandmalereien aus der Erbauungszeit, die u. a. die Versuchung von Adam und Eva, Mariä Krönung und das Jüngste Gericht darstellen.

Château

Auf dem Sporn, der den Altenberg abschließt, steht das einstige pfalzgräfliche Schloss, das 1205 von Graf Hugo I. von Lützelstein gegründet wurde, nach dem das Dorf bis zur Annexion durch

Das einstige pfalzgräfliche Schloss von La Petite Pierre

Frankreich unter Ludwig XIV. benannt war. Das vor allem im 16. Jh. umgebaute Schloss beherbergt heute das Informationszentrum des Parc Naturel Régional des Vosges du Nord und die Dauerausstellung "L' Aventure des Vosges du Nord" ("Abenteuer Nordvogesen").

Citerne

Links vom Burgtor gelangt man über eine Treppe durch die Ummauerung zu einem Fußpfad, auf dem man die am Übergang zwischen Burgfelsen und steilem Waldhang in den Felsen geschlagene Zisterne erreicht. Zwei runde Schächte (einer davon einige Meter im Berginneren; Taschenlampe zweckmäßig) führen von den Brunnenkammern senkrecht nach oben, wo sie im Bereich der Rue des Remparts und der Stadtmauer münden.

Umgebung von La Petite Pierre

Graufthal

Die Sehenswürdigkeiten in Graufthal – 10 km südwestlich von La Petite Pierre und erreichbar über die D 178, von der man auf die D 122 abbiegt – sind drei in eine 70 m hohe Felswand gebaute Wohnungen, die bis 1958 bewohnt waren.

Phalsbourg

D 6

Région: Lorraine (Lothringen)
Département: Moselle
Höhe: 330 m ü. d. M.
Einwohnerzahl: 4200

Garnisons- und Dichterstadt

Phalsbourg (Pfalzburg) wurde 1570 durch den Pfalzgrafen Johann Georg von Veldenz gegründet, um hier die aus den angrenzenden Gebieten ausgestoßenen Protestanten aufzunehmen. Nachdem der Ort an Frankreich gefallen war, ließ der französische Militärarchitekt Vauban, da hier eine strategisch wichtige Straße nach Nancy verlief, Phalsbourg 1683 zur Festung ausbauen. Als militärische Anlage wurde der Ort später so berühmt, dass Napoleon ihn als "Zuchtstätte der Wackeren" bezeichnete. Allein im 19. Jh. musste das zum Bollwerk ausgebaute Städtchen drei Belagerungen hinnehmen – ohne jeweils erobert zu werden. Von der nach 1870 abgerissenen Stadtbefestigung sind allerdings nur noch die Porte d'Allemagne (Deutsches Tor) und die Porte de France (Französisches Tor) mit Wappenkartuschen und Trophäenreliefs erhalten. Dessen ungeachtet zeigt das Städtchen westlich von ▶ Saverne immer noch das Erscheinungsbild einer barocken Garnison. Bekannt wurde Phalsbourg auch durch das hier arbeitende Schriftstellerpaar Emile Erckmann (1822 – 1899) und Alexandre Chatrian (1826 – 1890). Seit 1847 veröffentlichten die beiden in französischer Sprache eine große Zahl regional-oberrheinisch geprägter, bisweilen idealisierender Romane, die gute Milieustudien – vornehmlich aus der Zeit der Napoleonischen Kriege – enthalten und seinerzeit vom Publikum geradezu verschlungen wurden.

Sehenswertes in Phalsbourg

Place d'Armes

Das Zentrum der kleinen Stadt bildet die weite, quadratische Place d'Armes (Paradeplatz), die von zumeist nur zwei- bis dreistöckigen Häusern eingefasst ist. In der Platzmitte steht ein Bronzestandbild des hier geborenen Marschalls Georges Mouton (1770 – 1838), der an vielen Feldzügen Napoleons I. teilnahm und von dem der Imperator gesagt haben soll: "Mon Mouton est un lion" (Mein Schaf ist ein Löwe) – das Wortspiel lebt von der Tatsache, dass "mouton" eigentlich "Schaf" bedeutet. An der Westseite des Platzes erhebt sich die neugotische ehem. Garnisonkirche mit ihrem helmlosen Turm.

Musée Historique

An der Nordseite des Paradeplatzes befindet sich das prachtvolle barocke Hôtel de Ville (Rathaus; 1680 – 1690) mit dem Museum, das Gegenstände zur Garnison- und Lokalgeschichte sowie zum Schriftstellerpaar Erckmann-Chatrian zeigt.

Umgebung von Phalsbourg

Lutzelbourg

Der südlich gelegene Luftkurort Lutzelbourg (Lützelburg; 800 Einw.), in dem die Kristallglasschleiferei eine bedeutende Rolle spielt, liegt, von waldigen Höhen umgeben, an der Zorn sowie am Rhein-Marne-Kanal. Knapp hundert Meter über dem Ort ragt die Ruine der Lützelburg auf, die im 12. Jh. auf den Resten eines Römerkastells errichtet und 1523 zerstört wurde; der etwa 45-minütige Aufstieg lohnt allein schon wegen der herrlichen Aussicht auf den Ort und die Kanalschleifen.

***Plan Incliné (Schiffshebewerk von St-Louis-Artzviller)**

Südwestlich von Phalsbourg bzw. ca. 3 km westlich von Lutzelbourg (Wegweiser) befindet sich am Rhein-Marne-Kanal eine der wichtigsten technischen Sehenswürdigkeiten des hier beschriebenen Gebiets und eins der beliebtesten Ausflugsziele der Region: das Schiffshebewerk (Plan Incliné = Schiefe Ebene) von St-Louis–Artzviller. Hier werden auf einer 109 m langen geneigten Rampe Schiffe bis ca. 350 t um 45 m gehoben bzw. gesenkt. Hierzu fahren die Schiffe in einen wassergefüllten Trog von 43 m Länge ein; da ein schwimmender Körper genau die Wassermenge verdrängt, die seinem Gewicht entspricht, befinden sich Trog und Gegengewicht unabhängig von der jeweiligen Schiffsgröße stets im Gleichgewicht, so dass praktisch nur zur Überwindung des Reibungswiderstandes Fremdenergie erforderlich ist. Ehe der Plan Incliné 1969 in Betrieb genommen wurde, musste der Niveauunterschied des Kanalbetts auf einer Strecke von 4 km über 17 Schleusen überwunden werden,

Das Schiffshebewerk von St-Louis–Artzviller am Rhein-Marne-Kanal, das Schiffe mit Hilfe eines Troges über die Vogesenschwelle befördert.

was die Schleppkähne jeweils einen ganzen Tag kostete. Heute werden die Frachtkähne innerhalb von 20 Min. den Hang hinauf- bzw. hinunterbefördert. Die Führung durch das Schiffshebewerk dauert etwa 30 Minuten; ergänzend werden auch Ausflugsrundfahrten (ca. 90 Min., mit Fahrt durch den Schrägaufzug) angeboten. Dem oberen Zweig des Kanals folgt auch ein kleiner dieselbetriebener Touristenzug, mit dem man bis zum nahe gelegenen, 2306 m langen Kanaltunnel und den nächstgelegenen Schleusen gelangt. Etwas unterhalb des oberen Beckens steht auf trockenem Land die Péniche (Lastkahn) "Sophie Marie", die zum Museumsschiff ausgebaut ist. Zu sehen sind die Wohnräume der Schiffsbesatzung, Funktionsmodelle des Schiffshebewerks, eine Treidellokomotive und Dokumente.

Plan Incliné (Fortsetzung)

Plombières-les-Bains

westl. J 1

Région: Lorraine (Lothringen)
Département: Vosges
Höhe: 456 m ü. d. M.
Einwohnerzahl: 2100

Schon die Römer nutzten die im Tal der Augronne am südwestlichen Vogesenrand vorkommenden Mineral- und Thermalquellen und errichteten ausgedehnte Badeanlagen. Seit dem Mittelalter entwickelte sich das von steilen Hängen umschlossene Plombières-les-Bains zu einem immer renommierteren Bad, dessen 27 Heilquellen (13 – 81 ° C) auch die Großen des Landes anzog, wie Kaiser Napoleon III. im 19. Jh., der den Kurort mehrmals aufsuchte und dabei Verschönerungen der Stadt veranlasste. Das Kurbad rühmt sich, Erfindungsort der französischen Eisspezialität "Plombières" zu sein: eine eisgekühlte Krem mit Kirschwasser und kandierten Früchten. Tatsächlich wurde die süße Spezialität von einem Italiener in Paris erfunden. Da die Speise in einer Bleiform (frz. plombière) erkalten musste, nannte man sie zunächst "Plombière", später glich sich die Schreibweise der des Kurortes an. Immerhin verfeinerte ein Konditor aus Plombières das Eis: Er legte die Früchte vor der Zubereitung in Kirschwasser ein.

Fürstliches Heilbad

Sehenswertes in Plombières-les-Bains

Die Kureinrichtungen konzentrieren sich um die Rue Stanislas und die Rue Liétard, den Hauptstraßenzug der Innenstadt. Südwestlich der Mairie (Rathaus) steht das stattliche Gebäude der Bains Stanislas aus dem 18. Jh. mit dem im Jahr 1856 bei Grabungen entdeckten römischen Schwitzbad im Innern. Westlich davon, am Place du Bain-Romain, führt eine Treppe ins unterirdisch angelegte Bain Romain (Römerbad), in dessen Vestibül eine Augustus-Statue und Reste des römischen Wasserbeckens erhalten sind. Schräg gegenüber befindet sich das Bain National, das auf Geheiß Napoleons I. im Empire-Stil errichtet wurde.

*Kurbezirk

An der Avenue Louis Français befindet sich das dem in Plombières geborenen Maler Louis Français (1814 – 1897) gewidmete Museum.

Musée Louis Français

Plombières-les-Bains (Fts.)

Neben Gemälden dieses Künstlers zeigt es Werke seiner zur Schule von Barbizon gehörenden Freunde (Corot, Courbet, Diaz u. a.).

Parc Impérial

Am südwestlichen Ortsende erstreckt sich der Parc Impérial, eine sehr reizvolle Anlage, die nach Plänen von G. E. Haussmann entstand, unter dessen Regie Paris im 19. Jh. modernisiert wurde.

Remiremont — H 2

Région: Lorraine (Lothringen)
Département: Vosges
Höhe: 400 m ü. d. M.
Einwohnerzahl: 9100

Hort einst mächtiger Klosterdamen

Bekannt war Remiremont im oberen Moseltal einst als Sitz einer einflussreichen Abtei. Die Nonnen des im 7. Jh. auf einem Berg gegründeten, später ins Tal verlegten Frauenklosters, um das sich dann die heutige Textilindustrie- und Handelsstadt 16 km südwestlich von ▶ Epinal entwickelte, unterstanden direkt Papst und Kaiser und verfügten sogar über eine Kompanie eigener Soldaten. Die Stiftsdamen mussten alle dem Hochadel angehören und dabei 16 adlige Vorfahren nachweisen können; ein Keuschheitsgelübde hatten nur die Äbtissin, die den Titel einer Reichsfürstin tragen durfte, und deren zwei Gehilfinnen abzulegen, die anderen Nonnen waren lediglich zur Teilnahme an den Messen verpflichtet. Während der Französischen Revolution wurde das Kloster aufgelöst, doch noch heute erinnert vieles im Ort an die einstige Abtei, u. a. die prächtigen Häuser am Place de Mesdames. Denn die Stiftsdamen lebten keineswegs in Klosterzellen, sondern ließen sich lieber in schmucken Gebäuden nieder.

Sehenswertes in Remiremont

Abbatiale Saint-Pierre

Abbaye

Im Mittelpunkt der Stadt erhebt sich die schon im Jahr 910 gegründete Kirche St-Pierre, deren heutige Bausubstanz aus dem 13. – 16. Jh. stammt. Fassade und Glockenturm wurden im 18. Jh. erneuert. Unter dem Chor der Abteikirche befindet sich eine Krypta aus dem 11. Jh., deren Gewölbe auf monolithischen Säulen mit Würfelkapitellen ruhen. An die Kirche ist die barocke Abbaye, das ehemalige Nonnenkonvent von 1752, angefügt, die heute als Rathaus dient.

Musées Municipaux

Remiremont besitzt zwei städtische Museen (Musées Municipaux). Nordöstlich der Kirche ist an der arkadengesäumten Rue Charles de Gaulle das Stadtmuseum Charles de Bruyères zu finden, das u. a. Dokumente zur Ortsgeschichte, regionales Kunstgewerbe und Tapisserien aus der einstigen Abtei zeigt. Auch Gemälde sind ausgestellt, ein Raum ist Schülern von Rembrandt (17. Jh.) gewidmet. Das andere städtische Museum (Fondation Charles Friry) befindet sich im ehemaligen Kanonikerinnenstift (18. Jh.), südwestlich der Kirche. Zu den Ausstellungsstücken gehören Gemälde des 17. und 18. Jh.s sowie Dokumente und religiöse Kunstgegenstände aus dem Damenstift (Öffnungszeiten beider Museen: Mi. – Mo. Mai – Dez. 10^{00} bis 12^{00}, 14^{00} – 18^{00}; Jan. – Apr. 14^{00} – 18^{00}; im Sommer bis 19^{00} Uhr).

Ribeauvillé

Région: Alsace (Elsass)
Département: Haut-Rhin
Höhe: 240 m ü. d. M.
Einwohnerzahl: 4800

Stadt der Pfeifer

Neben ▶ Riquewihr und ▶ Kaysersberg gehört Ribeauvillé zu den meistbesuchten Orten im Elsass. Das alte Winzerstädtchen – deutsch Rappoltsweiler und elsässisch Rappschwihr – liegt nördlich von ▶ Riquewihr und nordwestlich von ▶ Colmar im rebenreichen Vogesenvorland am Eingang des Strengbachtals. Im Mittelalter war der Ort Besitz der Grafen von Rappoltstein, die seit dem 14. Jh. das Pfeiferkönigtum, ein Reichslehen, besaßen, das ihnen die fahrenden Spielleute und Gaukler und damit das nichtsesshafte Volk am Oberrhein unterstellte. Das fahrende Volk zahlte dem jeweiligen Rappoltsteiner Grafen für dessen Schutz eine Abgabe und kam zum "Pfifferdaj" zusammen, um dem "König" zu huldigen. Noch heute wird der Pfeifertag alljährlich am ersten Septembersonntag gefeiert und stellt eins der größten traditionellen Feste im Elsass dar.

Sehenswertes in Ribeauvillé

****Ortsbild und *Burgruinen**

Der weitgehend verkehrsberuhigte Ort besitzt einen überaus malerischen Kern mit vielen altertümlichen Fachwerkhäusern. Überragt wird das Städtchen von den drei Burgen Girsberg (528 m; 13. Jh.), Ulrichsburg (530 m; 11. Jh.) und Haut-Ribeaupierre (Hoch-Rappoltstein; 642 m; 14. Jh), auf die sich der schon im Jahr 1663 von Matthäus Merian zitierte Spruch bezieht: "Drey Schlösser auff einem Berge, Drey Kirchen auff einem Kirchhoffe (Riquewihr), Drey Städte in einem Thal (Ammerschwihr, Kientzheim, Kaysersberg), Ist das gantze Elsaß überall." Außer Haut-Ribeaupierre, der höchstgelege-

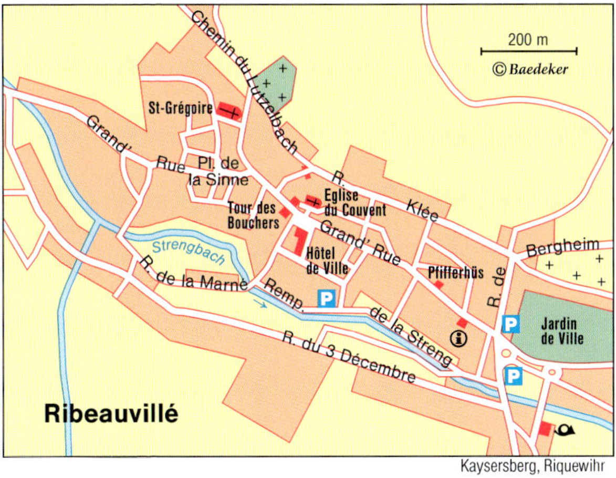

Burgruinen (Fortsetzung)

nen Burg, sind die Ruinen der kleineren Anlage Girsberg und die rötliche Hauptburg St-Ulrich begehbar. Von beiden bietet sich ein wunderschöner Ausblick.

Pfifferhüs

An der Grand'Rue, der Hauptstraße des Städtchens, steht wenige Schritte stadteinwärts vom Tourismusbüro an der rechten Straßenseite das "Pfifferhüs" (nach der Erkerinschrift auch "Ave-Maria-Haus" genannt), ein reich verzierter Fachwerkbau aus der Zeit um 1680 mit der Hausnummer 14, in dem heute ein Restaurant untergebracht ist.

Place de l'Hôtel de Ville

In nordwestlicher Richtung erstreckt sich an der Grand'Rue der Rathausplatz, an dessen Südseite sich das 1773 erbaute barocke Hôtel de Ville (Rathaus) erhebt. Das Rathaus beherbergt im "roten Salon" eine Sammlung mit dem sog. Ratssilber: Silberbecher und Pokale der Herren von Rappoltstein aus dem 17. Jh., die die Feudalherren von Ribeauvillé im 18. Jh. zur Begleichung ihrer Schulden der Bürgerschaft aushändigen mussten. Mitten auf dem Marktplatz steht ein schöner Renaissancebrunnen von 1536, die Fontaine du Vin (Weinbrunnen), die einen wappenhaltenden Löwen trägt und aus der am Pfifferdaj Wein fließt.

Eglise du Couvent

Gegenüber dem Rathaus befindet sich jenseits des Platzes die 1412 – 1452 vom Augustinerorden errichtete, nur von einem Dachreiter gekrönte Klosterkirche, die heute dem Orden der Sœurs de la Divine Providence (Schwestern von der Göttlichen Vorsehung) gehört. Das durch kleine Fenster im Obergaden nur spärlich erhellte Innere mit Deckengemälden des lokalen Künstlers J. P. Kaes wurde um 1740 ziemlich glücklos barockisiert und im 19. Jh. nochmals umgestaltet. Beachtung verdient jedoch die Schmerzhafte Muttergottes aus dem 15. Jh., die in einem neugotischen Altar am Ende des linken Seitenschiffs zu finden ist.

Tour des Bouchers

Den nordwestlichen Abschluss des Rathausplatzes bildet die Tour des Bouchers (Metzgerturm) aus dem 13. und 16. Jh., die früher die Mittelstadt von der Altstadt trennte. Seinen Namen erhielt der Turm, der zeitweise als Gefängnis diente, von dem davor errichteten Schlachthaus.

St-Grégoire-le-Grand

Etwas abseits der Grand'Rue und leicht erhöht befindet sich die Eglise St-Grégoire-le-Grand (kath. Pfarrkirche), ursprünglich ab 1282 erbaut, aber im 19. Jh. erheblich verändert. Vor dem Kirchenportal steht ein Mammutbaum (Sequoia sempervirens), der im Jahr 1865 zum Gedenken an die Geburt des Kronprinzen Eugène Louis Napoléon Bonaparte gepflanzt wurde. Im Innern des Gotteshauses beeindruckt vor allem das harmonische gotische Maßwerk. Am Ende des rechten Seitenschiffs entdeckt man eine gotische Madonna mit einer Flügelhaube, aus der sich die Kopfbedeckung der elsässischen Frauentracht entwickelt haben soll. Flankiert wird die Plastik von zwei vergoldeten Holzreliefs aus dem frühen 16. Jh., welche die Verkündigung und die Geburt Christi zeigen. Die Orgel mit dem Rokokogehäuse, eine der ältesten Orgeln im Elsass, wurde um 1700 gebaut.

Die Grand'Rue von Ribeauvillé mit der Ulrichsburg im Hintergrund ▸

Wistub
zum
Pfifferhüs
Kodak
Patisser

Ribeauvillé (Fortsetzung), Maison du Bailli

An der Place de la Sinne ist im einstigen Rappoltsteinischen Amtshof (Maison du Bailli) ein Kulturzentrum untergebracht. Eine Gedenktafel erinnert an den hier geborenen Physiker C. A. Steinheil (1801 – 1870), der 1836 den ersten Schreibtelegrafen baute.

Musée de la Vigne et de la Viticulture

Im Osten des Ortes, an der Route de Colmar, ist im Kellergeschoss der Cave Vinicole de Ribeauvillé ein privates Wein- und Weinbaumuseum eingerichtet. Tafeln mit Texten in Blindenschrift und ein Reliefmodell machen den Besuch auch für Blinde und Sehbehinderte lohnend.

Umgebung von Ribeauvillé

Dusenbach

Westlich unterhalb von Hoh-Rappoltstein liegt das Wallfahrtsziel Dusenbach, dessen Kapelle 1884 aus mittelalterlichen Trümmern neu errichtet worden ist (von Ribeauvillé 45 Min. Fußweg).

Aubure

Biegt man von der nach ▶ Sainte-Marie-aux-Mines führenden Straße nach rund 7 km links ab, so gelangt man nach Aubure (Altweiler; 800 m ü. d. M.), dem als Luftkurort und Tourenstützpunkt besuchten höchstgelegenen Dorf im Elsass.

***Bergheim**

Rund 4 km nordöstlich von Ribeauvillé versteckt sich das hübsche alte Winzerstädtchen Bergheim (1800 Einw.) hinter seiner fast komplett erhaltenen Stadtmauer aus dem 14. / 15. Jh. Vor allem an der Nordseite sind die Befestigungsanlagen des im 14. Jh. zur Reichsstadt erhobenen Ortes noch intakt, wovon die drei schlanken Rundtürme zeugen – die Tour de la Poudrière (Pulverturm), die Tour des Sorcières (Hexenturm) und die malerisch mit roten Ziegeln gedeckte Porte Haute (Obertor) –, die 1470 dem Angriff der Truppen Karls des Kühnen trotzten. Beim Obertor ist ein kleiner Park angelegt, in dem eine angeblich tausendjährige Linde steht; Tatsache ist, dass schon im Jahr 1300 ein Bürgerfest unter diesem Baum bezeugt wurde. Die den Ort der Länge nach durchziehende Hauptstraße ist von vielen schmucken Bürgerhäusern aus dem 16. und 17. Jh. gesäumt. Nahe beim unteren Ortsende steht auf einer Erhöhung die ursprünglich gotische dreischiffige Basilika, in deren Vorhalle Reste gotischer Fresken die Ölbergszene und die Evangelistensymbole zeigen. Das Musée de la Sorcellerie (Museum der Hexenprozesse) an der Place de l'Eglise informiert über die Hexenprozesse in Bergheim im 16. und 17. Jh.

Riquewihr — G / H 6

Région: Alsace (Elsass)
Département: Haut-Rhin
Höhe: 300 m ü. d. M.
Einwohnerzahl: 1000

Meistbesuchter Ort im Elsass

Riquewihr (Reichenweier), das alte Winzerstädtchen südlich von ▶ Ribeauvillé und nordwestlich von ▶ Colmar, ist mit seinem gut erhaltenen mittelalterlichen Stadtbild der wohl meistbesuchte Ort im Elsass. Auch wegen seiner ausgezeichneten Weine steht das

Städtchen, das sich selbst gern als "Perle der Weinstraße" bezeichnet und dessen gesamtes Gebiet Fußgängerzone ist, als beliebtes Ausflugsziel hoch im Kurs.

Meistbesuchter Ort im Elsass (Fortsetzung)

Sehenswertes in Riquewihr

**Ortsbild

Das durch seine Weine reich gewordene Städtchen bildet eine überraschend geschlossene Einheit. Wohlerhaltene Mauern und Tortürme sowie zahlreiche stattliche Häuser aus der Renaissance des 16. und 17. Jh.s mit malerischen Innenhöfen – darunter an der Hauptstraße die Maison Irion (1606) mit zweigeschossigem Eckerker und die Maison Liebrich (1535) mit hübschem Innenhof sowie in einer Querstraße die Maison Dissler (1610), ein schönes Beispiel rheinischer Renaissance – formen das sicherlich idyllischste Ortsbild im Elsass. Die Hauptstraße (Rue du Général de Gaulle) mit ihren vielen Weinhandlungen und Restaurants kann allerdings besonders an Sommerwochenenden den Besucherstrom kaum fassen.

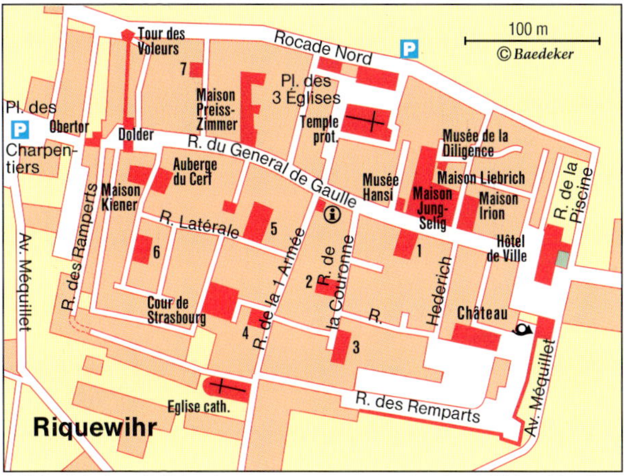

1 Maison Behrel
2 Maison Dissler
3 Maison Jung
4 Maison Bouton d'Or
5 Erkerhaus (1551)
6 Erkerhaus (1581)
7 Maison Schaerlinger (17. Jh.)

Château

Unweit vom klassizistischen Hôtel de Ville (Rathaus), dessen Torbogen die Rue de Gaulle überspannt, steht südlich der Hauptstraße das wenig restaurierte und schlichte ehemalige Schloss (1539) der Grafen und späteren Herzöge von Württemberg-Mömpelgard (Montbéliard), denen 1324 – 1801 die Herrschaft Horburg-Reichenweier gehörte. An der Fassade sind eine Gedenkplakette für den durch Wilhelm Hauffs "Lichtenstein" bekannten Herzog Ulrich von Württemberg (1487 – 1550) und ein Porträtmedaillon von Maria Caroline Flachsland, der späteren Gattin Herders, die hier 1750 geboren wurde, angebracht.

Musée des P.T.T.

Heute befindet sich im Schloss das Musée d'Histoire des P.T.T. d'Alsace (Elsässisches Postmuseum), worauf eine vor dem Gebäude aufgestellte Postkutsche aus dem 18. Jh. hinweist. Auf zwei Stock-

Musée des P.T.T. (Fortsetzung) werken wird die Entwicklung der Nachrichtenübermittlung im Elsass von der gallorömischen Zeit bis in die Gegenwart dargestellt.

Musée de la Diligence Folgt man der Hauptstraße bergauf und wendet sich dann rechts, so kommt man zum Musée de la Diligence (Postkutschenmuseum), das sich im ehemaligen Pferdestall des Schlosses befindet und dem Postmuseum (s. zuvor) angegliedert ist. Zu sehen sind hier Postkutschen vom 18. bis zum frühen 20. Jh., ferner Uniformen der Postkutscher und Postbücher.

***Musée Hansi** Direkt an der Hauptstraße steht das Musée Hansi (Öffnungszeiten: Apr.–Dez. Di.–So. 10.30–18.00; Juli–Aug. auch Mo. 14.00–18.00; Jan. Sa.–So. 14.00–18.00; Feb.–März Di.–So. 14.00–18.00 Uhr). Es ist dem Werk des im Elsass ungemein populären Grafikers, Karikaturisten

Blick auf Riquewihr, den meistbesuchten Ort im Elsass

und Schriftstellers Jean-Jacques Waltz (genannt Hansi; ▶ Berühmte Persönlichkeiten) gewidmet und zeigt in sechs Räumen seine Gebrauchsgrafik, darunter sehr originelle Werbeplakate für diverse elsässische Wirtschaftsunternehmen mit z. T. stark patriotischem Einschlag, sowie Aquarelle, Lithografien und Karikaturen. Auch Nachdrucke von vielen seiner humoristisch-satirischen Bilderbücher können hier gekauft werden. Hansi wurde zwar in Colmar geboren, doch sein Bruder war Apotheker in Riquewihr.

Tour des Voleurs Nahe dem Dolder, dem bergwärtigen Stadttor, führt eine weitere Querstraße nach rechts zur Tour des Voleurs (Diebsturm; um 1300), dem ehemaligen Gefängnis, in der eine mittelalterliche Folterkammer, das Verlies, die Wachstube und die Wohnung des Wärters zu besichtigen sind.

Riquewihr (Fortsetzung)

Dolder

Der stattliche Dolder, ein Torturm aus dem Jahr 1291, schließt den Ortskern im Westen ab. Im Dolder, was "Spitze" bzw. "Gipfel" heißt, ist ein kleines stadthistorisches Museum zu finden, das Haushalts- und Handwerksgerät, Keramik und allerlei Kriegsgerät aus der Zeit seit 1870 zeigt. Von den oberen Stockwerken bietet sich ein lohnender Blick über das Städtchen und in die Oberrheinebene. Hinter dem Dolder folgt das Obertor (1548) mit Fallgatter, Pechnase und Schießscharten. Direkt beim Dolder verdient der Sinnbrunnen aus dem 16. Jh. mit dem wappenhaltenden Löwen der Herzöge von Württemberg-Mömpelgard einen Blick.

Obertor

Sinnbrunnen

Place des Trois-Eglises

Nördlich abseits der Hauptstraße steht an der Place des Trois-Eglises die kunsthistorisch wenig bedeutende evangelische Kirche, die, errichtet an der Stelle eines 1843 abgebrochenen Vorgängerbaus, zusammen mit zwei anderen, heute profanierten und in Wohnhäuser umgebauten Gotteshäusern die von Merian zitierten "drei Kirchen auf einem Kirchhofe" (vgl. ▶ Ribeauvillé) bildete.

Rosheim — E / F 7

Région: Alsace (Elsass)
Département: Bas-Rhin
Höhe: 194 m ü. d. M.
Einwohnerzahl: 4000

Romanische Stadt

Das hübsche alte, in einer Talmulde gelegene Winzerstädtchen Rosheim an der Route du Vin südwestlich von ▶ Strasbourg, einst eine der zehn Freien Reichsstädte des Elsass, besitzt einige Bauwerke, die zu den ältesten im Elsass zählen. Nicht umsonst nennt sich Rosheim "cité romane" (romanische Stadt). Auch die mittelalterlichen Mauern und Tortürme sowie viele Fachwerkhäuser sind gut erhalten. Insgesamt durch vier spätmittelalterliche Stadttore muss man fahren, um das Straßenstädtchen zu durchqueren. Jahrhundertelang war in dem kleinen Ort eine der drei großen jüdischen Gemeinden des Elsass ansässig, auch Josel von Rosheim (▶ Berühmte Persönlichkeiten) lebte hier einige Zeit.

Sehenswertes in Rosheim

*** St-Pierre-et-St-Paul**

Die Hauptachse von Rosheim bildet die Rue du Général de Gaulle, welche das Zentrum von Nordosten nach Südwesten durchzieht. Unmittelbar westlich des mittleren Stadttors, das von der im 13. Jh. angelegten ersten Ummauerung stammt, erhebt sich die Eglise St-Pierre-et-St-Paul (Peter-und-Paul-Kirche), einer der bedeutendsten romanischen Bauten im Elsass. Die schlichte Hauptfassade steht etwas beengt direkt gegenüber einer hohen Hauswand; der Eingang befindet sich in dem von schön skulptierten Säulen eingefassten Portal beim rechten Querhausarm. Der um 1132 – 1160 errichtete, klar gegliederte Bau aus goldgelbem Vogesensandstein wird von einem wuchtigen achteckigen Vierungsturm überragt. Besonders

*St-Pierre-et-St-Paul (Fts.)

reizvoll sind die Friese um den Bau herum und die ungewöhnlichen Tier- und Menschengestalten der Giebel. Das mittlere Fenster der Hauptapsis wird von den vier Evangelistensymbolen gerahmt:

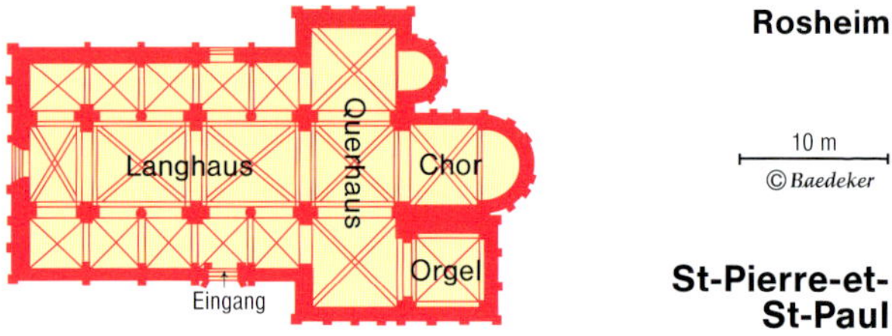

Adler (Johannes), Stier (Lukas), Engel (Matthäus) und Löwe (Markus); der während der Französischen Revolution abgeschlagene Engel ist im Umriss noch gut erkennbar. Über der Sakristei, welche das rechte Seitenschiff abschließt, steht ziemlich versteckt eine Silbermann-Orgel von 1733.

Hôtel de Ville

Die Hauptstraße zieht sich weiter nach Südwesten. Vor dem nüchtern-eleganten Hôtel de Ville (Rathaus; 1775) steht der hübsche Marktbrunnen (1605 / 1762) mit drei Säulen und sechs Eimern – bei Fotografen ein beliebtes Elsass-Motiv.

Maison Romane bzw. Maison Païenne

Vorbei an der links der Straße stehenden klassizistischen protestantischen Kirche mit romanischem Turm kommt man zur Maison Romane (Romanisches Haus) bzw. Maison Païenne (Heidenhaus bzw. “Heidehüss”). Das zweistöckige Gebäude wurde in der zweiten Hälfte des 12. Jh.s von einer Rosheimer Patrizierfamilie errichtet und gilt als der älteste noch erhaltene profane Steinbau im Elsass.

Umgebung von Rosheim

Rosenwiller

Westlich von Rosheim liegt in einem malerischen Wiesental der kleine Ort Rosenwiller. Seine im 19. Jh. größtenteils erneuerte Kirche lohnt einen Besuch wegen der gut erhaltenen gotischen Fresken in der Turmbasis und der farbigen Chorfenster aus der gleichen Epoche. In Rosenwiller befindet sich seit dem 14. Jh. am Wald-

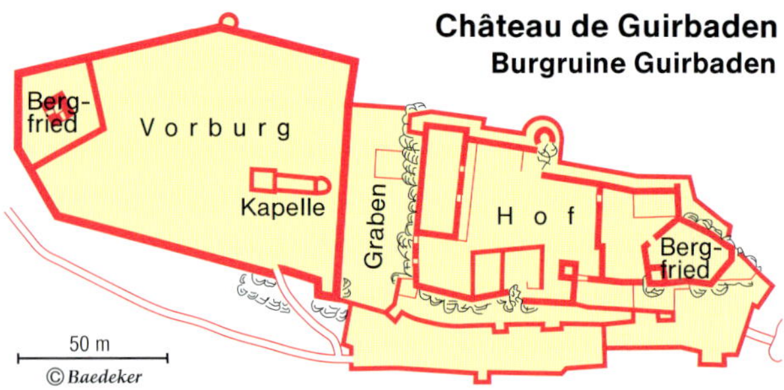

rand auch ein jüdischer Friedhof (Cimetière Israélite), auf dem die Rosheimer Juden ihre Toten bestatteten. Aufgrund der antisemitischen Ausschreitungen während der Französischen Revolution stammen die hier aufgereihten Grabsteine, Stelen und Säulen jedoch alle aus dem 19. und 20. Jahrhundert.

*Guirbaden

Folgt man von Rosheim der über Grendelbruch nach ▶ Schirmeck führenden Bergstraße, so kommt man nach einer Strecke von ca. 10 km zu dem nördlich oberhalb gelegenen Château de Guirbaden. Die auf römischen Fundamenten errichtete Burg war eine der größten Festen im Elsass. Ursprünglich im 10. Jh. erbaut, wurde sie 1162 von Friedrich Barbarossa zerstört, um 1220 von den Hohenstaufen neu errichtet, 1633 wiederum zerstört und 1657 von den Franzosen endgültig geschleift zu werden. Erhalten sind noch Reste der Oberburg mit dem Bergfried, dazu Reste der Unterburg mit Schildmauer und Palas. Im Bereich der Vorburg steht die ursprünglich romanische, aber im 19. Jh. erneuerte Valentinskapelle. Von der östlichen Burgmauer bietet sich ein ausgezeichneter Blick.

Einer der schönsten Brunnen im Elsass – der Sechseimerbrunnen von Bœrsch

*Bœrsch

Südwestlich von Rosheim an der Route du Vin befindet sich inmitten von Obstgärten, Weinbergen und Wiesen das reizvolle und winzige, in seinen Festungsmauern eingezwängte Landstädtchen Bœrsch (1500 Einw.) – ein elsässisches Winzerdorf wie aus dem Bilderbuch. Schmale und verwinkelte Gassen prägen den Ort, dessen vorwiegend aus Hausfronten gebildete Stadtmauer noch drei Tortürme aus dem 14. – 16. Jh. aufweist. In der Dorfmitte erhebt sich auf dem von alten Fachwerkhäusern gesäumten Rathausplatz das Hôtel de Ville (Rathaus), ein schlichter Renaissancebau von 1572 mit Eckerker und seitlichem Treppenturm. Davor steht der hübsche, reich verzierte, jetzt mit Blumen bepflanzte Sechseimerbrunnen (1617), der neben dem Brunnen von Obernai als einer der schönsten im Elsass gilt.

Rouffach J 6

Région: Alsace (Elsass)
Département: Haut-Rhin
Höhe: 204 m ü. d. M.
Einwohnerzahl: 4300

Hier floh der Kaiser vor den Frauen

Das altertümliche, von Touristen keineswegs überlaufene und doch sehr sehenswerte Bauern- und Winzerstädtchen Rouffach (Rufach) liegt rund 10 km südlich von ▶ Colmar an der den Ort umgehen-

Hier floh der Kaiser vor den Frauen (Fortsetzung)

den N 83. Das Städtchen, u. a. Sitz einer staatlichen Weinbauschule, besitzt etliche alte Bürgerhäuser und Reste der Stadtmauer. Die Hauptsehenswürdigkeiten sind am Südrand der Altstadt konzentriert, wo insbesondere die weite Place de la République ein bemerkenswertes, wunderschönes Ensemble bildet – für die Einwohner der prächtigste Marktplatz des ganzen Elsass. In Rouffach erzählt man sich gern folgende Geschichte: Als König Heinrich V., der spätere Kaiser, im Jahr 1106 auf der Durchreise im Rufacher Schloss Quartier bezog, ließ er sich, wie damals üblich, ein hübsches junges Mädchen in seine Gemächer bringen. Vergebens bat die verzweifelte Mutter des Mädchens die Männer des Ortes um Hilfe, Unterstützung fand sie schließlich bei den Frauen. Diese zogen dann bewaffnet auf die Isenheimer Burg und schlugen alles nieder, was sich ihnen in den Weg stellte. Die königliche Leibwache floh, und auch dem König selbst blieb nur noch die Flucht – ohne Zepter und ohne Krone. Als Heinrich um die Herausgabe der Reichsinsignien bat und versprach, gegen die Stadt keine Repressalien zu ergreifen, kamen die Rufacher Bürger seinem Wunsch nach. Doch der König hielt nicht Wort und ließ den Ort zerstören. Tatsächlich wurde Rouffach Anfang des 12. Jh.s von Kaiser Heinrich V. niedergebrannt – und zwar als “Papistenstadt” im Investiturstreit zwischen Kaiser und Papst.

Sehenswertes in Rouffach

*Eglise Notre-Dame-de-l'Assomption

An der Place de la République erhebt sich die unvollendet gebliebene dreitürmige Pfarrkirche Mariä Himmelfahrt, die – zwischen dem 11. und 16. Jh. erbaut und im 19. Jh. großenteils erneuert – die Elemente aller Baustile in diesen Jahrhunderten vereinigt, auch wenn die gotischen Stilelemente überwiegen.

Hexenfest in Rouffach

Halle aux Blés

Schräg gegenüber der Kirche steht das ehem. Kornhaus (Halle aux Blés), ein zweistöckiger Renaissancebau von 1569 mit Treppengiebel, in dem sich das Musée Municipal der Stadtgeschichte widmet.

Ancien Hôtel de Ville

Direkt an die Stadtmauer ist der Komplex des Alten Rathauses (Ancien Hôtel de Ville) angefügt, ein harmonisches Ensemble aus zwei parallelen Häusern von 1581 bzw. 1617 mit Renaissancefassaden. In der Gebäudegruppe befindet sich auch das Office de Tourisme. Daneben erinnert die mittelalterliche Tour des Sorcières (Hexenturm), der einzige noch erhaltene Turm der Stadtbefestigung, der bis ins 18. Jh. als Gefängnis diente, an die Zeiten, als Rouffach Zentrum der Hexenprozesse war. Eine zusätzliche Attraktion sind die vielen Störche, die sich hier öfter auf dem Hexenturm und den Giebeln des Alten Rathauses bewundern lassen.

Rouffach (Fortsetzung), Tour des Sorcières

Auf der nördlich an die Place de la République angrenzenden Place Georges Clemenceau steht ein Denkmal für den in Rouffach geborenen François-Joseph Lefebvre (1755 – 1820), Herzog von Danzig und Marschall von Frankreich. Gegenüber befindet sich die klassizistische Mairie (Rathaus).

Place Georges Clemenceau

Nördlich über der Stadt erblickt man auf dem Rehberg das den Ort dominierende Schloss Isenburg. Es wurde 1880 auf den Fundamenten einer merowingisch-fränkischen Pfalz erbaut und dient heute als Hotel.

Château d'Isenbourg

Umgebung von Rouffach

Rund 4 km nördlich von Rouffach steht in dem kleinen Weinort Pfaffenheim eine großenteils neuromanisch umgestaltete Kirche, deren romanischer Chor erhalten geblieben ist. An den Quadern im Untergeschoss sind Wetzscharten zu sehen, die von Winzermessern herrühren sollen.

Pfaffenheim

Das 5 km westlich von Rouffach gelegene malerische, auch für seine Heilquellen bekannte Winzerdorf Soultzmatt ist noch von Resten der einstigen Befestigung umzogen. Am östlichen Ortseingang steht das ehemalige Schloss Wangenbourg (16. Jh.; jetzt Weingut) mit Rundturm und Staffelgiebel; im Ortszentrum, erhöht und etwas abseits der Durchgangsstraße, erhebt sich die romanisch-gotische Kirche (12. Jh.), deren Chor spärlich und etwas glücklos barockisiert worden ist.

Soultzmatt

Saint-Dié — G 4

Région: Lorraine (Lothringen)
Département: Vosges
Höhe: 343 m ü. d. M.
Einwohnerzahl: 23 000

Sie nennt sich "Taufpatin Amerikas" – die auf der Höhe von Sélestat an der Meurthe gelegene Vogesenstadt Saint-Dié (offiziell Saint-Dié-des-Vosges). Denn hier veröffentlichte ein Kreis humanistischer Gelehrter, dem u. a. Martin Waldseemüller und der Kartograf Mathias Ringmann angehörten, im Jahr 1507 die "Cosmographiae Introductio", ein geografisches Werk, in welchem die Neue Welt erstmals als "America" bezeichnet wurde. Von der alten Bischofsstadt, die heute in erster Linie von der Textil- und Holzindustrie lebt, ist außer dem Ensemble dreier Sakralbauten nicht viel übrig

Taufpatin Amerikas

Taufpatin Amerikas (Fortsetzung)

geblieben, da der Ort im Zweiten Weltkrieg weitgehend abbrannte, so dass der innerstädtische Bereich nördlich des Flusses mit rechtwinkligem Straßennetz und gleichförmiger Bebauung ein modernes, recht nüchternes Bild zeigt.

Sehenswertes in Saint-Dié

***Cathédrale Saint-Dié**

Am nördlichen Rand der Innenstadt steht etwas erhöht die im 12. bis 14. Jh. entstandene ehemalige Stiftskirche (seit 1777 Kathedrale), die im 18. Jh. die imposante Zweiturmfassade erhielt. Das romanisch-gotische Gebäude wurde 1944 schwer beschädigt, ist aber stilgerecht wieder hergestellt. Das Innere vermittelt mit seinen wuchtigen Pfeilern und kunstreichen Kapitellen einen guten Raumeindruck; die 53 modernen farbigen Glasfenster (1987) wurden von einer Künstlergruppe um Jean Bazaine gestaltet.

Cloître gothique

Aus dem linken Seitenschiff betritt man den unvollendet gebliebenen gotischen Kreuzgang aus rotem Vogesensandstein (15. / 16. Jh.), der gegenüber

Notre-Dame de Galilée

der Kathedrale von der bemerkenswerten romanischen Kirche Notre-Dame de Galilée (Liebfrauenkirche), einem schönen Beispiel rheinisch-romanischer Baukunst des 12. Jh.s, abgeschlossen wird. Von den Bürgern der Stadt wird dieses Gotteshaus liebevoll "die kleine Kirche" genannt.

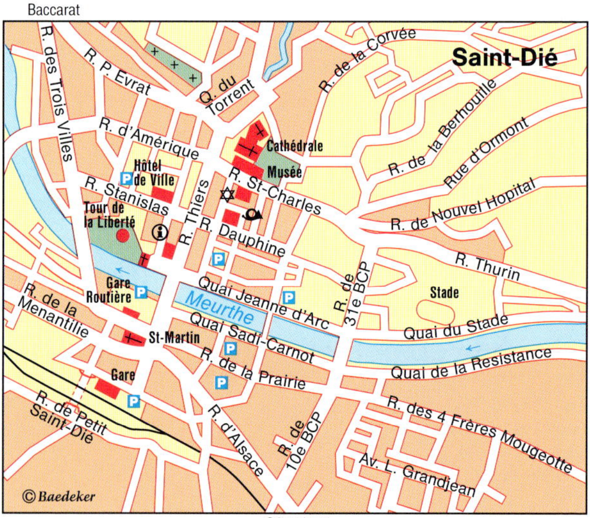

Musée Pierre Noël

An die rechte Langhauswand der Kathedrale schließt sich das städtische Museum an (Musée Pierre Noël – Musée de la Vie dans les Hautes Vosges). Seine Abteilungen umfassen Archäologie, Schöne Künste, Ethnografie und Naturwissenschaften, Militaria sowie die Sammlung Claire und Ivan Goll mit Werken von Chagall, Mirò, Dalí, Delaunay und Moore. Ein Raum ist dem Minister Jules Ferry (1832 – 1893) gewidmet, der die konfessionsfreie und kostenlose

Grundschule mit Schulpflicht schuf (Öffnungszeiten: Mai – Sept. Di. – Sa. 10[00] – 12[00], 14[00] – 19[00], So. 14[00] – 19[00]; Okt. – Apr. Di., Do., Fr., Sa., So. 14[00] – 18[00], Mi. 10[00] – 12[00], 14[00] – 18[00] Uhr).

Saint-Dié, Musée Pierre Noël (Fortsetzung)

Südwestlich der Kathedrale steht auf einer großen Grünfläche zwischen dem Hôtel de Ville (Rathaus) und der Meurthe die 36 m hohe und 1440 t schwere Tour de la Liberté (Freiheitsturm), die anlässlich der Zweihundertjahrfeier der Französischen Revolution im Pariser Tuileriengarten aufgestellt wurde und 1990 hierher kam. Die originelle weißlackierte Konstruktion aus Stahltrossen, -rohren und -blechen, aus Tuch und Kabeln symbolisiert den Vogel der Freiheit, der sich in die Lüfte schwingt. Der gläserne Kubus, der sich in halber Höhe befindet, birgt eine kleine, aber umso sehenswertere Sammlung mit Gold- und Edelsteinschmuck, dessen Gestalter sich von den Werken des kubistischen Malers Georges Braque inspirieren ließ. Von der oberen Plattform des Turms öffnet sich ein guter Rundblick.

***Tour de la Liberté**

Exposition des Bijoux de Braque

Umgebung von Saint-Dié

Fährt man auf der N 59 Richtung Raon-l'Etape und biegt nach 4 km bei La Pêcherie rechts auf die Forststraße von La Bure, dann links auf die Forststraße von La Crenée, gelangt man zum Col de la Crenée und von dort über einen Fußweg zur keltischen Siedlungsstätte Camp celtique de la Bure aus der Zeit zwischen 2000 v. Chr. und dem 4. Jh. n. Chr. Der Ringwall ist stellenweise noch einen halben Meter hoch, man sieht Reste mehrerer Wasserbecken und Abgüsse von Stelen. Fundstücke sind im Museum von Saint-Dié (Musée Pierre Noël, s. oben) ausgestellt.

Camp celtique de la Bure

Sainte-Marie-aux-Mines — G 6

Région: Alsace (Elsass)
Département: Haut-Rhin
Höhe: 370 m ü. d. M.
Einwohnerzahl: 5800

Wie der Name des sehr schön im waldigen oberen Val d'Argent (Silbertal) bzw. im Tal der Liepvrette gelegenen Vogesenortes andeutet, lebten die Menschen hier einst vom Bergbau. Tatsächlich war Sainte-Marie-aux-Mines (Markirch), das sich fast auf der Höhe von ▶ Sélestat befindet, vom Mittelalter bis in die Neuzeit ein bedeutender Bergbauort, ja zwischen dem 15. und 18. Jh. die wichtigste Grubenstadt in Ostfrankreich. Nach 150 verschiedenen Metallen wurde hier gegraben, darunter Kupfer, Blei, Zink und Nickel. Sogar Silber kam vor: Im Jahr 1581 brachen Arbeiter einen Erzblock aus dem Berg, der ca. 600 kg des wertvollen Edelmetalls enthielt. Die Mehrzahl der Bergleute, die unter menschenunwürdigen Bedingungen in den Stollen schufteten, kam übrigens von weit her: aus dem Harz, aus Thüringen, Böhmen und Sachsen, also aus traditionellen Bergbauregionen. Als im 17./18. Jh. das Grubensterben einsetzte, trat an die Stelle des Bergbaus die Textilindustrie, von der der Ort heute noch lebt. Doch die Erinnerung an die einstige Blüte

Edelmetalle, Textilien und Mennoniten

Sainte-Marie-aux-Mines (Fortsetzung)

als Bergbaustädtchen bleibt wach: Alljährlich treffen sich in Sainte-Marie-aux-Mines am letzten Wochenende im Juni Mineralien- und Edelsteinsammler zu einer der größten Mineralienbörsen Europas. Auch als Textilstadt genießt der Ort großes Ansehen. Bei den Stoffmessen im Frühjahr und Herbst werden u.a. Textilien gezeigt, die zum größten Teil für die Haute Couture bestimmt sind. Eine Rolle spielte das Städtchen darüber hinaus in religiöser Hinsicht. Nicht nur, dass der Ortsteil rechts der Liepvrette früher den protestantischen Grafen von Rappoltstein, der linksufrige Teil den katholischen Grafen von Lothringen gehörte. Hier sammelten sich Ende des 17. Jh.s auch die aus der Schweiz ausgewanderten strenggläubigen Mennoniten, die die Rückkehr zu einem einfachen Leben forderten und im 18. und 19. Jh. in die Vereinigten Staaten emigrierten, wo sie bis heute ihre Lebensart bewahren.

Sehenswertes in Sainte-Marie-aux-Mines

***Ortsbild**

Charakteristisch für das Ortsbild von Sainte-Marie-aux-Mines ist das Fehlen elsässischen Fachwerks. Der lang gestreckte Ortskern wird weithin geprägt durch die meist nur zwei- oder dreistöckigen, in der Renaissance gebauten Bürgerhäuser, die teilweise schöne Treppengiebel und Portale aufweisen. Kein anderer Ort im Elsass verfügt über so viele Renaissancehäuser – ca. 50 Gebäude – wie die einstige Bergbaustadt, unter denen besonders die türmchenverzierten Paläste der Bergbaubarone ins Auge fallen.

Maison de Pays

In der Maison de Pays an der Place du Prensoureux kann man sich über den Bergbau und die Textilindustrie informieren. Im Erdgeschoss ist eine Mineraliensammlung eingerichtet, im 1. Stock befindet sich eine rekonstruierte Textilwerkstatt, der 2. Stock beherbergt eine Bergbauabteilung.

Mine d'Argent St-Barthélemy

Mine St-Louis-Eisenthür

Darüber hinaus können in Sainte-Marie-aux-Mines zwei Silberminen besichtigt werden. Die Silbermine St-Barthélemy erreicht man, wenn man am westlichen Stadtrand, oberhalb der klassizistischen Kirche Ste-Madeleine und des Rathauses, der Beschilderung folgt. Die Besichtigung der Silbermine St-Louis-Eisenthür erfordert mehr Zeit. Die Exkursion dauert rund 3 Stunden, wovon etwa die Hälfte unter Tage verbracht wird. Robustes Schuhwerk und warme Kleidung sind erforderlich, da die Temperatur im Stollen nur 8 °C beträgt. Ausgangspunkt der Besichtigung ist das Gebäude des Centre du Patrimoine Minier (Rue Weisgerber 4).

Sarrebourg — D 5

Région: Lorraine (Lothringen)
Département: Moselle
Höhe: 250 m ü. d. M.
Einwohnerzahl: 13 300

Pforte der Vogesen

Die über 2000 Jahre alte, kleine lothringische Industrie- und Handelsstadt Sarrebourg (Saarburg), die sich gern "Porte des Vosges" (Pforte der Vogesen) nennt, kann sich rühmen, ein großes Werk des

Künstlers Marc Chagall zu besitzen. Der Ort, der im Jahr 1766 mit Lothringen an Frankreich fiel, liegt am Vogesenrand an der oberen Saar (Sarre) westlich von ▶ Saverne.

Pforte der Vogesen (Fortsetzung)

Sehenswertes in Sarrebourg

***Chapelle des Cordeliers**

Das Chagall-Werk befindet sich in der ehemaligen Chapelle des Cordeliers (Franziskanerkapelle) aus dem 13. Jh., die sich in der Stadtmitte etwas nördlich der Grand'Rue erhebt und wo heute das Office de Tourisme untergebracht ist. Für den erhaltenen, aus dem 18. Jh. stammenden Chor der abgebrochenen Kirche schuf Marc Chagall (1887 – 1985) das 12 m x 7,5 m große Buntglasgemälde "La Paix" (Der Friede), das die ganze Westseite einnimmt und u. a. die Schöpfungsgeschichte und den Einzug Jesu in Jerusalem zeigt. Die Kapelle beherbergt auch den Wandteppich "La Paix": die Transposition eines Kirchenfensters, das Chagall den Vereinten Nationen in New York schenkte.

Musée du Pays de Sarrebourg

Im Westen der Innenstadt, an der Avenue de France, befindet sich das Musée du Pays de Sarrebourg (Regionalmuseum). Besonders interessant sind die archäologischen Funde aus gallorömischer Zeit, die großenteils aus der Villa St-Ulrich (s. unten) stammen. Daneben gibt es mittelalterliche Kunst sowie eine bemerkenswerte Fayence- und Porzellansammlung aus Niderviller (18. Jh.) zu sehen.

Umgebung von Sarrebourg

Villa St-Ulrich

Ungefähr vier Kilometer nordwestlich erreicht man jenseits des am Stadtrand gelegenen Soldatenfriedhofs das Ausgrabungsgelände von St-Ulrich. Seit 1963 wurden hier die Fundamente eines stattlichen Gutshofs aus gallo-römischer Zeit (ca. 1. Jh. n. Chr.) freigelegt; dabei fand man Mauerreste von über 100 Zimmern. Ein Großteil der Funde ist heute im Musée du Pays de Sarrebourg (s. zuvor) ausgestellt.

Hartzviller

Südöstlich von Hesse, bei Hartzviller, gibt es eine Kristallglasmanufaktur, die eine Glassammlung besitzt und Betriebsführungen durchführt. Hier kann man 80 Kunsthandwerkern bei der Arbeit über die Schulter blicken.

***Fénétrange**

15 km entfernt von Sarrebourg, erreichbar über die D 43 in nördlicher Richtung, liegt das idyllische Städtchen Fénétrange (1000 Einw.). Der kleine Ort am Oberlauf der Saar konnte sich sein altertümliches Stadtbild bewahren. In den Gässchen stehen noch Häuser mit schönen Erkern und spitzen hochgiebeligen Dächern. Das Ortszentrum selbst wird vom einstigen Château (Schloss) der Herren von Fénétrange beherrscht, das sich an einem runden Hof erhebt und eine beachtenswerte Wendeltreppe besitzt. Vom einstigen Befestigungswerk existieren noch die Porte de France (Stadttor) unweit westlich vom Schloss und Reste der Stadtmauer im Nordwesten der Altstadt. Nördlich des Schlosses befindet sich die Maison Moscherosch, das angebliche Wohnhaus des Barockdichters Johann Michael Moscherosch (1601 – 1669). An der Place de l'Eglise verdient

Sarrebourg, Fénétrange (Fortsetzung)

die gotische Collégiale Saint-Rémy (Remigiuskirche; 15. Jh.) mit ihrer aus dem 18. Jh. stammenden Orgel einen Besuch. Wenige Schritte nordwestlich gelangt man zu dem im 16. Jh. erbauten ehemaligen Hospiz mit einem hübschem Renaissance-Erker. Fénétrange, wo im Sommer der Nachtwächter in Originaltracht seine Runden dreht, wird nicht nur wegen seines mittelalterlichen Ortskerns besucht. Im Juni lockt auch ein internationales Musikfestival Gäste an; darüber hinaus erstreckt sich in einem seenreichen Hügelland südwestlich des Städtchens der Parc Naturel Régional de Lorraine (Regionaler Naturpark Lothringen), dessen von lichten Wäldern durchsetzte Wiesenlandschaft ein lohnendes Wandergebiet bildet.

Sarreguemines — B 5

Région: Lorraine (Lothringen)
Département: Moselle
Höhe: 220 m ü. d. M.
Einwohnerzahl: 23 200

Stadt der Fayencen

Errichtet wurde Sarreguemines (Saargemünd) einst als Grenzstadt zur Sicherung der Randgebiete des Herzogtums Lothringen. Einen Namen machte sich der Ort am Zusammenfluss von Saar und Blies unmittelbar an der französisch-deutschen Grenze und 18 km südlich von Saarbrücken mit seinen Fayencen. Ab 1790 wurden hier zwei Jahrhunderte lang Fayencen, Porzellan, Majolika, später auch Schilder hergestellt. 1979 kaufte ein Konzern die örtliche Manufaktur auf, seither werden in erster Linie Kacheln produziert.

Sehenswertes in Sarreguemines

*Musée des Faïences de Sarreguemines

Unweit vom linken (westlichen) Ufer der Saar steht das Hôtel de Ville (Rathaus) und unmittelbar daneben das Musée de Sarreguemines (Städtisches Museum), das im ehemaligen Haus des Direktors der Keramikmanufaktur eingerichtet ist. Den Hauptteil der Sammlungen bildet die überaus reiche Abteilung örtlicher Fayencen, wie sie hier seit dem ausgehenden 18. Jh. hergestellt werden. Zu sehen sind reich dekorierte Wandfliesen, Kachelöfen und Kamine, aber auch Gebrauchskeramik. Im schönen Wintergarten ist ein monumentaler Majolika-Brunnen in den Farbtönen Gelb, Grün, Ocker und Braun zu bewundern (Öffnungszeiten: Mi. – Mo. 10^{00} – 12^{00}, 14^{00} – 18^{00} Uhr).

Musée des Techniques Faïencières

In der alten Mühle an der Blies (Moulin de la Blies), die einst zur Porzellanfabrik gehörte und im Nordosten der Stadt liegt (125, Avenue de la Blies), unterrichtet ein Museum mittels alter Maschinen und Werkzeuge über die industrielle Keramikproduktion.

Umgebung von Sarreguemines

Parc Archéologique Européen

Wer Interesse an der 6000-jährigen Siedlungsgeschichte der Region hat, kann einen Abstecher in den deutsch-französischen Archäologiepark bei Bliesbruck-Reinheim, ca. 10 km östlich von Sarreguemines, unternehmen. In dem von der französisch-deutschen Grenze durchschnittenen, seit 1978 bestehenden Parc Archéologique Européen sind Architekturreste aus der gallo-römischen Epoche und Gegenstände aus der Merowingerzeit freigelegt worden, u. a. Überreste einer prachtvollen römischen Villa.

Sarreguemines (Fortsetzung)

Saverne

D 7

Région: Alsace (Elsass)
Département: Bas-Rhin
Höhe: 210 m ü. d. M.
Einwohnerzahl: 10 300

****Porte de l'Alsace**

Auf Johann Wolfgang von Goethe hinterließ die Stadt mit ihren malerischen Gassen, alten Fachwerkhäusern und imposanten historischen Bauwerken im Ortskern einen bleibenden Eindruck. Die "Porte de l'Alsace", wie sich das nordwestlich von ▶ Strasbourg gelegene Industrie- und Handelsstädtchen selbst bezeichnet, blickt auf eine lange Geschichte zurück. Die verkehrsgünstige Lage am Anfang der Zaberner Steige (Col de Saverne), einer die Oberrheinebene mit dem lothringischen Hochland verbindenden Passstraße machten den Ort über Jahrhunderte hinweg zu einem politischen und wirtschaftlichen Zentrum der Region. Heute verlaufen durch den nur 6 km breiten und mit 410 m Höhe relativ flachen Vogesenkamm die Autobahn A 4, die Eisenbahnstrecke Strasbourg – Paris und der Rhein-Marne-Kanal. Saverne (Zabern), das römische "Tres Tabernae", war im Mittelalter Hauptstadt des Wasgaus und von 1414 bis 1789 Residenz der Bischöfe von Strasbourg. Die strategisch

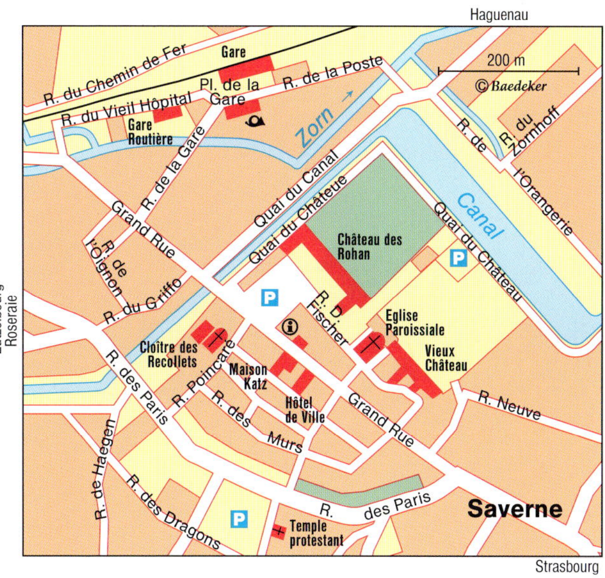

Porte de l'Alsace (Fortsetzung)

wichtige Lage wurde der Stadt aber auch oft zum Verhängnis: Im Hundertjährigen Krieg, in den Bauernkriegen und im Dreißigjährigen Krieg erlitt der Ort schwere Zerstörungen.

Sehenswertes in Saverne

*** Château des Rohans**

Ab 1779 wurde auf den Fundamenten des im selben Jahres abgebrannten Fürstenbergschlosses im Zentrum der Stadt nach dem Vorbild von Schloss Wilhelmshöhe bei Kassel das Château des Rohan errichtet – benannt nach der Familie Rohan, deren Mitglieder im 18. Jh. die Straßburger Bischöfe stellten und deren letzter Vertreter auf dem Kardinalsstuhl, Louis-René de Rohan, in die "Halsbandaffäre" verwickelt war (▶ Berühmte Persönlichkeiten). Während der Französischen Revolution musste der Bau am neuen Schloss eingestellt werden, erst 1852 wurde das Château zu Ende gebaut. Der stattliche Sandsteinbau, der den architektonischen Hauptakzent der Stadt bildet und Saverne die schmeichelhafte Bezeichnung "Elsässisches Versailles" eingebracht hat, diente nach der Französischen Revolution als Wohnheim für Witwen verdienter Zivilbeamter und Militärs, von 1871 bis 1945 als deutsche bzw. französische Kaserne. Das Prunkstück des Schlosses bildet die durch einen Mittelrisaliten und zwei Eckpavillons gegliederte Haupt- bzw. Nordfassade. Die 140 m lange Fassade ist dem Park zugewandt, der an seiner Nordwest- und Nordostseite durch den Canal de la Marne au Rhin (Rhein-Marne-Kanal) begrenzt wird.

Die nach dem Vorbild von Schloss Wilhelmshöhe in Kassel erbaute Residenz der Straßburger Bischöfe in Saverne

Neben einer Jugendherberge und einem Kulturzentrum ist im Schloss das Musée du Château des Rohan (Schlossmuseum) untergebracht. In einer archäologischen Abteilung im Schlosskeller kann man gallo-römische Altertümer bewundern, im zweiten Stock sind religiöse Kunst, Gemälde lokaler Künstler des 19./20. Jh.s und stadtgeschichtliche Exponate ausgestellt. Die anschließende "Donation Louise Weiss" enthält ethnografisch interessante Objekte sowie Gemälde und Zeichnungen aus den letzten beiden Jahrhunderten, die die Journalistin, Frauenrechtlerin und überzeugte Europäerin Louise Weiss (▶ Berühmte Persönlichkeiten) dem Museum Anfang der 1980er-Jahre vermachte (Öffnungszeiten: März – Mitte Juni, Mitte Sept. – Nov. Mi. – Mo. 14^{00} – 17^{00}; Mitte Juni – Mitte Sept. Mi. – Mo. 10^{00} – 12^{00}, 14^{00} – 18^{00}; Dez. – Feb. So. 14^{00} – 17^{00} Uhr).

Musée du Château des Rohan

Vor der Stadtfront des Schlosses erstreckt sich die Place de Gaulle (Schlossplatz) mit dem Einhornbrunnen an der westlichen Ecke, der das Wappentier der Stadt trägt. Unter der Brücke liegt die Kammer der Kanalschleuse, wo man den Lastkähnen und Sportbooten beim Manövrieren zusehen kann.

Place de Gaulle

Hauptachse der Altstadt ist die vom Schlossplatz südöstlich verlaufende, von schönen alten Häusern gesäumte Grand'Rue (Fußgängerzone). Besonders beachtenswert ist das Haus Katz, ein prächtiger, reich mit Schnitzereien gezierter Fachwerkbau von 1605, den der Generalsteuereinnehmer Heinrich Katz errichten ließ und in dem heute eine Winstub untergebracht ist. Unmittelbar daneben steht das um 1900 gebaute wilhelminische Rathaus.

***Haus Katz**

Südwestlich etwas abseits der Grand'Rue steht die schlichte, nur von einem Dachreiter überragte Kirche des einstigen Rekollektenkonvents – eines besonders strengen Zweiges des Franziskanerordens –, der heute als Schule dient. Links neben der Kirchentür kommt man in den restaurierten Kreuzgang, in dem noch einige Wandgemälde unterschiedlicher Stilepochen erhalten sind.

Ancien Cloître des Récollets

Die im 14./15. Jh. errichtete Pfarrkirche befindet sich, etwas von der Grand'Rue zurückversetzt, erhöht über dem Schloss. Durch die Basis des romanischen Viereckturms (12. Jh.) betritt man das gotische Innere, in dem sich einige Bischofsgräber sowie aus dem 15. und 16. Jh. stammende Glasgemälde befinden.

Eglise paroissiale

In dem zwischen Kirche und Stadtmauern gelegenen barocken Gebäude des Oberschlosses bzw. Alten Schlosses, der einstigen Bischofsresidenz, ist heute die Sous-Préfecture (Unterpräfektur) zu finden.

Vieux Château

Westlich der Innenstadt und jenseits des Rhein-Marne-Kanals liegt die um 1900 angelegte Roseraie (Rosengarten). Die Anlage besitzt rund 450 verschiedene Rosenarten. Während der Öffnungszeit von Mitte Juni bis Mitte September blühen hier rund 7000 Rosenstöcke.

***Roseraie**

Umgebung von Saverne

Wenn man die Stadt auf der N 4 in Richtung Phalsbourg verlässt, kommt man nach etwa 2,5 km zu dem an der Zaberner Steige gele-

Jardin Botanique

Jardin Botanique (Fortsetzung)

genen Botanischen Garten, der auf einer Fläche von 2,3 ha ein Arboretum, ein Alpinum und ein kleines Torfmoor umfasst. Bekannt ist der Jardin Botanique vor allem für seine Vielfalt an wilden Orchideen.

Saverne

Die Ruinen des mächtigen, "Auge des Elsass" genannten Schlosses Haut-Barr und das beliebte Ausflugslokal

**Haut-Barr

Das beliebteste Ausflugsziel in der Umgebung von Saverne ist der leuchtend rote, weithin sichtbare und auf einer gut beschilderten, 5 km langen Bergstraße erreichbare Konglomeratstock von Haut-Barr. Wegen seiner hervorragenden Rundsicht wird der Burgberg auch "Auge des Elsass" genannt.

Télégraphe

Vom Parkplatz am Eingang der Burgruine führt ein kurzer Fußpfad zu dem 1794 von Claude Chappe entwickelten, 1968 restaurierten optischen Flügeltelegrafen, der einst zur Signalübertragungsstrecke Paris – Strasbourg gehörte. Dank dieses auf einer Turmspitze montierten Gestänges mit zwei flexiblen Armen verfügte Frankreich bereits 1794 als erstes Land über ein Telekommunikationsnetz. Im kleinen Nebengebäude ist eine Dokumentationssammlung (Musée du Télégraphe Claude Chappe) eingerichtet; im Turm des alten Chappe-Telegrafen kann man sich mit der Arbeitsweise der optischen Telegrafie vertraut machen (Öffnungszeiten: Di. – So. 12^00 – 18^00 Uhr).

Château

Die Ruinen des mächtigen Schlosses Haut-Barr (458 m ü. d. M.) stehen auf drei Buntsandstein- und Konglomeratfelsen, die durch Treppen und eine Brücke miteinander verbunden sind. Das Schloss wurde um 1170 vom Bischof von Strasbourg erbaut, 1583 – 1590 durch den Landgrafen und Bischof von Manderscheid-Blankenheim erneuert, aber 1650 geschleift. Direkt hinter dem Eingang in das ummauerte Areal macht eine Schautafel mit Grundrissskizzen Angaben zur Baugeschichte. Weiter oben stehen die im 12. Jh. erbaute romanische Burgkapelle (restauriert) sowie ein stattlicher Fachwerkbau, in dem ein Restaurant untergebracht ist. An der Kapelle vorbei kommt man zu einer Orientierungstafel mit gutem Blick nach Osten. Die oberen Niveaus des Felsstocks sind über eine Metalltreppe (64 Stufen) bzw. den Pont du Diable ("Teufelsbrücke") zu erreichen. Der Name "Teufelsbrücke" geht auf folgende Sage zurück: Da die gebaute Holzbrücke immer wieder eingestürzt war, wandten sich die Erbauer an den Teufel, versprachen ihm die Seele desjenigen Lebewesens, das als erstes die neue Brücke passierte – und trieben einen Ziegenbock darüber. Von hier oben bietet sich ein grandioser Rundblick nach Osten in das fruchtbare Hügelland bzw. nach Westen in die dicht bewaldeten Vogesen und auf den Rhein-Marne-Kanal.

Haut-Barr, Château (Fortsetzung)

Saint-Jean-Saverne

Das Dorf St-Jean-Saverne (550 Einw.), nördlich von Saverne jenseits der Autobahn, liegt malerisch am Hang des Mont St-Michel (Michaelsberg), von dem man eine schöne Aussicht genießt und auf dem eine Kapelle aus dem 12. Jh. steht (im 17. Jh. umgebaut). Von der ehemaligen, aus dem 12. Jh. stammenden Benediktinerabtei, die von Armagnaken und Schweden zerstört wurde, ist noch die beachtenswerte romanische Kirche erhalten, in deren Innerem neun Wandteppiche aus dem 16. Jh. zu sehen sind.

Neuwiller-les-Saverne

***St-Pierre-et-St-Paul**

Das alte Städtchen Neuwiller (1100 Einw.) mit dem noch weit gehend intakten mittelalterlichen Ortsbild liegt etwa zehn Kilometer nördlich von Saverne. Es war einst Sitz einer im Jahr 726 vom heiligen Pirmin gegründeten, später berühmt gewordenen Benediktinerabtei, von der die Eglise St-Pierre-et-St-Paul (Kirche St. Peter und Paul) stammt. Die mächtige Basilika auf kreuzförmigem Grundriss entstand ursprünglich im 13. Jh. im romanisch-gotischen Übergangsstil; Westturm und Westfassade wurden erst im 17. Jh. angefügt. An der Nordseite befinden sich zwei mit reichem Skulp-

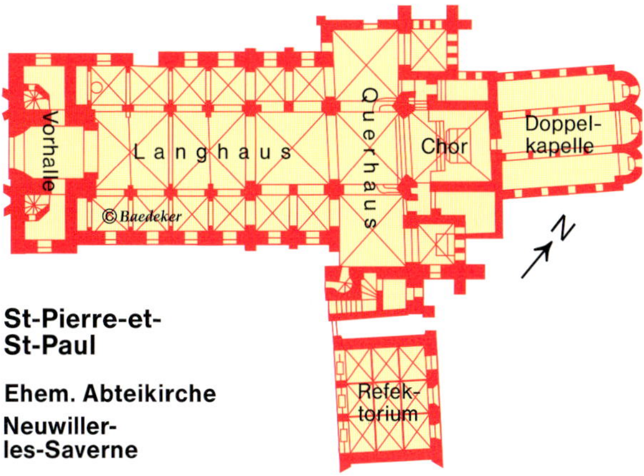

St-Pierre-et-St-Paul

Ehem. Abteikirche Neuwiller-les-Saverne

Neuwiller-les-Saverne (Fortsetzung)

turenschmuck versehene Portale; davor stehen die 1988 freigelegten und restaurierten Grundmauern der aus dem 10./11. Jh. stammenden Chapelle St-Nicolas. Das Kircheninnere hat durch die im 16.–18. Jh. vorgenommenen Änderungen, namentlich bis zum dritten Langhausjoch, einen großen Teil des ursprünglichen Raumeindrucks eingebüßt. Gleich links vom Hauptportal sieht man ein romanisches Taufbecken (12. Jh.), rechts das Hochgrab des heiligen Adelphus (14. Jh.), eines Bischofs von Metz. Das Ende des linken Seitenschiffs enthält eine spätgotische Grablegung Christi in farbiger Fassung.

*Chapelles superposées

Im rechten Querhausarm befindet sich die kleine Tür, die zur schlichten romanischen Doppelkapelle (Chapelles superposées) führt. Die untere Kapelle ist der heiligen Katharina geweiht. Sie bietet einen ausgewogenen, klaren Raumeindruck; in die Altäre sind verzierte karolingische Chorschranken eingelassen. In der oberen, dem heiligen Sebastian geweihten Kapelle befinden sich vier ausgezeichnete Gobelins aus dem frühen 16. Jh., die das Leben des heiligen Adelphus (vgl. oben) schildern. Um diese Wandteppiche besichtigen zu können, muss man im Pfarrhaus gegenüber nachfragen.

Östlich des noch weit gehend ummauerten einstigen Klosterareals steht die schmucklose, in rotem Sandstein erstrahlende Adelphikirche (13. Jh.). Etwa eine halbe Stunde oberhalb von Neuwiller befinden sich die Reste der 1679 von den Franzosen zerstörten Burg Herrenstein (405 m ü. d. M.) mit herrlicher Aussicht. Noch eine Stunde weiter gelangt man zur 1932–1938 erneuerten Hunebourg (Hünenburg), die gleichfalls einen schönen Fernblick bietet.

Schirmeck — F 6

Région: Alsace (Elsass)
Département: Bas-Rhin
Höhe: 317 m ü. d. M.
Einwohnerzahl: 2200

Zentrum im Tal der Bruche

Das von vielen wilhelminischen Bauten geprägte, belebte Städtchen Schirmeck, der wirtschaftliche und touristische Mittelpunkt des Tals der Bruche (Breusch), liegt am südöstlichen Fuß des Col du Donon. Während des Zweiten Weltkriegs befand sich hier als weiteres KZ neben dem Konzentrationslager Natzweiler-Struthof (s. unten) ein sog. Sicherungslager.

Sehenswertes in Schirmeck und Umgebung

Château

Östlich über dem Ort steht die 1969 erneuerte Ruine der einstigen Burg. Man erreicht sie von dem hinter der Kirche gelegenen Großparkplatz zu Fuß in etwa 10 Minuten. Das im Burgturm eingerichtete Museum (nur Juli bis Mitte September an Sonn- und Feiertagen geöffnet) zeigt eine volkskundliche Sammlung.

Grandfontaine

Den kleinen ehemaligen Bergwerksort Grandfontaine, wo zwischen dem 13. und 19. Jh. nach Eisenerz gegraben wurde, erreicht man, indem man von Schirmeck in Richtung Col du Donon fährt. Nach

Grandfontaine (Fortsetzung)

etwa 5 km folgt man dem links abzweigenden Sträßchen, das – teilweise schmal und steil – den Ort durchquert. Am oberen Ortsrand befindet sich der heute als Besucherbergwerk eingerichtete Stollen, dem ein kleines Bergwerksmuseum angegliedert ist.

***Col du Donon**

Nordwestlich von Schirmeck erhebt sich das dicht bewaldete Donon-Massiv, das die Grenze zwischen Elsass und Lothringen sowie den südlichen Abschluss der Sandsteinvogesen bildet. Vom 1009 m hohen Donon hat man bei klarem Wetter einen grandiosen Rundblick bis zu den Berner Alpen – kein Wunder, dass die höchste Erhebung der Mittelvogesen auch der meistbesuchte Berg ringsum ist. Oben erwartet einen aber nicht nur ein großartiger Ausblick. Schon die Kelten hatten auf dem Gipfel ein Heiligtum, die Römer und Franken machten es ihnen nach. Unterhalb der weithin sichtbaren Fernsehrelaisstation gibt es Reste gallorömischer Fundamente, der kleine Merkurtempel oberhalb der Station ist allerdings ein Nachbau aus dem 19. Jh.

***Le Struthof (KZ-Gedenkstätte)**

Folgt man von Schirmeck der Beschilderung in Richtung Le Hohwald bzw. Barr, so erreicht man nach rund 5 km das links etwas abseits gelegene ehemalige Konzentrationslager Natzweiler-Struthof (Öffnungszeiten: tgl. März – Juni 10^{00} – 12^{00}, 14^{00} – 17^{30}; Juli – Aug. 10^{00} – 18^{00}; Sept. – Dez. 10^{00} – 12^{00}, 14^{00} – 17^{00} Uhr). Von den rund 44 000 hierher Deportierten (Russen, Juden, Homosexuelle, Oppositionelle, Sinti und Roma, vor allem aber französische Widerstandskämpfer) kamen 1941 – 1944 etwa 10 000 bis 12 000 Menschen ums Leben; als die 7. Amerikanische Armee im November 1944 das KZ

Mahnmal, Friedhof und Baracken in der KZ-Gedenkstätte Struthof

Umgebung von Schirmeck, Le Struthof (Fortsetzung)

erreichte, waren die Lagerinsassen von der SS längst nach Dachau transportiert worden. Auf dem von doppelten Stacheldrahtzäunen umzogenen Hanggelände stehen noch einige Baracken, Wachtürme und der Galgen. In einer Baracke wurde ein kleines Museum eingerichtet; jedoch ist fast kein Ausstellungsstück original, seit neonazistische Brandanschläge in den 1970er-Jahren das meiste bis dahin Erhaltene vernichteten. Über der Museumsbaracke erhebt sich das Mémorial de la Déportation, das 40 m hohe Ehrenmal mit dem Grab des Unbekannten Deportierten. Auf dem oberhalb gelegenen Friedhof sind 1120 Deportierte beigesetzt, deren Identität nicht geklärt werden konnte. Ungefähr 1,5 km außerhalb des Lagers liegt die Gaskammer, die von der SS als gewöhnliches elsässisches Haus getarnt war. Etwas weiter oben, rechts der Bergstraße, befindet sich die Grande Carrière, der Steinbruch, in dem die Häftlinge Zwangsarbeit leisten mussten.

In seinem Buch “Die Gedanken sind frei – meine Kindheit im Elsaß” äußerst sich der elsässische Grafiker und Karikaturist Tomi Ungerer über das Konzentrationslager *In den Vogesen bei Natzwiller hatten die Nazis das höchstgelegene KZ Deutschlands errichtet: den Struthof. Idyllisch mit Sicht auf die Rheinebene, nicht weit vom Odilienberg, dem Wallfahrtsort der heiligen Odilia, der elsässischen Schutzpatronin. Vor dem Galgen, begrüßt vom Kommandanten Kramer, die Transporte, als “Nacht und Nebel” bezeichnet, lieferten das Material für Zwangsarbeit in Steingruben und Experimente mit Giftgas und Typhus. Die Gaskammer wurde als “Abstellraum” bezeichnet. Im Winter war es unerträglich kalt, obwohl der Kamin des Krematoriums manchmal tagelang rot glühte. Eine große Zahl von Leichen wurde für Anatomieforschung an die Straßburger Universität geliefert, wo Herr Doktor Hirth sie zerstückelte. Das Lager steht noch da, als Memorial, das Museum wurde von neofaschistischen Brandstiftern in Asche verwandelt. Dieser Ort, den ich oft besuche, hat mich wie der Isenheimer Altar stark und tief geprägt. Schon damals bestand für mich die Frage: Wie kann der Mensch seine angeborene innere Bosheit, durch Dummheit gefüttert, überwinden?* (Diogenes Verlag 1993)

Waldersbach

Südlich von Schirmeck liegt an der D 57 das Dorf Waldersbach, ein reizvoller Ort mit tief herabgezogenen Ziegeldächern. Hier wirkte der evangelische Pfarrer Johann Friedrich Oberlin (1740 – 1826 ▶ Berühmte Persönlichkeiten) seit 1767; im ehemaligen Pfarrhaus ist das Musée Oberlin mit Dokumenten und Erinnerungsstücken an den großen Philanthropen eingerichtet (Öffnungszeiten: Mi. – Mo. 14^{00} – 18^{00} Uhr).

Sélestat — G 7

Région: Alsace (Elsass)
Département: Bas-Rhin
Höhe: 182 m ü. d. M.
Einwohnerzahl: 15 600

Zentrum des Humanismus

Die Stadt Sélestat (Schlettstadt) zwischen ▶ Strasbourg und ▶ Colmar an der Grenze zwischen Ober- und Unterelsass am linken Ufer der Ill wirkt, wenn man sich ihr nähert, nicht besonders einladend; da sich die Gemeinde mit dem weithin sichtbaren Wasserturm zu einem modernen Industriezentrum entwickelt hat,

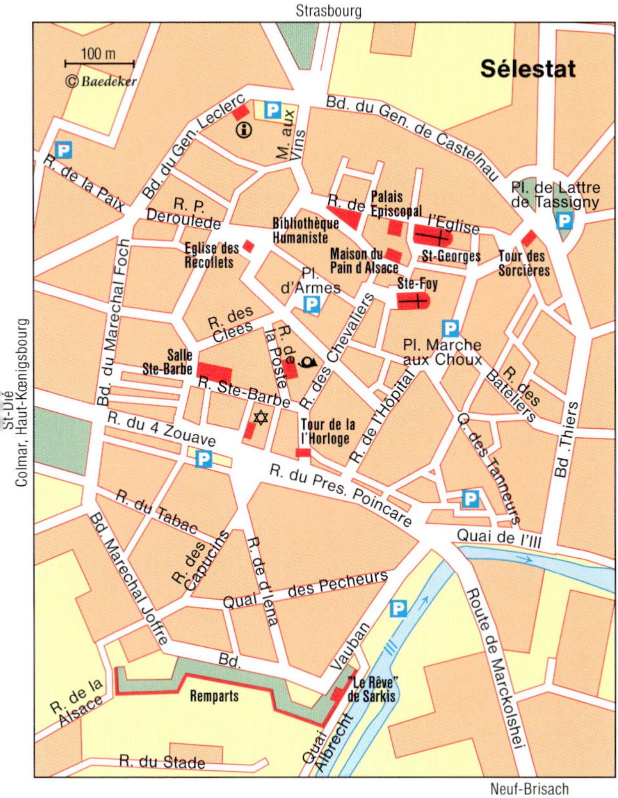

Zentrum des Humanismus (Fortsetzung)

bestehen seine Außenbezirke aus Industrie- und Gewerbeanlagen. Doch im Innern verfügt das einst merowingische Fischerdorf "Scladistat" (Sumpfort) über einen sehr hübschen, weit gehend intakten historischen Kern, der einen Besuch lohnt und dennoch recht "untouristisch" erscheint. Auch besitzt die alte Reichsstadt, von der in Frankreich der Brauch des Weihnachtsbaumes ausgegangen sein soll, eines der größten Kulturgüter des Elsass: die Humanistische Bibliothek. Und schließlich findet hier die "Sélest'Art" statt, die alle zwei Jahre (2003, 2005, 2007...) moderne Kunst aus ganz Europa präsentiert.

Geschichte

Schon im Jahr 737 erstmals als fränkische Königsburg urkundlich erwähnt, war Sélestat von 1217 bis zum Westfälischen Frieden (1648) Freie Reichsstadt sowie seit 1354 Mitglied des elsässischen Zehnstädtebundes. Auch zählte Schlettstadt im 15. und 16. Jh. – dank seiner universitätsähnlichen Lateinschule und seiner "Literarischen Gesellschaft" – zu den Zentren des oberrheinischen Humanismus. In dieser Zeit studierten hier bis zu 1000 Schüler aus ganz Europa; u.a. die Humanisten Erasmus von Rotterdam, Beatus Rhenanus und Jakob Wimpfeling sowie der Reformator Martin Bucer

Geschichte (Fortsetzung)

erhielten in der Schule von Schlettstadt ihre Ausbildung. 1675 bis 1691 errichteten Jacques Tarade und Sébastien de Vauban, der Festungsbaumeister Ludwigs XIV., die Umwallung, von der im Süden der Stadt noch heute Teile erhalten sind. Im Wirtschaftsleben haben vor allem Textilindustrie und Metallverarbeitung Bedeutung.

Sehenswertes in Sélestat

*Sainte-Foy

Mitten in der Altstadt erhebt sich am Marché Vert (Grünmarkt) die spätromanische Kirche Ste-Foy, die ehemalige Benediktiner-Propsteikirche St. Fides (1152 – 1190), mit ihrem massigen achtkantigen Vierungsturm. An der später stark veränderten Westfassade befindet sich eine von zwei Fassadentürmen flankierte Vorhalle mit Rundbogenportalen, deren Bogenläufe und Kapitelle mit reichem, teilweise figürlichem Schmuck verziert sind. Das dreischiffige Innere mit der Barockkanzel von 1733 liegt über einer Krypta, einem Überrest des Vorgängerbaus aus dem 11. Jahrhundert. Bei Restaurierungsarbeiten im Jahr 1892 wurde in der Krypta die Büste der "Unbekannten von Schlettstadt" (vermutlich der Kirchengründerin Hildegard von Büren, um 1020 bis 1094, oder deren Tochter Adelheid) aufgefunden.

Baedeker TIPP Lebendes Museum

In der Maison du Pain d'Alsace, im elsässischen Brotmuseum in der Rue du Sel neben der Eglise Saint-Georges, darf man den Bäckern bei der Arbeit über die Schulter blicken. Natürlich gibt es in dem nach frischen Backwaren duftenden Haus mit der hohen Glasfassade auch eine Probierstube.

Saint-Georges

Wenige Schritte nördlich von St. Fides steht die Kirche St-Georges (St. Georgsmünster; 13. Jh.), eine der größten gotischen Kirchen im Elsass, deren Turm zu den Wahrzeichen von Sélestat zählt. Die Renaissancekanzel mit vergoldetem Skulpturenschmuck im Innern stammt von 1619; die farbigen Glasfenster der Langhauswände sind modern und wurden von Max Ingrand geschaffen. Weitere Glasgemälde finden sich im Chor: links die hl. Odilie, die hl. Katharina (15. Jh.), der hl. Georg; hinter dem Altar das Leben Marias; rechts der hl. Michael, die hll. Konstantin und Helene (15. Jh.) sowie die hl. Agnes. Auf dem Kirchvorplatz hängt an einer Hauswand die goldgelbe Skulptur "La Lame" von Marc Couturier (1998).

La Lame

Résidence d'Ebersmunster

Unweit westlich von St. Georg gelangt man in der Rue de l'Eglise (Nr. 8) zur Résidence d'Ebersmunster bzw. Palais Episcopal, dem ehemaligen Stadtpalais der Benediktinermönche aus dem nahen ▶ Ebersmunster. Der 1541 errichtete Bau, der als das schönste Renaissancegebäude der Stadt gilt, besitzt ein Portal, über dem eine Muschelverzierung erkennbar ist. Auf dem Vorplatz beginnt in Sommernächten der Nachtwächter seinen Rundgang, an dem Touristen teilnehmen können.

*Bibliothèque Humaniste

Zwischen dem Prälatenhaus und der westlich gelegenen Place Gambetta steht die 1843 erbaute einstige Halle aux Blés (Kornhalle), in der heute die Stadtbücherei untergebracht ist. Im ersten Stock befindet sich die wohl bedeutendste kulturelle Einrichtung der Stadt: die im Jahr 1452 aus den Bibliotheken des Beatus Rhenanus und

Die Humanistische Bibliothek von Sélestat – eine der bedeutendsten kulturellen Einrichtungen des Elsass

Bibliothèque Humaniste (Fortsetzung)

der Lateinschule hervorgegangene Humanistische Bibliothek (Öffnungszeiten: Juli – Aug. Mo., Mi. – Fr., 9 00 – 12 00, 14 00 – 18 00 und Sa. – So. 14 00 – 17 00; September bis Juni Mo., Mi. – Fr., 9 00 – 12 00, 14 00 – 18 00, Sa. – So. 9 00 – 12 00 Uhr). In vier großen und etlichen kleineren Vitrinen sind 450 Handschriften (seit dem 7. Jh.), 530 Inkunabeln sowie 2000 Drucke aus dem 16. Jahrhundert ausgestellt. Zu den prächtigsten Handschriften gehören das Merowingische Lektionar (7. Jh.) und das Kapitularbuch Karls des Großen (9. Jh.). Beachtung verdienen ferner die in der Raummitte frei aufgestellten Altartafeln (16. Jh.) aus der Kirche von Rœdern, ein großes Modell, das Schlettstadt um 1590 zeigt, sowie an der Stirnwand des Bibliotheksraums Teile eines Altars (16. Jh.) und eines farbigen Glasfensters (15. Jh.) aus der Georgskirche (s. zuvor). In einem vergitterten Seitenraum ist die Mentel'sche Bibliothek untergebracht – Johann Mentel, auch Mentelin genannt, lebte von 1410 bis 1478 und gründete in Straßburg die erste elsässische Druckerei.

Salle Sainte-Barbe

Im Südwesten der Altstadt steht an der Place de la Victoire das alte Zeughaus (1470) mit Doppeltreppe und Staffelgiebel, das unter der Bezeichnung "Salle Ste-Barbe" heute als Kongress- und Veranstaltungszentrum dient.

Stadtbefestigung

Von der alten Stadtmauer sind noch der Hexenturm (Tour des Sorcières; 1216) östlich der Georgskirche und der Uhrturm (Tour de l'Horloge bzw. Tour Neuve; Ende des 13. Jh.s) am südlichen Altstadtrand erhalten. Im Hexenturm waren in den Jahren zwischen 1629 und 1642 insgesamt 92 wegen angeblicher Hexerei angeklagte Frauen eingekerkert.

"Le Rêve" de Sarkis

Die Stadt hat auch zeitgenössische Kunst zu bieten. Ganz im Süden der Stadt, zwischen Festungswall und Ill, ist die Sarkis-Installation "Le Rêve" (Der Traum) von 1993 zu bewundern: 300 Straßenschilder auf den alten Stadtmauern bilden kurze Sätze über die Kunst, das Reisen und die Natur – gegenüber spiegeln sich rote Flügel über dem Wasser.

Senones F 4

Région: Lorraine (Lothringen)
Département: Vosges
Höhe: 390 m ü. d. M.
Einwohnerzahl: 3100

Einstiges unabhängiges Fürstentum

42 Jahre lang, von 1751 bis 1793, war das ringsum von schönen bewaldeten Höhen umgebene Städtchen Senones Hauptstadt des unabhängigen Fürstentums Salm-Salm. Während der Französischen Revolution jedoch stimmten die Einwohner des Ortes für den Anschluss an Frankreich. An Sommersonntagen wird als Touristenattraktion in der an der Westflanke der mittleren Vogesen im Tal des Rabodeau gelegenen Kleinstadt der Vergangenheit gedacht, wenn die historische Garde der Fürsten von Salm aufzieht.

Sehenswertes in Senones

Ancienne Abbaye

Die heute noch existenten Gebäudeteile der während der Französischen Revolution aufgelösten Benediktinerabtei, um die herum der Ort entstand, stammen aus dem 18. Jh. Beachtenswert sind der Kreuzgang und die Treppe mit dem kunstvoll geschmiedeten Geländer, die zu den ehemaligen Gemächern von Dom Calmet, einem der letzten Äbte des Konvents, führt. Bei der Abteitreppe gibt es ein kleines regionalgeschichtliches Museum, das sich der Erinnerung an den Salm'schen Kleinstaat widmet. Beachtung verdienen ferner das im 18. Jh. erbaute Schloss der Prinzen von Salm, ein stattlicher dreiflügeliger Bau, sowie das Rathaus und einige Bürgerhäuser mit aufwendig gestalteten Fassaden, die noch an die große Zeit der kleinen Residenz erinnern.

Château

Umgebung von Senones

Moyenmoutier

Talabwärts von Senones erreicht man Moyenmoutier, das im Wesentlichen von der Textilindustrie lebt. Von der im 7. Jh. vom Trierer Bischof gegründeten ehemaligen Benediktinerabtei, einem der bedeutendsten Klöster der Westvogesen, ist noch die barocke Kirche (1766 – 1776) geblieben, die zu den schönsten Sakralbauten dieser Epoche gehört.

Sessenheim D 10

Région: Alsace (Elsass)
Département: Bas-Rhin
Höhe: 103 m ü. d. M.
Einwohnerzahl: 1500

"Goethe-Stadt"

In Sessenheim (Sesenheim), östlich von ▶ Haguenau lebte die schöne Pfarrerstochter Friederike Brion, mit der der Jura-Student Johann Wolfgang von Goethe in den Jahren 1770 bis 1771 eine Romanze hatte. Er besuchte sie hier oft, schrieb ihr Liebesgedichte – und machte sich von dannen, nachdem er sein Examen an der

Goethe-Museum in der Auberge au Bœuf von Sessenheim

"Goethe-Stadt" (Fortsetzung)

Straßburger Universität absolviert hatte. Jahre später suchte er während einer Reise in die Schweiz Friederike in Sessenheim noch einmal auf, doch seine Liebe zu ihr war erloschen. In seinen Lebenserinnerungen "Dichtung und Wahrheit" aber machte er seine frühere Geliebte unsterblich. Noch heute lebt Sessenheim von der Erinnerung an seinen berühmtesten Besucher.

Sehenswertes in Sessenheim

Eglise protestante

In der Nähe des Rathauses, in dessen Vorhalle ein im Jahr 1954 entstandenes Wandbild mit dem in Goethes Gedicht "Willkommen und Abschied" geschilderten Abschied von Friederike Brion 1771 hängt, steht die 1912 neu errichtete evangelische Kirche, "Friederikenkirche" genannt, mit ihrem gedrungenen Turm. Im Inneren existiert noch der alte Pfarrstuhl, worin Goethe an Friederikes Seite "eine etwas trockene Predigt nicht zu lang fand". An der Außenwand der Kirche sind links die Grabplatten des Pfarrers Johann Jakob Brion und seiner Frau angebracht.

Goethe-Museum

Gegenüber der Kirche befindet sich die Auberge au Bœuf (Gasthaus zum Ochsen), die seit 1899 ein kleines Goethe-Museum enthält und alte Stiche, Briefe und Porträts zeigt, die an die Romanze zwischen Goethe und Friederike erinnern.

Goethe-Erinnerungsstätte

Wenige Schritte jenseits der protestantischen Kirche beherbergt an der rechten Straßenseite das klassizistische Gebäude der Alten Wache heute das Mémorial Goethe (Goethe-Erinnerungsstätte). Neben dem sich in der Hauptfassade öffnenden Hauptraum, der von einer großen Goethe-Büste beherrscht wird, gibt es einen durch die linke Längswand zugänglichen Nebenraum, in dem eine Anzahl von Text- und Bilddokumenten zu sehen ist.

Goethe-Scheune

Direkt gegenüber, jenseits der Rue Frédérique Brion, steht auf einem Privatgrundstück die "Goethe-Scheune", der letzte noch verbliebene Rest des Pfarrhofs, wie ihn Goethe erlebt hat. Der Bau wurde 1927 und 1958 restauriert, bietet aber im Wesentlichen den aus Goethes Zeichnung vertrauten Anblick.

Région: Alsace (Elsass)
Département: Bas-Rhin
Höhe: 125 m ü. d. M.
Einwohnerzahl: 4500

Keramikzentren

Am Rande des Haguenauer Waldes liegen die beiden Ortschaften Soufflenheim und Betschdorf, die Zentren der elsässischen Keramikindustrie. Töpfer aus dem Westerwald brachten im 18. Jh., angelockt vom starken Tonvorkommen und dem reichlich vorhandenen Brennholz im Fôret de Haguenau, die Kunst der Keramikherstellung ins Nordelsass; ihr Zentrum wurde Betschdorf. Das bekannteste und meistbesuchte Töpferdorf im Elsass aber ist Soufflenheim (Sufflenheim) rund 15 km östlich von ▶ Haguenau.

Sehenswertes in Soufflenheim

Poteries artisanales

Hauptsehenswürdigkeit des blumengeschmückten Ortes sind die Poteries artisanales, die Keramikwerkstätten. Die traditionelle Soufflenheimer Keramik hat einen ockerfarbenen, häufig braun, blau oder grün glasierten Scherben mit rustikalem Blumen- oder Pflanzendekor. Überaus reich ist die Auswahl an dekorativem Gebrauchsgeschirr, wie man es auch oft in regionalen Restaurants verwendet.

Geschirr der "Schüsseldreher" aus Soufflenheim wird auch in vielen Lokalen der Umgebung verwendet.

Auf dem ehemaligen Friedhof ist in einer kleinen Kapelle die Figurengruppe des Letzten Abendmahls zu finden, die 1932 die beiden Künstler Léon Elchinger und Charles Burger nach dem Vorbild des berühmten Mailänder Freskos von Leonardo da Vinci schufen.

Soufflenheim (Fortsetzung), Cimetière

Umgebung von Soufflenheim

Betschdorf

Die Keramik der "Krugmacher" von Betschdorf (3000 Einw.) – am nördlichen Rand der Forêt de Haguenau bzw. 10 km nördlich von Haguenau – unterscheidet sich in der Gestaltung grundlegend von den Töpferwaren der "Schüsseldreher" von Soufflenheim. Das Betschdorfer Steinzeug (Salzglasur) ist grau mit kobaltblauem Dekor; daneben wird auch Industriekeramik erzeugt. In einem schönen alten Fachwerkgebäude ein paar Schritte abseits der Hauptstraße von Betschdorf – in der nördlich gelegenen Rue de Kuhlendorf – ist das Musée de la Poterie (Töpfereimuseum) untergebracht, das – auf zwei Stockwerke verteilt – blau bemalte Gebrauchs- und Zierkeramik aus dem 18. und 19. Jh. sowie mittelalterliches Töpferwaren zeigt; im obersten Raum, den ein schöner offener Dachstuhl ziert, zeigen die ortsansässigen Keramikwerkstätten ihre aktuellen Produkte. Im Rückgebäude befindet sich eine traditionelle Töpferwerkstatt. Wie in Soufflenheim können auch in Betschdorf, wo noch viele schöne Fachwerkhäuser erhalten sind, einige Keramikwerkstätten besichtigt werden.

Strasbourg E 9

Région: Alsace (Elsass)
Département: Bas-Rhin
Höhe: 140 m ü. d. M.
Einwohnerzahl: 253 000

****Schnittpunkt Europas**

"Carrefour de l'Europe", Schnittpunkt Europas, nennt sich Strasbourg (Straßburg), die Hauptstadt der Region Alsace (Elsass) und des Département Bas-Rhin. Tatsächlich ist die Metropole am linken Ufer des Rheins, in den hier die Ill sowie der Rhein-Marne-Kanal (Canal de la Marne au Rhin) und der nördliche Zweig des Rhein-Rhône-Kanals (Canal du Rhône au Rhin) münden, ein wichtiger Verkehrsknotenpunkt für den Straßen-, Schiffs- und Eisenbahnverkehr. Aufgrund ihrer Geschichte und ihrer Verwurzelung in zwei Kulturen sieht sich die Stadt auch als "Brücke" zwischen den Nationen, als kulturelle und politische Vermittlerin eines geeinten Europas. Darüber hinaus ist die alte Bischofsstadt mit ihren drei Universitäten, der prestigeträchtigen Nationalen Verwaltungsschule ENA (Ecole Nationale d'Administration), 16 europäischen Institutionen (u. a. Europarat, Europäischer Gerichtshof, Europäische Menschenrechtskommission, Europäisches Parlament), zahlreichen Forschungseinrichtungen, Museen, Theatern, Opern, Radio- und Fernsehsendern

Baedeker TIPP Wo ist was los?

Aktuelle Hinweise zu Veranstaltungen in Strasbourg findet man in der Tageszeitung DNA, in den jeden Mittwoch erscheinenden Blättern "Hebdoscope" (1 €) und "Mass" (kostenlos) sowie in der kostenlosen monatlichen "Strasbourg Actualités" (erhältlich im Office de Tourisme).

Haguenau

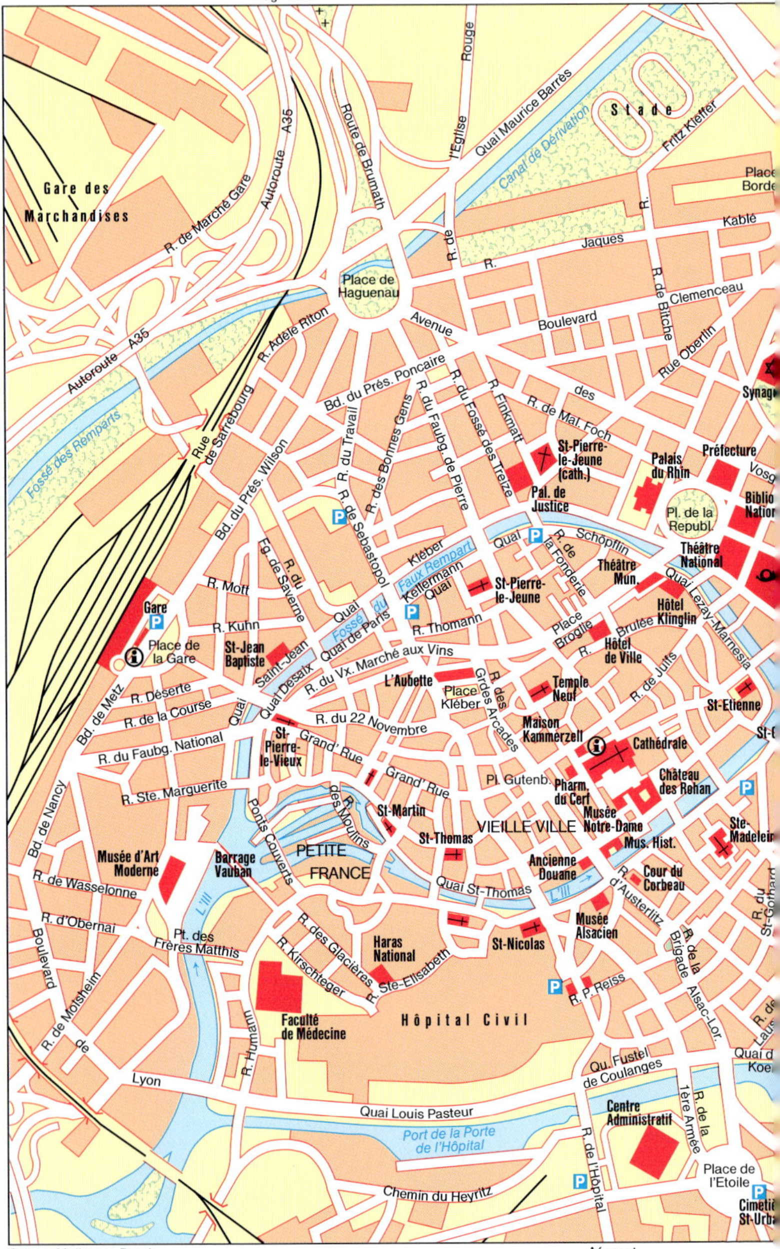

Colmar, Mulhouse, Basel

Aéroport
Illhaeusern, Obernai, Neuf-Brisach, Colmar

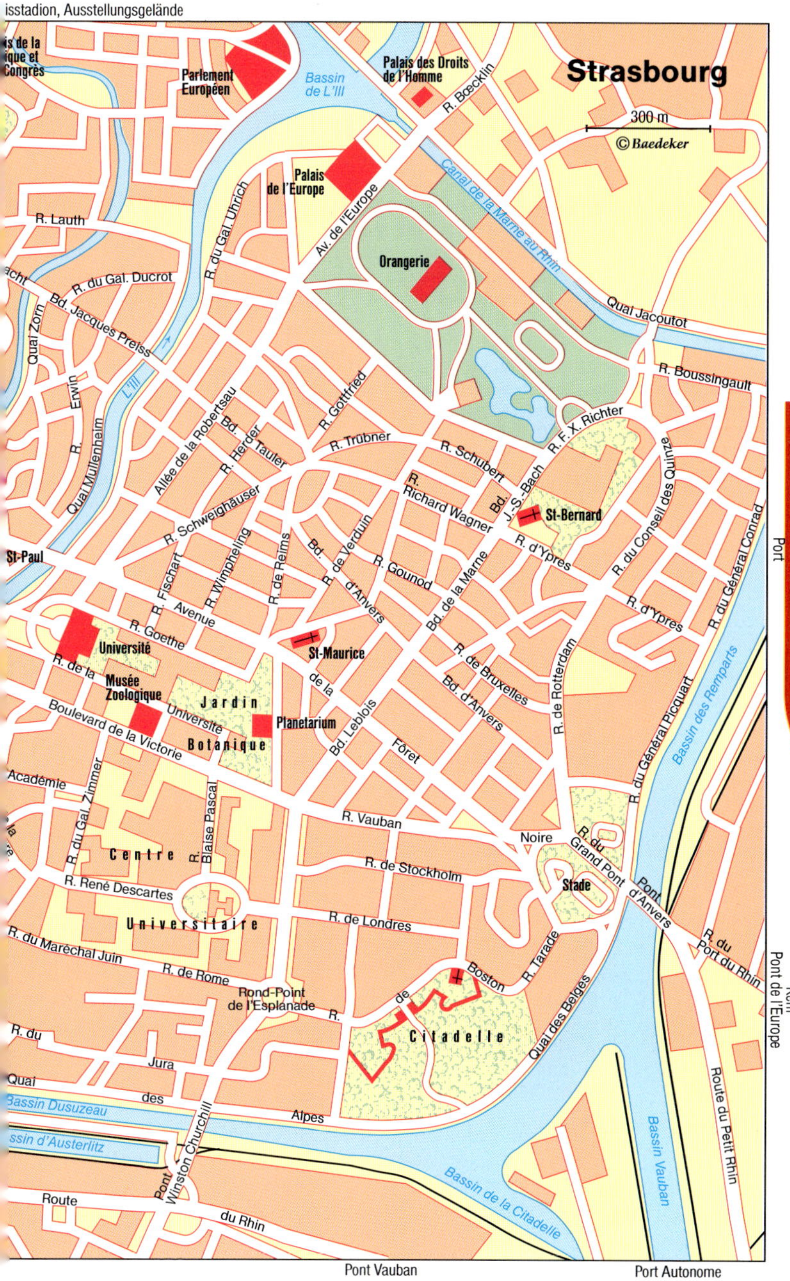
isstadion, Ausstellungsgelände
Strasbourg
300 m
© Baedeker
is de la
ique et
Congrès
Parlement Européen
Bassin de L'Ill
Palais des Droits de l'Homme
R. Boecklin
Palais de l'Europe
Av. de l'Europe
Canal de la Marne au Rhin
R. du Gal. Uhrich
R. Lauth
Orangerie
Quai Jacoutot
R. du Gal. Ducrot
Bd. Jacques Preiss
Quai Zorn
Erwin
L'Ill
R. Boussingault
R. Gottfried
Allée de la Robertsau
Bd. Tauler
R. Herder
R. Trübner
R. Schubert
R. F. X. Richter
Quai Mullenheim
R.
R. Richard Wagner
Bd. J. S.-Bach
St-Bernard
R. du Conseil des Quinze
R. Schweighäuser
St-Paul
R. Fischart
R. Wimpheling
R. de Reims
Bd. de Verduin
d'Anvers
R. Gounod
Bd. de la Marne
R. d'Ypres
R. d'Ypres
R. du Général Conrad
Port
Avenue
R. Goethe
Université
St-Maurice
R. de Bruxelles
Bd. d'Anvers
R. de Rotterdam
R. de la
Musée Zoologique
Jardin Botanique
Université
Planetarium
de la
Bd. Leblois
Forêt
Boulevard de la Victoire
R. du Général Picquart
Bassin des Remparts
Académie
R. du Gal. Zimmer
R. Blaise Pascal
R. Vauban
Noire
R. du Grand Pont
Centre
R. de Stockholm
R. René Descartes
Stade
Pont d'Anvers
Universitaire
R. de Londres
R. du Port du Rhin
R. du Maréchal Juin
R. de Rome
Boston
R. Tarade
Rond-Point de l'Esplanade
de
R.
Kehl
Pont de l'Europe
R. du
Citadelle
Quai des Belges
Jura
Quai
des
Bassin Dusuzeau
Alpes
ssin d'Austerlitz
Winston Churchill
Pont
Bassin Vauban
Route du Petit Rhin
Bassin de la Citadelle
Route
du Rhin
Pont Vauban
Port Autonome

Schnittpunkt Europas (Fts.)

(auch der deutsch-französische Kulturkanal "arte" hat hier seinen Sitz) das Kultur- und Wirtschaftszentrum der Region.

Geschichte

Bei der alten Keltensiedlung an der Kreuzung der Rheintalstraße und des Oberdeutschland mit Gallien verbindenden Verkehrswegs legten die Römer um 16 n. Chr. das Kastell Argentoratum an. In dessen Schutz entstand eine Siedlung, die sich rasch zu einer bedeutenden Handelsstadt entwickelte. Nach mehrfachem Besitzerwechsel kam der Ort 498 ans Fränkische Reich. Im 6. Jh. erschien die Siedlung zum erstenmal unter dem Namen "Strataburgum" (Burg an den Straßen), zur gleichen Zeit wurde sie Sitz eines Bischofs. 842 verschworen sich hier die Enkel Karls des Großen, Ludwig der Deutsche und Karl der Kahle, in den sog. Straßburger Eiden gegen ihren Bruder Lothar I. Dieser Bündnisvertrag ist das älteste Dokument der althochdeutschen und altfranzösischen Sprache. Unter den Staufern erhielt Strasbourg 1150 die Stadtrechte, 1262 errang es nach Kämpfen mit Bischof und Adel seine Unabhängigkeit als Freie Reichsstadt. Zeitweise war es die reichste und glänzendste Stadt des ganzen Deutschen Reichs – Kunst und Wissenschaften erlebten eine Blütezeit. Auf die Dominikanermönche und Mystiker Meister Eckhart und Johannes Tauler folgten führende Humanisten wie Jakob Wimpfeling und Sebastian Brant. 1434 – 1444 entwickelte hier Buchdruckerfinder Johannes Gensfleisch zur Laden, besser bekannt unter dem Namen Gutenberg, die ersten beweglichen Buchstaben, die er dann in seiner Heimatstadt Mainz vorstellte. Nach der seit 1520 durch Zell, Bucer, Capito u. a. eingeführten Reformation wirkten hier der protestantische Dichter und Satiriker Johann Fischart (1546 – 1590) und der Pädagoge Johannes Sturm (1507 – 1589), der eine theologische Akademie gründete, die Vorläuferin der Universität, an der später Goethe und Herder studierten. Am 30. September 1681 wurde Strasbourg infolge der Machtlosigkeit des Reichs mitten im Frieden durch die Truppen Ludwigs XIV. besetzt und alsbald durch Vauban neu befestigt. Jedoch behielt die Stadt bis 1793 eine gewisse Autonomie, und erst ab Napoleons Herrschaft machte sich französischer Kultureinfluss bemerkbar. Nach dem Deutsch-Französischen Krieg 1870 / 1871 gehörte Strasbourg bis 1919 wieder zum Deutschen Reich. In der Folgezeit bildete der Ausbau des Straßburger Rheinhafens den Auslöser für einen bedeutenden wirtschaftlichen Aufschwung; 1924 fand die Einweihung des Port Autonome statt, heute der zweitgrößte Rheinhafen (nach Duisburg). Im Zweiten Weltkrieg war die Stadt 1940 – 1944 von deutschen Truppen besetzt; bei alliierten Angriffen gegen Ende des Krieges wurden viele Gebäude in der Stadt zerstört. Als 1949 zehn westeuropäische Länder in Strasbourg den Europarat ins Leben riefen (die Bundesrepublik gehört ihm seit 1951 an), war der erste Schritt Strassburgs auf dem Weg zur "Hauptstadt Europas" getan.

Wirtschaft

Bis 1871 war Strasbourg Mittelpunkt einer Agrarregion und Garnisonsstadt. Dank der verkehrsgünstigen Lage am Rhein erlebte es dann einen enormen Aufschwung. Kohle- und Erzumschlag förderten den Aufbau der chemischen Industrie, hinzu kamen Metallverarbeitung, Nahrungsmittelindustrie, Holzverarbeitung und in jüngerer Zeit Elektronik- und Bekleidungsindustrie. Auch heute ist der Hafen von Strasbourg, der Port Autonome, der sich mit zwei Vorhäfen und 15 Hafenbecken östlich und südlich der Stadt erstreckt, besonders für den Export von außerordentlicher Bedeutung. Mit einer Wasserfläche von 205 ha, einer Kailänge von 37 km und einer rund 560 ha großen gewerblichen Nutzfläche hat Strasbourg nach Duisburg den zweitgrößten Rheinhafen und nach Paris den zweitgrößten Flusshafen Frankreichs. Ferner ist die Stadt Zentrum des elsässischen Fremdenverkehrs, internationale Kongresse und Messen ziehen ebenfalls eine steigende Anzahl von Gästen an. 12 km südwestlich von Strasbourg gibt es einen Flughafen.

Wirtschaft (Fortsetzung)

Stadtbild und Stadtteile

Trotz zahlreicher Zerstörungen im Lauf seiner Geschichte, u. a. im Zweiten Weltkrieg, hat sich Strasbourg viel von seinem alten Stadtbild bewahrt. Das historische, kleinstädtische Dimensionen aufweisende Zentrum der Stadt liegt auf der Grande Ile, die von der Ill und ihrem Seitenarm Fossé du Faux Rempart umgeben ist. In der südlichen Altstadt mit dem hoch ragenden Münster und im westlichen Teil des Stadtzentrums, wo sich La Petite-France, das Delta der Illkanäle, ausbreitet, spürt man in den engen, winkeligen Gassen und zwischen den historischen Fachwerkhäusern mit den steilen roten Ziegeldächern noch das Flair der einstigen Freien Reichsstadt. Im Süden und Südosten des Stadtzentrums schließt sich – jenseits der Ill – das frühere Kleine-Leute-Viertel Krutenau an, das gern als Studenten-, Amüsier- und Künstlerviertel bezeichnet wird, tatsächlich aber einen sehr gemischten Charakter aufweist: Neben alten Häusern erspäht man auch hässliche Mietskasernen, neben einfachen Tante-Emma-Läden laden teure Designergeschäfte zum Einkauf ein. Der nördliche und östliche Bereich der Altstadt auf der Ill-Insel wird oft Frankreich-Viertel genannt, zeigt es doch mit seinen im 18. Jh. zur Zeit der Straßburger Kardinalbischöfe im Stil Ludwigs XV. entstandenen Repräsentationsbauten und den vielen Mansardenhäusern deutliche französische Einflüsse. Mit architektonischen Einflüssen ganz anderer Art hat man es in der wilhelminischen Neustadt zu tun, die die neuen preußischen Herren nach der Eroberung der Stadt 1870 östlich der Altstadt und jenseits des Fossé du Faux Rempart anlegten: Hier kennzeichnen pompöse Plätze, breite Prachtstraßen und repräsentative, im historisierenden Stil errichtete Gebäude das Viertel, das im Volksmund immer noch "ville allemande" (deutsche Stadt) heißt. An die wilhelminische Neustadt schließt sich im Norden das Europaviertel an, wo zwischen großen Grünflächen u. a. Europarat und Europaparlament in modernen Gebäuden ihren Sitz haben. Einen Besuch lohnt auch der Rheinhafen (Port Autonome de Strasbourg) im Westen der Stadt mit vielen Hafenbecken, Kränen und Lagerhallen. Äußerst trist hingegen sind die Vorstädte Cronenbourg, Elsau oder Neuhof, wo stellenweise Arbeitslosigkeit und soziale Not herrschen, Drogenkriminalität weit verbreitet ist und sich Spannungen und Frustrationen in gewalttätigen Ausschreitungen entladen oder Jugendbanden immer wieder mal – wie in anderen französischen Metropolen auch – Autos in Brand stecken.

Verkehrsmittel

Beliebtestes Ziel der Touristen ist die von der UNESCO komplett zum Kulturerbe der Menschheit erklärte Altstadt auf der Grande Ile – aber auch nur stellenweise: Während sich im südlichen und südwestlichen Teil der Altstadt die Menschen regelrecht auf die Füße treten, findet man sich westlich des Münsters plötzlich fast

Verkehrsmittel (Fortsetzung)

ganz allein in den Straßen wieder. Das Auto muss man allerdings außerhalb des historischen Kerns von Strasbourg parken, da der gesamte Innenstadtbereich für den Durchgangsverkehr gesperrt ist. Die Parkhäuser sind oft besetzt, weshalb es sich empfiehlt, den Wagen auf den Parking-Relais-Tram-Plätzen an den nördlichen und südlichen Einfahrten der Stadt abzustellen, von wo aus man mit der Straßenbahn schnell ins Zentrum gelangt. In der überschaubaren Altstadt kann man die Sehenswürdigkeiten bequem zu Fuß erreichen. So benötigt man höchstens fünf Minuten vom Münster zu den wichtigsten Museen, selbst für die Strecke vom Münster ins entfernt gelegene Europaviertel braucht man nur eine Dreiviertelstunde. Eine Ruhepause kann in den zahlreichen Cafés, Salons de Thé, Schlemmerlokalen, Weinstuben und Studentenkneipen eingelegt werden, die die Straßen säumen. Natürlich ist die Stadt auch mit verschiedenen Verkehrsmitteln zu erkunden, u. a. mit der erst 1994 eingeführten Straßenbahn, der modernsten Europas, wie man in Strasbourg gern behauptet, oder mit der elektrischen Minitram, einem für Touristen eingerichteten Vehikel auf Rädern. Darüber hinaus ist Strasbourg sehr radfahrerfreundlich: Mit einem Netz von 300 km hat die Stadt die meisten Fahrradwege der Nation; an vielen Stellen der Stadt können Räder gemietet werden.

Rundfahrten mit dem Schiff

Kennen lernen lässt sich die Stadt auch von Touristenbooten aus. Auf den Kanälen der Ill, welche die Altstadt umziehen, verkehren Glasdachboote (Strasbourg Fluvial), die bis zum Europaviertel fahren. Die Rundfahrt, die am Palais Rohan beginnt, dauert 70 Min. Von April bis Oktober erfolgt die Abfahrt zwischen 9^{00} und 21^{00} Uhr halbstündlich, von November bis März um 10^{30}, 13^{00}, 14^{30} und 16^{00} Uhr. Angeboten werden darüber hinaus Hafenrundfahrten im Juli und August, die um 10^{30} und 14^{30} Uhr an der Anlegestelle Dauphine / Place de l'Etoile (im Süden der Staadt) starten und 2 1/2 Stunden dauern (s. auch Tipp S. 210).

Märkte

In Strasbourg gibt es viele Märkte, darunter traditionelle Wochenmärkte (morgens geöffnet): Place Kléber (Mi. und Sa.), Boulevard de la Marne (Di. und Sa.), Rue St-Gothard (Krutenau; Mi.), Place de Bordeaux (Di. und Sa.) und Place de la Gare (Mo. und Do.). Flohmärkte findet man an der Rue des Bouchers, Rue de Vieil Hôpital und auf der Place de la Grande Boucherie (jeweils Mi. und Sa.), einen Bauern- und Erzeugermarkt auf der Place du Vieux-Marché-aux-Poissons (Sa.) sowie Büchermärkte an der Rue des Hallebardes, Rue Gutenberg und auf der Place Gutenberg (Di., Mi. und Sa.).

Südliche Altstadt

****Cathédrale Notre-Dame (Straßburger Münster)**

Mittelpunkt der Altstadt bildet die Place de la Cathédrale mit dem Straßburger Münster, einem der bedeutendsten Denkmäler abendländischer Baukunst. An seiner Stelle standen bereits ein galloromischer Tempel und mehrere Kirchen. 1176 hatte man begonnen, die bei einem Brand zerstörte romanische Vorgängerkirche aus rotem Vogesensandstein und im Stil der Gotik zu erneuern. Um 1225 waren Chor und Vierung fertig, bis 1230 folgten die Querhäuser,

Bevor man die 329 Stufen zur Aussichtsplattform des Münsterturms hinaufsteigt, sollte man eine kleine Stärkung zu sich nehmen. ▶

Cathédrale Notre-Dame (Fortsetzung)

wobei am südlichen Querhaus der Übergang von der Romanik zur Gotik deutlich zu erkennen ist. Um 1275 war das Langhaus abgeschlossen. Die Westfassade mit reichem Skulpturenschmuck, filigranem Maßwerk und der 16-blättrigen Rosette entstand 1277 bis 1439 in der Tradition der klassischen französischen Zweiturmfassaden, wobei nur ihr Nordturm zur Ausführung kam. Die Pläne gehen auf Erwin von Steinbach zurück. Als er 1318 starb, war die Westfassade einschließlich der über 13 m großen Fensterrose abgeschlossen. Der mittlere Teil des dritten Geschosses entstand ab 1384 nach Plänen von Michael Parler. Der Ulmer Münsterbaumeister Ulrich von Ensingen begann 1399 mit dem Bau des fein gegliederten Nordturms, den der Kölner Meister Johannes Hültz 1439 mit dem kunstvoll durchbrochenen Helm krönte und damit beendete. Mit seinen 142 m ist der Münsterturm der höchste Kirchturm Europas und markantes Wahrzeichen der Stadt. 1793 fielen der Zerstörungswut der Französischen Revolution 235 Statuen und unzählige Ornamente zum Opfer. Sogar der Turm sollte abgetragen werden, da er die anderen Gebäude überrage und so die Gleichheit verletze. Doch setzte man nur eine blecherne Jakobinerhaube (das Symbol der Revolution) auf die Turmspitze. 1878 / 1879 wurde über der Vierung ein Kuppelbau in romanischen Formen errichtet.

Strasbourg

**Skulpturenschmuck

Die zum großen Teil im 13. Jh. entstandenen Portalskulpturen hatten sowohl in ihrer Bildidee als auch im Stil Vorbildcharakter. Bei einem großen Teil handelt es sich um Nachbildungen, einige Originalfiguren sind im Musée de l'Œvre Notre-Dame ausgestellt. Das Tympanon des Hauptportals und des linken Seitenportals zeigt Szenen aus dem Leben Christi, das rechte den Triumpf der Klugen

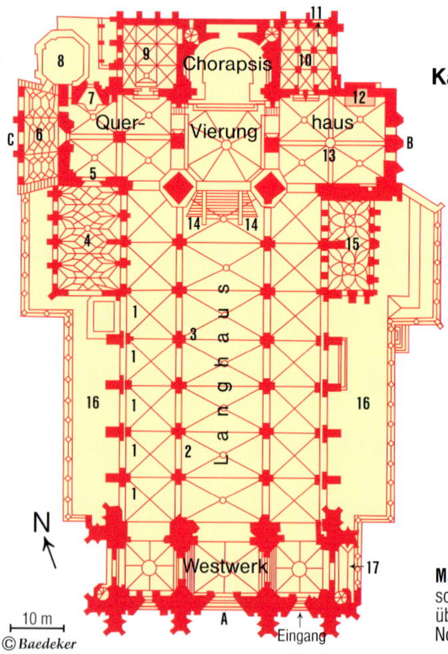

Cathédrale Notre-Dame Strassburger Münster
Kathedrale Unserer Lieben Frau

A Hauptportal an der Westfront (1270-1330; oben Rosenfenster (13,5 m Ø)
B Uhrportal (Südportal; um 1230)
C Laurentiusportal (1495-1505)

1 Kaiserfenster (12.-14. Jh.)
2 Orgel (urspr. von A. Silbermann, 1714-1716; Gehäuse von 1489)
3 Kanzel (von J. Hammer, 1486)
4 Martinskapelle (1515-1520)
5 Ölberg (15. Jh.)
6 Lorenzkapelle (1495-1505)
7 Taufstein (von J. Dotzinger, 1453)
8 Sakristei
9 Johanneskapelle (um 1240; unter dem Kapitelsaal)
10 Andreaskapelle (12. Jh.)
11 zur Ausstellung
12 Astronomische Uhr (urspr. 1570-1574)
13 Engelspfeiler (1230-1240)
14 Treppen zur Krypta
15 Katharinenkapelle (1331; Gewölbe 1563)
16 Münsterschranken
17 Aufgang zur Turmplattform

Maße: – Gesamtlänge: 118 m; Breite des Querschiffes: 58 m; Höhe des Mittelschiffes: 31,5 m; überbaute Fläche: 4087 qm; Gesamthöhe des Nordturms: 142 m; Turmplattformhöhe: 66 m.

über die Törichten Jungfrauen. Im rechten Bogenfeld des südlichen Querhausportals ist Marias Krönung abgebildet, im linken ihr Tod, die seitlichen Frauenfiguren eines unbekannten Meisters entstanden um 1220 und stehen für Ecclesia (Christentum) und für Synagoge (Judentum).

Südliches Querhausportal

**Inneres

Der 103 m lange, 41 m breite Innenraum des Münsters ist gewaltig: Schlanke Bündelpfeiler tragen das bis zu 32 m hohe Gewölbe des Mittelschiffs. Die farbenprächtigen Glasfenster sind aus dem 12. bis 14. Jh., die 4600 Scheiben bestehen aus 500 000 Einzelteilen; im nördlichen Seitenschiff erkennt man auf den Glasfenstern 21 deutsche Kaiser und Könige. Ein besonderes Phänomen ist am Frühlings- und am Herbstanfang zu beobachten: Im Augenblick der Tag-und-Nacht-Gleiche bildet sich bei Sonnenschein durch eine ganz bestimmte Stelle an einem Fenster ein grüner Lichtstrahl, der auf den steinernen Baldachin über der Christusfigur der Kanzel fällt und diesen aufleuchten lässt. Im südlichen Querhaus befindet sich mit dem Engels- oder Weltgerichtspfeiler ein weiteres Meisterwerk gotischer Bildhauerkunst (1230 – 1240): Unten sind die vier Evangelisten, darüber die Posaunen blasenden Engel des Weltgerichts und ganz oben Christus als Richter dargestellt. Die berühmte, 18 m hohe Astronomische Uhr fertigte Tobias Stimmer an (1539 – 1584), ihr Uhrwerk wurde 1838 – 1842 eingefügt. Jeden Tag um 12³⁰ Uhr setzt sich die Automatenmechanik in Bewegung, und die zwölf Apostel ziehen dann unter dem Flügelschlagen und Krähen eines großen Hahnes an Christus vorüber. Beachtenswert sind ferner die spätgotische Kanzel (1484 bis 1485), die angeblich für den Münsterprediger Geiler von Kaysersberg angefertigt wurde, sowie die Orgel (1714 – 1716) von Andreas Silbermann.

Skulpturenschmuck am Hauptportal des Straßburger Münsters

Astronomische Uhr

Baedeker TIPP Goethes Tipp

Goethe riet dem Besucher, die Stadt zuerst aus der Vogelperspektive zu betrachten. Wer die 329 Stufen bis zur Aussichtsplattform des Münsterturms in 66 m Höhe hinaufsteigt, wird mit einem grandiosen Blick auf das Häusergewirr der Stadt belohnt (Öffnungszeiten: Juli / Aug. 8³⁰ – 19⁰⁰, im Winter 9⁰⁰ – 16³⁰ Uhr). Der junge Goethe stieg übrigens regelmäßig auf die Turmspitze des Münsters – auch um seine Höhenangst zu überwinden.

Krypta

Zwischen den beiden Vierungspfeilern liegt der Zugang zur dreischiffigen romanischen Krypta, deren Gewölbe von Säulen mit schönen skulpturengeschmückten Kapitellen getragen werden.

Musée de l'Œuvre Notre-Dame

Der ehemalige Sitz der Dombauhütte aus dem 14. Jh. – ein im 16. Jh. erneuerter, stattlicher Renaissancegebäudekomplex in der Südwestecke der Place du Château südlich des Münsters – ist heute Sitz

Musée de l'Œuvre Notre-Dame

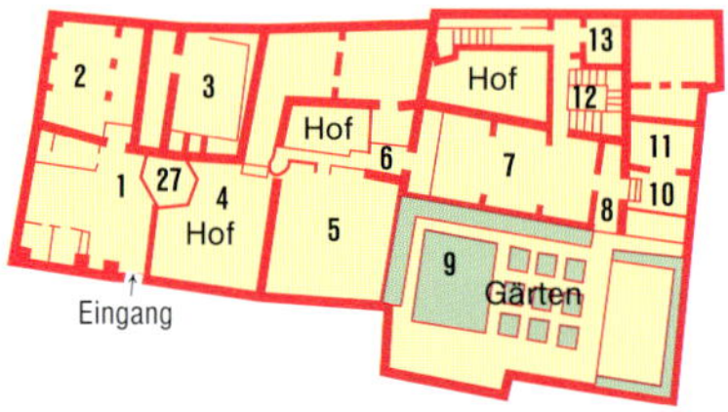

ERDGESCHOSS

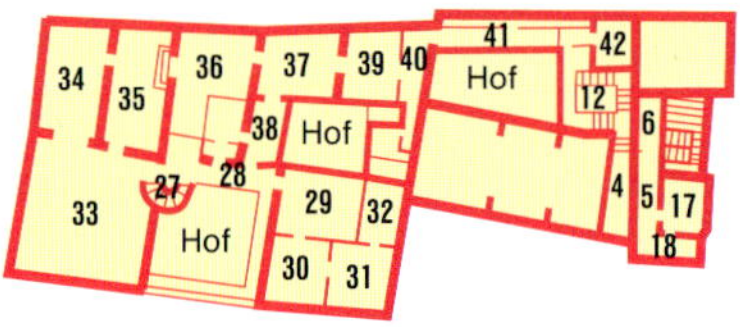

ERSTES OBERGESCHOSS

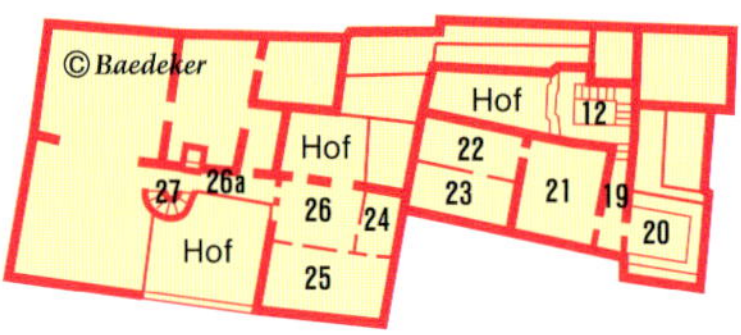

ZWEITES OBERGESCHOSS

1 Eingangshalle
2 Romanische Architektur und Plastik; Kreuzgang
3 Glasmalerei aus dem 12. und 13. Jh.
4 Hof des Frauenhauses; Zinnentürmchen
5 Ehem. Sitzungssaal der Münsterbauhütte (1579-1582); Münsterfiguren
6 Durchgang; Steinplastik des 13. Jh.s
7 Großer Saal (ehem. Gasthof zum Hirschen) Münsterfiguren der Ecclesia und der Synagoge (1230-1240)
8 Gang; Münsterstiche aus dem 17. Jh.
9 Hirschhof; gotischer Garten, Grabsteine
10 Originalrisse des Münsters (13.-15. Jh.)
11 Plastik aus dem 14. Jh.
12 Treppenhaus; Münsterpläne, Teppiche
13 Keramik aus Mittelalter und Renaissance
14 Münsterbauzeichnungen (15. und 16. Jh.)
15-18 Mittelalterliche Kleinkunst, Straßburger Goldschmiedekunst
19, 20 Elsässische Glasmalerei (14. und 15. Jh.)
21-25 Malerei und Plastik des 14. und 15. Jh.s Konrad Witz, Martin Schongauer, Nikolaus Gerhaerdt von Leyden
26 Elsässische Kunst um 1500
26a Deutsche Plastik (15./16. Jh.)
27 Wendeltreppe des Frauenhauses (um 1580)
28 Bildwerke (16./17. Jh.), Glasfenster
29 Straßburger Buchillustration (16. Jh.)
30 Straßburger Malerei aus dem 16. Jh.; Hans Baldung Grien
31 Sitzungssaal der Frauenstiftspfleger (Wandvertäfelung und Decke von 1582)
32 Archivraum (Mobiliar von 1629)
33 Möbel und Plastik aus der Renaissance
34 Oberrheinische Möbel aus dem 17. Jh.
35 Stilleben aus dem 17. Jh.; Sebastian Stoßkopf (1597-1657)
36 Straßburger Leben im 17. Jh.
37 Elsässer Schränke
38 Miniaturen aus dem 17. Jh.
39 Gläsersammlung
40 Flur; volkstümliche Malerei aus dem 17. Jh.
41 Galerie; Ofenplatten aus dem 16. Jh.
42 Bildteppiche vom Mittelalter bis zur Renaissance

Musée de l'Œuvre Notre-Dame (Fortsetzung)

des dem Münster angeschlossenen Musée de l'Œuvre Notre-Dame (Frauenhaus-Museum) mit einer bedeutenden Sammlung mittelalterlicher Kunst sowie Exponaten zur elsässischen Wohnkultur, Volkstrachten und einer schönen originalgetäfelten Renaissancestube (Öffnungszeiten: Mo.–Sa. 10^{00}–12^{00}, 13^{30}–18^{00}, So. 10^{00}–17^{00} Uhr). Zu den Hauptsehenswürdigkeiten gehören gotische Baupläne des Straßburger Münsters, zahlreiche Originalskulpturen des Doms und eine Sammlung mittelalterlicher Glasmalerei, darunter der berühmte Christuskopf aus der Abteikirche von Wissembourg, das älteste erhaltene Zeugnis abendländischer Glasmalerei (zweite Hälfte des 11. Jh.s).

Cabinet des Estampes et des Dessins

In der Südecke der Place du Château zeigt im Gebäude Nr. 5 die 1890 begründete Grafische Sammlung mehr als 220 000 Werke vom 15. Jh. bis heute, darunter Stiche von Albrecht Dürer und Baldung

Grien, Radierungen von Callot und Lithografien von Daumier. Demnächst soll im selben Gebäude das Musée Tomi Ungerer seine Pforten öffnen (▶ Centre Tomi Ungerer).

Cabinet des Estampes et des Dessins (Fts.)

Ganz in der Nähe der Kathedrale stehen zwei der schönsten Fachwerkhäuser der Stadt: an der Nordecke des Münsterplatzes die von bleigefassten Fenstern und reichen Holzschnitzereien geschmückte Maison Kammerzell (heute Restaurant) mit dem Erdgeschoss von 1467 und dem Fachwerkoberbau von 1589, und an der Ecke zur Rue Mercière (Krämergasse) die Pharmacie du Cerf (Hirschapotheke), die seit 1268 besteht und in einem repräsentativen Haus von 1567 eingerichtet ist.

***Maison Kammerzell**

Pharmacie du Cerf

1728 – 1742 entstand im Süden des Münsters, an der Stelle des mittelalterlichen Bischofssitzes, das Palais Rohan. Die Pläne für die erzbischöfliche Residenz des Straßburger Kardinalgeschlechts, deren Hauptfassade zur Ill geht, lieferte der Hofarchitekt Robert de Cotte. Im Schloss sind drei Museen untergebracht. Im Musée des Beaux-Arts (Gemäldesammlung) ist eine hervorragende Gemäldegalerie italienischer, spanischer, holländischer, flämischer, deutscher und französischer Meisterwerke von der Gotik bis zum 18. Jh. eingerichtet, u. a. mit Werken von Botticelli, Raffael, Zurbarán, Murillo, Goya, El Greco, van Dyck, Rubens, Delacroix und de Largillière. Das Musée Archéologique (Archäologisches Museum) enthält vor- und frühgeschichtliche Sammlungen von der Steinzeit bis zur Zeit der Merowinger, wobei die römische Kolonisation besonders gut doku-

***Palais Rohan**

Musée des Beaux-Arts

Musée Archéologique

In den großen Prunkräumen des Palais Rohan kann man sich ein Bild machen, wie die Straßburger Kardinäle einst lebten.

Palais Rohan (Fortsetzung), **Musée des Arts décoratifs**

mentiert ist. Das Musée des Arts décoratifs (Kunstgewerbemuseum) schließlich zeigt in den Grands Appartements (großen Gemächern), in denen die Fürstbischöfe wohnten und auch Ludwig XV., Marie Antoinette und Napoleon nächtigten, Inneneinrichtungen des 18. Jh.s, die zu den prachtvollsten Frankreichs zählen; ferner sieht man hier schöne Beispiele elsässischen Kunsthandwerks und eine der schönsten Keramiksammlungen des Landes, die größtenteils aus der Manufaktur der Familie Hannong stammt, welche im 18. Jh. Strasbourg zu einem Zentrum der Fayence- und Porzellanherstellung in Frankreich machte (Öffnungszeiten aller drei Museen: Mo. – Sa. 10^{00} – 12^{00}, 13^{30} – 18^{00}, So. 10^{00} – 17^{00} Uhr).

Place du Marché-aux-Cochons-de-Lait

Südwestlich hinter dem Musée de l'Œuvre Notre-Dame erstreckt sich Richtung Ill die malerische Place du Marché-aux-Cochons-de-Lait (Ferkelmarkt), nordöstlich schließt sich die Place du Marché-aux-Poissons an. In der um 1588 als Schlacht- und Verkaufsstätte erbauten Grande Boucherie, Große Metzig, an der Place de la Grande Boucherie befindet sich heute das Stadtgeschichtliche Museum mit Sammlungen zu den Schwerpunkten Topografie und Städtebau, Stadt- und Militärgeschichte sowie mit einer der bedeutendsten staatlichen Waffen- und Uniformensammlungen des Landes. Westlich gegenüber vom Museum steht die Ancienne Douane, das einstige Zoll- und Kaufhaus, das heute ein (im Jahr 2000 ausgebranntes und wiederhergestelltes) Restaurant mit Terrasse zur Ill beherbergt.

Musée Historique

Ancienne Douane

Place du Corbeau

Man überquert die Ill auf dem Pont du Corbeau (Rabenbrücke), wo im Mittelalter Mörder in Säcke eingenäht und in die Ill geworfen wurden; Verbrecher leichterer Straftaten mussten im Eisenkäfig für geraume Zeit unter Wasser – was nicht selten tödlich endete. Am Place du Corbeau (Rabenplatz) liegt der Eingang zu einem der schönsten Innenhöfe der Stadt. Er gehörte ursprünglich zu einem Gasthaus, das bis 1854 bestand und in dem u. a. Voltaire, Casanova und Friedrich der Große übernachtet haben sollen.

Musée Alsacien

Ganz in der Nähe, südwestlich vom Rabenplatz, befindet sich das in drei malerischen Häusern aus dem 17. und 18. Jh. untergebrachte Elsässische Museum (1622) mit Exponaten zu Brauchtum, elsässischem Handwerk und Volkskunst. Zwei Räume sind dem Pfarrer Johannes Friedrich Oberlin (▶ Berühmte Persönlichkeiten) gewidmet. In einer Abteilung kann man sich über jüdisches Leben im Elsass informieren; zu sehen sind u. a. Thorakronen, Chanukkaleuchter, Almosenkästchen und Beschneidungsbestecke (Öffnungszeiten: Mo. – Sa. 10^{00} – 12^{00}, 13^{30} – 18^{00}, So. 10^{00} – 17^{00} Uhr).

Westliche Altstadt

Eglise Saint-Thomas

Auf dem Weg ins südwestlich des Stadtzentrums gelegene Handwerkerviertel La Petite France kommt man – nach Überqueren der Illbrücke in die Rue de la Division Leclerc, von der man links in die Rue des Serruriers (Schlossergasse) abbiegt – an der gotischen Thomaskirche vorbei, dem zweitgrößten Gotteshaus in Strasbourg und der einzigen Hallenkirche im Elsass (9. – 14. Jh.). In der bis heute protestantischen Kirche predigte 1521 der elsässische Reformator Martin Bucer. Im Innern sind das von Jean-Baptiste Pigalle entworfene spätbarocke, bombastische Grabmal für den Marschall Moritz von Sachsen († 1750) und die barocke Silbermann-Orgel (1740) beachtenswert, auf der 1778 Mozart ein Konzert gab und später Albert Schweitzer viel spielte.

Eglise Saint-Thomas (Fortsetzung)

***Petite France**

Westlich der Thomaskirche erstreckt sich das ehemalige Quartier des Tanneurs (Gerberviertel) bzw. "Petite France" (Klein-Frankreich) mit seinen idyllischen engen Gassen und blumengeschmückten Fachwerkhäusern, seinen Brücken, Stegen und alten Mühlen. Das Viertel, das als Inbegriff des malerischen alten Strasbourg heute zu den Besuchermagneten der Stadt zählt, genoss einst einen üblen Ruf. Hier stand im 16. Jh. auch ein Hospital für Syphiliskranke, von dem das Viertel seinen Namen hat: Da man die Franzosen für die Einschleppung der Syphilis verantwortlich machte und die Krankheit daher ein "französisches Übel" nannte, hieß das Hospital im Volksmund "Zum Französel" bzw. "La petite France". Am Rande des

Eines der beliebtesten Fotomotive im alten Gerberviertel: die Maison des Tanneurs bzw. "Gerwerstub" (heute ein Restaurant) direkt am Kanal

Gerberviertels stehen noch vier trutzige Türme der mittelalterlichen Stadtbefestigung, zu der auch die Ponts Couverts gehören, vier ehemals gedeckte Brücken über die hier in vier Arme geteilte Ill. Einen schönen Ausblick über die Petite France und auf die Innenstadt hat man von der Terrasse Panoramique der Barrage Vauban (Vauban-Wehr). Dieser lang gestreckte, von Vauban, dem Festungsbaumeister Ludwigs XIV., angelegte Sandsteinbau aus dem 17. Jh. war einer der wichtigsten Teile der Stadtbefestigung: Mit 13 Schleusentoren konnte der Fluss abgeriegelt und die südliche Um-

Ponts Couverts

Barrage Vauban

Barrage Vauban (Fortsetzung)

gebung der Stadt von Ill und Bruche überschwemmt werden, d.h. ein Angriff von dieser Seite war dann unmöglich. Zum letzten Mal funktionierte dieses System während der deutschen Belagerung 1870; den preußischen Truppen gelang es dennoch, Strasbourg zu erobern.

*Musée d'Art Moderne et Contemporaine

Auf dem gegenüberliegenden Ill-Ufer steht das Ende 1998 eingeweihte Museum für moderne und zeitgenössische Kunst des Pariser Stararchitekten Adrien Fainsilber, ein monumentaler, teils aus Vogesensandstein errichteter Bau mit einer 100 m langen verglasten Galerie zwischen den Ausstellungsräumen (Öffnungszeiten: Fr.–Mi. 11⁰⁰–19⁰⁰, Do. 12⁰⁰–22⁰⁰ Uhr). Die Sammlung enthält Werke u.a. von Pablo Picasso, Claude Monet, Max Ernst, Gustave Doré, Paul Gauguin und Max Liebermann, auch der Videokünstler Nam June Paik ist vertreten; links der gläsernen Wandelhalle findet man die klassische Moderne, rechts davon die zeitgenössische Kunst. Glanzlichter sind "Der Kuß" von Gustav Klimt und die Plastiken des gebürtigen Straßburgers Hans Arp. Darüber hinaus finden Wechselausstellungen statt. Einen besonders schönen Blick auf die Straßburger Innenstadt genießt man von der großen Skulpturenterrasse.

Baedeker TIPP Rassige Pferde

Im Haras National (Staatliches Gestüt) südlich von Petite France (Rue Ste-Elisabeth, Finkwiller) können ca. 30 Zuchthengste (u.a. Araber, englische Vollblüter) bewundert werden. Untergebracht sind sie in einem schönen Gebäudekomplex aus dem 17./18. Jh. (Öffnungszeiten: tgl. 9⁰⁰–11³⁰, 14⁰⁰–16³⁰, Sa.–So. nachmittags erst ab 15⁰⁰ Uhr; 1. März–14. Juli So. geschlossen).

Saint-Pierre-le-Vieux

Nördlich vom Quartier des Tanneurs erhebt sich am westlichen Rand der Altstadt die Kirche St-Pierre-le-Vieux (Alt St. Peter) aus dem 14./15. Jh. (1867 neu erbaut), ein stattlicher Bau, der 1681 in eine katholische und in eine evangelische Kirche geteilt wurde.

Französisches Viertel

Place Kléber

Der nördliche Teil der Altstadt mit ihren großen Plätzen stammt vorwiegend aus dem 18. Jh. In dieser Zeit haben vor allem französische Architekten dem Viertel ihren Stempel aufgedrückt. Mittelpunkt ist die nach dem 1753 in Strasbourg geborenen französischen General Jean Baptiste Kléber benannte Place Kléber. In der Platzmitte steht das Denkmal des berühmtesten Sohnes der Stadt, der mit Napoleon u.a. in Ägypten kämpfte und in Kairo von einem franzosenfeindlichen Syrer erstochen wurde; unter dem Denkmal liegen die Gebeine des großen Feldherrn begraben. Heute ist der bekannteste Platz von Strasbourg Fußgängerzone und beliebter Treffpunkt.

Aubette

An der Nordseite des Platzes befindet sich die 1765 bis 1772 von Jacques-François Blondel errichtete Aubette (Parolestube), wo bei Tagesanbruch (frz. à l'aube) die Garde ihre Befehle erhielt.

Centre Tomi Ungerer

Im Centre Tomi Ungerer (4, Rue de la Haute-Montée, eine Verlängerung der Rue du Vieux Marché aux Vins nördlich der Place Kléber) sind Zeichnungen, Plastiken, gesammeltes Spielzeug und Fotos des elsässischen Künstlers (▶ Berühmte Persönlichkeiten) ausgestellt.

Für die Besichtigung von Tomi Ungerers Schenkung an seine Heimatstadt ist eine Voranmeldung erforderlich (Öffnungszeiten: Do. 10^{00} – 12^{00}, 14^{00} – 18^{00} Uhr; ☎ 03 88 32 31 54). Demnächst soll die Schenkung in ein Musée Tomi Ungerer umziehen (5, Place du Château, wo sich auch das ▶ Cabinet des Estampes et des Dessins befindet). Bei Redaktionsschluss lag aber noch kein genauer Termin vor.

Centre Tomi Ungerer (Fortsetzung)

Unweit nördlich von der Place Kléber erhebt sich die um 1390 erbaute Kirche St-Pierre-le-Jeune (Jung St. Peter), deren Inneres um 1900 neu gestaltet wurde.

St-Pierre-le-Jeune

In südlicher Richtung führt die belebte Rue des Grandes-Arcades zur Place Gutenberg, deren Südwestseite das Hôtel du Commerce einnimmt, das bedeutendste Renaissancegebäude im Unterelsass, 1582 – 1585 als Rathaus errichtet. In der Mitte des Platzes steht das Denkmal mit einem 1840 von David d'Angers geschaffenen Standbild Gutenbergs; interessanterweise ist die Schrift des von Gutenberg gehaltenen Buchs französisch.

Place Gutenberg

Östlich von der Place Kléber liegt die breite, lang gestreckte Place Broglie, eine 1742 an der Stelle des einstigen Rossmarktes angelegte und nach Marschall Broglie, dem Gouverneur des Elsass, benannte Esplanade, die heute – von Platanen gesäumt – auch als Marktplatz dient. An ihrer Südseite stehen mehrere stattliche Gebäude aus dem 18. Jh., deren repräsentative Hauptfassaden der südöstlich verlaufenden Rue Brulée (Brandgasse) zugewandt sind. Das Alte Rathaus, 1730 – 1736 als "Hanauer Hof" des Landgrafen von Hessen erbaut, war 1805 – 1976 Sitz der Stadtverwaltung.

Place Broglie

Den nordöstlichen Abschluss der Place Broglie bildet das Théâtre Alsacien de Strasbourg (Stadttheater), ein Prachtbau von 1804 – 1822. Davor steht ein Sandsteinobelisk mit dem Bronzestandbild von General Leclerc, der 1944 Strasbourg von den Deutschen befreite. Gegenüber der linken Seitenfassade des Theaters wurde vor einiger Zeit ein origineller Brunnen mit einem bronzenen Januskopf aufgestellt – das Werk mit der symbolhaften Anspielung auf die Vergangenheit der Stadt stammt vom elsässischen Künstler Tomi Ungerer.

Théâtre Alsacien

An der Nordseite der Place Broglie befindet sich die stattliche Offiziersmesse, daneben an der Ecke der Rue de la Fonderie das Denkmal für den aus Strasbourg gebürtigen Marschall Kellermann, der an der historischen Kanonade von Valmy (20. September 1792) beteiligt war. Die Banque de France steht an der Stelle, wo – laut einer Gedenkplakette am Gebäude – am 26. April 1792 Rouget de Lisle erstmals die von ihm verfasste "Marseillaise" gesungen haben soll. Unter dieser Inschrift ist eine Gedenktafel für den Kavallerieoffizier Charles de Foucauld, den Erforscher Marokkos, angebracht, der am 15. September 1858 im Vorgängerbau des heutigen Gebäudes geboren wurde und 1916, inzwischen als Mönch bei den Tuareg lebend, in der Sahara einem Mordanschlag zum Opfer fiel.

Banque de France

Südöstlich des Theaters steht das aus dem 18. Jh. stammende Hôtel Klinglin, ein aufwändiger Rokokobau, der seine eindrucksvolle Schaufassade dem Kanal zuwendet.

Hôtel Klinglin

Wilhelminische Neustadt

Place de la République

Nordöstlich des Französischen Viertels erstreckt sich jenseits der Ill die wilhelminische Neustadt, die die neuen preußischen Herren nach 1870 anlegen ließen. Während man noch kurz zuvor im östlichen Stadtzentrum an französischen Mansardenhäusern vorbeigeschlendert ist, wandelt man nun auf großen Plätzen und breiten Straßen, die teilweise von imposanten wilhelminischen Repräsentationsbauten und recht protzig wirkenden neuklassizistischen Häuserblocks gesäumt werden (ein Zeugnis der wilhelminischen Ära ist übrigens auch der von 1878 bis 1883 erbaute Bahnhof im Westen der Stadt). Das Zentrum des "deutschen Viertels" bildete der Kaiserplatz, an dem die kaiserliche Residenz und die Verwaltungsbauten des Reichslandes Elsass-Lothringen standen. Auch heute noch ist der Place de la République genannte Platz von öffentlichen Gebäuden umgeben. Im einstigen Kaiserpalast Palais du Rhin (1883 – 1889), einem prunkvollen Neorenaissancebau an der Nordwestseite des Platzes, den Wilhelm II. wegen seiner Wuchtigkeit wenig schmeichelhaft als "Elefantenhaus" bezeichnete, hat die Kulturdirektion der Region Elsass ihren Sitz. In den benachbarten neobarocken Gebäuden haben sich die Préfecture (Präfektur) des Départements und die Trésorerie Générale, das Schatzamt des Départements, niedergelassen. An der Südostseite der Place de la République befinden sich links die 1889 bis 1894 erbaute Universitäts- und Landesbibliothek, die rund drei Millionen Bände umfasst und damit zu den größten Bibliotheken des Landes zählt, sowie rechts das Konservatorium aus der gleichen Zeit und das 1957 angefügte Théâtre National de Strasbourg. Mitten auf dem Republikplatz steht das 1936 aufgestellte Monument aux Morts, das ausdrucksstark zum Frieden mahnt: Mutter Elsass hält in ihrem Schoß ihre beiden gefallenen Söhne – der eine starb für Frankreich, der andere für Deutschland.

Palais du Rhin

Monument aux Morts

Baedeker TIPP **Speisen an Bord**

Allabendlich verkehren auf der Ill und deren Kanälen zwei Schiffe mit Restaurantbetrieb an Bord (die "Alligator" und die "Nymphe de l'Ill"), von wo aus bei einem gemütlichen Abendessen die erleuchtete Innenstadt von Straßburg zu sehen ist.
Fahrpreis: ca. 30 €; Menü ab 40 €
Reservierung: ☎ 03 88 84 10 01, FAX 03 88 34 55 38

Synagogue de la Paix

Nordöstlich vom Republikplatz gelangt man am Parc des Contades zur Friedenssynagoge, die 1955 an der Stelle des 1940 zerstörten Vorgängerbaus errichtet wurde.

Université

Als gelungenstes Bauwerk wilhelminischer Architektur in Strasbourg gilt das von 1879 bis 1885 im Stil der italienischen Renaissance erbaute Universitätsgebäude mit seiner 125 m breiten Schaufront. Erreichbar ist die Universität über die Avenue de la Liberté, die vom Rondell des Republikplatzes nach Südosten führt und in den Pont de l'Université übergeht, der hier zwei Arme der Ill überquert.

Universitätsviertel

Südöstlich der Universität liegen einige Institutsgebäude sowie das auch der Öffentlichkeit zugängliche Planetarium – ein "Kosmisches Kino" mit Vorführungen zum Thema Astronomie – und der Jardin Botanique (Botanischer Garten). In diesem seit 1880 existierenden, ursprünglich vor allem für Botanik-, Medizin- und Pharmaziestudenten angelegten Garten ist jede der 6000 Pflanzen mit ihrem lateinischen Namen und einer Herkunftsangabe versehen (kostenlose geführte Besichtigung So. 15^{00} Uhr).

Le Planetarium

Jardin Botanique

An der Rue de l'Université informiert das in einem Gebäude von 1900 untergebrachte Musée de Sismologie et Magnétisme terrestre über Seismologie und Erdanziehung. Zwischen der Rue de l'Université und dem parallel dazu verlaufenden Boulevard de la Victoire befindet sich das Musée Zoologique (Zoologisches Museum), das eine umfangreiche Sammlung ausgestopfter Vögel und Insekten enthält sowie die elsässische Fauna und Flora in schönen Dioramen veranschaulicht (Öffnungszeiten: Mo.–Sa. 10^{00}–12^{00}, 13^{30}–18^{00}, So. 10^{00}–17^{00} Uhr).

Musée de Sismologie

Musée Zoologique

Strasbourg

Südlich des Boulevard de la Victoire erstreckt sich das neue Centre Universitaire (Universitätsviertel), u. a. mit der Ecole Nationale Supérieure des Ingénieurs (vor allem Architektur), dem 70 m hohen, fünfzehnstöckigen Institut de Chimie und der weiter südlich angelegten Faculté des Lettres (Geisteswissenschaften).

Centre Universitaire

Citadelle

Weiter südöstlich, gegen die Hafenbecken zu, liegt die einstige Zitadelle, 1682–1684 als Kernstück des Vauban'schen Befestigungsgürtels aufgeschüttet, die – seit 1871 militärisch ohne Bedeutung – 1967 in einen reizvollen Park umgestaltet wurde. Von der Festungsanlage sind noch der vielzackige Hauptwall erhalten sowie das grabenumzogene dreieckige Vorwerk und das an der Nordseite befindliche wuchtige Tor.

Kongresszentrum

Etwa 1,5 km nördlich der Wilhelminischen Neustadt liegt in einem großen Park das 1973–1975 nach Plänen der Straßburger Architekten Sauer und Ziegler errichtete Palais de la Musique et des Congrès (Internationales Kongresszentrum), ein Mehrzweckbau auf sechseckigem Grundriss mit mehreren Sälen für insgesamt rund 3500 Personen (darunter der Erasmus-Saal mit einer hervorragenden Akustik) für die etwa hundert jährlich hier abgehaltenen Kongresse sowie für Vorträge, kulturelle Veranstaltungen und nicht zuletzt für die Konzerte der Straßburger Symphoniker.

Palais des Congrès

Nordöstlich vom Kongresszentrum erstreckt sich im "Wacken" zwischen dem Canal de Dérivation und der Ill jenseits der 2 km langen Aar das Terrain d'Expositions (Ausstellungsgelände) mit großer Messehalle und Eissportstadion sowie weiteren Sportgeländen.

Terrain d'Expositions

Europaviertel

Lage

Ungefähr 1,5 km nordöstlich der wilhelminischen Neustadt befindet sich dort, wo die Ill im dreieckigen Bassin de l'Ill den Canal de la Marne au Rhin (Rhein-Marne-Kanal) kreuzt, das Europaviertel, dessen Gebäude im Rahmen von Führungen zu besichtigen sind.

***Palais de l'Europe**

Im 1972 – 1977 errichteten neunstöckigen Palais de l'Europe, einem festungsartigen, kubischen Aluminium-Glas-Bau von 105 m Länge und 30 m Höhe an der Avenue de l'Europe tagt der Europarat. Im Innenhof des vom französischen Architekten Henri Bernard entworfenen Gebäudes steht der Plenarsaal, dessen Dach spitz wie ein Zelt aufragt (Besucherdienst des Europarates: ☎ 03 90 21 49 40).

Palais des Droits de l'Homme

Direkt hinter dem Palais de l'Europe ragt der Europäische Gerichtshof (1994) auf, ein 180 m langer, nach Plänen des britischen Architekten Richard Rogers errichteter Aluminium-Komplex, der von zwei schräg abgeflachten, wie riesige Dosen wirkenden Zylindern flankiert wird.

***Parlement Européen**

Auf dem gegenüberliegenden Ill-Ufer folgt schließlich der Neubau des Europaparlaments (1998), ein futuristisch anmutender, prachtvoller halbrunder Glaspalast, der sich wie ein Wurfkeil um einen kreisrunden Büroturm schwingt und an der wasserseitigen Spitze die Uferkurve zwischen Fluss und Kanal präzise nachzeichnet. Da das Palais, das den Namen "IPE IV–Bâtiment Louise Weiss" (▶ Be-

Der halbrunde Glaspalast des Europaparlaments zeichnet an der wasserseitigen Spitze die Uferkurve zwischen Fluss und Kanal präzise nach.

rühmte Persönlichkeiten) trägt, von den Europaparlamentariern nur einmal monatlich zu Sitzungen aufgesucht wird, steht der Bau die meiste Zeit leer (für die Besichtigung des Europaparlaments ist eine vorherige Anmeldung erforderlich: ☎ 03 88 17 52 85).

Strasbourg, Parlement Européen (Fortsetzung)

Parc de l'Orangerie

Südöstlich gegenüber dem Palais de l'Europe erstreckt sich der prächtige Orangeriegarten, der 1804 nach Plänen von André Le Nôtre aus dem Jahr 1692 angelegt wurde. In ihm befindet sich die für die Kaiserin Joséphine errichtete Orangerie ("Josephinenschlösschen"; 1805), die heute für Ausstellungen und Empfänge genutzt wird. Im Südteil des Gartens liegen ein kleiner See mit Bootsverleih und ein Mini-Tiergarten mit Storchengehege.

Außenbezirke

Château de Pourtalès

Am Rand des gutbürgerlichen Viertels Robertsau nördlich des Europaviertels und ca. 6 km vom Straßburger Zentrum entfernt liegt das im 18. Jh. erbaute Château de Pourtalès, in dem sich ein Restaurant mit Terrasse befindet. Der das Schloss umgebende schöne, teilweise mit Skulpturen bestückte Park ist ein beliebtes Ausflugsziel für Straßburger Familien im Sommer und an Sonntagnachmittagen. Für europaweites Aufsehen sorgte der Park von Pourtalès, als am 7. Juli 2001 während eines Open-Air-Konzertes eine 20 m hohe Platane, die ein schwerer Sturm entwurzelt hatte, auf ein Zelt stürzte und dabei elf Menschen tötete.

"Naviscope"

Südöstlich des Europaviertels bzw. nordöstlich der Zitadelle liegt am Bassin des Remparts – auf der Höhe der Rue du Général Picquart – die "Naviscope" vor Anker, ein altes Schubboot, das zum Musée du Rhin et de la Navigation (Rheinschifffahrtsmuseum) ausgebaut wurde und nun das Elsass als Fluss- und Rheinland vorstellt.

Thann — K 5

Région: Alsace (Elsass)
Département: Haut-Rhin
Höhe: 340 m ü. d. M.
Einwohnerzahl: 7700

***Stadt mit dem "schönsten" Münsterturm**

Das am Südende der Route du Vin gelegene Industriestädtchen Thann (Tann) besitzt Textil-, Maschinen- und chemische Fabriken. Dank seiner schönen Lage am Ausgang des hier engen Thurtals wird es gern als Ferienort besucht. Auch gedeiht hier ein besonders guter Wein. Hauptattraktion von Thann aber ist das Münster. Ein elsässisches Sprichwort sagt, der Straßburger Münsterturm sei zwar höher und der Freiburger dicker, der von Thann sei jedoch der schönste. Am 30. Juni findet in Thann die "Crémation des Trois Sapins" (Verbrennung der Drei Tannen) statt. Mit diesem Fest gedenkt der Ort alljährlich seiner legendenumwobenen Gründung: Als ein Diener Theobalds von Gubbio, der in seinem Wanderstab eine Reliquie seines Herrn versteckt hatte, im Jahr 1161 im Wald Rast machte, ließ sich der in den Boden gesteckte Stab trotz aller Mühen nicht mehr aus dem Erdreich ziehen; gleichzeitig leuchte-

Stadt mit dem "schönsten" Münsterturm (Fortsetzung)

ten in drei Tannen Lichter auf. Der Schlossherr der über der Stadt gelegenen Engelsburg, der Zeuge dieses Schauspiels wurde, beschloss daraufhin, eine Wallfahrtskirche zu errichten, um die sich der Ort Thann entwickeln sollte.

Sehenswertes in Thann

*St-Thiébaut

Die mitten im Zentrum von Thann stehende, 1332 – 1516 errichtete Collégiale St-Thiébaut (St. Theobaldsmünster) gilt neben dem Straßburger Münster als das bedeutendste gotische Baudenkmal des Elsass. Ihr 76 m hoher Turm ist eine besonders schön gelungene Nachbildung des Freiburger Münsterturms. Die Westfassade besitzt ein aus dem 14. / 15. Jh. stammendes großes Doppelportal mit überreichem Figurenschmuck, der von 150 Szenen und rund 500 Figuren belebt wird; die Nordseite des Langhauses ziert ein zweites, weniger prunkvolles Portal (15. Jh.) mit schönen Statuen. Das dreischiffige Innere zeigt unterschiedliche Bauphasen: Das linke Seitenschiff ist von Netzrippen überwölbt, während Langhaus und rechtes Seitenschiff Kreuzrippengewölbe mit bemerkenswerten Schlusssteinen tragen; rechts wurde im frühen 17. Jh. eine Seitenkapelle angefügt, in der sich die gotische "Winzermadonna", eine farbig gefasste Holzfigur von ca. 1510 befindet. Der Raumeindruck insgesamt ist ungewöhnlich, da das Langhaus gegenüber dem Chor (Gestühl aus dem 15. Jh.) verhältnismäßig kurz ist.

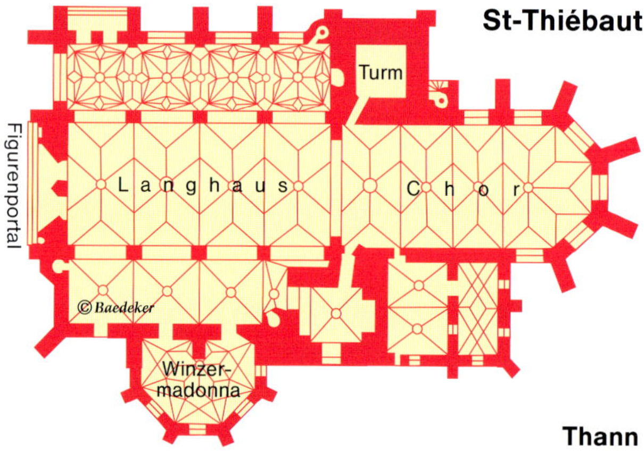

Musée des Amis de Thann

Nördlich der Kirche steht unmittelbar an der Thur die ehemalige Kornhalle (1519), in der das Historische Museum eingerichtet ist. Es zeigt auf drei Stockwerken Dokumente zur Ortsgeschichte und zur Baugeschichte des Münsters, religiöse Kunst, Wohnkultur und Handwerk, ferner eine Mineraliensammlung und Erinnerungsstücke an die beiden Weltkriege.

Tour des Sorcières

Unweit östlich erreicht man den mit einer Renaissancehaube gedeckten Hexenturm (Tour des Sorcières), ein Relikt der früheren

Der zum Fest der Tannenverbrennung geschmückte St-Thiébaut-Brunnen vor dem Münster von Thann

Tour des Sorcières (Fts.)

Stadtbefestigung, in dessen altem Kellergewölbe eine Ausstellung u. a. über die Geschichte der Stadt als Weinort informiert.

Engelsburg

Auf einem bewaldeten Hügel über der Stadt (Fußweg 30 Min.) steht die Ruine der Engelsburg, die im 12., 13. und 16. Jh. erbaut, aber 1673 auf Befehl Ludwigs XIV. zerstört wurde. Ein Rest des runden Bergfrieds, ein mächtiger ringförmiger Stein, ist bei der Sprengung über den Abhang gekippt und schaut mit der Öffnung zur Stadt hin, was ihm den Namen "Œil de la Sorcière" (Hexenauge) eingebracht hat.

Umgebung von Thann

Cernay

6 km westlich von Thann liegt Cernay (Sennheim; 10 300 Einw.). Die Industriestadt wurde im Ersten Weltkrieg schwer zerstört, doch blieben Reste der mittelalterlichen Stadtummauerung erhalten. In der westlich das Altstadtgebiet begrenzenden Porte de Thann (Obertor) ist ein Museum u. a. über den Deutsch-Französischen Krieg 1870 / 1871 und die beiden Weltkriege untergebracht. Von Cernay verkehrt von Juni bis September eine nostalgische Dampfeisenbahn zum knapp 15 km südwestlich gelegenen Ort Sentheim im Dollertal (außerhalb der Hochsaison nur sonn- und feiertags).

Husseren-Wesserling

Rund 10 km nordwestlich von Thann, erreichbar über die N 66, gelangt man in den Ort Husseren-Wesserling, der seit über 200 Jah-

Umgebung von Thann, Husseren-Wesserling (Fortsetzung)

ren für seine Textilwaren bekannt ist. In einem alten Fabrikgebäude ist das Musée du Textile et des Costumes de Haute-Alsace (Textil- und Kostümmuseum Oberelsass) eingerichtet, dessen Sammlung 230 Jahre Geschichte der Spinnerei, Weberei und des Stoffdrucks veranschaulicht. Szenische Darstellungen zeigen, was die Damenwelt im 19. und frühen 20. Jh. zu tragen pflegte (Öffnungszeiten: tgl. außer Mo. Vormittag und Sa. Vormittag Apr. – Sept. 10^{00} – 12^{00}, 14^{00} – 18^{00}, in den übrigen Monaten nur bis 17^{00} Uhr).

Turckheim

H 6

Région: Alsace (Elsass)
Département: Haut-Rhin
Höhe: 225 m ü. d. M.
Einwohnerzahl: 3500

Turckheim

*Hier dreht der Nachtwächter seine Runde

Das vor den Toren von ▶ Colmar am Eingang des Münstertals an der Fecht gelegene Turckheim (Türkheim) ist ein teilweise noch von der alten Mauer umschlossenes ehemaliges Reichsstädtchen, das seit 1354 dem elsässischen Zehnstädtebund angehört hatte. Der Westfälische Friede (1648) sprach Turckheim Frankreich zu; als 1675 Marschall Turenne, der berühmte Feldherr Ludwigs XIV., die Habsburger vor den Toren von Turckheim entscheidend schlug, wurde der Ort endgültig französisch. Der Winzerort, dessen Weinberge heute zu den besten Lagen des Elsass gehören, besitzt auch große Papierfabriken an der Fecht. Im Ortskern, mit dem Grundriss eines

Der Winzerhof "Cours des Cigognes" in Turckheim

Dreiecks, stehen zahlreiche schöne Stein- und Fachwerkhäuser aus dem 17. Jh.; von der Stadtbefestigung aus dem 14. Jh. blieben noch drei viereckige Tortürme erhalten. Bei der Office de Tourisme an der Place de Turenne beginnt ein 2 km langer Weinlehrpfad durch die Turckheimer Grand-Cru-Lage Brand. Von Mai bis Oktober macht um 22⁰⁰ Uhr ein singender Nachtwächter mit schwarzem Umhang, Dreispitz, Hellebarde, Laterne und Horn seinen Rundgang durch das angestrahlte Städtchen.

Hier dreht der Nachtwächter seine Runde (Fortsetzung)

Sehenswertes in Turckheim

Place Turenne

Man parkt am besten bei der Porte de France (Untertor), auf deren steilem Dach ein Storchennest erkennbar ist. Dahinter, an der Place Turenne, befindet sich ein besonders hübsches Bauensemble, bestehend aus der schon 1315 genannten Alten Wache (D'Wacht), deren Giebel ein Reichsadler schmückt, und dem stattlichen Fachwerkbau des Hôtel aux Deux Clefs (Gasthaus zu den Zwei Schlüsseln; 16. Jh.), einem der schönsten Fachwerkhäuser der Stadt. Gegenüber steht das in der Renaissance entstandene blassgelbe Hôtel de Ville (Rathaus; 1593 – 1630) mit der Salle de la Décapole (Saal des Zehnstädtebundes).

Ste-Anne

Schräg rechts hinter dem Rathaus erhebt sich die 1836 – 1840 im spätklassizistischen Stil erbaute Pfarrkirche (Ste-Anne) mit ihrem aus dem 11. – 13. Jh. stammenden roten Sandsteinturm, der von einem bunt lackierten Ziegeldach bekrönt ist.

Mémorial des Combats de la Poche de Colmar

Ein gutes Stück hinter Rathaus und Kirche erreicht man das Ancien Presbytère (18. Jh.) mit dem städtischen Archiv und dem Musée Mémorial des Combats de la Poche de Colmar ("Tasche von Colmar"), wo in einem Kellergewölbe aus dem 18. Jh., das als Schutzkeller diente, an die Kesselschlacht von 1944 / 1945 erinnert wird, von der Turckheim verschont blieb (Öffnungszeiten: März – Nov. Mi. – Sa. 14⁰⁰ – 18⁰⁰, So. 10⁰⁰ – 12⁰⁰, 14⁰⁰ – 18⁰⁰ Uhr; Juli – Aug. auch Mo. und Di. geöffnet).

Baedeker TIPP Marmeladenkönigin

In Christine Ferbers Pâtisserie in der Rue des Trois Epis Nr. 18 in Niedermorschwihr findet der Kunde die herrlichsten Marmeladen vor. Eine Spezialität der 1998 in Frankreich zur "Marmeladenkönigin" gekürten Madame Ferber ist z. B. die Kreation "Himbeeren mit Pinot Noir".

Umgebung von Turckheim

Niedermorschwihr

Niedermorschwihr nördlich von Turckheim ist ein Dörfchen mit Postkartenidylle: hübscher Rathausplatz, alte Fachwerkhäuser mit schönen Erkern und Holzbalkonen, und das alles inmitten ausgedehnter Weinberge. Eine japanische Fernsehgesellschaft war so begeistert, dass sie hier vor Jahren eine Serie drehen ließ.

Les Trois Epis

Les Trois Epis (Drei Ähren; 1000 Einw.) auf den ersten Vogesenhöhen nordwestlich von Turckheim ist eine altberühmte Wallfahrtsstätte und ein beliebter Luftkurort. Zur Wallfahrt erzählt die Legende Folgendes: Im Jahr 1491 erschien einem Schmied am Wegesrand die Jungfrau Maria, die in einer Hand ein Hagelkorn und in der anderen drei Ähren hielt; dabei versprach sie reiche Ernten, falls die Ortsbevölkerung zum wahren Glauben fände, täten die Einwohner dies aber nicht, würden Hagelstürme alles zerstören. Die Wallfahrtskirche Notre-Dame des Trois Epis (Unsere Liebe Frau zu den Drei Ähren; 17. Jh.) steht unmittelbar an der Durchgangsstraße und trägt im einschiffigen Innern eine schwere geschnitzte, vergoldete und bemalte Holzdecke aus dem späten 19. Jh. Im benachbarten Musée Notre-Dame kann man sich über die Geschichte der Wallfahrt informieren. An den Gebäuden des Redemptoristenklosters vorbei kommt man zur Eglise du Haut (Obere Kirche), einem aus der Zeit um 1960 stammenden modernen Gotteshaus. Das Innere der von einem weit geschwungenen Dach überspannten Betonkonstruktion wird durch die Mauern aus Beton mit rotem und blauem Glas matt erleuchtet.

Wissembourg B 10

Région: Alsace (Elsass)
Département: Bas-Rhin
Höhe: 160 m ü. d. M.
Einwohnerzahl: 7500

***Nördlichste Stadt des Elsass**

Der malerisch zwischen Weinbergen gelegene Ort Wissembourg (Weißenburg), die nördlichste Stadt des Elsass, liegt an der Lauter am Fuße der Vogesen, nicht weit von der pfälzischen Grenze entfernt. Die Stadt, die sich trotz mehrfacher Zerstörung ihr mittelalterliches Ortsbild weitgehend erhalten hat und einen der reizvollsten Ortskerne des Elsass besitzt, ging aus einer im 7. Jh. gegründeten wohlhabenden Benediktinerabtei hervor, wurde zu einem geistigen Zentrum und zählte zu den zehn elsässischen Reichsstädten.

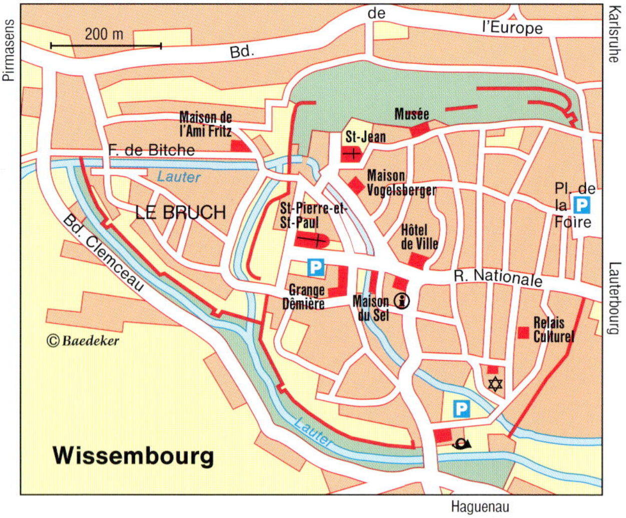

Im Kloster Weißenburg verfasste der Mönch Otfried im 9. Jh. eine fünf Bücher umfassende Evangelienharmonie, die für die Entwicklung der deutschen Dichtung wegweisend war. Im Jahr 1725 empfing Maria, die Tochter des im Exil lebenden polnischen Königs Stanislaus Leszczyński, im Stanislaus-Spital den Heiratsantrag des französischen Königs Ludiwg XV. Heute ist Wissembourg, durch das sich die Lauter mit all ihren Seitenarmen schlängelt, das wirtschaftliche Zentrum des gesamten Unterelsass.

Lauter-Viertel "Le Schlupf" in Wissembourg

Sehenswertes in Wissembourg

Hôtel de Ville

An der Place de la République, dem Mittelpunkt der Altstadt, erhebt sich das stattliche Hôtel de Ville (Rathaus) aus rotem Vogesensandstein, mit Dreiecksgiebel und Uhrturm. Es wurde 1741 – 1752 durch Joseph Massol, den Baumeister der Straßburger Bischöfe, errichtet.

Eglise des Dominicains

Durch die vom Rathaus nach Osten verlaufende Rue Nationale gelangt man zum etwas abseits gelegenen Komplex der gotischen ehemaligen Dominikanerkirche, die heute zusammen mit ihren Nebengebäuden als Gemeinde- und Kulturzentrum (Relais Culturel Régional de Wissembourg) dient.

Maison du Sel

Wenige Schritte westlich vom Rathaus steht an der Salzbrücke, die die hier kanalisierte Lauter überquert, das hochgiebelige Salzhaus (Maison du Sel). Das Gebäude mit den in mehreren Reihen übereinander liegenden Dachgauben wurde 1450 als Hospital errichtet, diente dann als Salzspeicher, Schlachthaus und in Kriegen schließlich als Lazarett.

Grange Dîmière

Wendet man sich hinter der Lauterbrücke nach links, so gelangt man zur Zehntscheuer der einstigen Abtei (Grange Dîmière) sowie dem einstigen Deutschordenshof.

***St-Pierre-et-St-Paul**

Westlich jenseits der Lauter ragt die Stiftskirche St-Pierre-et-St-Paul auf. Neben dem Straßburger Münster ist sie die größte gotische Kirche im Elsass. Sie wurde unter Abt Edelin (1262 – 1293) als Klosterkirche begonnen und im 14. Jh. vollendet; seit der Säkularisierung des Konvents (1803) dient sie als katholische Stadtkirche. Errichtet ist das Gotteshaus aus dem regionalen ockerfarbenen und rötlichen Sandstein, dessen natürliche Maserung deutlich hervortritt. Außer dem mächtigen gotischen Vierungsturm besitzt sie einen vierkantigen Westturm aus romanischer Zeit (um 1075), der von einem Vorgängerbau stammt. An die Längswand des nördlichen Seitenschiffs fügt sich der unvollendete Kreuzgang (frühes 14. Jh.) an, der nur aus einem Flügel besteht. Der Kreuzgang endet

Meisterwerk der Festungsbaukunst

Die Maginot-Linie, Frankreichs Verteidigungswall an der östlichen Landesgrenze, verfehlte zwar letztendlich ihr Ziel, die Nation gegen den deutschen "Erbfeind" zu schützen. Aber seine Bewährungsprobe bestand das Meisterwerk der Festungsbaukunst im Krieg dennoch. Nachdem die Festungswerke in der Nachkriegszeit fast verfallen wären, bilden sie heute ein beliebtes Touristenziel.

Das Dogma von der Unbesiegbarkeit Ligne Maginot galt für alle Dienstgrade innerhalb der französischen Armee als unumstößlich. Für einen Korpskommandanten, der die Begeisterung des Herzogs von Windsor nach einem Besuch des Verteidigungssystems an der Grenze zu dämpfen versuchte, ergaben sich schwerwiegende Folgen. Als der Herzog bei einem Essen dem französischen Oberbefehlshaber davon erzählte, erhob dieser sich, ging zum Telefon und ließ den "ketzerischen" Offizier strafversetzen.

Moderner Schützengraben

Sofort nach dem Ersten Weltkrieg (1914 – 1918) erwog die französische Regierung ein neues Verteidigungssystem gegen Norden und Osten, um zu verhindern, dass das Land je wieder wie 1914 Opfer einer Invasion würde. 1930 begann man, an der Landesgrenze vom Ärmelkanal bis hinunter zum Mittelmeer Bollwerke zu errichten. Geplant waren zwei Festungsgebiete, nämlich bei Metz in Lothringen und an der Lauter im nördlichen Unterelsass, sowie kleinere Anlagen im Norden Frankreichs, eine Linie von Kasematten am Rhein und solide Sperren in den Alpen. Benannt nach dem Kriegsminister André Maginot (1877 – 1932), der ihren Bau initiierte, erwies sich diese 5 – 10 km von der Landesgrenze entfernte Verteidigungslinie als ein Meisterwerk der Festungsbaukunst. An der Nordostgrenze des Landes entstanden bis 1940 36 kleine und 22 große Festungen sowie, dazwischen eingestreut, rund 400 schwere Einzelbunker. Dafür mussten ganze Landschaften umgepflügt und weit über 200 km Stollen, Schächte und Kasematten in den Untergrund gegraben werden. Am vordersten Rand wurden Panzerhindernisse aufgestellt, dahinter befanden sich Stacheldrahthindernisse, Bunker und Batteriestellungen, die mit drei Meter dickem Beton ummauert und mit Maschinengewehren und Panzerabwehrwaffen bestückt waren. In Abständen von fünf bis acht Kilometern ragten gewaltige, bis 30 m tief in die Erde reichende Festungswerke auf. Die von einander unabhängigen unterirdischen Heeresstädte waren ausgestattet mit kilometerlangen Gängen, Kavernen, Schmalspurbahnen, Aufzügen, Depots, Dieselkraftwerken, Spitälern und drehbaren Geschütztürmen. In den großen Festungswerken hielten sich jeweils bis zu 1100 Mann auf, die in dreimonatigem Wechsel abgelöst wurden. Die Offiziere und Mannschaften waren bestens verpflegt, die Lebensmittel-, Wasser-, Treibstoff- und Munitionsvorräte reichten im Kriegsfall für drei Monate. Die Besatzungen erhielten auch Bestrahlung durch Höhensonne, viele Soldaten züchteten Rosen auf den Betondecken – der schlimmste Feind in Friedenszeiten aber blieb die Langeweile.

Bewährung

Die Kosten für das damals gewaltigste Armeelabyrinth der Welt waren enorm. Rund acht Mrd. Goldfrancs (nach heutigen Wertbegriffen ca. 200 Mrd. €) musste die französische Regierung investieren, weshalb ihr dann das Geld für den Aufbau einer modernen Luft- und Panzerwaffe fehlte. Die Annahme der Unverwundbarkeit des Superschützengrabens erwies sich allerdings als falsch, als die Deutschen den schon lange von den Franzosen befürchteten Angriff auf die Grande Nation in die Tat umsetzten. Die Zeit des Stellungskrieges war vorüber, wie die zu weiträumigen Operationen fähigen deutschen Panzerverbände schnell unter Beweis stellten, denn unter Missachtung der belgischen Neutralität wurde zu Beginn des deutschen Westfeldzugs (Mai 1940) die Maginot-Linie von der Wehrmacht im Norden einfach umgangen. Dennoch blieb die Ligne Maginot nicht von deutschen Angriffen verschont. Vor allem das Festungswerk von Schœnenbourg wurde im Juni 1940 von schwerer Artillerie heftig angegriffen, ein 42-cm-Skoda-Mörser feuerte sogar 55 betonbrechende 1100 kg schwere Geschosse auf das Fort ab; ab dem 20. Juni waren die Kampfblocks dem ständigen Bombardement von Ju-87-Sturzkampfbombern ("Stukas") ausgesetzt. Insgesamt fielen 3000 Bomben und Geschosse auf Schœnenbourg, doch konnte das Festungswerk südlich von Wissembourg ebenso wie andere Forts der Maginot-Linie von den Deutschen nicht bezwungen werden. Erst als Anfang Juli, also einige Tage nach dem Inkrafttreten des Waffenstillstandes am 25. Juni, die französische Regierung den Befehl zur Kapitulation erließ, ergaben sich die Festungsbesatzungen und händigten ihre Werke den deutschen Truppen aus.

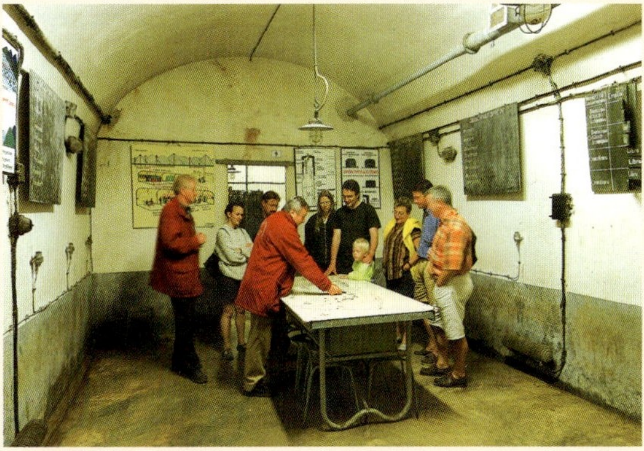

Tief unter der Erde – Kommandoraum der Maginot-Linie bei Lembach

Nach dem Krieg

Bis Anfang 1945 hielten die Deutschen die Maginot-Linie besetzt. Nach dem Krieg nahmen die Verteidigungswerke im Rahmen der Nato während des Kalten Krieges ihren Dienst wieder auf, 1967 allerdings wurde die Maginot-Linie vom französischen Heer aufgegeben. Unterhaltungsarbeiten fanden nicht mehr statt, die Werke und Kasematten überließ man sich selbst und den Plünderern. Vor allem Alteisenhändler entdeckten in den verlassenen Forts ein wahres Paradies. Im Jahr 1978 gründete eine Gruppe von Festungsfreunden den Verein "Association des Amis de la Ligne Maginot d'Alsace" (A. A. L. M. A.), um die Verteidigungslinie vor dem endgültigen Verfall zu bewahren. Heute ist dank dieser Initiative eine Reihe von Bunkeranlagen der Maginot-Linie zur Besichtigung freigegeben: Fort Simserhof bei ► Bitche, das Fort Four à Chaux bei ► Lembach, das Artilleriewerk Schœnenbourg westlich von Hunspach bzw. bei ► Wissembourg und das kleine Werk 35 / 3 bei ► Marckolsheim.

Der unvollendete Kreuzgang von St. Peter und Paul in Wissembourg

St-Pierre-et-St-Paul (Fortsetzung)

bei der kleinen romanischen Kapelle aus dem 11. Jahrhundert, deren Gewölbe von Säulen mit Würfelkapitellen getragen werden. Das Kircheninnere ist durch die Tür in der rechten Langhauswand zugänglich. Besondere Beachtung verdient am östlichen Abschluss des rechten Seitenschiffs das über zehn Meter hohe Fresko des heiligen Christophorus (um 1280). Weit bekannt sind die prachtvollen Glasgemälde im Chor und Querhaus, die im 13., 14. und 15. Jahrhundert geschaffen wurden.

Bürgerhäuser

Die Ostseite des am Salzhaus (s. zuvor) vorüberführenden Lauterkanals wird von einer Reihe stattlicher alter Bürgerhäuser gesäumt. Insbesondere zieht das Haus Vogelsberger am Quai Anselmann den Blick auf sich, ein stattlicher Renaissancebau (1540) mit geschnitztem Tor. Sein einstiger Besitzer und Namengeber, Feldhauptmann Vogelsberger, wurde auf Anweisung Kaiser Karls V. 1548 wegen Hochverrats in Augsburg enthauptet, weil er eigenmächtig der Krönungszeremonie des französischen Königs Henri II., Karls Feind, in Reims beigewohnt hatte. Einige Schritte rechts davon steht die Maison à la Couronne (Haus zur Krone), das ehemalige Gilde- und Gästehaus der Weißenburger Kaufleute, dessen malerischer Innenhof etliche Steindenkmäler aus Renaissance und Barock enthält.

Baedeker TIPP Vogelsperspektive

Einen schönen Blick auf die Dächer der Altstadt hat man vom Spazierweg auf der Böschung der nördlichen Stadtmauer (Remparts) aus dem 18. Jahrhundert.

Hinter dem Haus Vogelsberger steht die protestantische Kirche St. Johannis (15./16. Jh.). Das Gotteshaus mit dem romanischen Turm weist im Innenraum einen asymmetrischen Grundriss auf, denn es gibt nur auf der linken Seite ein Seitenschiff.

Eglise St-Jean

Folgt man der an der Johanniskirche vorbeiführenden schmalen Gasse nach Osten, so erreicht man das Museum Westercamp, das in einem sehr schönen Fachwerkgebäude aus dem 16. Jh. untergebracht ist. Das leicht angestaubt wirkende Museum, benannt nach dem Notar Paul Westerkamp, der das Gebäude im 16. Jh. der Stadt zum Geschenk machte, enthält Funde aus vorgeschichtlicher und römischer Zeit, historische Möbel und Volkstrachten sowie Andenken an die Schlacht von Weißenburg am 4. August 1870 (Öffnungszeiten: Feb.-Dez. Mo., Mi., Do 14^{00}-18^{00}, Fr.-Sa. 9^{00}-12^{00}, 14^{00}-18^{00}, So. 10^{00}-12^{00}, 14^{00}-18^{00} Uhr).

Musée Westercamp

Vom Haus Vogelsberger westlich kommt man in das von der kanalisierten Lauter durchzogene malerische Bruchviertel. Gleich am Anfang bemerkt man an der rechten Straßenseite den Renaissanceerker der Maison de l'Ami Fritz. Das Haus verdankt seinen Namen der Tatsache, dass es im Jahr 1932 die Kulisse für die Verfilmung des Romans "L' Ami Fritz" von Erckmann-Chatrian bildete.

Quartier du Bruch

Maison de l'Ami Fritz

Umgebung von Wissembourg

Rund 2 km östlich von Wissembourg liegt an der Mündung des Markbachs in die Lauter der kleine Ort Altenstadt mit einer romanischen Kirche aus dem 11. Jh., einem der ältesten Gotteshäuser des Elsass. Im gotischen Gewölbe der Vierung entdeckt man die vier Evangelistensymbole sowie Blumen- und Pflanzenornamente.

Altenstadt

Einen Abstecher sollte man in die bis zu 15 km südlich bzw. südöstlich von Wissembourg gelegenen, über die D 263 bzw. D 34 erreichbaren Ortschaften Hunspach, Hoffen und Seebach machen, die als "Bilderbuchdörfer", als die schönsten Fachwerkorte des Nordelsass bzw. der elsässischen Ebene gelten. Hunspach genießt sogar den Ruf, eines der hübschesten Dörfer Frankreichs zu sein.

***Hunspach, Hoffen, Seebach**

*Schœnenbourg

Südlich von Wissembourg bzw. westlich von Hunspach liegt im Wald das zur Maginot-Linie (Baedeker Special, S. 220) gehörende Artillerie-Festungswerk Schœnenbourg. Die Zufahrt erfolgt über eine schmale Forststraße. Schœnenbourg war das Befestigungswerk an der Maginot-Linie, das die Deutschen am stärksten bombardierten. Die Betonbunker und Panzerkuppeln sind weit im Unterholz verstreut. Bei Gruppenführungen (Dauer ca. 2,5 Std.) werden die rund 30 m unter der Erdoberfläche gelegenen Mannschaftsunterkünfte, Küche und Lazarett, Kraftstation und Kampfstände gezeigt.

Baedeker TIPP Fachwerk per Fahrrad

Die hübschen und stillen Straßendörfer Hunspach, Seebach und Hoffen erschließt man am besten mit dem Drahtesel. Überhaupt eignet sich die Region mit ihren sanften Hügeln und teilweise wenig befahrenen Landstraßen hervorragend fürs Radfahren. Fahrräder können in Wissembourg ausgeliehen werden (Information: Office de Tourisme ▶ Auskunft).

GRAIN DE SEL
Kugelhopf
35.
Macaron . 30.
Les deux
= 60 frs
Kugelhopf
fabr. maison
Macaron
250 gr - 30. frs
2x 250 gr. - 50. frs

Praktische Informationen

Praktische Informationen von A bis Z

Anreise

Mit dem Auto

Wer aus dem äußersten Westen Deutschlands kommt, hat mehrere Möglichkeiten, in die hier beschriebene Region zu gelangen: über Saarbrücken nach Sarreguemines, dann auf der französischen Autobahn A 4 über Sarre-Union und Phalsbourg nach Saverne; über Zweibrücken oder Pirmasens nach Bitche, dann auf der französischen Nationalstraße N 62 über Niederbronn-les-Bains nach Haguenau; über Landau nach Wissembourg und weiter auf der D 263 in Richtung Haguenau; von Ludwigshafen in Richtung Karlsruhe bis zur Abfahrt Kandel-Mitte, weiter über die Landstraße nach Lauterbourg und dann auf der neuen, wenig befahrenen A 35 nach Strasbourg. Die am besten geeignete Anfahrtsroute aus Norddeutschland verläuft über Frankfurt am Main und Karlsruhe nach Lauterbourg. Wer aus dem süd- und südwestdeutschen Raum kommt, findet zwischen Karlsruhe und Lörrach zahlreiche Straßenbrücken und Autofähren über den Rhein. Über die Ausfahrt Rastatt oder Baden-Baden gelangt man ins nördliche Elsass, die Ausfahrt Appenweier führt nach Strasbourg, die Ausfahrt Bad Krozingen nach Colmar und die Ausfahrt beim Autobahndreieck Neuenburg nach Mulhouse und in den Sundgau. Falls man von Karlsruhe kommt und sogleich weiter nach Süden will, ist man gut beraten, statt der meist sehr stark befahrenen deutschen Autobahn in Richtung Freiburg (A 5) die wesentlich verkehrsärmere, linksrheinische A 35 zu wählen.

Mit der Eisenbahn

Über Saarbrücken, Kehl und Lörrach steht das elsässische Eisenbahnnetz mit dem deutschen Streckennetz in Verbindung. Direkte Bahnverbindungen ins Elsass bestehen von Frankfurt/Main, München und Stuttgart, von Innsbruck, Salzburg und Wien sowie von Basel und Zürich aus. Auskunft über Fahrpläne, Streckenverbindungen und verbilligte Fahrkarten (Euro Domino, Billet Séjour, Inter Rail etc.) sowie über die Möglichkeiten, an Bahnhöfen Fahrräder auszuleihen, erteilen die Deutsche Bahn AG, Reisebüros und die SNCF (Société Nationale des Chemins de Fer Français), die staatliche Eisenbahn Frankreichs.

Deutsche Bahn AG

☎ 0 18 05/99 66 33
www.bahn.de

SNCF

in Frankreich
☎ 08 36 35 35 35

◂ Hier wird (fast) jeder schwach ...

in Deutschland c/o Rail Europe Lindenstr. 5 D-60325 Frankfurt/Main	☎ (069) 97 58 60 FAX 97 58 46 35 E-Mail: info-sncf@ raileurope.de

Anreise (Fortsetzung)

Mit dem Flugzeug

Der von der Schweiz und Frankreich gemeinsam genutzte, 25 km südöstlich von Mulhouse gelegene Flughafen Basel-Mulhouse-Freiburg ist der wichtigste Flugplatz im elsässischen Raum. Regelmäßige Direktverbindungen bestehen von Berlin, Dresden, Düsseldorf, Frankfurt/Main, Friedrichshafen, Hamburg, Hannover, Karlsruhe/Baden-Baden, Köln/Bonn, München, Nürnberg, Rostock, Westerland sowie Wien, Bern, Genf und Zürich. Die an allen Tagen der Woche (werktags alle 45 Minuten) fahrenden Zubringerbusse benötigen etwa eine halbe Stunde in den Stadtkern von Mulhouse.
Der 15 km südwestlich von Strasbourg gelegene Flughafen Strasbourg-Entzheim ist von eher regionaler Bedeutung; Direktverbindungen gibt es von Berlin, Frankfurt/Main, Hamburg und Wien. An allen Tagen fahren Busse (werktags alle 30 Minuten) ins Zentrum von Strasbourg (Fahrtdauer ca. 35 Min.).

Internationaler Flughafen Basel-Mulhouse-Freiburg F-68300 Saint-Louis ☎ 03 89 90 31 11 FAX 03 89 90 25 77	**Internationaler Flughafen Strasbourg-Entzheim** Route de Strasbourg F-67960 Entzheim ☎ 03 88 64 67 67 FAX 03 88 68 82 12

Ärztliche Hilfe

In ganz Frankreich sind die medizinische Versorgung in Praxen und in Krankenhäusern sowie die Hilfe in Notfällen grundsätzlich gewährleistet. Vor einem Frankreich-Aufenthalt empfiehlt es sich, die neuesten Bestimmungen bei der zuständigen Krankenkasse zu erfragen und dort einen Auslandskrankenschein (Vordruck E 111) zu erbitten. Generell ratsam ist der Abschluss einer privaten Auslandskrankenversicherung, zumal diese im Notfall auch die Kosten für einen Rücktransport übernimmt.

Auskunft

In Deutschland

Franz. Fremdenverkehrsamt / Maison de la France
Westendstr. 47
Postfach 10 01 28
D-60001 Frankfurt/Main
☎ (0 69) 97 58 01 21
FAX 74 55 56
E-Mail: maison-de-la-france@t-online.de
www.maison-de-la-france.com

In Österreich

Französisches Fremdenverkehrsamt
Argentinierstr. 41 a

A-1040 Wien
☎ (01) 5 03 28 90 17
FAX 5 03 28 71
E-Mail:
info@maison-de-la-france.at
www.maison-de-la-france.at

In der Schweiz

Französisches Verkehrsbüro
Löwenstr. 59, Postfach 72 26
CH 8023 Zürich
☎ (01) 2 21 35 61
FAX 2 12 16 44
E-Mail:
tourismefrance@bluewin.ch
www.franceguide.com

In Frankreich – Regionen

Bas-Rhin
Agence de Développement Touristique du Bas-Rhin
9, Rue du Dôme, B. P. 53
F-67061 Strasbourg Cedex
☎ 03 88 15 45 88
FAX 03 88 75 67 64
E-Mail: info@tourisme67.com
www.tourisme67.com

Haut-Rhin
Association Départementale du Tourisme du Haut-Rhin
1, Rue Schlumberger, B. P. 337
F-68006 Colmar Cedex
☎ 03 89 20 10 68
FAX 03 89 23 33 91
E-Mail:
adt@tourisme68.asso.fr
www.tourisme68.asso.fr

Vosges
Comité Départemental du Tourisme des Vosges
7, Rue Gilbert
F-88000 Epinal
☎ 03 29 82 49 93
FAX 03 29 64 09 82

Club Vosgien
16, Rue Ste-Hélène
F-67000 Strasbourg
☎ 03 88 32 57 96
FAX 03 88 22 04 72
www.club-vosgien.com

Moselle
Comité Départemental du Tourisme de la Moselle
B. P. 11096
F-57036 Metz Cedex 1
Tel. 03 87 37 57 80
FAX 03 87 37 58 84
E-Mail: odt@cg57.fr

Comité Départemental du Tourisme de Meurthe-et-Moselle
48, Rue Sergent Blandan
F-54000 Nancy
☎ 03 83 94 51 90
FAX 03 83 94 51 99
www.cdt-meurthe-et-moselle.fr

Weitere Internet-Adressen

▶ Internet

Touristikämter

Altkirch
Office de Tourisme
Place Xavier Jourdain
F-68130 Altkirch
☎ 03 89 40 02 90
FAX 03 89 08 86 90
E-Mail:
edith.knittel@wanadoo.fr

Andlau
Office de Tourisme
5, Rue du Général de Gaulle
F-67140 Andlau
☎ 03 88 08 22 57
FAX 03 88 08 42 22
www.pays-de-barr.com

Baccarat
Office de Tourisme
Place du Général Leclerc
F-54120 Baccarat
☎ 03 83 75 13 37
FAX 03 83 75 36 76
www.ville-baccarat.fr

Barr
Office de Tourisme
Place de l'Hôtel de Ville
F-67140 Barr
☎ 03 88 08 66 65

FAX 03 88 08 66 51
www.pays-de-barr.com

Belfort
Office de Tourisme
2 bis, Rue Clemenceau
F-9000 Belfort
☎ 03 84 55 90 90
FAX 03 84 55 90 99
E-Mail: otbtb@essor-info.fr

Bitche
Office de Tourisme
4, Rue du Glacis du Château
F-57230 Bitche
☎ 03 87 06 16 16
FAX 03 87 06 16 17
www.ville-bitche.fr

Colmar
Office de Tourisme
4, Rue d'Unterlinden
F-68000 Colmar
☎ 03 89 20 68 92
FAX 03 89 20 69 14
www.ot-colmar.fr

Dambach-la-Ville
Office de Tourisme
Mairie
F-67650 Dambach-la-Ville
☎ 03 88 92 61 00
FAX 03 88 92 60 09
www.pays-de-barr.com/
dambach-la-ville

Eguisheim
Office de Tourisme
22, Grand'Rue
F-68420 Eguisheim
☎ 03 89 23 40 33
FAX 03 89 41 86 20

Epinal
Office de Tourisme
13, Rue de la Comédie
F-88000 Epinal
☎ 03 29 82 53 32
FAX 03 29 35 26 16
www.ville-epinal.fr

Ferrette
Office de Tourisme
Route de Lucelle
F-68480 Ferrette
☎ 03 89 08 23 88
FAX 03 89 40 33 84
www.jura-alsacien.net

Gérardmer
Office de Tourisme
4, Place des Déportés
F-88400 Gérardmer
☎ 03 29 27 27 27
FAX 03 29 27 23 25
www.gerardmer.net

Guebwiller
Office de Tourisme
Hôtel de Ville
F-68500 Guebwiller
☎ 03 89 76 10 63
FAX 03 89 76 52 72
E-Mail:
o.t.guebwiller@wanadoo.fr

Haguenau
Office de Tourisme
Place de la Gare
F-67500 Haguenau
☎ 03 88 93 70 00
FAX 03 88 93 69 89
www.ville-haguenau.fr

Hunawihr
Mairie de Hunawihr
F-68150 Hunawihr
☎ 03 89 73 60 42

Kaysersberg
Office de Tourisme
39, Rue du Général-de-Gaulle
F-68240 Kaysersberg
☎ 03 89 78 22 78
FAX 03 89 78 27 44
www.kaysersberg.com

Lauterbourg
Office de Tourisme
Hôtel de Ville
F-67630 Lauterbourg
☎ 03 88 94 80 18
FAX 03 88 54 61 11
www.lauterbourg.net

Lembach
Office de Tourisme
23, Route de Bitche
F-67510 Lembach
☎ 03 88 94 43 16

FAX 03 88 94 20 04
www.ot.lembach.com

Luxueil-les-Bains
Office de Tourisme
1, Avenue des Thermes
F-70300 Luxueil-les-Bains
☎ 03 84 40 06 41
FAX 03 84 93 74 47

Marckolsheim
Office de Tourisme
13, Rue du Maréchal Foch
F-67390 Marckolsheim
☎ 03 88 92 56 98
FAX 03 88 92 56 07

Marmoutier
Office du Tourisme
6, Place du Général de Gaulle
F-67441 Marmoutier
☎ 03 88 71 46 84
FAX 03 88 71 44 07
E-Mail:
Tourisme.Marmoutier@
wanadoo.fr

Masevaux
Office de Tourisme
36, Fossé des Flagellants
F-68290 Masevaux
☎ 03 89 82 41 99
FAX 03 89 82 49 44
www.ot-masevaux-doller.fr

Molsheim
Office de Tourisme
19, Place de l'Hôtel de Ville
F-67120 Molsheim
☎ 03 88 38 11 61
FAX 03 88 49 80 40
www.ot-molsheim-
mutzig.com

Montbéliard
Pavillon du Tourisme
1, Rue H.-Mouhot
F-25200 Montbéliard
☎ 03 81 94 45 60
FAX 03 81 94 14 04
www.agglo-montbeliard.fr/
tourisme

Mulhouse
Office de Tourisme
9, Avenue Maréchal Foch
F-68100 Mulhouse
☎ 03 89 35 48 48
FAX 03 89 45 66 16
www.ot.ville-mulhouse.fr

Munster
Office de Tourisme
1, Rue du Couvent
F-68140 Munster
☎ 03 89 77 31 80
FAX 03 89 77 07 17
E-Mail: tourisme.munster@
wanadoo.fr

Mutzig
Informationen über Verkehrsamt Molsheim

Neuf-Brisach
Office de Tourisme
6, Place d'Armes
F-68600 Neuf-Brisach
☎ 03 89 72 56 66
FAX 03 89 72 91 73
E-Mail:
oti.bords.du.rhin@wanadoo.fr

Niederbronn-les-Bains
Office de Tourisme
6, Place de l'Hôtel de Ville
F-67110 Niederbronn-les-Bains
☎ 03 88 80 89 70
FAX 03 88 80 37 01
www.niederbronn.com

Obernai
Office de Tourisme
Place du Beffroi
F-67210 Obernai
☎ 03 88 95 64 13
FAX 03 88 49 90 84
www.mairie-obernai.fr

La Petite-Pierre
Office du Tourisme
2 a, Rue du Château, B. P. 11
F-67290 La Petite-Pierre
☎ 03 88 70 42 30
FAX 03 88 70 41 08
E-Mail: tourisme.pays-lapetite-
pierre@wanadoo.fr

Phalsbourg
Office de Tourisme

30, Place d'Armes
F-57370 Phalsbourg
☎ 03 87 24 42 42
FAX 03 87 24 42 87
E-Mail:
tourisme.phalsbourg@
libertysurf.fr

Plombières-les-Bains
Office de Tourisme
Rue Stanislas
F-88370 Plombières-les-Bains
☎ 03 29 66 01 30
FAX 03 29 66 01 94
www.plombieres-
les-bains.com

Remiremont
Office de Tourisme
2, Rue Charles de Gaulle
F-88200 Remiremont
☎ 03 29 62 23 70
FAX 03 29 23 96 79
E-Mail:
tourisme.remiremont@
wanadoo.fr

Ribeauvillé
Office de Tourisme
1, Grand'Rue
F-68150 Ribeauvillé
☎ 03 89 73 62 22
FAX 03 89 73 23 62
www.ribeauville-
riquewihr.com

Riquewihr
Office de Tourisme
2, Rue de la 1ère Armée
F-68340 Riquewihr
☎ 03 89 49 08 40
FAX 03 89 49 08 49
www.ribeauville-
riquewihr.com

Rosheim
Office de Tourisme
94, Rue du Général de Gaulle
F-67560 Rosheim
☎ 03 88 50 75 38
FAX 03 88 50 45 49
www.rosheim.com

Rouffach
Office de Tourisme
8, Place de la République
F-68250 Rouffach
☎ 03 89 78 53 15
FAX 03 89 49 61 81
www.ot-rouffach.com

Saint-Dié-des-Vosges
Office de Tourisme
8, Quai Maréchal de Lattre de Tassigny
F-88100 Saint-Dié
☎ 03 29 42 22 22
FAX 03 29 42 22 23
www.ville-saintdie.fr

Sainte-Marie-aux-Mines
Office du Tourisme
86, Rue Wilson
F-68160 Sainte-Marie-aux-Mines
☎ 03 89 58 80 50
FAX 03 89 58 67 92
www.valdargent.com

Sarrebourg
Office de Tourisme
Chapelle des Cordeliers
F-57400 Sarrebourg
☎ 03 87 03 11 82
FAX 03 87 07 13 93
www.sarrebourg.org

Sarreguemines
Office de Tourisme
11, Rue du Maire Massing
F-57200 Sarreguemines
☎ 03 87 98 80 81
FAX 03 87 98 25 77
www.sarreguemines-
museum.com

Saverne
Office de Tourisme
37, Grand'Rue
F-67700 Saverne
☎ 03 88 91 80 47
FAX 03 88 71 02 90
www.ot-saverne.fr

Schirmeck
Syndicat d'Initiative
Mairie
F-67130 Schirmeck
☎ 03 88 49 63 80
FAX 03 88 49 63 89

Auskunft
(Fortsetzung)

Sélestat
Office de Tourisme
Boulevard du Général Leclerc
F-67600 Sélestat
☎ 03 88 58 87 20
FAX 03 88 92 88 63
www.selestat-tourisme.com

Senones
6, Place Clemenceau
F-88210 Senones
☎ 03 29 57 91 03
FAX 03 29 57 83 95

Sessenheim
Commune de Sessenheim
F-67770 Sessenheim
☎ 03 88 86 97 04
FAX 03 88 86 05 77

Soufflenheim
Office de Tourisme
20 b, Grand'Rue
F-67620 Soufflenheim
☎ 03 88 86 74 90
FAX 03 88 86 60 69
www.ot-soufflenheim.fr

Strasbourg
Office de Tourisme
17, Place de la Cathédrale
F-67000 Strasbourg
☎ 03 88 52 28 28
FAX 03 88 52 28 29
www.strasbourg.com
Zweigstellen:
Place de la Gare
Pont de l'Europe
Aéroport

Thann
Office de Tourisme
7, Rue de la 1ère Armée
F-68800 Thann
☎ 03 89 37 96 20
FAX 03 89 37 04 58

Turckheim
Office de Tourisme
Corps de Garde
Place Turenne
F-68230 Turckheim
☎ 03 89 27 38 44
FAX 03 89 80 83 22
www.turckheim-alsace.com

Wissembourg
Office de Tourisme
9, Place de la République
B. P. 120
F-67163 Wissembourg Cedex
☎ 03 88 94 10 11
FAX 03 88 94 18 82
www.ot-wissembourg.fr

Autohilfe

Automobile Club de France (ACF)
6 – 8, Place de la Concorde
F-75008 Paris
☎ 01 42 65 34 70

ADAC-Notrufstadtion
(Sitz in Lyon)
☎ 04 72 17 12 22

ACE-Notrufzentrale Stuttgart
Kranken- und Fahrzeugrückholdienst
☎ 00 49 / 18 02 / 34 35 36

Autoroutes Informations
(Aktuelle Informationen über Autobahngebühren)
☎ 01 47 05 90 01

Inter Service Route
☎ 01 48 94 33 33
Rund um die Uhr erhält man hier Auskünfte (in französischer Sprache) über Straßenzustand und die aktuelle Verkehrslage.

Pannenhilfe
Auf allen Autobahnen und einigen Nationalstraßen kann Pannenhilfe über Notrufsäulen angefordert werden.
Die deutschsprachige Pannenhilfe der AIT-Assistance ist überall, außer auf Autobahnen, rund um die Uhr unterwegs: ☎ 08 00 08 92 22

Bootstourismus

Allgemeines

Auf den Kanälen Frankreichs hat sich in den letzten Jahren ein lebhafter Bootstourismus entwickelt, dessen Bedeutung noch immer zunimmt. Im Bereich des vorliegenden Reiseführers werden der Canal de la Marne au Rhin (Rhein-Marne-Kanal) und der Canal du Rhône au Rhin (Rhein-Rhône-Kanal) befahren.

Bootstypen

Bei den Verleihfirmen stehen motorisierte Kabinenboote mit zwei bis sechs Schlafplätzen und von 5,5 bis 11 m Länge zur Verfügung, die fast ausnahmslos ohne Bootsführerschein gesteuert werden dürfen (vor Fahrtantritt erfolgt eine technische Einweisung durch den Vermieter). Die Höchstgeschwindigkeit liegt zwischen 5 und 10 km / h. Die Boote sind mit Kühlschrank, Küche, Heizung und Toilettenraum ausgestattet. Auch können Fahrräder mitgemietet werden, was die Beweglichkeit, z. B. für Besichtigungen und Einkäufe, bedeutend erhöht.

Rhein-Marne-Kanal-Schleuse nahe Saverne

Verleihstationen und Vermittlung

Innerhalb des hier beschriebenen Gebiets befinden sich Verleihstationen in Saverne und Lutzelbourg. Hausboote können auch über deutsche Vermittlungsbüros gemietet werden. Anschriften hierzu nennt das Französische Fremdenverkehrsamt (▶ Auskunft).

Camping

Allgemeines

Das Elsass verfügt über 107 ausgewiesene Campingplätze mit einem bis vier Sternen. Im Norden des hier beschriebenen Gebiets (etwa nördlich der Linie Strasbourg–Saverne) gibt es verhältnismäßig wenige Campingplätze, so dass es manchmal einer ausgiebigeren Suche bedarf; weiter im Süden ist das Angebot weitaus reichhaltiger. Allerdings sind hier die Campingplätze, namentlich in den bedeutenderen Urlaubsorten, zur Hauptreisezeit oft voll besetzt ("complet"), doch findet man in der Regel etwas abseits im Hinterland fast immer noch einen freien Stellplatz.

Camping auf dem Bauernhof

Camping à la Ferme (Camping auf dem Bauernhof) eignet sich besonders für einen längeren Aufenthalt. Die Plätze sind meist etwas einfacher ausgestattet; dafür hat man einen engeren Kontakt mit Natur und ländlicher Umgebung sowie der einheimischen Bevölkerung. Allerdings sind in den meisten Fällen größere Französischkenntnisse erforderlich.

Campingführer

Die Fremdenverkehrsbüros der Départements Haut-Rhin und Bas-Rhin geben gemeinsam ein knappes, aber alle nötigen Informatio-

Camping (Fortsetzung)

nen enthaltendes Verzeichnis der elsässischen Campingplätze heraus. Eine nützliche und umfangreiche Auswahl geprüfter Campingplätze mit Kurzcharakterisierung und Ausstattungsdetails bietet der jährlich neu erscheinende ADAC-Campingführer (Band 1: Südeuropa). Gleiche Dienste leistet der ebenfalls für jedes Jahr neu herausgegebene grüne Michelin-Führer "Camping et Caravaning en France".

Diplomatische und konsularische Vertretungen

Deutschland

Botschaft
13-15, Avenue Franklin D. Roosevelt
F-75008 Paris
☎ 01 53 83 45 00
FAX 01 43 59 74 18
E-Mail: ambassade@amb-allemagne.fr

Generalkonsulat
15, Rue des Francs-Bourgeois
F-67081 Strasbourg Cedex
☎ 03 88 15 03 40
FAX 03 88 75 79 82

Österreich

Botschaft
6, Rue Fabert
F-75007 Paris
☎ 01 40 63 30 68
FAX 01 45 55 63 65
E-Mail: autriche@worldnet.fr

Generalkonsulat
29, Avenue de la Paix
F-67000 Strasbourg
☎ 03 88 35 13 94
FAX 03 88 25 19 88

Schweiz

Botschaft
142, Rue de la Grenelle
F-75007 Paris
☎ 01 49 55 67 00
FAX 01 49 55 67 67
E-Mail: vertretung@par.rep.admin.ch

Konsulate
19b, Rue du Sauvage
F-68100 Mulhouse
☎ 03 89 45 32 12
FAX 03 89 56 46 25

11, Blvd. du Président Edwards
F-67083 Strasbourg Cedex
☎ 03 88 35 00 70
FAX 03 88 36 73 54

Einkäufe · Souvenirs

Antiquitäten

Für Antiquitätenliebhaber sind die historischen Stadtviertel von Strasbourg und Colmar mit ihren zahlreichen Antikläden ein wahres Paradies. Schnäppchen allerdings findet man eher selten.

Keramik

Ein besonders geschätztes Mitbringsel ist die elsässische Keramik, insbesondere diejenige aus Soufflenheim, nämlich ockerfarbene meist braun, blau oder grün glasierte und mit rustikalen Blumen- und Pflanzenornamenten bemalte Tonwaren (spülmaschinen- und mikrowellenfest); neben ausschließlich für den Andenkenmarkt gefertigten Mustern gibt es auch schönes Gebrauchsgeschirr. Schlichter und auch weniger bekannt ist die graue Betschdorfer Keramik mit blauer Bemalung und Salzglasur (nicht feuerfest!).

Glas

An der Westflanke der nördlichen Vogesen haben sich viele Glashütten und Kristallglasschleifereien etabliert, die meist eigene Verkaufsausstellungen besitzen und bisweilen Werkstattbesuche anbieten.

Baedeker TIPP Frühe Comics

Geschenktipp ganz besonderer Art: Reproduktionen der einst im 18. und 19. Jh. weithin geschätzten Bilderbogen aus Epinal, die die Imagerie d'Epinal verkauft (▶ Reiseziele A bis Z, Epinal).

Delikatessen

Die Spezialitäten der elsässischen Küche (Gänseleberpastete u.a.) sind auch als Konserven von hoher Qualität zu bekommen. Als Souvernirs eignen sich ferner Vogesenhonig, Räucherwaren, Süßigkeiten u.ä. Für den Transport von Münsterkäse oder Wurstwaren empfiehlt sich allerdings eine Kühlbox.

Wein und Obstwässer

Besonders wer die Elsässische Weinstraße (Route du Vin) bereist, hat fast überall Gelegenheit, Vorräte für den heimischen Weinkeller einzukaufen. Auch gibt es im Elsass vorzügliche Obstbrände; vor allem in den Gebirgstälern der südöstlichen Vogesen hat sich eine aus der einstigen Schwarzbrennerei entstandene, stellenweise höchst experimentierfreudige Schnapsfabrikation entwickelt.

Storchen-Souvenirs

Überall und in mancherlei Varianten ist der Weißstorch, der Wappenvogel des Elsass, zu finden – aus Plüsch, Stoff, Keramik, Kunststoff oder als Dekor auf Schmuckkeramik.

Märkte

Im Elsass gibt es viele, teils recht pittoreske Märkte. In Strasbourg findet jeden Dienstag und Samstag am Boulevard de la Marne ein

Erzeugermarkt auf der Place du Vieux-Marché-aux-Poissons in Strasbourg

Einkäufe, Souvenirs (Fortsetzung)

Markt statt, in Mulhouse am Dienstag, Donnerstag und Samstag auf dem Marché du Canal Couvert. Und fast jedes Wochenende lädt irgendein Dorf zu einem Flohmarkt ein.

Elektrizität

Frankreichs Netzspannung beträgt bis auf wenige Ausnahmen 220 Volt. In ländlichen Gegenden gibt es manchmal noch 110 Volt; bei Schukosteckern muss man einen Adapter benutzen.

Essen und Trinken

Essgewohnheiten

Generell fällt das Frühstück (petit déjeuner) in Frankreich recht mager aus, besteht meist nur aus Kaffee, gewöhnlich Milchkaffee (café au lait), Tee oder Schokolade, einem Croissant (Hörnchen) oder einem Stück Baguette, bestrichen mit Butter und Marmelade. Im Elsass hingegen gibt es stellenweise erfreulicherweise ein reichhaltigeres Frühstück mit Wurst, Schinken, Käse und Ei sowie Kougelhopf (s. unten) – viele Hotels bieten Frühstücksbüffets an. Auch am linken Oberrhein wird, wie in ganz Frankreich, dem Mittag- und Abendessen eine große Bedeutung beigemessen; in der Regel essen die Elsässer zweimal am Tag warm, wobei das Essen jeweils aus drei bis fünf Gängen bestehen kann. Nach französischer Gepflogenheit werden die Mahlzeiten zeitig eingenommen, das Mittagessen gegen 12 Uhr und das Abendessen gegen 19 Uhr.

Elsässische Küche

Die elsässische Küche ist eine rundum geglückte Synthese alemannischer Deftigkeit und französischer Raffinesse, oder wie es der elsässische Karikaturist und Autor Tomi Ungerer ausdrückt: “französische Qualität und deutsche Portionen”. Sie bietet manche östlich des Rheins wenig oder nicht bekannte Gerichte, oft unter mundartlichen Bezeichnungen. Kein Wunder, dass im als Schlemmerland geschätzten Elsass – aus Werbezwecken, versteht sich – mehrere kulinarische Reiserouten ausgeschildert sind.

Elsässische Speisekarte

Vorspeisen (hors d’œuvres)

Die wohl bekannteste Spezialität unter den Vorspeisen ist die Pâté de foie gras (▶ Baedeker Special, S. 238). Daneben gibt es eine ganze Reihe von Fleisch-, Geflügel- und Wildpasteten. Weitere Vorspeisen sind Escargots (Weinbergschnecken) in Kräuterbutter, Assiette de Charcuterie (Aufschnitt unterschiedlicher Art) und die mit Speckstreifen und Béchamelsoße überbackene Tarte aux Oignons (Zwiebelkuchen).

Hauptgerichte

Zu den Lieblingsgerichten der Elsässer zählen Flammekueche, Choucroute und Baeckeoffe (▶ Baedeker Special, S. 238). Natürlich sind in einem Weinbaugebiet wie dem Elsass viele Gerichte mit dem köstlichen Rebensaft zubereitet, wie Coq au Riesling (Hähnchen in Weißwein, meist mit hausgemachten Nudeln oder mit Spätzle serviert) und Truite au Riesling (Forelle in Weißweinsoße). Apropos Fisch: Im Sundgau ist der Karpfen der absolute Renner;

Kalorienreiche Köstlichkeit zum Frühstück oder als Dessert

Hauptgerichte (Fortsetzung)

wie schon der Name der dortigen Routes de la Carpe Frite vermuten lässt, wird er gebacken oder gebraten, aber nie gekocht serviert.

Nachspeisen (desserts)

Zu den süßen Leckereien im Elsass zählen Obstkuchen wie Tarte aux pommes (Apfelkuchen) und Tarte aux myrtilles (Heidelbeerkuchen) sowie Soufflé au Kirsch (leichter Auflauf aus Zucker, Eiern und Kirschwasser). Oft wird auch zum Nachtisch (wie zum Frühstück) der Kougelhopf bzw. Kugelhopf (Napfkuchen aus Hefeteig mit Rosinen und Mandeln) gereicht, der aus Österreich stammen und von Marie Antoinette, als sie von Wien nach Paris zu ihrer Hochzeit reiste, im Elsass eingeführt worden sein soll. Großer Beliebtheit unter den Backwaren erfreut sich auch die Bretzel (Laugenbrezel), die gerne als Zwischenmahlzeit genossen wird. Der elsässische Käse schlechthin ist der Munster, ein herb-aromatischer, stark riechender Weichkäse aus Kuhmilch mit rötlichgelber Rinde

Getränke

Neben dem Wein (▶ dort) ist Bier das zu den Mahlzeiten beliebteste Getränk (▶ Baedeker Special, S. 274). Die bekanntesten elsässischen Brauereien befinden sich im

Baedeker TIPP **Zum Wohl!**

Fünf unterelsässische Brauereien öffnen ihre Pforten: Meteor im ca. 15 km östlich von Saverne gelegenen Hochfelden (6, Rue du Général Lebocq), Kronenbourg in Strasbourg (68, Route d'Oberhausbergen), die größte Brauerei Frankreichs, sowie drei Brasseries im nördlich an Strasbourg angrenzenden Schiltigheim – Heineken (4, Rue St-Charles), Fischer (7, Route de Bischwiller) und Schutzenberger (8, Rue de la Patrie). Eine Bierprobe ist in der Führung inbegriffen!

Wahre Gaumenfreuden

Sie sind die Spitzenreiter unter den elsässischen Gaumenfreuden: die Pâté de foie gras, die gern als Straßburger Erfindung deklariert wird; die Choucroute, mit der als Beilage fast alles gegessen werden kann; der Flammekueche, der sich anschickt, die Welt zu erobern; und schließlich der Baeckeoffe, den Hausfrauen erfanden, um besser waschen zu können.

Im Elsass hat man schon immer gut und viel gegessen. Beim spätmittelalterlichen Kirchweihfest in Strasbourg soll im Münster ordentlich gefressen und gesoffen worden sein und der Hochaltar des Gotteshauses dabei als Büffet gedient haben.

Gestopft kontra gestreckt

Die wohl bekannteste Spezialität unter den Vorspeisen ist **Pâté de foie gras** (Gänsestopfleber), eine Delikatesse mit Trüffeln, Kalbfleisch, Madeira und Gewürzen – für die Menschen ein wahrer Hochgenuss, für die armen Tiere, die "gestopft" werden, jedoch eine schlimme Tortur. Es heißt, ein Lothringer namens Jean-Pierre Clause habe als Koch des Marquis de Contades, des in den Jahren 1768 bis 1788 amtierenden Militärgouverneurs von Strasbourg, ein neues Gänseleberrezept erfunden, nämlich den bis dahin üblichen, mit ganzen Gänselebern farcierten Pastetenteig durch eine Füllung aus Kalbfleisch und Speck zu verfeinern. Clause machte sich später in Strasbourg selbstständig und verkaufte erfolgreich die von ihm erfundene Gänseleberpastete. Nach der Französischen Revolution verfeinerte er seine Spezialität auf Anraten eines jungen Kochs aus dem Périgord mit Trüffeln. So entstand der Pâté de foie gras aux truffes du Périgord. Doch ist zweifelhaft, ob Clause tatsächlich der Erste war, der eine solche Pastete herstellte. Denn schon 1740 – also noch vor der Zeit des im Elsass so gerühmten Kochs – führte das Kochbuch "Le Cuisinier Gascon" ein Rezept für "petits pâtés de foyes gras aux truffes" auf, also für Gänseleberpastetchen mit Trüffeln. Dem Liebhaber dieser Spezialität ist jedoch einerlei, wer das Gericht kreiert hat – der wahre Kenner achtet nur darauf, ob ihm "foie gras entier" bzw. "bloc de foie gras", d.h. reine Geflügelleber, offeriert wird oder "mousse", "pâté" bzw. "terrine de foie", was nichts anderes bedeutet als eine gestreckte Köstlichkeit.

Der Phantasie keine Grenzen gesetzt

Im 18. Jh. schrieb Savary des Bruslons in seinem "Dictionnaire Universel de Commerce", dass in Strasbourg vorwiegend mit "eaux-de-vie", Safran und großen Kohlköpfen Handel getrieben werde. Von Safran ist in großem Ausmaß nichts mehr zu spüren, Schnaps und Kohl aber sind heute so wichtig wie damals. Fast 70 % des französischen Weißkohls wird im Elsass geerntet. Kein Wunder, dass das wegen seiner Nahrhaftigkeit und langen Haltbarkeit geschätzte Sauerkraut auch in der elsässischen Küche eine besonders große Rolle spielt. In kleinen Kneipen wie in Spitzenrestaurants findet man das Leib- und Magengericht der Elsässer auf der Speisenkarte: **Choucroute** (Verballhornung aus elsässisch "Sürkrüt" = Sauerkraut), das am häufigsten als "Choucroute garnie à l'Alsacienne" auf den Tisch kommt, nämlich aus Speck, Würstchen und Fleisch bestehende Schlachtplatte, die in mit Weißwein verfeinertes Sauerkraut gebettet ist. Dieses Gericht mit seinen geräucherten oder gepökelten Zutaten stammt aus jenen Zeiten, als man schon zur Erntezeit des Weißkohls (meist Oktober / November) Vorräte für den Winter anlegen musste. Seit wann Choucroute zum elsässischen Speisezettel gehört, ist nicht genau bekannt, vermutlich seit dem 16. Jh., als jemand in Deutschland die Kohlgärung in Salzlake erfand. Übrigens wird Choucroute mittlerweile auch mit Fasan, Fisch oder Gänsestopfleber kredenzt. Eigentlich nichts Neues: Schon im 18. Jh. gab es Rezepte für Sauerkraut mit Räucherfisch.

Pizza auf Elsässisch

Gewissermaßen die elsässische Variante der Pizza ist der **Flammekueche** bzw. Tarte flambée (Flammkuchen), ein dünn ausgewalzter Brotteig, der – traditionell mit Crême fraîche oder Quark, Zwiebeln und Speck, zuweilen auch mit anderem Belag wie Knoblauch oder Gruyère-Käse garniert – über offenem Feuer auf großer Hitze gebacken wird. Entstanden ist die Speise, deren Name "Flammekueche" daher rührt, dass man die ersten Flammen nach dem Anheizen des Ofens zum Backen nutzte, im 18. Jh. im Kochersberger Land nordöstlich von Wasselonne, wo es im Gegensatz zu ärmeren Regionen auf den Bauernhöfen Öfen zum Brotbacken gab und die Zutaten Mehl, Milch und Zwiebeln reichlich vorhanden waren. Der Flammkuchen ist eine gesellige Angelegenheit, da er, auf großen Holzbrettern serviert, unter den Tischgenossen aufgeteilt wird; ist er aufgegessen, lässt man sich den nächsten bringen.

"Montagsgericht"

Eine aus Strasbourg stammende Spezialität ist der **Baeckeoffe** (Bäckerofen), auch "Montagsgericht" genannt. Traditionsgemäß gab die Hausfrau am Sonntagabend die Fleischreste vom sonntäglichen Mittagsmahl – meist Schweinefleisch, aber auch Rindfleisch, Lamm und Gans – zusammen mit Kartoffeln, Zwiebeln und Karotten in eine Keramikform, verfeinerte das Gericht mit Gewürzen und elsässischem Wein und brachte es am nächsten Morgen dem Bäcker, der es in der nun mit Brotteig verschlossenen Terrine im Backofen garte. So konnten sich die Hausfrauen die Kocharbeit ersparen und sich am Montag, dem traditionellen Waschtag, bis zur Mittagszeit ungestört um die schmutzige Wäsche kümmern.

Den Baeckeoffe gaben Straßburger Frauen zum Bäcker, um sich ungestört um die Wäsche kümmern zu können.

Essen und Trinken (Fts.)

Raum Strasbourg (Pêcheur / Fischer, Kronenbourg); sie sind führend auf dem französischen Markt und produzieren rund 50 % des französischen Bieres. Es werden fast nur helle Biere gebraut. Fünf Brauereien bieten Besichtigungen an (▶ Tipp, S. 237); alle zwei Jahre (2003, 2005 ...) findet im April in Strasbourg-Wacken die internationale Biermesse "Eurobière" statt.

Spirituosen

Das Elsass ist die einzige Region Frankreichs, wo in nennenswertem Umfang klare Schnäpse gebrannt werden (▶ Baedeker Special, S. 274). Die Obstwässer (u.a. aus Kirsche, Himbeere, Birne) sind leichter gebrannt als in Deutschland und daher fruchtiger; man trinkt sie gern aus weiten Gläsern, in denen sich das Aroma entfalten kann.

Feiertage

1. Januar (Neujahr)
Karfreitag
Ostermontag
1. Mai (Tag der Arbeit)
8. Mai (deutsche Kapitulation 1945)
Christi Himmelfahrt
Pfingstmontag
14. Juli (Nationalfeiertag; Sturm auf die Bastille 1789)
15. August (Mariä Himmelfahrt)
1. November (Allerheiligen)
11. November (Waffenstillstand 1918)
25. Dezember
26. Dezember

Geld

Euro

Seit 1. Januar 2002 ist der Euro (€) die gemeinsame offizielle Währung in elf europäischen Staaten. Für die nicht an das Euro-System angeschlossene Schweiz gilt:

1 € = 1,59 sfr
1 sfr = 0,69 €

Geldautomaten

An den französischen Geldautomaten (Bancomat) kann man mit Kredit- und ec-Karten Geld abheben.

Kartenverlust

Den Verlust der ec-Karte bzw. einer Kreditkarte sofort melden, die Karte wird dann umgehend gesperrt.

ec-Karte
☎ 00 49 / 18 05 / 02 10 21

Diners Club
☎ 00 49 / 59 21 / 86 12 34

Postbank SparCard
☎ 00 49 / 01 80 / 30 40 500

Eurocard / Mastercard
☎ 00 49 / 69 / 79 33 19 10

American Express
☎ 00 49 / 69 / 97 97 10 00

Visa
☎ 00 49 / 1 30 / 81 49 10

Hotels

Die Tourismusverbände der Départements Haut-Rhin und Bas-Rhin geben gemeinsam einen kombinierten Hotel- und Restaurantführer der Region Alsace (Elsass) heraus, der alljährlich aktualisiert wird (▶ Auskunft). Örtliche Hotelverzeichnisse erhält man von den jeweiligen Offices de Tourisme (s. auch ▶ Internet).

Hotelverzeichnisse

In den "Fermes-Auberges", Bauerngasthöfen vor allem in den Nordvogesen, nächtigt man meist nicht sehr komfortabel, dafür aber idyllisch. Die "Chambres d'Hôtes", private Gästezimmer inklusive Frühstück, sind eine französische Variante des Bed & Breakfast. Bei den "Gîtes de France" handelt es sich um eingerichtete private Ferienwohnungen und Ferienhäusern, die je nach Ausstattung in Klassen zwischen 1 und 4 Ähren eingeteilt sind. In den "Gîtes de France" bzw. "Gîtes Rurales", Wohnungen auf dem Land, müssen sich die Gäste selbst versorgen. Die "Gîtes d'Etape", einfache, mit Jugendherbergen vergleichbare Unterkünfte, stehen Wanderern und Radlern zur Verfügung. Informationen erteilen die Offices de Tourisme. Im Folgenden sind einige Adressen aufgelistet, über die man sich Auskünfte über die einzelnen Unterkunftsmöglichkeiten einholen bzw. Reservierungen vornehmen kann.

Preisgünstige Unterkünfte

Fermes-Auberges

Relais Départemental du Tourisme Rural (Bas-Rhin)
7, Place des Meuniers
F-67000 Strasbourg
☎ 03 88 75 56 50
FAX 03 88 23 00 97

Association des Fermes-Auberges (Haut-Rhin)
B. P. 371
F-68007 Colmar Cedex
☎ 03 89 20 10 60
FAX 03 89 23 33 91

Gîtes de France

Service de Réservation Loisirs et Tourisme vert en Alsace (Bas-Rhin)
7, place des Meuniers
F-67000 Strasbourg
☎ 03 88 75 56 50
FAX 03 88 23 00 97

Service Loisirs-Accueil (Haut-Rhin)
B. P. 371
F-68006 Colmar Cedex
☎ 03 89 20 10 62
FAX 03 89 23 33 91

Die französischen Hotels sind in offizielle Kategorien eingeteilt, die mit einem Stern (unterste, d. h. einfachste Kategorie) bis vier Sternen (oberste Kategorie) sowie dem Zusatz L (für Luxushotels) bezeichnet werden.

Hotelkategorien

Die hier aufgeführten Preise beziehen sich auf ein Doppelzimmer pro Nacht (ohne Frühstück).

Preiskategorien

Kategorien	Preise
****	92 – 400 €
***	45 – 200 €
**	32 – 108 €

Altkirch

***Auberge Sundgovienne**
Route de Belfort, 29 Z.
☎ 03 89 40 97 18
FAX 03 89 40 67 73
www.auberge-sundgovienne.fr
Eine zum Ausspannen ideale Unterkunft, denn die Auberge liegt etwas außerhalb an der nach Belfort führenden Straße in einem kleinen Park. Im zugehörigen Restaurant werden Sundgauer Spezialitäten serviert.

Andlau

*****Zinck Hotel**
13, Rue de la Marne, 14 Z.
☎ 03 88 08 27 30
FAX 03 88 08 42 50
Dass das Haus mal eine Mühle war, merkt man spätestens im Eingangsraum, dessen Prunkstück das alte Mühlrad ist, und im Salon, wo in Vitrinen Spulen, Spindeln und andere alte Arbeitsgeräte ausgestellt sind. Jedes Zimmer widmet sich einem speziellen Thema, entsprechend heißen die Räume “La Japonaise”, “La Coloniale” oder “La Baroque”. Kein Restaurant.

Barr

****Le Brochet**
9, Pl. de l'Hôtel de Ville, 23 Z.
☎ 03 88 08 92 42
FAX 03 88 08 48 15
www.brochet.com
Das schöne regionaltypische Fachwerkhaus liegt im malerischen Ortskern; im Terrassenrestaurant werden elsässische Küche und Fischspezialitäten serviert.

Bergheim

*****La Cour du Bailli**
57, Grand'Rue, 24 Z.
☎ 03 89 73 73 46
FAX 03 89 73 38 81
www.cour-bailli.com
Kinderfreundliche “Résidence Hôtelière” in einem alten Weingut mit Bauresten aus dem 15. Jh. und einem hübschen Innenhof mitten im malerischen Kern des Winzerstädtchens. Geschmackvoll möblierte und dekorierte, komplett ausgestattete Ferienwohnungen.

Cernay

*****Les Trois Rois**
2, Rue de Thann, 10 Z.
☎ 03 89 75 40 54
FAX 03 89 39 91 78
E-Mail: dzampieri@aol.com
Gut ausgestattetes Hotel an der nach Thann führenden Straße. Das dazugehörige Restaurant serviert regionale Spezialitäten.

Colmar

******Romantik-Hotel Maréchal**
4-6, Place des Six Montagnes Noires, I, 30 Z.
☎ 03 89 41 60 32,
FAX 03 89 24 59 40
www.hotel-le-marechal.com

Das hochklassige Hotel ist in einem sehr schön in der “Petite Venise” gelegenen historischen Haus aus dem 16. Jh. eingerichtet. Die 30 Zimmer – vom großzügigen Apartement bis zum Mansardenstübchen mit rustikalen Deckenbalken ausgestattet – sind jeweils nach einem Komponisten benannt, bieten dem Gast sowohl Nostalgie als auch modernen Komfort. Die klassisch-regionalen Gerichte des hoteleigenen Restaurants "A l'Echevin" genießt man entweder im langen, schmalen Saal mit herrlichem Blick auf Klein-Venedig oder auf der Terrasse direkt über dem Wasser.

******Europe**
in Horbourg: 15, Route de Neuf-Brisach, 138 Z.
☎ 03 89 20 54 00,
FAX 03 89 41 27 50
www.hotel-europe-colmar.com
Das sehr komfortable und idyllische Hotel liegt in einem östlichen Vorort an der Straße nach Neuf-Brisach, ca. 3 km vom Stadtzentrum entfernt. Für das körperliche Wohlbefinden sorgen Hallenbad, Tennisplatz und Fitnessraum.

****Rapp**
1-5, Rue Weinemer, 42 Z.
☎ 03 89 41 62 10
FAX 03 89 24 13 58
www.rapp-hotel.com
Sehr zentral gelegenes Hotel mit gutem Komfort, Hallenbad und Sauna. In den beiden hoteleigenen Restaurantstuben "Rapp" und "Rappstub" kann man elsässische Spezialitäten genießen.

Dambach-la-Ville

****Au Raisin d'Or**
28 bis, Rue Clemenceau, 8 Z.
☎ 03 88 92 48 66
FAX 03 88 92 61 42
E-Mail:
Raisin-or@visit-alsace.com
Kleines Hotel nahe beim malerischen Ortskern mit zeitgemäßer Ausstattung.

Eguisheim

****Auberge des Comtes**
1, Pl. Charles de Gaulle, 20 Z.
☎ 03 89 41 16 99
FAX 03 89 24 97 10
Einen schönen Blick hat man von den hübschen Zimmern aus auf alle Fälle: entweder auf das alte Winzerstädtchen oder auf die "Drei Egsen" (3 Zimmer, von denen man auf die Burgruinen blickt, verfügen auch über einen Balkon). Der traditionelle Familienbetrieb mit dem sehr sympathischen Service bietet den Gästen im hoteleigenen Restaurant darüber hinaus exquisite elsässische Spezialitäten, die man unbedingt probieren sollte.

Epinal

*****Mercure**
13, Place Emile Stein, 46 Z.
☎ 03 29 29 12 91
FAX 03 29 29 12 92
Das sehr komfortable Hotel liegt ganz nahe beim Kunstmuseum am Moselkanal.

Gérardmer

*****La Jamagne**
2, Boulevard de la Jamagne, 50 Z.
☎ 03 29 63 36 86
FAX 03 29 60 05 87
Das große, rustikal ausgestattete Hotel liegt zentrumsnah und unweit vom See. Sauna, Hallenbad und Kinderspielplatz.

Guebwiller

Château-Hôtel de la Prairie
Allée des Marroniers, 18 Z.
☎ 03 89 74 28 57
FAX 03 89 74 71 88
Sehr reizvoll am Fuß der Weinberge gelegenes, schlossartiges kleines Hotel, das mit

Nostalgie lockt. Zimmer teilweise mit Kamin. Kein Restaurant.

Haguenau

****De l'Europe**
15, Avenue Professeur Leriche, 80 Z.
☎ 03 88 93 58 11
FAX 03 88 06 05 43
Etwas außerhalb vom Zentrum gelegenes, gut ausgestattetes Hotel traditionellen Stils. Sauna, Schwimmbad, Fitnessraum.

Le Hohwald

****Clos Ermitage**
34, Rue du Wittertalhof, 19 Z.
☎ 03 88 08 31 31
FAX 03 88 08 34 99
Schön und ruhig etwas außerhalb am Waldrand gelegenes modernes Hotel mit Sauna, Solarium und Terrasse.

Kaysersberg

*****Chambard**
9-13, Rue du Général-de-Gaulle, 20 Z.
☎ 03 89 47 10 17,
FAX 03 89 47 35 03
E-Mail:
hotelrestaurantlechambard@wanadoo.fr
Bestens ausgestattetes Hotel traditionellen Stils mitten im Ortskern, dessen Inhaber für sehr individuelle Gastlichkeit sorgen. Für die exquisiten Gerichte im eleganten Feinschmeckerrestaurant oder im Bistro sorgt der Hausherr selbst.

Kientzheim

*****L'Abbaye d'Alspach**
2-4, Rue Foch, 29 Z.
☎ 03 89 47 16 00
FAX 03 89 78 29 73
Das Hotel befindet sich in einer aus dem 13. Jh. stammenden einstigen Abtei. Die um einen historischen Innenhof gruppierten Zimmer sind unterschiedlich groß und allesamt individuell eingerichtet. Von der großzügigen Terrasse hat man einen schönen Blick auf die örtlichen Weinberge. Kein Restaurant, aber zum Abendessen auf der Terrasse werden gern Gläser, Teller und Besteck zur Verfügung gestellt.

Luxeuil-les-Bains

*****Beau Site**
18, Rue G. Moulimard, 33 Z.
☎ 03 84 40 14 67
FAX 03 84 40 50 25
Sehr komfortables Hotel in der Nähe des Casinos und der Thermalquellen mit großem Park, Freibad und Liegewiese.

Mittelbergheim

****Winstub Gilg**
1, Route du Vin, 15 Z.
☎ 03 88 08 91 37
FAX 03 88 08 45 17
Landestypischer kleiner Gasthof in einem stattlichen Steinhaus aus dem frühen 17. Jh. Das Hotel verfügt über gemütliche und ruhige Zimmer sowie ein Restaurant, das mit seiner einfallsreichen Küche zu den besten Adressen des Elsass zählt.

Molsheim

****Le Bugatti**
Rue de la Commanderie, 45 Z.
☎ 03 88 49 89 00
FAX 03 88 38 36 00
www.strasbourg.com/bugatti
Hotel mit modern ausgestatteten Zimmern und Apartments südöstlich außerhalb des Zentrums (aber ohne Restaurant). Bis ins Straßburger Zentrum sind es nur 15 Minuten.

Mulhouse

Du Parc
26, Rue de la Sinne, 76 Z.
☎ 03 89 66 12 22
FAX 03 89 66 42 44
www.hotelduparc-mulhouse.com
Hochklassiges, 1926 erstmals eröffnetes Hotel in günstiger Lage zwischen Bahnhof und Altstadt. In dem im Art-déco-Stil eingerichteten Haus, das einige Jahre lang geschlossen war, aber ab 1988 in neuem Glanz erstrahlte, werden die "wilden" zwanziger Jahre des letzten Jahrhunderts wieder wach, wie vor allem im Entrée zu sehen ist. Ganz exklusiv: Die Bäder sind aus weißem griechischem Marmor.

*****Mercure Centre**
4, Pl. Charles de Gaulle, 96 Z.
☎ 03 89 36 29 39
FAX 03 89 36 29 49
www.www.accorhotel.com
Das bestens ausgestattete Hotel liegt gegenüber dem Hauptbahnhof und beim Sportboothafen des Rhein-Rhône-Kanals.

*****Bourse**
14, Rue de la Bourse, 50 Z.
☎ 03 89 56 18 44
FAX 03 89 56 60 51
www.E-Mail:
bourse@wanadoo.fr
Ziemlich zentral und direkt am hübschen Jardin de la Bourse gelegen, bietet das Hotel sehr guten Komfort.

Munster

*****A la Verte Vallée**
10, R. Alfred Hartmann, 107 Z.
☎ 03 89 77 15 15
FAX 03 89 77 17 40
www.alsanet.com/verte-vallee
Modernes und familienfreundliches Komforthotel mit großem Garten und zahlreichen Sportangeboten: Hallenbad, Sprudelbäder, Sauna, Solarium, Fitnessraum.

Murbach

*****Saint Barnabé**
27 Z.
☎ 03 89 76 92 15
FAX 03 89 76 67 80
www.hostellerie-st-barnabe.com
Großzügig angelegtes, komfortables Hotel traditionellen Stils am Waldrand. Unterschiedlich große Zimmer, auch sehr schöne Suiten im Landhausstil. Tennis- und Reitgelegenheit, empfehlenswertes Restaurant mit elsässischer Küche und internationalen Gerichten.

Mutzig

****Hostellerie de la Poste**
4, Place de la Fontaine, 19 Z.
☎ 03 88 38 38 38
FAX 03 88 49 82 05
E-Mail:
hostellerie.pfeiffer@wanadoo.fr
Mitten im verkehrsberuhigten Zentrum des Städtchens gelegenes Hotel mit hohem Komfort. Terrassenrestaurant mit regionalen Spezialitäten.

Neuf-Brisach

****Aux Deux Roses**
11, Route de Strasbourg, 43 Z.
☎ 03 89 72 56 03
FAX 03 89 72 90 29
Das Hotel liegt verkehrsgünstig an der nach Strasbourg führenden Landstraße.

Niederbronn-les-Bains

*****Muller**
16, Av. de la Libération, 41 Z.
☎ 03 88 63 38 38
FAX 03 88 63 38 39
Modernes Haus traditionellen

Zuschnitts mit Hallenbad, Sauna und Solarium sowie Terrasse und Restaurant.

Obernai

******A la Cour d'Alsace**
3, Rue de Gail, 43 Z.
☎ 03 88 95 07 00
FAX 03 88 95 19 21
www.com-alsace.com
Hochklassiges, ruhig gelegenes Hotel im ehemaligen Stadtsitz der Barone von Gail an den Wallmauern, das ein deutscher Unternehmer herrichten ließ. Alle um einen gepflasterten Innenhof angelegten Zimmer sind geräumig, hell und dezent-rustikal. Garten sowie ein edles Feinschmeckerlokal und ein rustikales Winstub-Restaurant.

******Le Parc**
169, Rue d'Ottrott, 56 Z.
☎ 03 88 95 50 08
FAX 03 88 95 37 29
www.hotel-du-parc.com

Sehr angenehmes, hochkomfortables Hotel im regionaltypischen Stil, eingebettet in einen weitläufigen Park. Den Gästen stehen geschmackvoll eingerichtete Zimmer sowie Freibad, Hallenbad, Sauna und ein empfehlenswertes Restaurant zur Verfügung.

Ottrott

*****Le Clos des Délices**
17, Rue de Klingenthal, 23 Z.
☎ 03 88 95 81 00
FAX 03 88 95 97 71
Das etwas außerhalb in einem schönen Park gelegene moderne Ferienhotel ist besonders auf Urlaub und Erholung eingestellt. Hallenbad, Sauna, Solarium – und im neu erbauten Teil der Anlage gibt es nun auch ein Restaurant. Vor allem Naturliebhaber und Gourmets kommen hier auf ihre Kosten.

La Petite-Pierre

*****La Clarière**
Route d'Ingwiller, 50 Z.
☎ 03 88 71 75 00
FAX 03 88 70 41 05
www.la-clairiere.com
Das moderne, sehr gut ausgestattete Hotel liegt auf einer eine schöne Aussicht gewährenden Anhöhe im Naturpark. Hallenbad, Sauna, Fitnessraum, Gartenrestaurant.

Ribeauvillé

******Le Clos Saint Vincent**
Route de Bergheim, 15 Z.
☎ 03 89 73 67 65
FAX 03 89 73 32 20
E-Mail: clovincent@aol.com
Hochklassiges, sehr ruhig in den Weinbergen gelegenes Hotel mit schönem Panoramablick. Hallenbad, Garten, Terrassenrestaurant.

Riquewihr

*****A l'Oriel**
3, Rue des Ecuries Seigneurales, 19 Z.
☎ 03 89 49 03 13,
FAX 03 89 47 92 87
www.alsanet.com/oriel
Das rustikal-gemütliche Hotel mit dem hübschen blumengeschmückten Innenhof steht an einer schmalen Seitenstraße im Ortskern, direkt neben dem Postkutschenmuseum. In der Hotelbar treffen sich auch

Bewohner des Ortes zu einem Gläschen Wein.

Rosheim

****Hostellerie du Rosenmeer**
45, Avenue de la Gare, 20 Z.
☎ 03 88 50 43 29
FAX 03 88 49 20 57
Der schon seit über 150 Jahren bestehende Gasthof liegt nordöstlich etwas außerhalb des Orts. Die unterschiedlich großen Zimmer sind jeweils nach Weinlagen benannt. In der gemütlichen Winstub wartet eine kleine, aber dafür umso feinere Karte mit wechselnden Tagesgerichten auf den Gast.

Rouffach

******Château d'Isenbourg**
40 Z.
☎ 03 89 78 58 50
FAX 03 89 78 53 70
www.grandesetapes.com

Das hochrangige und sehr gut ausgestattete Hotel, das sich seit 1999 zu den "Small Luxury Hotels of the World" zählen darf, ist in der einstigen Residenz der Straßburger Erzbischöfe inmitten der Weinberge eingerichtet. Großer Park, Hallenbad, beheiztes Freibad, Fitnessraum, Tennisplatz, ausgezeichnetes Restaurant – inklusive herrlicher Blick auf die Dächer von Rouffach und auf die Vogesen. Seit dem Direktorenwechsel von 1998 leitet eine Deutsche das Haus.

Saint-Hippolyte

*****Munsch / Aux Ducs de Lorraine**
16, Route du Vin, 40 Z.
☎ 03 89 73 00 09
FAX 03 89 73 05 46
Großzügig gestaltetes Haus im altertümlichen Stil der Region. Hoher Komfort; Garten, Tennisplatz; Terrassenrestaurant. Alle Zimmer haben Balkon und gewähren einen Blick bis zur Hohkönigsburg.

Saverne

****Europe**
7, Rue de la Gare, 28 Z.
☎ 03 88 71 12 07
FAX 03 88 71 11 434
www.hotel-europe-fr.com
Das Hotel liegt verkehrsgünstig beim Bahnhof und nicht weit vom Rohan-Schloss. Kein Restaurant.

Schirmeck

****Neuhauser**
Les Quelles, 17 Z.
☎ 03 88 97 06 81
FAX 03 88 97 14 29
www.hotelneuhauser.fr
Das rustikale Hotel liegt auf einer Waldlichtung. Freibad, das bei kühlem Wetter zum Hallenbad umfunktioniert wird, Kinderspielplatz; eigene Brennerei. Im Restaurant kommen u. a. köstliche Wildterrinen auf den Tisch.

Sélestat

*****Abbaye de la Pommeraie**
8, Avenue Foch, 14 Z.
☎ 03 88 92 07 84
FAX 03 88 92 08 71
Das sehr gut ausgestattete, stilvolle Hotel ist in einer aus dem 17. Jh. stammenden einstigen Abtei eingerichtet. Kleines rustikales und sehr empfehlenswertes Restaurant.

Strasbourg

******Régent Petite France**
5, Rue des Moulins, 72 Z.
☎ 03 88 76 43 43
FAX 03 88 76 43 76
www.regent-hotels.com
In einem einstigen Fabrikgebäude (alte Eisfabrik) im Herzen der Altstadt und am Ufer der Ill wurde dieses hervorragend ausgestattete, edel gestylte Hotel eingerichtet. Schöner Blick auf die Kanäle; Terrassenrestaurant.

*****Le Dragon**
2, Rue de l'Ecarlate, 32 Z.
☎ 03 88 35 79 80
FAX 03 88 25 78 95
www.dragon.fr
Sehr komfortables, zentrumsnahes Haus mit sachlich-moderner Atmosphäre, das das erste Designhotel von Strasbourg war. Benannt ist das Anwesen nach einem Baron von Drachen, der das historische Gebäude 1725 erwarb. Die im Hotel ausgestellten Werke zeitgenössischer Kunst können käuflich erworben werden. Das Haus verfügt über kein Restaurant.

*****Hannong**
15, Rue du 22 Novembre, 72 Z.
☎ 03 88 32 16 22
FAX 03 88 22 63 87
www.hotel-hannong.com
Traditionsreiches, zentral gelegenes Haus, z.T. noch mit Ausstattung im Stil der 20er Jahre.

****Le Père Benoit**
in Entzheim: 34, Route de Strasbourg, 60 Z.
☎ 03 88 68 98 00,
FAX 03 88 68 64 56
www.strasbourg.com/pere-benoit
Das rustikale, komfortable Hotel ist in einem Bauernhof aus dem 18. Jh. eingerichtet. Mit Sauna und Fitnessraum; stimmungsvolles Restaurant "Steinkeller".

Thann

*****Parc**
23, Rue Kléber, 20 Z.
☎ 03 89 37 37 47
FAX 03 89 37 56 23
www.alsacehotel.com
Traditionelles, komfortables, ruhig gelegenes Romantikhotel mit großem Park. Beheiztes Schwimmbad, Reitgelegenheit.

Turckheim

*****Les Deux Clefs**
3, Rue du Conseil, 45 Z.
☎ 03 89 27 06 01
FAX 03 89 27 18 07
www.hotel-turckheim.com
Das traditionsreiche Hotel mit der heimeligen Innenausstattung ist in einem prächtigen Fachwerkhaus aus dem 16. Jh. eingerichtet. Schwimmbad, Tennisplatz und ein idyllischer Sommergarten.

Ungersheim

****Les Loges de l' Ecomusée**
Chemin du Grosswald, 40 Z.
☎ 03 89 74 44 95
FAX 03 89 74 44 68
www.ecomusee-alsace.com
Die Hotelanlage (auch Apartments / Ferienwohnungen) in authentischem ländlichen Stil liegt im Ecomusée (Oberelsässisches Freilichtmuseum) bei Ensisheim und verteilt sich auf mehrere Häuser.

Wissembourg

****Au Moulin de la Walck**
2, Rue de la Walck, 25 Z.
☎ 03 88 94 06 44
FAX 03 88 54 38 03
Hübsch etwas außerhalb, an der Lauter gelegenes Land-

hotel in einer alten Mühle. Die Zimmer befinden sich im Anbau. Zum Hotel gehört ein Restaurant, in dem "der Akzent der Vogesen" (Selbstbeurteilung) vorherrscht.

Information

▶ Auskunft

Internet

www.tourism-alsace.com
Online-Ausgabe des elsässischen Comité Régional du Tourisme (Französisch, Englisch, Deutsch): Sehenswertes, Kultur, Geschichte, Natur, sportliche Erholung, Gastronomie, Veranstaltungen – kurz: alles auf einen Blick. Auch Online-Übernachtung.

www.visit-alsace.com
Viele Tipps zu Hotels, Restaurants und Weinen. Die Geschichte kommt nicht zu kurz, und es gibt schöne Kurzbeschreibungen einzelner Gemeinden. Auch auf Deutsch.

www.alsace-info.com
Neben touristischen Infos (auch auf Deutsch) wie Sehenswertes, Übernachten und Gastronomie auch Tipps zum Einkaufen sowie Angabe von Verkehrsmitteln, örtlichen Verwaltungen und Notadressen (z. B. Krankenhäuser). Bei der Präsentation der einzelnen Gemeinden stehen nützliche Adressen (Hotels, Sport, etc.) im Vordergrund.

www.alsapresse.com/ext/regio
Tourismusteil der Online-Ausgabe "alsapresse", das in erster Linie tagtäglich aus aller Welt, aber auch aus dem Elsass berichtet. Nur auf Französisch.

ww.gaf.tm.fr/ca/alsace.htm
Suche und Buchung einer Unterkunft: Hotels, Pensionen, Feriendörfer, Jugendherbergen, Campingplätze etc.

Jugendherbergen

Jugendherbergen (auberges de jeunesse) findet man in Belfort, Cernay, Colmar, Lautenbach, Luttenbach, Mulhouse, Saverne, Strasbourg (2 Jugendherbergen), Ventron und Wœrth. Reservierungen können bei der FUAJ Alsace vorgenommen werden.

Auskunft in Frankreich

Fédération Unie des Auberges de Jeunesse
27, Rue Pajol
F-75018 Paris
☎ 01 44 89 87 27
FAX 01 44 89 87 10

FUAJ Alsace
13, Rue des Veaux
F-67000 Strasbourg
☎ 03 88 24 03 09
FAX 03 88 24 04 98

Jugendherbergen (Fortsetzung)

Auskunft in Deutschland

Deutsches Jugendherbergswerk
Postfach 1455
D-32704 Detmold
☎ (0 52 31) 99 36 0
FAX 99 36 66
E-Mail: info@djh.org
www.djh.de

DJH Reiseservice
Bismarckstr. 8
D-32756 Detmold
☎ (0 52 31) 74 010, FAX 74 0149

Auskunft weltweit

www.iyhf.org

Kinder

Neben Sportarten wie Radfahren, Baden in elsässischen Seen bzw. Freizeitbädern (u. a. im Nautiland von ▶ Haguenau) oder Fliegen im Heißluftballon (▶ Sport) sowie Besuchen der ▶ Haut-Kœnigsbourg, des Ecomusée d'Alsace (▶ Ensisheim), des Musée Animé du Jouet in ▶ Colmar und des Musée Zoologique in ▶ Strasbourg gibt es im Elsass etliche Einrichtungen, in denen sich die Jüngsten sicherlich wohl fühlen bzw. die das Interesse des Nachwuchses wecken werden.

Beobachtung von Tieren

Bei Kintzheim unter der Haut-Kœnigsbourg befindet sich in einem bewaldeten Gelände die "Montagne des Singes", der Affenberg, wo die frei umherlaufenden Berberaffen mit Popcorn gefüttert werden dürfen. Ganz in der Nähe, auf der Burg Kintzheim, lädt die Greifvogelwarte mit Flugvorführungen von Geiern, Adlern und Falken ein. Zwischen Kintzheim und Sélestat gibt einen kleinen Vergnügungspark mit einer Storchenzucht, bei Hunawihr kann man im Centre de Réintroduction des Cigognes nicht nur Störche, sondern auch Kormorane und Fischotter beobachten. Tiere wie Affen, Störche, Hirsche u. a. sind ferner im Centre de Loisir in Herbsheim, südöstlich von Benfeld, zu besichtigen, das auch über eine Ponyranch verfügt. Im Aquarium Tropical von Kingersheim nördlich von Mulhouse können unter den exotischen Süß- und Salzwasserfischen auch Haifische und Piranhas bewundert werden. Mulhouse selbst hat einen großen Zoo.

Freizeitparks

In Morsbronn-les-Bains zwischen Lembach und Haguenau gibt es ein Fantasialand mit Karussell, Floßfahrten, Seeräuberboot, Kleinbahn und Bergwerkbahn. Am Lac de Pierre-Percée östlich von Baccarat in den Vogesen kann sich das Publikum ab 8 Jahren im Aventure Parc auf 72 Geräten zwischen Himmel und Erde vergnügen (u. a. Hängeseile, Affenbrücken, Seilwände).

Minentour

Bei Ste-Marie-aux-Mines werden kindgerechte Führungen durch eine enge, unbeleuchtete Silbermine aus dem 16. Jh. angeboten, die einen halben Tag dauern. Ausrüstung (Helme, Grubenlampen, Gummiausrüstung) wird gestellt.

Museumsbahnen, Schifffahrt

Auf verschiedenen Strecken kann man die Gegend mit einer Dampf- oder Diesellok erkunden, so im Dollertal von Cernay nach Sentheim. Ferner gibt es eine Waldbahn von Abreschviller (südlich von Sarrebourg) nach Grand Soldat und ein Bähnchen am Schiffshebewerk St-Louis-Arzviller. Zwischen dem Hafen von Neuf-Brisach und Baltzenheim wird ein Ausflug angeboten, bestehend aus einer Fahrt mit dem Dampfzug und mit dem Schiff auf dem Rhein.

Kinder (Fortsetzung)

Draisinen

Im Mortagne-Tal können die früher von den Gleisarbeitern zur Fortbewegung genutzten Draisinen auf einer 13 km langen, still gelegten Bahnstrecke ab Magnières (ca. 20 km westlich von Baccarat) für einen halben Tag oder stundenweise gemietet werden (Information und Reservierung am alten Bahnhof von Magnières).

Literaturempfehlungen

Romane, Erinnerungen

Huguette Dreikaus, Das Elsass, das ich meine (Editions DNA, Strasbourg 1998). Die elsässische Radiochronistin, Kabarettistin und Gymnasiallehrerin aus Dauendorf über ihre Heimat.

Jean Egen, Die Linden von Lautenbach (rororo, Hamburg 1986). Auf packende Weise erzählt Jean Egen (1920 – 1995) die Geschichte einer elsässischen Familie im Spannungsfeld zweier Nationen.

Theodor Fontane, Aus den Tagen der Okkupation. Eine Osterreise durch Nordfrankreich und Elsass-Lothringen 1871 (Aufbau TB, Berlin 2000). Historische Rekonstruktion, humoristische Szenen, Landschaftsbeschreibungen und kunsthistorische Schilderung des großen deutschen Dichters.

Martin Graff, Von Liebe keine Spur (Knesebeck, München 1996). Der in Munster geborene Journalist über das Verhältnis der Deutschen zum Elsass, die in der Gegend am Oberrhein vor allem ein Schlemmerland sehen – von wegen: Deutsche und Elsässer seien ein Herz und eine Seele.

Baedeker TIPP Bücherdorf

Im ca. 6 km westlich von Baccarat gelegenen Dorf Fontenoy-la-Joûte haben 23 Antiquare und ein Buchbinder aus Frankreich ehemalige lothringische Bauernhöfe zu Buchhandlungen umgebaut, die Hunderttausende von antiquarischen und gebrauchten Büchern zu allen Themen und in allen Preisklassen verkaufen.

Johann Wolfgang von Goethe, Aus meinem Leben. Dichtung und Wahrheit (Reclam, Stuttgart 1993). Der Dichterfürst, der 1770 nach Strasbourg kam, um sein Studium zu beenden, berichtet u. a. über sein Liebesverhältnis zur Sessenheimer Pfarrerstochter Friederike und über die deutsche Baukunst.

Albert Schweitzer, Aus meiner Kindheit und Jugendzeit (Fischer TB, Frankfurt / Main 1995).

Georges Simenon, Das Gasthaus im Elsass (Diogenes, Zürich 1986). Spannende Geschichte des belgischen Krimi-Meisters am Col de la Schlucht.

Henri Turenne / François Ducher, Die Elsässer (Rowohlt TB-V, Reinbeck 2000). Buch zur Arte-Serie 1998. Familiensaga vor dem Hintergrund dreier Kriege, die den Elsässern vier verschiedene Staatsbürgerschaften einbrachten.

Literatur-empfehlungen (Fortsetzung)

Tomi Ungerer, Die Gedanken sind frei. Meine Kindheit im Elsass (Diogenes, Zürich 1993). Ungerer über seine Kindheit im Elsass unterm Hakenkreuz.

Claude Vigée, Bischweiler oder der Große Lebold (Das Arsenal, Berlin 1998). Autobiographische Erzählung des aus einer jüdischen Familie stammenden Elsässers Claude Vigée (geb. 1920) von seiner Kindheit und Jugend in den 1920- und 1930er-Jahren in einer elsässischen Kleinstadt.

Bildband

Elsass, HB Bildatlas 222 (Mairs Geographischer Verlag, Ostfildern 2001). Stimmungsvolles Porträt der Region Elsass mit ihren Highlights.

Kulinarisches

Tony und Jean-Louis Schneider / Daniele Brison, Die Elsässische Küche (Editions DNA, Strasbourg 1994). Respektlos-erotomanische Illustrationen von Tomi Ungerer zu Rezepten der elsässischen Küche.

Mietwagen

Avis

Frankreich ☎ 08 02 05 05 05
Deutschland ☎ 0180 / 5 55 77
Österreich ☎ 08 00 08 00 87 57
Schweiz ☎ 01 / 2 98 33 33
www.avis.com

Hertz

Frankreich ☎ 01 39 38 38 38
Dtschld. ☎ 0180 / 5 33 35 35
Österreich ☎ 01 / 7 95 42
Schweiz ☎ 01 / 2 42 84 84
www.hertz.com

Europcar

Frankreich ☎ 01 30 43 82 82
Dtschld. ☎ 0180 / 5 22 11 22
Österreich ☎ 01 / 7 99 61 76
Schweiz ☎ 01 / 4 37 21 11
www.europcar.com

Sixt / Budget

Frankreich ☎ 01 44 38 55 55
Dtschld. ☎ 0180 / 5 23 22 22
Schweiz ☎ 01 / 3 83 17 47
www.e-sixt.com

Notdienste

Notrufnummern in Frankreich

SAMU
(Krankenwagen und Notarzt)
☎ 15

Polizei
☎ 17

Feuerwehr
☎ 18

Pannenhilfe
☎ 08 00 08 92 22

ADAC-Notruf
☎ 04 72 17 12 22

Notrufdienste in Deutschland

ACE-Notrufzentrale Stuttgart
Kranken- und Fahrzeugrückholdienst
Telefon aus Frankreich:
☎ (00 49 / 18 02) 34 35 36

Notdienste (Fortsetzung)

ADAC-Notrufzentrale München
Telefon aus Frankreich:
☎ (00 49 / 89) 22 22 22 (rund um die Uhr besetzt; Beratung nach Unfällen etc.)

☎ (00 49 / 89) 76 76 76 (Ambulanzrückholdienst und Telefonarzt)

DRK-Flugdienst Bonn
Telefon aus Frankreich:
☎ (00 49 / 2 28) 23 00 23

Deutsche Rettungsflugwacht Stuttgart
Telefon aus Frankreich:
☎ (00 49 / 7 11) 70 10 70

Notrufdienst in Österreich

ÖAMTC-Notrufzentrale Wien
Telefon aus Frankreich:
☎ (00 43 / 1) 9 82 82 82

Notrufdienst in der Schweiz

Schweizerische Rettungsflugwacht Zürich
Telefon aus Frankreich:
☎ (00 41 / 1) 14 14
☎(00 41 / 1) 3 83 11 11

Verkehrsunfälle ohne Personenschaden

Bei leichteren Verkehrsunfällen ohne Personenschäden sind die Beteiligten gehalten, ein einvernehmliches Protokoll ("constat amiable"; Europäischer Unfallbericht) aufzusetzen und zu unterzeichnen. Zudem ist es bei größeren Fahrzeugschäden ratsam, vor der Rückkehr ins Heimatland ein Sachverständigengutachten einzuholen.

Öffnungszeiten

Einkaufszentren

Die Supermärkte und Einkaufszentren (centres commerciaux) im Einzugsbereich der größeren Städte sind im Allgemeinen (auch am Samstag) von 9⁰⁰ – 19⁰⁰ Uhr geöffnet (manche Läden sogar bis 21⁰⁰ Uhr).

Einzelhandel, Lebensmittelgeschäfte

Die Öffnungszeiten für mittlere und kleinere Einzelhandelsgeschäfte sind weniger streng festgelegt. Lebensmittelläden und Bäckereien öffnen morgens schon sehr zeitig und sind auch sonn- und feiertags meist nicht durchgehend geschlossen. Dagegen wird in aller Regel eine Mittagspause (12⁰⁰ – 14⁰⁰ oder 15⁰⁰ Uhr) eingehalten.

Banken

Di. – Fr. 10⁰⁰ – 13⁰⁰ und 15⁰⁰ – 17⁰⁰ Uhr (einige Banken öffnen auch samstags vormittags; Achtung: Vor Feiertagen schließen die Banken manchmal früher).

Postämter

► Post

Sehenswürdigkeiten, Museen

Auch viele Sehenswürdigkeiten (Museen, Schlösser, z.T. Kirchen) sind über die Mittagszeit unzugänglich; einige wenige Ausnahmen gibt es in der Hauptreisezeit. Die allermeisten Museen sind dienstags geschlossen.

Kirchen

Es sollte selbstverständlich sein, dass man auf die Innenbesichtigung von Kirchen verzichtet, während Gottesdienste abgehalten werden.

Post

Öffnungszeiten Die Postämter sind Mo. – Fr. 8 00 – 19 00 Uhr (z. T. Mittagspause), Sa. 8 00 – 12 00 Uhr geöffnet.

Postämter In der Post kann man Briefe aufgeben, Pakete oder Telegramme verschicken, Geld umtauschen, telefonieren, ein Fax versenden, den Minitel-Dienst benutzen (▶ Telefon), Briefmarken und Umschläge kaufen (Briefmarken sind auch in Tabakläden erhältlich) sowie Post abholen (postlagernde Sendungen). Viele Kreditkarten werden akzeptiert.

Reisedokumente

Personalpapiere Zur Einreise nach Frankreich genügt für Reisende aus Deutschland sowie aus Österreich und der Schweiz ein gültiger Personalausweis.

Fahrzeugpapiere Der nationale Führerschein und Kraftfahrzeugschein werden anerkannt und sind mitzuführen. Die Mitnahme der grünen Internationalen Versicherungskarte für den Kraftverkehr sowie eines Internationalen Unfallberichts ist dringend anzuraten. Kraftfahrzeuge müssen das ovale Nationalitätskennzeichen oder ein EU-Kennzeichen tragen.

Krankenversicherung Für den Krankheitsfall erkundige man sich bei seiner Krankenkasse nach den jeweiligen Vereinbarungen und schließe gegebenenfalls eine kurzfristige Zusatzversicherung ab.

Haustiere Wer Haustiere (Hund, Katze) nach Frankreich mitnehmen will, benötigt für diese ein amtstierärztliches Tollwutimpfzeugnis. Die Impfung darf nicht kürzer als einen Monat und nicht länger als ein Jahr zurückliegen.

Reisezeit

Die klimatisch begünstigte Oberrheinebene und das östliche Vogesenvorland lohnen zur Zeit der Baumblüte, im Frühling und Frühsommer, einen Besuch, insbesondere aber im Herbst mit seinem golden-transparenten Tageslicht, der beginnenden Laubfärbung und der Zeit der Weinlese. Im Hochsommer kann die Hitze in der Ebene – und vor allem in den hier gelegenen größeren Städten – manchmal unangenehm werden. An der Westflanke der Vogesen bildet die Gegend um Gérardmer wegen ihrer berühmten Narzissenblüte im April ein viel besuchtes Frühlingsziel. In den höheren Lagen der Vogesen hält der Frühling erst deutlich später Einzug; dafür ist der Aufenthalt auch im Hochsommer angenehm. Vor allem Wanderer kommen dann auf ihre Kosten, zumal die ausgedehnten Wälder immer wieder erfrischenden Schatten bieten. Die Hochvogesen bilden aber auch ein nicht zu unterschätzendes Wintersportgebiet mit Langlaufloipen, präparierten Abfahrtspisten und vielen Aufstiegshilfen. Dank ihrer kulturellen Sehenswürdigkeiten sind die größeren Städte wie Haguenau, Wissembourg, Saverne, Strasbourg, Sélestat, Colmar und Mulhouse lohnende Ziele, wo man auch bei ungünstigem Wetter vielerlei erleben und unternehmen kann. Zur Zeit der deutschen und französischen Sommerferien ist bei den Unterkunftsmöglichkeiten (auch auf Campingplätzen) mit Engpässen zu rechnen; in dieser Zeit sind auch die Hauptsehenswürdigkeiten (z.B. Haut-Kœnigsbourg, Mont Ste-Odile, Riquewihr) äußerst stark besucht.

Reisezeit (Fortsetzung)

Restaurants

Ess-gewohnheiten

Das Mittagessen wird in der Regel zwischen 12^{00} und 14^{00} Uhr serviert, das Abendessen zwischen 19^{00} und 21^{00} Uhr. Unüblich ist es, auch wenn mehrere Personen an einem Tisch sitzen, getrennt zu zahlen. Die Bedienung ist zwar im Preis enthalten, aber fünf bis zehn Prozent Trinkgeld werden vom Personal dennoch erwartet. Wer nur Appetit auf einen kleinen Imbiss oder auf einen Salat verspürt, sollte nicht ein Restaurant, sondern lieber ein Café, eine Bar oder eine Brasserie aufsuchen, worunter eine Gaststätte oder Kneipe zu verstehen ist. Dem Café im deutschen Sinne entspricht in Frankreich der Salon de Thé, wo man Kaffee und Kuchen zu sich nehmen kann.

Kategorien

Die reinen Speiselokale im Elsass lassen sich in drei Kategorien unterteilen. Die unterste Kategorie bilden die rustikalen "fermes-auberges", bewirtschaftete Bergbauernhöfe vor allem in den Nordvogesen, die einfache Speisen bzw. regionale Hausmannskost wie Münsterkäse im Angebot haben und oft auch Zimmer offerieren. Die fermes-auberges erfreuen sich großer Beliebtheit, was aber auch dazu geführt hat, dass einige unter ihnen mittlerweile recht hohe Preise verlangen. Im Allgemeinen etwas teurer als in den fermes-auberges geht es in der Winstub zu, wo erwartet wird, dass man zum Gläschen Wein etwas verzehrt. Angeboten werden hier deftige Gerichte wie Presskopf (Schweinskopf in Aspik), Schweinshaxe und natürlich "choucroute", das elsässische Nationalgericht. Neben gutbürgerlichen Restaurants, der obersten Kategorie der Speiselokale, gibt es im Elsass auch wahre Gourmettempel, die oft mit großem Erfolg bei der Zubereitung ihrer Speisen eine Verbindung von regionalen Kenntnissen und kulinarischen Einflüssen aus anderen Teilen der Welt herstellen. Immerhin verfügt das Elsass, verglichen mit anderen französischen Regionen, über die meisten Michelin-Sterne: 26 Restaurants können sich rühmen, mindestens einen der begehrten Gütesiegel zu tragen.

Altkirch

Caveau du Tonneau d'Or
33, Rue Gilardoni
☎ 03 89 40 69 79
Solide Winstub vor einem schönen Weiher mit deftiger Elsässer Küche. Spezialität des Hauses sind – wie es sich im Sundgau gehört – gebackene Karpfen.

Andlau

Au Bœuf Rouge
6, Rue du Docteur Stoltz
☎ 03 88 08 96 26
Solider Familienbetrieb mit ausgezeichneter klassischer Küche und guten Weinen der Gegend. Der Küchenchef hat u.a. im Straßburger "Crocodile" (s. dort) gelernt.

Belfort

Hostellerie du Château Servin
9, Rue du Général Négrier
☎ 03 84 21 41 85
Restaurant gehobener Kategorie mit stilvollem Ambiente. Internationale Küche.

Benfeld

Au Petit Rempart
1, Rue du Petit Rempart
☎ 03 88 74 42 26
Gemütlich eingerichteter Familienbetrieb mit vorwiegend regional orientierter Speisekarte.

Bergheim

Winstub du Sommelier
51, Grand'Rue
☎ 03 89 73 69 99
Seit die frühere typisch elsässische Weinstube in neuem Besitz ist (seit März 2000), gibt es hier mehr als nur Chocroute oder Hering. U. a. wechselnde Tagesgerichte.

Bitche

Auberge de Strasbourg
24, Rue Teyssier
☎ 03 87 96 00 44
Typische elsässische und lothringische Küche in rustikal-ländlichem Ambiente.

Colmar

Au Fer Rouge
52, Grand'Rue
☎ 03 89 41 37 24
Das Spitzenrestaurant ist in einem sehr malerischen Altstadt-Fachwerkhaus aus dem 17. Jahrhundert eingerichtet. Hervorragende traditionelle Küche und sehr gepflegter Weinkeller, was Gourmets sehr zu schätzen wissen. Jedoch etwas kühles Bedienungspersonal.

Maison des Têtes
19, Rue des Têtes
☎ 03 89 24 43 43
Das "Kopfhaus" aus dem 16. Jh. gehört zu den architektonischen Hauptsehenswürdigkeiten der Stadt. Außer dem geschmackvoll eingerichteten Feinschmeckerrestaurant gibt es seit 1996 auch einen Hotelbetrieb, der vier Sterne vorweisen kann.

Rendez-Vous de Chasse
7, Place de la Gare
☎ 03 89 41 10 10
Das zum Hotel Bristol gehörende Restaurant bietet hochklassige regionale Küche bei gedämpftem Licht und in einem Ambiente, das die Jagd zum Thema hat.

Eguisheim

La Grangelière
59, Rue du Rempart Sud
☎ 03 89 23 00 30
Das vor kurzem renovierte reizvolle Fachwerkgebäude an der alten Stadtmauer bietet einfallsreiche Küche auf regionaltypischer Basis, wobei allerdings auch mediterrane Einflüsse stark zur Geltung kommen.

Ensisheim

La Couronne
47, Rue de la Première Armée
☎ 03 89 81 03 72
Ein Haus aus dem 17. Jh. bildet den stimmungsvollen Rahmen für zeitgemäße elsässische Kochkunst.

Ferrette

Restaurant du Jura
33, Rue du Château
☎ 03 89 40 32 09
Solides Restaurant an der steil zur Burgruine hinanführenden Straße. Besonders zu emp-

fehlen sind gebackener Karpfen und andere Fischgerichte, elsässische Spezialitäten.

Gérardmer

A la Belle Marée
144, Route de La Bresse
☎ 03 29 63 06 83
Das etwas außerhalb gelegene Restaurant ist wie das Innere eines Luxusdampfers gestaltet. Preisgünstige Fischspezialitäten und Meeresfrüchte.

Haguenau

Taverne Barberousse
8, Place Barberousse
☎ 03 88 73 31 09
Bodenständige Elsässer Taverne mit solider Hausmannskost; Terrasse.

Illhaeusern

Auberge de l'Ill (Haeberlin)
Rue Collonges
☎ 03 89 71 89 00
(Vorbestellung ratsam)
Das am Ufer der Ill gelegene, weitbekannte Luxusrestaurant des Starkochs Haeberlin (erst der Vater, nun der Sohn) ist das gastronomische Glanzlicht der gesamten Region – und das einzige Highlight des südlich von Sélestat liegenden Dorfes. Hervorragende moderne und teilweise extravagante Küche; exzellent bestückter Weinkeller. Trotz der hohen Reputation läuft der Lokalbetrieb wie in einem normalen Restaurant ab, das Personal gibt sich auf keinen Fall kühl oder steif.

Kaysersberg

Au Lion d'Or
66, Rue du Général de Gaulle
☎ 03 89 47 11 16
Solides Restaurant mit Terrasse. Regionale Gerichte.

Lauterbourg

La Poêle d'Or
53, Rue du Gén. Mittelhauser
☎ 03 89 94 84 16
Zentrumsnah gelegenes Restaurant mit Terrasse, wo mit viel Phantasie nach elsässischen Rezepten gekocht wird. Für eilige Gäste gibt es ein freundlich kalkuliertes Mittagsmenü.

Lembach

Auberge au Cheval Blanc
4, Route de Wissembourg
☎ 03 88 94 41 86
Ländliches traditionelles Feinschmeckerlokal am Ortsrand in einer ehemaligen Poststation. Spezialitäten sind Wildgerichte (je nach Jahreszeit) und Fisch. Der Patron liebt Gewürze, die Gerichte sind meist recht pikant.

Marlenheim

Le Cerf
30, Rue du Général de Gaulle
☎ 03 88 87 73 73
Exzellentes ländliches, seit 1930 bestehendes und mittlerweile mit zwei Michelin-Sternen ausgezeichnetes Feinschmeckerlokal im Gebäude einer alten Poststation. Die Küche ist eine geglückte Mischung aus bodenständiger Deftigkeit und Raffinement. Lobenswerte regionale Weinkarte. Zuweilen wird im Hof des hübschen Anwesens gegrillt.

Merkwiller-Pechelbronn

Auberge Bæchel-Brunn
3, Route de Soultz
☎ 03 88 80 78 61
Das am östlichen Ortsrand gelegene, relativ kleine Terrassenrestaurant bietet vorzügliche elsässische Spezialitäten.

Montbéliard

La Tour Henriette
59, Faubourg Besançon
☎ 03 81 91 03 24
Solides Restaurant mit traditioneller, etwas nostalgischer Ausstattung. Gut sortierter Weinkeller.

Mulhouse

La Poste Kieny
in Riedisheim: 7, Rue Général de Gaulle
☎ 03 89 44 07 71

Das in einer ehemaligen Postkutschenstation untergebrachte luxuriöse Feinschmeckerlokal befindet sich im südöstlichen Vorort Riedisheim und ist schon seit über 150 Jahren im Besitz ein und derselben Familie.

Auberge des Franciscains
46, Rue des Franciscains
☎ 03 89 45 32 77
Regionaltypisches Restaurant mit bodenständiger, solider Küche und eindrucksvoller Weinkarte.

Café Leffe
17, Rue Henriette
☎ 03 89 45 28 74
Die Brasserie in einer Gasse der historischen Altstadt bietet den Gästen "Kleinigkeiten", die sich dann als mächtige Portionen erweisen. Um die Mittagszeit kommen in das Lokal, vor dem man im Sommer auch draußen speisen kann, vorwiegend Angestellte aus umliegenden Geschäften und Büros.

Mutzig

Au Nid des Cigognes
25, Rue du 18 Novembre
☎ 03 88 38 11 97
Das typisch elsässische Lokal gegenüber der ehemaligen Brauerei bietet deftige Speisen der Region.

Neuf-Brisach

La Petite Palette
16, Rue de Bâle
☎ 03 89 72 73 50
Das Restaurant in traditioneller Aufmachung bietet zeitgemäße Varianten der regionalen Küche.

Niederbronn-les-Bains

Le Parc
10, Place des Thermes
☎ 03 88 80 84 84
Zentral gelegenes Restaurant von gehobenem Standard. Spezialitäten sind Gerichte mit frischem Seefisch.

Obersteinbach

Anthon
40, Rue Principale
☎ 03 88 09 55 01
Ruhig und angenehm gelegenes, zu einem Hotel gehörendes elegantes Panoramarestaurant mit Garten und Terrasse. Klassisch-bürgerliche Küche.

Ottrott

L' Ami Fritz
8, Rue des Châteaux
☎ 03 88 95 80 81
Traditionelle Winstub mit

hübscher Terrasse unter einer alten Platane vor dem Eingang. Innovative Küche regionaler Prägung und eigene Weinprodukte.

La Petite-Pierre

Restaurant du Château
15, Rue du Château
☎ 03 88 70 45 18
Kleines Lokal mit elsässischen Spezialitäten und Tartes flambées, die auch auf der schmalen Außenterrasse serviert werden.

Phalsbourg

Au Soldat de l'An II
1, Route de Saverne
☎ 03 87 24 16 16
Großes, rustikal aufgemachtes Restaurant mit Terrasse und Garten. Die Speisekarte kann sich sehen lassen: sehr opulent.

Ribeauvillé

Haut-Ribeaupierre
1, Route de Bergheim
☎ 03 89 73 87 63
Das hochklassige Restaurant ist in einem traditionellen Elsässer Haus eingerichtet. Originelle Küche mit mediterranem und exotischem Einschlag.

Riquewihr

La Table du Gourmet
5, Rue de la Première Armée
☎ 03 89 49 09 09
Angenehmes, in einem Gebäude aus dem 16. Jh. untergebrachtes typisch elsässisches Restaurant mit nostalgischem Dekor, mit knallroten Wänden und schwarzem Gebälk. Spezialitäten der experimentierfreudigen Küche sind Fischgerichte und Wild (je nach Jahreszeit). Die Weinkarte wirkt nicht so experimentierfreudig wie die Produkte aus der Küche.

Rouffach

A la Ville de Lyon
1, Rue Poincaré
☎ 03 89 49 62 49
Elegantes Landgasthaus in ehemaliger Poststation am nördlichen Ortsausgang mit angenehmem Ambiente. Traditionelle Köstlichkeiten mit einer Prise Modernität – in der Küche gibt Philippe Bohrer, einst Koch im Dienst des französischen Staatspräsidenten und Schüler von Paul Bocuse, den Ton an. Zum Restaurant gehört auch ein Hotel.

Saint-Dié

Restaurant des Voyageurs
2, Rue d'Hellieule
☎ 03 29 56 21 56
Das moderne, etwas nüchtern gestaltete Restaurant liegt unweit südlich der Meurthe und bietet einen hübschen Blick auf den Stadtpark mit der Tour de la Liberté.

Sainte-Marie-aux-Mines

Aux Mines d'Argent
Rue du Docteur Weisgerber
☎ 03 89 58 55 75
Das rustikal eingerichtete Restaurant in einem schönen Haus aus dem 16. Jh. liegt zentrumsnah beim Rathaus. Solide traditionelle elsässische Küche.

Sarrebourg

Mathis
7, Rue Gambetta
☎ 03 87 03 21 67
Rustikales Restaurant von gehobenem Standard. Spezialitäten des Hauses sind Fisch und Meeresfrüchte.

Sarreguemines

Auberge Saint-Walfrid
Route Grobsliebersdorff
☎ 03 87 96 43 75
Am westlichen Stadtrand gelegenes ländliches Restaurant mit einem Garten und einer Terrasse. Wildgerichte je nach Saison.

Saverne

Zum Stæffele
1, Rue Poincaré
☎ 03 88 91 63 94
Sehr gemütliche Edel-Winstub mit traditionellem Ambiente sowie überwiegend bodenständiger Küche, aber auch ausgefallenen Speisen und bemerkenswerten Fischgerichten.

Sélestat

Jean-Frédéric Edel
7, Rue des Serruriers
☎ 03 88 92 86 55
Im malerischen Altstadtkern gelegenes, gepflegtes Restaurant des "Bocuse von "Sélestat", wie der Meister am Herd genannt wird. Einfallsreiche, manchmal recht eigenwillige Küche, deren Gerichte auch im hübschen Innenhof genossen werden können.

Sessenheim

A l'Agneau
11 Route de Strasbourg
☎ 03 88 86 95 55
Ländliches Gasthaus von rustikalem Charme. Klassische regionale Küche.

Strasbourg

Buerehiesel
4, Parc de l'Orangerie
☎ 03 88 45 56 65
Das Luxusrestaurant, herrlich im Parc de l'Orangerie gelegen, zählt zu den Elsässer Spitzenadressen. Die Speisenkarte zeigt eine perfekte Synthese von kulinarischer Tradition und moderner Küchenkunst. Dazu gehört auch exzellente Weinkarte.

Au Crocodile
10, Rue de l'Outre
☎ 03 88 32 13 02

Das im Altstadtkern gelegene Spitzenrestaurant präsentiert sich in vornehm-diskreter Eleganz. Traditionelle Feinschmeckerküche gibt es ebenso wie leichte Nouvelle Cuisine, und die Weinkarte sucht ihresgleichen. Der Name stammt übrigens von dem Krokodil, das ein elsässischer Offizier während des napoleonischen Ägyptenfeldzugs erlegt und später als ausgestopftes Reptil im eigenen Wirtshaus – dem Vorläufer des jetzigen Lokals – an die Wand gehängt hatte.

Maison Kammerzell
Place de la Cathédrale
☎ 03 88 32 42 14

Restaurants (Fortsetzung)

Das direkt neben der Kathedrale stehende Haus Kammerzell gilt als schönster Fachwerkbau der Stadt. Es bildet den stilvollen Rahmen für raffinierte Varianten der Elsässer Küche.

Maison des Tanneurs
(Gerwerstub)
42, Rue Bain-aux-Plantes
☎ 03 88 32 79 70
Das weit bekannte, rustikale Restaurant liegt reizvoll an einem Kanal der Petite France. Hervorragende, deftige elsässische Küche.

Julien
22, Quai des Bateliers
☎ 03 88 36 01 54
Etwas nostalgisch ausgestattetes Feinschmeckerrestaurant mit überregionaler französischer Küche.

Wissembourg

A l'Ange
2, Rue de la République
☎ 03 88 94 12 11
Das Restaurant ist in einem typischen alten Elsässerhaus eingerichtet. Die Speisenkarte variiert je nach Jahreszeit.

Sprache

Wer die französische Sprache nicht einigermaßen gut beherrscht, sollte auch bei einer Fahrt ins Elsass und in die Vogesen ein Wörterbuch mitnehmen, denn nicht überall am linken Oberrhein kann man sich auf Deutsch verständlich machen.

Aussprache des Französischen

Charakteristische Merkmale sind die Betonung am Wortende (meist auf der vorletzten Silbe) und die häufige Nasalierung von bestimmten Buchstabengruppen.
Vokale: ai wie e; ais wie ä; eau wie o; ay vor Vokal wie äj; é wie e; è, ê wie ä; ei wie ä; en, em am Silbenende wie an (nasaliert); eu wie ö; im, in wie än (nasaliert); oi, oy wie ua; oy vor Vokal wie uaj; ou wie u; u wie ü; um, un am Silbenende wie ön (nasaliert); y wie i.
Konsonanten: c vor e, i, y, ebenso ç wie scharfes s; c vor a, o, u wie k; ch wie sch; g vor e, i, y ebenso j wie g in Genie; g vor a, o, u wie g; gn meist wie nj: h immer stumm; ll zwischen Vokalen oft wie j, aber elle = äl; m, n nach Vokal vor Konsonant oder am Wortende nasaliert; ph wie f; q, qu wie k; v wie w; x, z zwischen Vokalen wie stimmhaftes s.
Folgende Buchstaben sind am Wortende (oft auch am Silbenende) meist stumm: b, c, d, e, p, r, (nur nach e) s, t, x, z.

Kleiner Sprachführer

Auf einen Blick

Ja./Nein.	Oui./Non.
Vielleicht.	Peut-être.
Bitte.	S'il vous plaît.
Danke.	Merci.
Gern geschehen.	De rien.
Entschuldigen Sie!	Excusez-moi!
Wie bitte?	Comment?
Ich verstehe Sie/dich nicht.	Je ne comprends pas.

Auf einen Blick (Fortsetzung)	Können Sie mir bitte helfen?	Vous pouvez m'aider, s'il vous plaît?
	Sprechen Sie Deutsch/ Englisch?	Vous parlez allemand/ anglais?
	Ich möchte ...	J'aimerais ...
	Haben Sie ...?	Vous avez ...?
	Wie viel kostet es?	Ça coûte combien?
	Wie viel Uhr ist es?	Quelle heure est-il?
Kennenlernen	Guten Morgen/Tag!	Bonjour!
	Guten Abend!	Bonsoir!
	Wie ist Ihr Name, bitte?	Comment vous appelez-vous?
	Wie geht es Ihnen/dir?	Comment allez-vous/vas-tu?
	Danke. Und Ihnen/dir?	Bien, merci. Et vous-même/toi?
	Auf Wiedersehen!	Au revoir!
Unterwegs Auskunft	links/rechts	à gauche /à droite
	geradeaus	tout droit
	Bitte, wo ist ...?	Pardon, où se trouve ..., s.v.p.?
	Wie weit ist das?	C'est à combien de kilomètres d'ici?
	Welches ist der kürzeste Weg nach/zu ...?	Quel est le chemin le plus court pour aller à ...?
Panne	Ich habe eine Panne.	Je suis en panne.
	Würden Sie mir bitte einen Abschleppwagen schicken?	Est-ce que vous pouvez m'envoyer une dépanneuse, s.v.p.?
	Gibt es hier in der Nähe eine Werkstatt?	Est-ce qu'il y a un garage près d'ici?
	... ist defekt.	... est défectueux.
Tankstelle	Wo ist bitte die nächste Tankstelle?	Pardon, Mme/Mlle/M., où est la station-service la plus proche, s.v.p.?
	Ich möchte ... Liter ...	... litres, s'il vous plaît ...
	... Super.	... du super.
	... Diesel.	... du gas-oil.
	... bleifrei/mit ... Oktan.	... du sans-plomb/... octanes.
	Volltanken, bitte.	Le plein, s.v.p.
Unfall	Hilfe!	Au secours!
	Achtung!	Attention!
	Rufen Sie bitte schnell ...	Appelez vite ...
	... einen Krankenwagen.	... une ambulance.
	... die Polizei.	... la police.
	... die Feuerwehr.	... les pompiers.
	Es war meine Schuld.	C'est moi qui suis en tort.
	Es war Ihre Schuld.	C'est vous qui êtes en tort.
	Geben Sie mir bitte Ihren Namen und und Ihre Anschrift!	Vous pouvez me donner votre nom et votre adresse?
Essen/ Unterhaltung	Wo gibt es hier ...	Vous pourriez m'indiquer ...
	... ein gutes Restaurant?	... un bon restaurant?
	... ein nicht zu teures Restaurant?	... un restaurant pas trop cher?

Gibt es hier eine gemütliche Kneipe?	Y-a-t'il un café (bistrot) sympa, dans le coin?	Essen/ Unterhaltung (Fortsetzung)
Reservieren Sie uns bitte für heute Abend einen Tisch für 4 Personen.	Je voudrais réserver une table pour ce soir, pour quatre personnes.	
Wo sind bitte die Toiletten?	Où sont les W.-C., s.v.p.?	
Auf Ihr Wohl!	A votre santé!/A la vôtre!	
Bezahlen, bitte.	L'addition, s.v.p.	

Können Sie mir bitte ... empfehlen?	Pardon, Mme/Mlle/M., vous pourriez recommander ...?	Übernachtung
... ein gutes Hotel	... un bon hôtel	
... eine Pension	... une pension de famille	
Haben Sie noch ...?	Est-ce que vous avez encore ...?	
... ein Einzelzimmer	... une chambre pour une personne	
... ein Zweibettzimmer	... une chambre pour deux personnes	
... mit Bad	... avec salle de bains	
... für eine Nacht	... pour une nuit	
... für eine Woche	... pour une semaine	
Was kostet das Zimmer	Quel est le prix de la chambre, ...	
... mit Frühstück?	... petit déjeuner compris?	
... mit Halbpension?	... en demi-pension?	

Können Sie mir einen guten Arzt empfehlen?	Vous pourriez recommander un bon médecin, s.v.p.?	Arzt
Ich habe hier Schmerzen.	J'ai mal ici.	

Was kostet ...	Quel est le tarif pour affranchir ...	Post
... ein Brief ?	... des lettres ?	
... eine Postkarte ?	... des cartes postales ?	
... nach Deutschland?	... pour l'Allemagne?	

Carte — Speisekarte

Carte	Speisekarte	
café noir	schwarzer Kaffee	Petit déjeuner Frühstück
café au lait	Kaffee mit Milch	
décaféiné	koffeinfreier Kaffee	
thé au lait/au citron	Tee mit Milch/Zitrone	
tisane	Kräutertee	
chocolat	Schokolade	
œuf mollet	weiches Ei	
œufs brouillés	Rühreier	
pain/petits pains/toasts	Brot/Brötchen/Toast	
croissant	Hörnchen	
beurre	Butter	
fromage	Käse	
charcuterie	Wurst, Aufschnitt	
jambon	Schinken	
miel	Honig	
confiture	Marmelade	
yaourt	Joghurt	

Soupes et Hors-d'œuvres Suppen und Vorspeisen	bisque d'écrevisses	Krebssuppe
	bouchées à la reine	Königinpastete
	bouillabaisse	südfranzösische Fischsuppe
	consommé de poulet	Hühnersuppe
	crudités variées	Rohkostteller
	pâté de foie	Leberpastete
	salade niçoise	grüner Salat, Tomaten, Ei, Käse, Oliven, Thunfisch
	saumon fumé	Räucherlachs
	soupe à l'oignon	Zwiebelsuppe
Viandes Fleisch	agneau	Lammfleisch
	bifteck	Steak
	bœuf	Rindfleisch
	côte de bœuf	Rindskotelett
	escalope de veau	Kalbsschnitzel
	filet de bœuf	Rinderfilet
	foie	Leber
	gigot d'agneau	Lammkeule
	grillades	Grillplatte
	Mouton	Hammelfleisch
	porc	Schweinefleisch
	rôti	Braten
	sauté de veau	Kalbsragout
	steak au poivre	Pfeffersteak
	veau	Kalbfleisch
Volailles et gibier Geflügel und Wild	canard à l'orange	Ente mit Orange
	cuissot de chevreuil	Rehkeule
	coq au vin	Hahn mit Rotwein
	lapin chasseur	Kaninchen nach Jägerart
	oie aux marrons	Gans mit Maronenfüllung
	poulet rôti	Brathähnchen
	sanglier	Wildschwein
Poissons, Crustaces et coquillages Fische, Krusten- und Schaltiere	cabillaud	Kabeljau
	calamar frit	gebratener Tintenfisch
	lotte (de mer)	Seeteufel
	loup de mer	Seewolf
	perche	Barsch
	petite friture	gebratene kleine Fische
	sandre	Zander
	sole au gratin	überbackene Seezunge
	truite meunière	Forelle Müllerin
	turbot	Steinbutt
	coquilles Saint-Jacques	Jakobsmuscheln
	crevettes	Garnelen, Krabben
	homard	Hummer
	huîtres	Austern
	moules	Miesmuscheln
	plateau de fruits de mer	verschiedene Meeresfrüchte
Légumes, pâtes et riz	artichaut	Artischocke
	choucroute	Sauerkraut
	chou farci	Kohlroulade

Gemüse, Teigwaren und Reisgerichte (Fortsetzung)

chou-fleur	Blumenkohl
épinards	Spinat
fenouil	Fenchel
haricots (verts)	(grüne) Bohnen
nouilles	Nudeln
oignons	Zwiebeln
petits pois	Erbsen
poivrons	Paprika
pommes dauphine	Kartoffelkroketten
pommes de terre	Kartoffeln
riz au curry	Curryreis
tomates	Tomaten

Desserts et fromages Nachspeisen und Käse

charlotte	Süßspeise aus Löffelbiskuits mit Früchten und Vanillecreme
crème Sabayon	Weinschaumcreme
flan	Karamelpudding
fromage blanc	feiner Quark
fromage de chèvre	Ziegenkäse
gâteau	Kuchen
glace	Eis
pâtisserie maison	Gebäck nach Art des Hauses
profiteroles	mit Eis gefüllte kleine Windbeutel mit warmer Schokoladensoße
tarte aux pommes	Apfelkuchen
tarte tatin	umgestürzter, karamelisierter Apfelkuchen

Fruits Obst

abricots	Aprikosen
cerises	Kirschen
fraises	Erdbeeren
framboises	Himbeeren
macédoine de fruits	Fruchtsalat
pêches	Pfirsiche
poires	Birnen
pommes	Äpfel
prunes	Pflaumen
raisin	Trauben

Liste des Consommations Getränkekarte

vin	Wein
un (verre de vin) rouge	ein Glas Rotwein
un quart de vin blanc	ein Viertel Weißwein
un pichet de rosé	ein Krug (20 bis 50 cl) Roséwein
bière pression	Bier vom Faß
... blonde	... helles
... brune	... dunkles
bière bouteille	Flaschenbier
sans alcool	alkoholfrei
bière sans alcool	alkoholfreies Bier
eau minérale	Mineralwasser
jus de fruits	Fruchtsaft
jus d'orange	Orangensaft
lait	Milch
limonade	Limonade
petit-lait	Buttermilch

Zahlen

0	zéro	19	dix-neuf
1	un, une	20	vingt
2	deux	21	vingt et un, une
3	trois	22	vingt-deux
4	quatre	23	vingt-trois
5	cinq	30	trente
6	six	40	quarante
7	sept	50	cinquante
8	huit	60	soixante
9	neuf	70	soixante-dix
10	dix	80	quatre-vingt
11	onze	90	quatre-vingt-dix
12	douze	100	cent
13	treize	200	deux cents
14	quatorze	1000	mille
15	quinze	2000	deux mille
16	seize	10000	dix mille
17	dix-sept	1/2	un demi
18	dix-huit	1/4	un quart

Sport

Angeln

Angeln ist französischer Nationalsport und auch im Elsass sehr beliebt. Um in den zahlreichen Bächen, Flussläufen und Seen fischen zu können, benötigt man einen Angelschein (permis de pêche; Tages- oder Wochenkarte) vom Anglerverein des jeweiligen Départements. Auskünfte erteilen die lokalen Fremdenverkehrsämter.

Baedeker TIPP Alles zusammen

Bei den Verkehrsvereinen der beiden elsässischen Départements (▶ Auskunft) ist jeweils eine Broschüre mit dem Titel “Guide des Loisirs” zu beziehen, die Hinweise zu allen Sportarten enthält.

Flugsport

Immer größerer Beliebtheit erfreut sich im Elsass das Drachen- und Gleitschirmfliegen sowie das Fliegen in Heißluftballonen

Ligue d’Alsace de Vol Libre	81, Rue Charles de Gaulle
Sekretariat:	F-68550 Saint-Amarin
Madeleine Winkler	☎ 03 89 82 13 90

Golf

Im Elsass gibt es neun Golfplätze, u.a. in Ammerschwihr, Mooslargue und Kempferhof bei Strasbourg. Gäste sind in den Golfclubs normalerweise willkommen. Informationen erteilen die Verkehrsvereine der beiden elsässischen Départements (▶ Auskunft).

Rad fahren

Wegen der kaum nennenswerten Steigungen eignen sich die Oberrheinebene und das sanft hügelige Vogesenvorland besonders für Fahrradtouren. Dagegen sind Radwanderungen im Bereich der Vogesen etwas für durchtrainierte Sportsleute; auch sei darauf aufmerksam gemacht, dass man hier vielfach auf die Autostraßen angewiesen ist, was bei stärkerem Verkehr unangenehm werden kann. Insgesamt stehen den Radlern über 1200 km angelegte Fahrradwege zur Verfügung. In den meisten Ferienorten der Rheinebene können Fahrräder und Mountainbikes ausgeliehen werden; Adressen eines Fahrradverleihs erfährt man im jeweiligen Office de Tourisme. In Zügen der SNCF mit Fahrradzeichen kann man das Fahrrad unentgeltlich mitnehmen.

Rad fahren (Fortsetzung)

Auskunft

Comité départemental de Cyclotourisme du Bas-Rhin
Maison des Sports
15, Rue de Genève
F-67000 Strasbourg
☎ 03 88 21 10 58
FAX 03 88 24 14 03

Ligue d'Alsace de Cyclotourisme
Maison des Jeunes
de Colmar
17, Rue Schlumberger
F-68000 Colmar
☎ 03 89 41 26 87
FAX 03 89 23 20 16

Reiten

Mehrere Hundert Kilometer Reitwege durchziehen das Elsass. Etliche Reiterhöfe stellen einem Pferde zur Verfügung oder bieten Unterkunftsmöglichkeiten für das eigene Ross. Viele Höfe bieten auch Reitferien an, also mehrtägige Reitausflüge oder Wochenend-Spazierritte. Im Angebot stehen ferner Kutsch- und Wagenfahrten.

Auskunft

Délégation Départementale Tourisme Equestre Bas-Rhin
Roland Adam
4, Rue des Violettes
F-67201 Eckbolsheim
☎ 03 88 77 39 64
FAX 03 88 76 05 46

Délégation Régionale et Départementale Tourisme Equestre Haut Rhin
Maison des Associations
6, Route d'Ingersheim
F-68000 Colmar
☎ 03 89 24 43 18
FAX 03 89 23 15 08

Wandern

Der im Zug des internationalen Europäischen Fernwanderwegs Nr. 2 von den Niederlanden zum Mittelmeer verlaufende, gut markierte Vogesen-Hauptwanderweg (ca. 400 km lang) führt von Wissembourg über Niederbronn-les-Bains, Saverne, Wangenbourg, den Donon, Schirmeck, Le Hohwald, Barr, Ribeauvillé, den Col de la Schlucht, Metzeral, den Grand Ballon, Thann und den Ballon d'Alsace nach Masevaux und berührt dabei die landschaftlich und kulturell lohnendsten Punkte der Vogesen. Parallel verlaufen zwei weitere Hauptwanderwege von rund 280 bzw. 320 km Länge, zu denen man auf zahlreichen Zugangswegen gelangen kann. Viele Reiseveranstalter und Hotels bieten Mehrtagestouren mit und

Baedeker TIPP **Hoch hinaus**

Ein Erlebnis besonderer Art – lautlos in einem Heißluftballon über die Landschaften des Haut Rhin zu gleiten. Im Tal von Munster starten die bunten Montgolfiere von Aérovision. Eine ein- bis zweistündige Fahrt inklusive Ballontaufe und Imbiss kostet ca. 200 € pro Person.
Aérovision ☎ 03 89 77 22 81
FAX 03 89 77 25 70

Sport, Wandern (Fortsetzung)

ohne Führung an und kümmern sich um den Gepäcktransport. Sehr empfehlenswert sind die Wanderkarten des Club Vosgien, auf denen die 10 000 km markierter Wanderwege, die Weitwanderwege GR 531, 532 und 535 sowie alle Sehenswürdigkeiten, die am Wegesrand liegen, eingezeichnet sind.

Club Vosgien
16, Rue Sainte Hélène
F-67000 Strasbourg
☎ 03 88 32 57 96
FAX 03 88 22 04 72
www.club-vosgien.com

Wassersport

Wassersportler kommen im Elsass auf ihre Kosten. Auf den Kanälen kann man den Urlaub auf Hausbooten verbringen (▶ Bootstourismus). In beiden Départements gibt es Badeseen, die sich auch zum Surfen eignen. Ca. 600 km Wasserläufe können mit dem Kanu, Kajak, Ruderboot oder Raftboot befahren werden.

Kanusport

Ligue d'Alsace de Canoë-Kayak (Bas-Rhin)
Maison des Sports
15, Rue de Genève
F-67100 Strasbourg
☎ 03 88 21 10 66
FAX 03 88 24 14 03

Ligue d'Alsace de Canoë-Kayak (Haut-Rhin)
Parc des Eaux Vives la Timonerie, 3, Quai du Maroc – B.P. 268
☎ 03 89 89 70 20
FAX 03 89 69 20 05

Wintersport

Die Vogesen sind mit 36 Skiorten, 170 Bergbahnen und Skiliften, über 1000 km ausgewiesenen Skipisten und Loipen ein Skisportgebiet für Abfahrtsski, Langlauf, Snowboard, Skispringen, Biathlon und Hundeschlittenrennen. Wintersportzentren sind Le Bonhomme/Lac Blanc, La Bresse, Champ du Feu, Gérardmer, Le Markstein, Ventron und St-Maurice-sur-Moselle.

Auskunft

Comité Départemental de Ski du Bas-Rhin
15, Rue de Genève
F-67000 Strasbourg
☎ 03 88 36 36 09
FAX 03 88 24 14 03

Comité Régional du Massif des Vosges
24, Av. Aristide Briand
F-68200 Mulhouse
☎ 03 89 43 25 50
FAX 03 89 32 14 32

Telefon

Kartentelefone

Telefonkarten

Bei den öffentlichen Telefonen handelt es sich in der Regel um Kartentelefone; konventionelle Münzfernsprecher findet man kaum noch. Telefonkarten (télécartes) unterschiedlicher Kapazitäten und Preise sind bei den Postämtern sowie in Tabakläden und Bars erhältlich; man achte darauf, dass sie sich noch in der verschweißten Originalverpackung befinden.

Telefonkarten (Fortsetzung)

Auch innerhalb der Départements müssen alle zehn Ziffern einer Telefonnummer gewählt werden.

Telefonate innerhalb Frankreichs

Reduzierte Telefontarife gibt es werktags zwischen 19^{00} und 8^{00}, Sa. ab 12^{00} Uhr sowie an Sonn- und Feiertagen.

Telefontarife

Minitel ist ein Terminal zum Suchen in Datenbanken. Zusammen mit einem Bildschirm wird es an eine Telefonleitung angeschlossen und ermöglicht so den Zugang zu verschiedenen Diensten (z. B. Hotels, Autovermietungen, aber auch Privatadressen). Die Nummer des Telefonverzeichnisses für Frankreich lautet 3611. Minitels findet man zur Selbstbedienung in allen Postämtern.

Minitel

Vorwahl von Deutschland, Österreich und der Schweiz nach Frankreich
☎ 00 33 + die 9-stellige Nummer des Gesprächspartners ohne die Anfangs-0.

Vorwahl von Frankreich
nach Deutschland: 00 49
nach Österreich: 00 43
in die Schweiz: 00 41
Die 0 der nachfolgenden Ortsnetzkennzahl entfällt.

Trinkgeld

Trinkgeld (pourboire) wird in Frankreich im Allgemeinen bei den gleichen Gelegenheiten und in ähnlicher Höhe gegeben wie in Deutschland, in Österreich oder in der Schweiz. Außerdem erwarten Fremdenführer in Schlössern, Museen u. a. ein Trinkgeld, ferner Platzanweiser in Theatern und Kinos. Auch die Schleusenwärter an den Binnenwasserstraßen sind es gewohnt, für ihre Dienste ein Trinkgeld zu bekommen.

Veranstaltungen

Fastnachtsumzüge, Wein- und Folklorefeste, Kirchweih, historische Jahrestage, Musikfestspiele, Kulturfestivals – die Elsässer feiern gerne und sehr stimmungsvoll. In fast jedem Dorf findet irgendwann im Jahr ein Volksfest statt, bei dem es hoch hergeht – mit Wein, Bier, Choucroute, Würsten, Kougelhopf und anderen elsässischen Spezialitäten. Genaue Daten findet man in Veranstaltungskalendern, die Fremdenverkehrsbüros bereithalten, bzw. in der Broschüre, die die Verkehrsvereine der beiden elsässischen Départements (▶ Auskunft) jährlich herausgeben.

Januar / Februar

Fantastic Arts
Ende Januar / Anfang Februar findet im Vogesenort Gérardmer das “Festival des Fantastischen Films” statt, das 1994 vom Wintersportort Avoriaz in die Vogesenstadt verlegt wurde.

Februar / März

Kinderkarneval
Kinderkarneval mit bunten Umzügen in Saverne.

Alemannischer Karneval
Buntes Fastnachtstreiben in Mulhouse.

Schiweschlaje
In Offwiller wird am 1. Sonntag während der Fastenzeit nach Einbruch der Dunkelheit mit brennenden Holzscheiben, die bergabwärts geschlagen werden, der Winter ausgetrieben.

März / April

Passionsspiele
In Masevaux finden deutschsprachige österliche Passionsspiele statt.

Les Champs Golots
Beim Winteraustreiben am Mittwoch vor Ostern lassen die Kinder beleuchtete Schiffchen auf dem Wasserbecken beim Rathaus schwimmen.

April

Fête des Jonquilles
Um den 20. April begrüßt Gérardmer beim Narzissenfest den Frühling mit üppigem Blütenzauber und großem Spektakel. Dabei werden für den Festzug durch die Stadt u.a. berühmte Bauten sowie Menschen, Tiere und Pflanzen aus Blüten modelliert.

Alternatives Zirkusfestival
In der letzten Aprilwoche geht in Obernai ein alternatives Zirkusfestival mit Jongleuren, Akrobaten, Clowns usw. über die Bühne, das vor allem junge Zirkusensembles vorstellen will.

April / Mai

Schneckenrennen
Beim Schneckenrennen in Osenbach bei Colmar Ende April / Anfang Mai laufen die schnellsten Schnecken Frankreichs auf einer 50 cm langen Strecke praktisch um ihr Leben – denn die langsamsten werden verspeist.

Mai

Ökomesse
Fünf Tage lang stellen Ökobauern und -winzer in Rouffach ab Christi Himmelfahrt ihre Produkte wie Wein, Brot, Käse, aber auch Kunsthandwerk aus.

Juni

Fête de la Musique
In ganz Frankreich wird am 21. Juni das Musikfest u. a. mit Gratiskonzerten und Straßenmusik gefeiert.

Feu de St-Jean
Vielerorts wird in der Nacht zum 24. Juni (in manchen Orten auch früher oder später) anlässlich der Sonnwendfeier ein riesiges Johannisfeuer angezündet.

Crémation des Trois Sapins
Beim Volksfest in Thann am 30. Juni werden – alljährlich seit 1458 – vor der Stiftskirche feierlich drei kunstvoll gestaltete Tannen verbrannt.

Juli – Oktober

Weinfeste
In den Sommermonaten findet in jedem Weinort ein Weinfest statt. Das Fest in der Weinmetropole Colmar dauert zehn Tage (Anfang August bis Mitte August).

Juli

Nationalfeiertag
Feuerwerk mit Volksfestcharakter in der Nacht zum 14. Juli anlässlich des französischen Nationalfeiertags.

Sommernachtstraum
Im Val de Villé feiert das kleine Dorf Hohwarth südwestlich von ▶ Andlau mit einem Ton- und Lichtspektakel einen "Sommernachtstraum", das "größte Spektakel unter freiem Himmel in Ostfrankreich" (Eigenwerbung), das an mehreren Tagen immer um 22³⁰ Uhr beginnt und um Mitternacht endet.

Streisselhochzeit
Am 3. Sonntag im Juli begeht Seebach die Streisselhochzeit, einen traditionellen Hochzeitsumzug mit ländlichen Trachten und Kopfbedeckungen sowie Volksmusik.

August

Hochzeit von l'Ami Fritz
Jedes Jahr kommt in Marlenbach der notorische Junggeselle "Freund Fritz", eine beliebte Romanfigur aus einem Buch von Erckmann-Chartrian (1864), unter die Haube – riesiges Folklorefest.

Corso Fleuri
Farbenprächtiger Umzug in Sélestat mit blumengeschmückten Wagen sowie Folklorefest und Feuerwerk.

September

Pfifferdaj
Umzug der Spielleute ("Pfeifer") und Gaukler in mittelalterlicher Tracht am 1. Sonntag

Der Sommernachtstraum von Hohwarth im Juli – "das größte Spektakel unter freiem Himmel in Ostfrankreich"

Veranstaltungen (Fortsetzung)

des Monats – die Ursprünge dieses großen Volksfestes in Ribeauvillé gehen auf das 15. Jh. zurück.

Sauerkrautfest
Krautergersheim feiert am 26./27. September das größte Sauerkrautfest des Elsass.

Dezember

Christkindlmärkte
Ab Anfang Dezember finden im Elsass rund 50 stimmungsvolle Christkindlmärkte mit Glühwein, Weihnachtsgebäck und Kunsthandwerk statt, die schönsten in Strasbourg, Colmar, Mulhouse und Kaysersberg. Knecht Rupprecht heißt übrigens im Elsass "Hans Trappl", und der Weihnachtsbaum ist eine elsässische Erfindung (▶ Reiseziele A bis Z, Sélestat). Zunächst dienten Äpfel als Schmuckwerk, Ende des 18. Jh.s schufen Glasbläser aus den Nordvogesen die ersten Weihnachtsbaumkugeln.

Verkehrsvorschriften

Allgemeines

In Frankreich besteht Rechtsfahrordnung. Sicherheitsgurte müssen während der Fahrt angelegt werden. Vorfahrt hat – sofern nicht anders beschildert – das von rechts kommende Fahrzeug (Beschilderung häufig "priorité à droite"); im Kreisverkehr sind die in den Kreis Einfahrenden wartepflichtig. Vorfahrtsstraßen sind durch die Aufschrift "passage protégé" vor Kreuzungen gekennzeichnet. Bei Regen und Schneefall ist das Abblendlicht einzuschalten; Motorräder müssen grundsätzlich mit Licht fahren.

Geschwindigkeitsbeschränkungen

Die Höchstgeschwindigkeit für Kraftfahrzeuge beträgt auf Autobahnen 130 km/h, auf Schnellstraßen 110 km/h, auf National- und Landstraßen 90 km/h, innerorts 50 km/h. Bei Regen verringert sich die zulässige Geschwindigkeit von 130 auf 110 km/h und von 110 auf 100 bzw. von 90 auf 80 km/h. Wer seinen Führerschein noch nicht länger als ein Jahr besitzt, darf nicht schneller als 90 km/h fahren.

Promillegrenze

Die Höchstgrenze für den zulässigen Blutalkoholgehalt liegt bei 0,5 Promille. Achtung: Alkohol am Steuer wird in Frankreich besonders streng geahndet!

Parkvorschriften

Im Bereich der Innenstädte gibt es die so genannte "zone bleue" (Blaue Zone; entsprechend beschildert), in der die Verwendung einer Parkscheibe (disque de stationnement) obligatorisch ist. Parkscheiben erhält man in Supermärkten und Tankstellen. Gelbe Linien am Fahrbahnrand bedeuten Parkverbot. An vielen öffentlichen Parkflächen stehen Parkscheinautomaten (horodateurs).

Wein

Weinbaugebiet

Die Weinberge des Elsass sind in einem Gebietsstreifen konzentriert, der von Wasselonne (auf der Höhe von Strasbourg) im Norden bis nach Thann (auf der Höhe von Mulhouse) im Süden reicht und bei einer Länge von rund 100 km eine Breite von nur etwa 1 bis

5 km aufweist. Dieser schmale Streifen ist etwa identisch mit dem flachwelligen Hügelland, das sich in einer Höhe zwischen 200 und 450 m ü. d. M. zwischen der Oberrheinebene und dem Fuß der Vogesen ausdehnt. Die Böden der Weinberge, die die Vogesenkette vor den aus Nordwesten kommenden feuchtkalten Winden schützt, bestehen aus Gneis und Granit, Buntsandstein oder Kalk, was zusammen mit den verschiedenen Kleinklimazonen zu Weinen unterschiedlichen Charakters – auch bei ein und derselben Rebsorte – führt. Das elsässische Weinbaugebiet wird in ganzer Länge von der Route du Vin (Elsässische Weinstraße) durchzogen, die von Winzerdorf zu Winzerdorf führt. Überall besteht Gelegenheit zur Weinprobe (dégustation), Kellereibesichtigung (visite de cave) und Direkteinkauf (vente directe). Die besten Weine gedeihen bei Riquewihr, Ribeauvillé, Hunawihr, Sigolsheim, Ammerschwihr, Kaysersberg, Turckheim, Guebwiller und Thann. Die großen Elsässer Weine werden stets in die typischen schlanken Flaschen (flûtes d'Alsace) abgefüllt; nicht ganz so hochwertige Kreszenzen kommen auch in Literflaschen auf den Markt.

Weinbaugebiet
(Fortsetzung)

Baedeker TIPP Klein und fein

Als zusätzlicher Reisebegleiter eignen sich die kleinen, in Deutsch und Französisch verfassten Taschenführer der Editions DNA, Strasbourg, die es zu den Themen Radtouren, Wanderungen, Winstubs, Fermes-Auberges etc. gibt.

Rebsorten

Im Elsass werden fast ausschließlich weiße Weine gekeltert. Das Gebiet am linken Oberrhein gehört zu den wenigen Weinregionen, in denen nicht die Lage, sondern die Rebsorte die wichtigste Bezeich-

Weinprobe bei André Dussourt in Scherwiller bei Dambach-la-Ville

Aller guten Dinge sind drei

Wein und Bier spielen im Elsass seit jeher eine große Rolle – die Geschichte des Bierbrauens am linken Oberrhein ist fast genauso alt wie die des Weinanbaus. Im Elsass werden aber auch noch edle Obstwässer gebrannt.

Wechselhafte Historie

Schon Plinius d. Ä. (23 n. Chr. – 79 n. Chr.) sprach in seiner "Historia Naturalis" vom guten Wein der Sequaner, eines keltischen Stammes im Oberelsass. Die ersten urkundlichen Belege für den Weinbau im Elsass stammen jedoch aus viel späterer Zeit, nämlich aus dem 6/7. Jh. Im Zusammenhang mit Weinberggütern werden die Klöster u. a. von Andlau und Murbach genannt. Aber auch die Krone und der Adel verfügten bereits über ausgedehnte Rebflächen. Ein Dokument aus dem Jahr 589 berichtet, dass ein gewisser Droctulf, einer der Verschwörer, die versucht hatten, König Childebert II. zu töten, zu Arbeiten im Weinberg des Königsguts in Marlenheim verurteilt wurde. Historikern zufolge bestanden bis zum Ausgang des 10. Jh.s in über 150 elsässischen Gemeinden Rebfluren. Aus deren Reben, vermutlich meist dunkle Trauben, wurden Weine gewonnen, die im mittelalterlichen Deutschland zu den am höchsten geschätzten gehörten und die auf dem Rhein sogar bis nach England gelangten. Schon damals scheint es große Weinerträge gegeben zu haben. Im Jahr 1255 war die Weinernte so immens, dass es an Keltergefäßen mangelte – ebenso 1300 und 1306, als alter Wein umsonst angeboten wurde, um Fässer frei zu bekommen. Im 16. und 17. Jh. musste der elsässische Weinhandel, der in Strasbourg und Colmar seine Zentren hatte und über ein Anbaugebiet von 30 000 ha (heute 13 000 ha) verfügte, mit anderen Schwierigkeiten fertig werden. Gegen billige Produkte aus west- und südeuropäischen Weinbauländern hatte der Elsässer keine Chancen, aufgrund einer unerträglichen Zollpolitik konnte in den damals bedeutendsten Absatzgebieten, Holland und Belgien, kaum noch Wein verkauft werden, im Dreißigjährigen Krieg schließlich kam der Weinbau im Elsass fast völlig zum Erliegen. In der Folgezeit erlebte der elsässische Wein eine Renaissance, hatte aber u. a. mit anderen Getränken wie Bier zu konkurrieren. Erst nach der Angliederung von Elsass-Lothringen an das Deutsche Reich 1871 belebte sich wieder die Weinausfuhr auf den traditionellen Handelsstraßen nach Norden, Osten und Süden. Allerdings erschütterten Mehltau und Reblausplage den Rebbestand, auch wurden bis 1918 auf Kosten der Qualitätsreben verstärkt Massenträger angebaut, die sich kaum von den in vergleichbaren deutschen Regionen gekelterten Wei-

Die typische Elsässer Weinflasche und ein elsässisches langstieliges Weinglas

nen unterschieden. Nach 1918 konzentrierten sich dann die Elsässer Winzer unter dem Druck der innerfranzösischen Qualitätsweinkonkurrenz auf die wenigen, heute noch angebauten Weinsorten, die sich dem Klima und den Böden im Elsass am besten anpassen. Seit 1962 ist die "Appellation d'origine contrôlée Alsace" ("kontrollierte Herkunftsbezeichnung Elsass") im französischen Weingesetz verankert, im Jahr 1978 kam für Spitzenprodukte die "Appellation d'origine contrôlée Alsace Grand Cru" hinzu.

Wie Pilze aus dem Boden geschossen

Das Bier gelangte mit den Kelten ins Elsass. Doch noch im 10. Jh. waren es vor allem die Mönche, die in ihren Klöstern Bier brauten, wie in den Abteien von Wissembourg und Pfaffenhoffen oder im Domkapitel von Strasbourg. Die erste elsässische Brauerei wurde im Jahr 1260 von einem gewissen Arnoldus Cervisarius gegründet; 1664 erfolgte an der Straßburger Place du Corbeau die Gründung der Brasserie du Canon, aus der sich nach dem Zweiten Weltkrieg die "Brasserie Kronenbourg" entwickeln sollte, benannt nach dem Straßburger Stadtviertel Cronenbourg, in das die Brauerei 1862 verlegt wurde. Die meisten Gründerväter elsässischer Brauereien gehörten der protestantischen Konfession an, da in der beginnenden Neuzeit die katholische Kirche das Bier als ein keltisches und damit heidnisches Erbe bekämpfte. Luther hingegen versicherte, dass der Bierbrauer Gott und der Wirtschaft diene, wenn er nur in seinem Beruf erfolgreich arbeite. Anerkannt als eigenständiger Beruf – brauen durfte man nur in der Zeit zwischen St. Michael (29. September) und St. Georg (23. April) – wurde das Brauerhandwerk aber erst nach der Französischen Revolution. Dennoch gab es im Jahr 1803 allein in Strasbourg 250 Brauereibetriebe, und auch in Orten wie Hochfelden, Saverne, Mutzig, Schiltigheim waren Brasseries wie Pilze aus dem Boden geschossen; allerdings haben die meisten Brauereien mittlerweile den Betrieb längst eingestellt. Kronenbourg hingegen ist heute die größte Brauerei in Frankreich und die Nummer zwei in Europa (▶ Tipp, S. 237).

Produktionsstätte eines elsässischen Schnapses

Kunterbunte Vielfalt

Neben Reben sowie Hopfen und Gerste gedeihen im Elsass Obst und Beeren im Überfluss, aus denen sich hervorragende Schnäpse destillieren lassen. Vor allem das Val de Villé westlich von Dambach-la-Ville ist für seine Schnapsbrände bekannt. Bis nach dem Zweiten Weltkrieg wurde auf vielen Bauernhöfen Schnaps (eaux-de-vie) gebrannt – für den Eigenbedarf und für ein zusätzliches Taschengeld; wegen der hohen Brennsteuer florierte natürlich die Schwarzbrennerei. Als sich nach dem Zweiten Weltkrieg das bäuerliche Leben veränderte, ging es mit den hausgemachten Obstlern zu Ende. Heute wird die eaux-de-vie wie Kirsch, Poire (Williamsbirne), Framboise (Himbeergeist), Marc (Tresterbranntwein), Mirabelle und Quetsche (Zwetschgenwasser) vorwiegend in kleinen Schnapsbrennereien hergestellt, die auch für Besichtigungen ihre Pforten öffnen.

Rebsorten (Fortsetzung)

nung des Weins ist (nur in Ausnahmefällen, z.B. wenn der Erzeuger große eigene Weinberge besitzt, kann bei besseren Qualitäten auch die Lage angegeben sein). Von den insgesamt sieben angebauten Rebarten sind die charakteristischsten Traubensorten Riesling, Gewürztraminer, Muscat und Pinot Gris (auch Tokay d'Alsace genannt und in Deutschland als Ruländer bekannt); aus diesen Rebsorten werden auch die "grands crus", also Weine der Oberklasse, gekeltert. Die einfacheren Weine heißen Sylvaner, Pinot Blanc (Weißburgunder, auch Clevner genannt) und Pinot Noir (die einzige rote Traube, auch als Blauer Burgunder bekannt). Bei Zwicker und Edelzwicker handelt es sich nicht um Rebsorten, sondern um Verschnitte verschiedener Weißweine. Der "Crémant d'Alsace" schließlich ist ein ausgezeichneter Schaumwein, der nach dem Champagnerverfahren hergestellt wird.

Baedeker TIPP Online-Weinführer

Unter www.vinsalsace.com findet man Tipps des Conseil Interprofessionnel des Vins (CIVA) zu Weinbergen, Weinkellern und Rebsorten sowie Ratschläge von Sommeliers und Rezepte (z. B. Zwiebeltorte und Baeckeoffe).

Die Elsässer Winzer legen größten Wert auf kräftige, trockene Weine. Daher wird der Wein unter Verzicht auf Zusätze jeglicher Art durchgegoren, d.h. es wird möglichst der gesamte Zucker in Alkohol umgesetzt und bewusst auf eine höhere Restsüße verzichtet. So entstehen aus Trauben wie Gewürztraminer oder Muscat, die andernorts oft zu einem eher lieblichen bis süßen Endprodukt gekeltert werden, trockene Weine von großem Bukett. Nicht zuletzt rührt dies daher, dass der Wein in Frankreich eher zu als nach den Mahlzeiten getrunken wird. So ist im Elsass der Riesling rassig und elegant, der Pinot Gris vollmundig und kräftig, der Sylvaner frisch und fruchtig, der Pinot Blanc herb und blumig, der Gewürztraminer und der Muscat (nicht zu verwechseln mit dem vor allem in Westfrankreich angebauten Muscadet) herb, vollmundig und fruchtig, der Pinot Noir schließlich trokken und herb. Meist werden die Weine jung, d.h. innerhalb von ca. fünf Jahren, getrunken; nur die "grands crus" lohnen einen längeren Ausbau.

Sprache des Weinetiketts

Appellation d'origine contrôlée (AOC)	Kontrollierte Herkunftsbezeichnung
Cépage	Rebsorte
Clos (vor Eigennamen)	Weinberg, Lage
Cuvée	Verschnitt
Vendange tardive	Spätlese

Als "Grand Vin", "Grand Cru", "Réserve Exceptionnelle" oder "Grande Réserve" werden Weine mit mehr als 11 Vol.-% Alkoholgehalt bezeichnet.

Oberste Repräsentanz der Weinkultur ist die schon im Mittelalter gegründete "Confrérie Saint-Etienne" (Stefansbruderschaft; in roten Roben und breiten schwarzen Hüten), der elsässische Winzer- und Weinhändlerverband, der seinen Sitz im Schloss von Kientzheim bei Kaysersberg hat.

Wer sich eingehender über die elsässischen Weine informieren möchte, kann sich an folgende Institution wenden:

Wein
(Fortsetzung)

Conseil Interprofessionnel des Vins d'Alsace (CIVA) 12, Avenue de la Foire aux Vins	F-68012 Colmar ☎ 03 89 20 16 20 FAX 03 89 20 16 30 www.vinsalsace.com

Zeit

In Frankreich gilt während des Winterhalbjahrs die Mitteleuropäische Zeit (MEZ); für die Zeit von Anfang April bis Ende Oktober wurde – wie in Deutschland – die Sommerzeit (MEZ +1 Std.) eingeführt. Beginn und Ende der Sommerzeit werden rechtzeitig durch die Medien bekanntgegeben.

Zollbestimmungen

EU-Binnenmarkt

Die Mitgliedsstaaten der Europäischen Union (EU), darunter auch Deutschland, Österreich und Frankreich, bilden einen gemeinsamen Wirtschaftsraum, den EU-Binnenmarkt, in welchem der Warenverkehr für private Zwecke weitgehend zollfrei ist. Innerhalb der EU-Länder gelten lediglich noch gewisse obere Richtmengen: 800 Zigaretten oder 400 Zigarillos oder 200 Zigarren oder 1000 g Tabak, 10 l Spirituosen über 22 Vol.-% Alkoholgehalt oder 20 l unter 22 Vol.-% Alkoholgehalt sowie 90 l Wein und 110 l Bier.

Nicht-EU-Länder

Für Reisende aus Nicht-EU-Ländern wie der Schweiz gelten folgende Freimengengrenzen: 250 g Kaffee, 100 g Tee, 200 Zigaretten oder 100 Zigarillos oder 50 Zigarren oder 250 g Tabak, 2 l Wein oder andere Getränke bis 22 Vol.-% Alkoholgehalt sowie 1 l Spirituosen mit mehr als 22 Vol.-% Alkoholgehalt. Souvenirs können in die Schweiz bis zu einem Wert von 100 sfr (Personen unter 17 Jahre bis 50 sfr) zollfrei eingeführt werden.

Deutsche und französische Ortsnamen

Die Systematik des vorliegenden Reiseführers richtet sich bei der Schreibung und Alphabetisierung der Ortsnamen nach den französischen Bezeichnungen. Die elsässischen Orts-, Flur- und Landschaftsnamen (Départements Haut-Rhin und Bas-Rhin) sind allerdings fast ausschließlich deutschen Ursprungs und wurden entweder in der Lautung der französischen Schreibung angepasst oder (seltener) wörtlich übersetzt. Um dem deutschsprachigen Benutzer dieses Buches ein rasches Zurechtfinden zu ermöglichen, sind nachstehend die wichtigsten deutschen Namen (sofern sie abweichen und auch wenn sie praktisch nicht mehr in Gebrauch sind) mit ihren französischen Entsprechungen alphabetisch aufgelistet. Im Register (ab S. 282) sind alle deutschen und französischen Bezeichnungen zu finden.

deutsch	**französisch**
Albersweiler	Abreschviller
Alfeldsee	Lac d'Alfeld
Altdorf	Altorf
Altweier	Aubure
Ammerschweier	Ammerschwihr
Badenweiler	Badonviller
Bad Niederbronn	Niederbronn-les-Bains
Bad Sulzbach	Soultzbach-les-Bains
Belchensee	Lac du Ballon
Bitsch	Bitche
Börsch	Bœrsch
Breuschurbach	Fouday
Buchenkopf	Tête des Faux
Buchsweiler	Bouxwiller
Bühl	Buhl
Bussanger Höhe	Col de Bussang
Dagsburg	Dabo
Deutsch-Französische Touristik-Route	Circuit Touristique Franco-Allemand
Diedolshausen	Le Bonhomme
Drei Ähren	Trois-Epis
Dreistein	Dreystein
Ebersmünster	Ebersmunster
Egisheim	Eguisheim
Elsässer Belchen	Ballon d'Alsace
Felleringer Kopf	Grand Drumont
Freundschaftsstraße	Route de l'Amitié
Geberschweier	Gueberschwihr
Gebweiler Belchen	Grand Ballon
Gebweiler	Guebwiller
Gemar	Guémar
Girbaden	Guirbaden
Großer Belchen	Grand Ballon
Grüne Straße	Route Verte
Hagenau	Haguenau
Hartmannsweilerkopf	Vieil Armand
Hausern	Husseren
Hochfeld	Le Champ du Feu
Hohkönigsburg	Haut-Kœnigsbourg

Hunaweier	Hunawihr
Kahlenwasen	Petit Ballon
Karpfenstraße	Route de la Carpe Frite
Kestenholz	Châtenois
Kienzheim	Kientzheim
Kleiner Belchen	Petit Ballon
Kolmar	Colmar
Krüt	Kruth
Lauchensee	Lac de la Lauch
Lützelburg	Lutzelbourg
Lützelstein	La Petite-Pierre
Markirch	Sainte-Marie-aux-Mines
Markolsheim	Marckolsheim
Masmünster	Masevaux
Maursmünster	Marmoutier
Merkweiler-Pechelbronn	Merkwiller-Pechelbronn
Mülhausen	Mulhouse
Münster	Munster
Neubreisach	Neuf-Brisach
Neuweiler	Neuwiller-les-Saverne
Niederehnheim	Niedernai
Oberehnheim	Obernai
Odern	Oderen
Odilienberg	Mont Sainte-Odile
Pfalzburg	Phalsbourg
Pfirt	Ferrette
Rappoltsweiler	Ribeauvillé
Reichenweier	Riquewihr
Reichshofen	Reichshoffen
Rheinau	Rhinau
Rufach	Rouffach
Saal	Saales
Saarburg	Sarrebourg
Sankt Pilt	Saint-Hippolyte
Scherweiler	Scherwiller
Schlettstadt	Sélestat
Schwarzer See	Lac Noir
Selz	Seltz
Sennheim	Cernay
Sesenheim	Sessenheim
Straßburg	Strasbourg
Sufflenheim	Soufflenheim
Sulzer Belchen	Grand Ballon
Tann	Thann
Türkheim	Turckheim
Urbeis	Orbey
Vogesen	Vosges
Vogesenkammstraße	Route des Crêtes
Wangenburg	Wangenbourg
Wasselnheim	Wasselonne
Weiler	Villé
Weinstraße	Route du Vin
Weißenburg	Wissembourg
Weißer See	Lac Blanc
Westhofen	Westhoffen

Winzenheim	Wintzenheim
Wörth	Wœrth
Zabern	Saverne

französisch	**deutsch**
Abreschviller	Albersweiler
Altorf	Altdorf
Ammerschwihr	Ammerschweier
Aubure	Altweier
Badonviller	Badenweiler
Ballon [1]d'Alsace	Elsässer Belchen
Bitche	Bitsch
Bœrsch	Börsch
Bouxwiller	Buchsweiler
Buhl	Bühl
Cernay	Sennheim
Châtenois	Kestenholz
Circuit Touristique Franco-Allemand	Deutsch-Französische Touristik-Route
Col de Bussang	Bussanger Höhe
Colmar	Kolmar
Dabo	Dagsburg
Dreystein	Dreistein
Ebersmunster	Ebersmünster
Eguisheim	Egisheim
Ferrette	Pfirt
Fouday	Breuschurbach
Grand Ballon	Gebweiler Belchen
Grand Ballon	Großer Belchen
Grand Ballon	Sulzer Belchen
Grand Drumont	Felleringer Kopf
Gueberschwihr	Geberschweier
Guebwiller	Gebweiler
Guémar	Gemar
Guirbaden	Girbaden
Haguenau	Hagenau
Haut-Kœnigsbourg	Hohkönigsburg
Hunawihr	Hunaweier
Husseren	Hausern
Kientzheim	Kienzheim
Kruth	Krüt
Lac Blanc	Weißer See
Lac d'Alfeld	Alfeldsee
Lac de la Lauch	Lauchensee
Lac du Ballon	Belchensee
Lac Noir	Schwarzer See
La Petite-Pierre	Lützelstein
Le Bonhomme	Diedolshausen
Le Champ du Feu	Hochfeld
Lutzelbourg	Lützelburg
Marckolsheim	Markolsheim
Marmoutier	Maursmünster
Masevaux	Masmünster

Merkwiller-Pechelbronn	Merkweiler-Pechelbronn
Mont Sainte-Odile	Odilienberg
Mulhouse	Mülhausen
Munster	Münster
Neuf-Brisach	Neubreisach
Neuwiller-les-Saverne	Neuweiler
Niederbronn-les-Bains	Bad Niederbronn
Niedernai	Niederehnheim
Obernai	Oberehnheim
Oderen	Odern
Orbey	Urbeis
Petit Ballon	Kahlenwasen
Petit Ballon	[2]Kleiner Belchen
Phalsbourg	Pfalzburg
Reichshoffen	Reichshofen
Rhinau	Rheinau
Ribeauvillé	Rappoltsweiler
Riquewihr	Reichenweier
Rouffach	Rufach
Route de la Carpe Frite	Karpfenstraße
Route de l'Amitié	Freundschaftsstraße
Route des Crêtes	Vogesenkammstraße
Route du Vin	Weinstraße
Route Verte	Grüne Straße
Saales	Saal
Sainte-Marie-aux-Mines	Markirch
Saint-Hippolyte	Sankt Pilt
Sarrebourg	Saarburg
Saverne	Zabern
Scherwiller	Scherweiler
Sélestat	Schlettstadt
Seltz	Selz
Sessenheim	Sesenheim
Soufflenheim	Sufflenheim
Soultzbach-les-Bains	Bad Sulzbach
Strasbourg	Straßburg
Tête des Faux	Buchenkopf
Thann	Tann
Trois-Epis	Drei Ähren
Turckheim	Türkheim
Vieil Armand	Hartmannsweilerkopf
Villé	Weiler
Vosges	Vogesen
Wangenbourg	Wangenburg
Wasselonne	Wasselnheim
Westhoffen	Westhofen
Wintzenheim	Winzenheim
Wissembourg	Weißenburg
Wœrth	Wörth

Register

Verzeichnis der Karten und grafischen Darstellungen

Bildnachweis

AKG: S. 35, 36, 39, 40
dpa: S. 43, 45, 47
HB-Verlag: S. 2,3,4,5 (unten), 6, 8 (oben), 9 (unten links), 15, 19, 23, 26, 27, 49, 50, 54/55, 68, 71, 77, 79, 83, 85, 87, 89, 90, 92, 103, 107, 109, 111, 117, 119, 124, 129, 130, 135, 139, 143, 146, 149, 153, 156, 159, 160, 162, 167, 170, 173, 182, 184, 187, 191, 193, 201, 203, 205, 207, 212, 215, 216, 219, 221, 222, 233, 235, 271, 273
Hôtel Château d'Isenbourg (Rouffach): S. 247
Hôtel Maréchal (Colmar): S. 242
Hôtel Le Parc (Mulhouse): S. 246
Huber: 60
Huber/Schmid: S. 8/9, 10/11
Laif/Eid: S. 7, 113, 237 (unten)
Laif/Kirchner: S. 5 (oben), 7 (oben), 9 (oben), 17, 94, 99, 194, 239, 274, 275
Laif/Linke: S. 101, 174
Mauritius: S. 51, 133
Musée d'Art Moderne et Contemporain (Strasbourg): S. 53
Peter M. Nahm: S. 75
Restaurant Au Crocodile (Strasbourg): S. 260
Restaurant Maison Kammerzell (Strasbourg): S. 260
Restaurant La Poste Kieny (Mulhouse): S. 258
Schuster: 1, 63
Thomas: S. 8 (unten), 9 (unten rechts), 224/225

Titelbild: Laif/Kirchner – Klein-Venedig in Colmar
Hintere Umschlagseite: HB-Verlag – Mit dem Heißluftballon über die Vogesen

Impressum

Ausstattung:
110 Abbildungen
34 Karten und grafische Darstellungen, 1 große Reisekarte

Text: Achim Bourmer, Peter M. Nahm

Bearbeitung: Baedeker-Redaktion (Achim Bourmer)

Kartografie: Franz Kaiser, Sindelfingen; Franz Huber, München; Falk, Ostfildern (große Reisekarte)

Chefredaktion: Rainer Eisenschmid, Baedeker Ostfildern

5. Auflage 2002
Vollständig überarbeitet und neu gestaltet

Urheberschaft: Karl Baedeker GmbH, Ostfildern
Nutzungsrecht: Mairs Geographischer Verlag GmbH & Co., Ostfildern

Sprachführer: In Zusammenarbeit mit der Ernst Klett Verlag GmbH, Redaktion PONS Wörterbücher

Printed in Germany
ISBN 3-87504-406-1

Gedruckt auf 100% chlorfreiem Papier

Baedeker Programm

Reiseziele in aller Welt

Baedeker Allianz Reiseführer

- Ägypten
- Algarve
- Amsterdam
- Andalusien
- Athen
- Australien
- Bali
- Baltikum
- Bangkok
- Barcelona
- Belgien
- Berlin
- Berlin (engl.)
- Bodensee · Oberschwaben
- Brasilien
- Bretagne
- Brüssel
- Budapest
- Burgund
- Chicago · Große Seen
- China
- Costa Blanca
- Costa Brava
- Dänemark
- Deutschland
- Djerba · Südtunesien
- Dominikanische Republik
- Dresden
- Elba
- Elsass · Vogesen
- Finnland
- Florenz
- Florida
- Franken
- Frankfurt am Main
- Frankreich
- Französische Atlantikküste
- Fuerteventura
- Gardasee
- Germany (engl.)
- Gomera
- Gran Canaria
- Griechenland
- Griechische Inseln
- Großbritannien
- Hamburg
- Harz
- Hawaii
- Hongkong · Macao
- Ibiza · Formentera
- Indien
- Irland
- Ischia · Capri · Procida
- Israel
- Istanbul
- Istrien · Dalmatinische Küste
- Italien
- Italien · Norden
- Italienische Adria
- Italienische Riviera · Ligurien
- Japan
- Jordanien
- Kalifornien
- Kanada
- Kanada · Osten
- Kanada · Westen
- Kanalinseln
- Karibik
- Kenia
- Köln
- Kopenhagen
- Korfu · Ionische Inseln
- Korsika
- Kos
- Kreta
- Kuba
- Kykladen
- La Palma

- Lanzarote
- Lissabon
- Loire
- Lombardei · Mailand· Oberital. Seen
- London
- Madeira